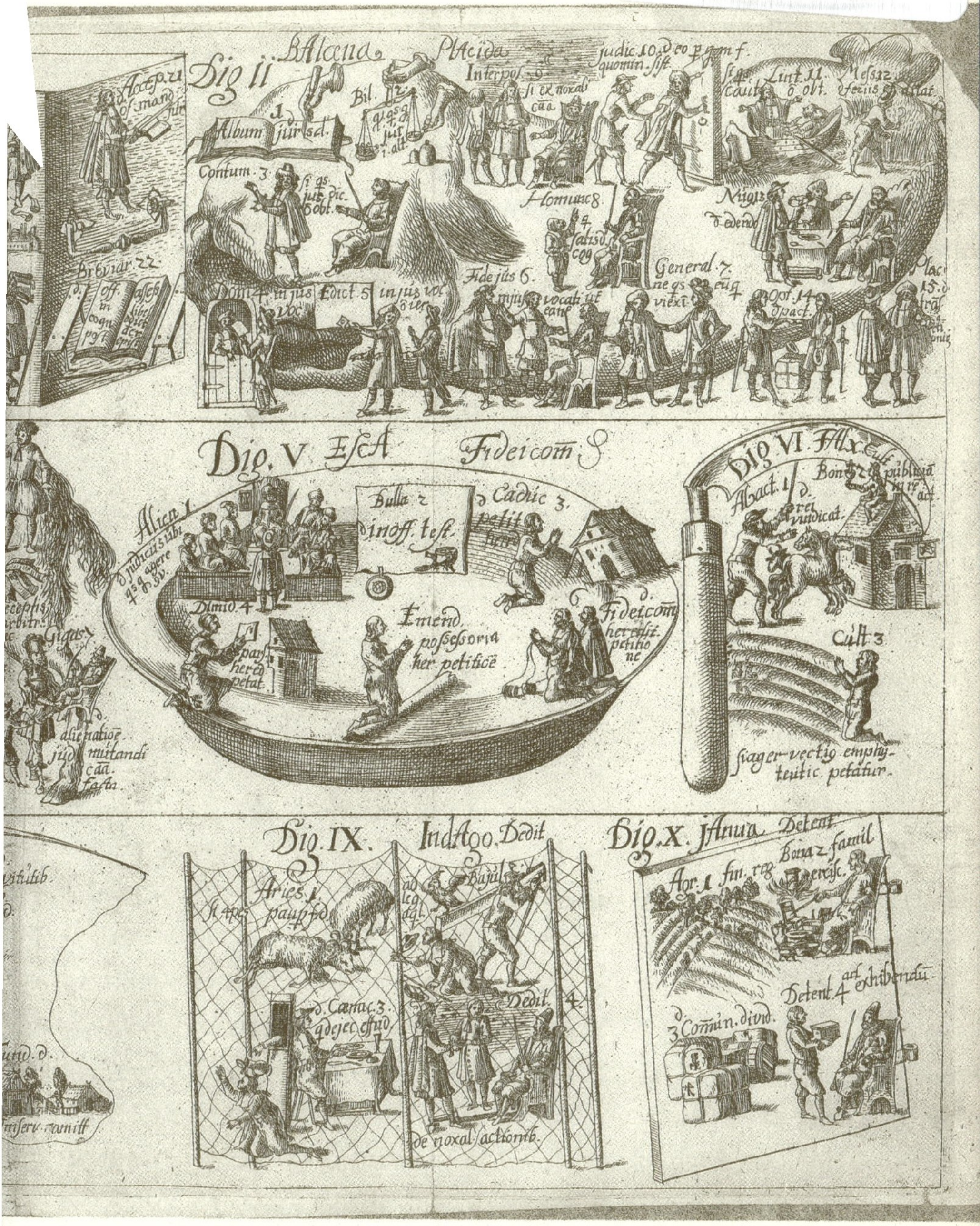
Dig II
Album jur sd.
Contum. 3
Brevíar. 22.
Edict 5
Fidejus 6.
General 7.
Hominc 8
Interpos. 9
Dig. V
Fideicom
Bulla 2
inoff. test.
Cadúc 3.
Alien 1.
Emend.
possessoria
her. petitioe
Dig. VI.
Cult 3
ager vectig. emphy-
teutic. petatur.
Dig. IX.
Aries 1
Dedit 4.
de noxal. actionib.
Dig. X.
Bona 2 famil
Detent 4 ad exhibendu
3 Comm. divid.

Michael Stolleis

Margarethe
und der Mönch

Rechtsgeschichte in Geschichten

C. H. Beck

Mit 23 Abbildungen

© Verlag C.H.Beck, München 2015
Satz: Janß GmbH, Pfungstadt
Druck und Bindung: Druckerei C.H.Beck, Nördlingen
Umschlagabbildung: Allegorie der Justitia, Miniatur aus einer
französichen Handschrift, Foto: Hermann Buresch/bpk
Umschlaggestaltung: Kunst oder Reklame, München
Gedruckt auf säurefreiem, alterungsbeständigem Papier
(hergestellt aus chlorfrei gebleichtem Zellstoff)
Printed in Germany
ISBN 978 3 406 68209 4

www.beck.de

Inhalt

1. Margarethe und der Mönch

I.

Wer in der Mitte des 15. Jahrhunderts über die Ostsee am Finnischen Meerbusen kam, vielleicht auf einer Kogge aus Bergen, Lübeck, Hamburg, Gotland oder Brügge, sah die Stadt Reval, das heutige Tallinn, vor sich.[1] Im Dunst zeichnete sich zunächst nur der Domberg mit dem Turm der Domkirche ab, daneben die wuchtigen Mauern und der Turm des Ordensschlosses, dann die in der Unterstadt gelegenen Türme der Olaikirche und der Nikolaikirche. Wenn das Schiff näher kam, wurde die Strandpforte sichtbar, daneben die gerade erbaute St. Gertrudenkapelle für Schiffer und Reisende, alles umschlossen vom Mauerring mit seinen vierzig Türmen und sechs Toren. Vor den Mauern sah man die ärmeren Vorstädte mit den kleinen Häusern der Fischer, Taglöhner und kleineren Handwerker wie Wachszieher, Korbmacher oder Segelmacher, aber auch die langen Bahnen der Seiler und Drahtzieher. Dazwischen standen die Vorratsscheunen der Bauern, etwas entfernter das Haus des Abdeckers und Henkers am Schindanger. Schließlich in der Hafengegend nahe der Strandpforte einige dunkle Gassen mit Gärten und Stallungen, Kaschemmen, Matrosenheimen und Bordellen.

Das Schiff verlangsamte seine Fahrt, die Segel wurden gerefft, und es glitt in das Gewimmel von Masten, Tauen, rundlichen Koggen, leichteren Küstenfahrern, Fischkuttern und flachen Schuten hinein.[2] Nachdem es am Kai festgemacht war, legte man Laufplanken. Ein hölzerner Kran bewegte sich knarrend, seine Seilrolle senkte sich mit dem Haken für die Ballen oder mit einer beidseitig greifenden Klammer für die Fässer. Matrosen öffneten die Luken. Ausgeladen wurden flandrische, englische und holländische Tuche aus Wolle und Leinen, aber auch – über Brügge oder Frankfurt gekommen – Seidenbrokate aus Italien. Andere Schiffe brachten Fässer mit dem lebensnotwendi-

gen groben und bitteren Pökelsalz aus der Biskaya oder von der westlichen Atlantikküste (Baiensalz), weiter solche mit feinem Tafelsalz aus Lüneburg, die über Lübeck oder Hamburg verschifft wurden.[3] In Kisten kam barrenweise Silber vom Rammelsberg im Harz, aber auch geschmiedet zu Bechern und Tellern oder Schmuck; denn Silber fehlte im Baltikum und in Nordrussland.

Neben Salz war der Hering als Fastenspeise das eigentliche Massengut. Von Juli bis Oktober wurde der Fisch vor Schonen gefangen, meist von dänischen Fischern. Das Zentrum des Heringsmarkts befand sich auf der kleinen Halbinsel Skanör-Falsterbo. Noch heute stehen dort die Heringe im Stadtwappen. Kaufleute aus allen Anliegerstaaten kamen dorthin, handelten mit Fisch und Salz, und ließen die Ware in Tonnen schlagen. Die wohlhabenden Schonenfahrer, zusammengeschlossen in Gilden, übernahmen den Transport.[4] Daneben kamen der getrocknete oder gesalzene Kabeljau (Stockfisch, Klippfisch, Bacalhau) oder Fässer mit Tran von der norwegischen Hansestadt Bergen, die lange ein Monopol hierfür hatte, über Lübeck nach Reval. Später verlor Bergen Marktanteile an die Islandfahrer und an englische Händler.[5]

Die in Reval entladenen Schiffe nahmen Rückfracht aus dem Ostseeraum mit. Das war häufig das für die Niederlande, Norwegen oder Island bestimmte Getreide. In andere Schiffe wurden die Waren Russ-

lands, Polens und Livlands eingeladen, etwa Ballen von rotem Juchten-
leder, von Kerzenwachs, Harz und Pech für den Schiffsbau, Pelze aller
Art, die über die Hansestadt Nowgorod kamen, Fässer voll Talg,
Honig und süßem Nektar, genannt Seim.[6] Die breiten Koggen transportierten die von Nowgorod über Land nach Reval gebrachten Pelze
von Biber, Luchs, Kaninchen, Eichhörnchen, Marder, Zobel und Hermelin, angeblich bis zu 200 000 pro Schiff. Daneben wurden rohe
Tierhäute geladen, Hanf für die Seile, Flachs für das Leinen, Leinsaat
zur Gewinnung des Leinöls, Bernstein für die «Paternostermaker».
Diese Güter liefen von Nowgorod über den Landweg nach Riga und
dann mit dem Schiff oder auf dem Landweg um den Peipussee direkt
nach Reval und von dort nach Lübeck, wo sie wiederum in verschiedene Richtungen verteilt wurden.[7]

Gezahlt wurde entweder im Tauschgeschäft, geringe Beträge in
frühen Zeiten mit einem Stück oder Bündel Eichhörnchenfell (bela,
russisch belka, finnisch orava), aber seit 1265 hatten Riga und Reval
Münzrecht. Die Mark Rigisch wurde allgemeines Zahlungsmittel. In
kleiner Münze oder Naturalientausch wurden wohl auch die Markt-
geschäfte für den Tagesbedarf an Weiß-, Rot- oder Grünkohl, Zwiebeln, Rüben, Erbsen, Hirse und Dinkel, Gerste und Roggen, vielerlei
Kräutern, Wurzeln, Gemüse, Beeren oder Baumfrüchten aus Revals
Umgebung bezahlt, soweit man sie nicht aus den hauseigenen Gärten
gewinnen konnte.

Die Lieferanten für die Stadt waren die auf dem Land lebenden
Bauern, die so genannten Undeutschen.[8] Sie sprachen ihr dem Finnischen nahe verwandtes Estnisch, lebten nach ländlichem Gewohnheitsrecht und verfügten über eine mündliche, durchweg von Frauen
gepflegte Tradition von Balladen, Legenden und Liedern zu allen
Lebensphasen.[9] Die soziale Grenze zu der von Dänen, Schweden,
Deutschen und Russen gebildeten Kaufmannsschicht in der Unterstadt, und erst recht zum Adel in der Oberstadt war deutlich und
kaum überwindbar. Gleichwohl lebte man zusammen und verstän-
digte sich. Unter den deutschen und niederländischen Kaufleuten
dominierte das spätmittelalterliche Niederdeutsch,[10] das im ganzen
Nord- und Ostseeraum verstanden wurde, zumal im internen Verkehr
der Hansestädte, daneben wurde dänisch, schwedisch und russisch

gesprochen. Die Wechsel der Sprachebenen folgten den Trennlinien der ständischen Gesellschaft,[11] die genau zwischen Adel, Bürgern und Bauern unterschied und innerhalb des Bürgertums zwischen den im Rat sitzenden Familien, der politischen Oberschicht, und den übrigen Stadtbürgern. Es war eine Gesellschaft mit Bauern, Bürgern, Adel und Geistlichkeit, wie sie in Europa zwischen dem 13. und 18. Jahrhundert sich ausbildete, aber auch eine speziell ausgeformte Stadtgesellschaft mit eigener Binnengliederung nach der Zugehörigkeit zu den etwa 20 ratsfähigen Familien oder zur Handwerkerschaft, zu Kirchengemeinden in der Ober- und Unterstadt, zu Gilden und Zünften,[12] nicht zuletzt auch mit klarer Unterscheidung der Geschlechter, von Verheirateten und Unverheirateten, ehrlichen und unehrlichen Berufen, Selbständigen und unselbständigen Dienstboten, Knechten und Mägden, Soldaten und fahrendem Volk. Auch beim Bettelvolk, für das ein Bettelvogt eingesetzt war, unterschied man eigene und fremde Bettler, unschuldig oder schuldig in Not Geratene. Die einen wurden unterstützt, die anderen bestraft oder vertrieben.

II.

Das 1219 von den Dänen gegründete und befestigte Reval ging von 1227 bis 1238 an den Schwertbrüderorden, der 1237 mit dem Deutschen Orden vereinigt wurde, kam aber 1238 wieder unter dänische Herrschaft. Um 1230 siedelten sich deutsche Kaufleute aus Gotland an. Am 15. Mai 1248 verlieh der dänische König Erik Plovpenning den Bürgern «alle Rechte, die die Bürger von Lübeck haben».[13] Das wurde 1255 noch einmal bestätigt und zwei Jahre später durch Übergabe des lübischen Stadtrechts bekräftigt.[14] Reval lebte also nach lübischem Recht, das sich seit dem 13. Jahrhundert im Ostseeraum ausgebreitet hatte. Mit dem Jahr 1248 gehörte es zur «lübischen Rechtsfamilie»;[15] in Reval/Tallinn galt dieses Recht in einzigartiger Kontinuität bis 1865, formal sogar bis 1945. 1282 wurde der maßgebliche Kodex des lübischen Rechts verfasst.[16] Seit dem 14. Jahrhundert war Reval zudem Hansestadt, und zwar im gotländisch-livländischen Drittel,[17] lebte also auch nach «hansischem Recht».[18] Schließlich galt in der

Zeit, die hier im Mittelpunkt steht, das Recht des Deutschen Ordens, in dem der Schwertbrüderorden aufgegangen war, und zwar ab 1346, also seit dem Kauf Estlands vom dänischen König. In der Oberstadt bestimmte der Hauskomtur des Ordens als Landesherr, in der Unterstadt der Stadtkomtur, aber mit tendenziell schwindender Kompetenz. So behielt etwa der Ordensmeister das Münzrecht, aber die Geldprägung nahm die Stadt vor. Erst 1878 wurde die bis dahin formell noch bestehende rechtliche Trennung zwischen Oberstadt und Unterstadt aufgehoben.

Wie in Lübeck war der Rat das entscheidende Gremium der Stadt.[19] Alle Verwaltung und alle wirtschaftlichen und politischen Entscheidungen liefen bei ihm zusammen, vor allem auch solche der Außenpolitik. Die Gerichtsbarkeit, anfangs in Händen eines dänischen Stadtvogts, der für die dänische Krone die Zivil- und Strafgerichtsbarkeit ausübte, wurde schrittweise in die Gerichtsbarkeit des Rats integriert.[20] In zweifelhaften Rechtsfällen wandte man sich an Lübeck und holte sich Rechtsweisung oder man appellierte direkt nach Lübeck. Auch in Fällen, in denen man eine auswärtige schiedsrichterliche Instanz suchte, begab man sich von Reval dorthin.

Der Rat in Reval kooptierte seine Mitglieder in geheimer Wahl aus den «ratsfähigen» dominierenden Familien, wurde also nicht aus der gesamten Bürgerschaft gewählt. Krämer und Handwerker waren ratsunfähig.[21] Diese Familien verstanden sich zwar als «dudesche», aber dies sollte nicht «nationalistisch» missverstanden werden; denn was sie einte, war das Netzwerk der Verwandtschafts- und Handelsbeziehungen, das den gesamten Nord- und Ostseeraum umfasste. Um Ratsherr zu werden musste man freien Standes sein, von niemandem abhängig, in rechtmäßiger Ehe von freien Eltern geboren, einen unbescholtenen Ruf genießen, innerhalb der Stadtmauer eine Liegenschaft zu vollem freiem Eigentum besitzen und sein Gut nicht durch ein offenes Handwerk erworben haben. Brüder oder Vater und Sohn sollten möglichst nicht gleichzeitig Ratsherren sein.[22] Die Ratswahl, jährlich Anfang Oktober am zweiten Sonntag nach St. Michaelis, bedeutete also die Ergänzung eines Gremiums von Ratsherren durch Jüngere. Gewählt war man auf Lebenszeit. Während der Zugehörigkeit zum Rat rückte man nach Lebens- und Dienstalter langsam nach oben. Am

Ende bekleidete der dazu fähige Ratsherr, getragen vom Vertrauen seiner Kollegen, eines der Bürgermeisterämter, von denen es in wechselnden Zeiten zwischen zwei und fünf gab.[23] Um das Amt als Ratsherr mit den Beanspruchungen durch die Handelsgeschäfte kompatibel zu machen, dauerte das aktive Amt im Rat zwei Jahre. Im folgenden Jahr war man als Ratsherr frei, um dann wieder in die Ratsgeschäfte einzurücken. Für Vertretungen der Stadt nach außen, etwa bei Hansatagen oder Friedensverhandlungen, galt diese Regel allerdings nicht. Oft blieben auch die älteren und erfahreneren Mitglieder des Rats auf Dauer aktiv.[24]

Im Jahr 1457 gab es in Reval vier Bürgermeister (Consules), nämlich Cost van Borstel, Albert Rumor, Marquart Bretholt und Gert Schale. An Ratsherren (Senatores) werden genannt Gottschalk Stoltevoet, Johann Duseborch, Jacob van der Molen, Thomas van Hattorpe, Cort Gripenberg, Evert Pepersack, Johann Summermann, Hinrich Colner, Johann Oldendorp, Johann van Richen, Hinrich Schelwent, Reynolt van Werne, Hinrich Hünninghusen und Hermann Wernung.[25] Im Jahr 1458 wurde erstmals Hermann Greve hinzugewählt. Dieser wird in der folgenden Geschichte eine der wichtigsten Rollen spielen.[26] Die Familienverhältnisse um ihn und seine Stieftochter Margarethe Büddinck waren folgende:

Margarethes Vater Johann Büddinck, Revaler Kaufmann und Ratsherr, war seit 1445 mit Wendele Nöteken (Nötken) verheiratet. Deren Vater Michel Nöteken hatte Gertrudt Saffenberch aus Wisby geheiratet. Als Gertrudt gestorben war, heiratete Michel Nöteken 1441 in zweiter Ehe eine Wendelken van Telchten, deren Vater ebenfalls Revaler Ratsherr war. Aus dieser Ehe stammte Jasper Nöteken, Revaler Bürger und Kaufmann (1441 bis 1504).[27] Er erhielt nach dem Tod seines Vaters 1200 Mark Rigisch, silbernes Tafelgeschirr und einen Harnisch.

Wendele Nöteken war, als sie 1445 Johann Büddinck heiratete, eine wohlhabende Braut. Sie brachte zwei nebeneinander stehende Häuser in der Breitstraße (Süsterstrate) in die Ehe ein, ohne dass sie als Frau darüber frei disponieren konnte. Diese Häuser waren von ihrem Vater Michel Nöteken 1413 und 1423 gekauft und 1433, nach dem großen Brand, wohl ganz neu erbaut worden.[28] Die Häuser gerieten

später in den Besitz der bedeutenden Familie Hueck und werden Hueck-Haus genannt. In der heutigen Lai-Straße tragen sie die alte Hausnummer 29, werden genutzt und gepflegt. Trotz innerer Umgestaltung im Barock vermitteln sie immer noch einen Eindruck, wie große Revaler Familien lebten. Man betritt eine breite Diele mit einer nach oben führenden Treppe, steigt in die Wohnräume auf, dann hinauf in die Schlafräume, über denen die Speicher liegen, die von außen mit Hilfe eines Krans am Giebel beladen wurden.[29] Der Stadtarchivar Paul Johansen beschrieb sie 1939 als «zwei mächtige Häuser aus Kalkstein, mit gotischem Spitzgiebel und gewaltigen Kornböden, die noch heute in Revals Breitstraße (Nr. 29) gelassen auf die eilende Menschheit herabblicken. Der Wunsch nach ihrem Besitz war die Triebfeder zu einer langen Reihe von Prozessen, die, beginnend mit dem Jahre

1471 und abschließend erst 1499, die Bürgerschaft und den Rat der Stadt Reval in steter Spannung halten sollte.»[30]

1456 starb Johann Büddinck. Er hinterließ fünf Töchter und drei Söhne, darunter als älteste Tochter Margarethe, die damals etwa zehnjährig war. Jedem seiner Kinder vermachte er 1000 Mark Rigisch. Seine Witwe Wendele heiratete 1457 den bereits erwähnten Hermann Greve, Revaler Bürger seit 27. Mai 1457 und Ratsherr seit 1458. Mit ihm hatte Wendele noch weitere fünf Kinder. Greve erwarb die bewussten Häuser am 29. Juli 1457 von den Vormündern der Kinder von Michel Nötekens,[31] wurde also Eigentümer der Immobilien seiner Frau.

Alle diese Menschen, Hermann Greve und seine Frau Wendele (geb. Nöteken, verw. Büddinck), die Kinder Büddinck und die Kinder Greve, lebten in diesem Haus, dazu das übliche Hausgesinde. Dort hatte Hermann Greve sein Kontor, in dem die Kaufmannsgeschäfte zusammenliefen.[32] Er trieb Handel mit Russland, sprach selbst Russisch, hatte enge Beziehungen zur Stadt Narva und zum Landmeister des Deutschen Ordens in Livland, Johann Wolthus von Herse – der aber 1471 gestürzt werden sollte. Die Familie Greve ging zum Gottesdienst in die nur wenige Schritte entfernte Olaikirche. Vom Kirchplatz aus gelangte man auf die Langstraße, die direkt zur Strandpforte und zum Hafen führte. Die Familie war wohlhabend. Greve war Ratsherr, Mitglied in der Großen Gilde und in der Tafelgilde[33] sowie als Aldermann Vorsitzender des Hanse-Kontors. Alles in seinem Hause schien bestens geordnet.

III.

Aber das war trügerisch. Zunächst starb 1463, vermutlich bei der Geburt ihres dreizehnten Kindes, seine Frau Wendele. Hermann Greve stand nun mit acht Stiefkindern und fünf eigenen Kindern allein, hatte sein Handelsgeschäft zu leiten und Ehrenämter wahrzunehmen. Er erwog eine zweite Heirat, was den praktischen Bedürfnissen entsprach und geradezu selbstverständlich erschien.

Ältestes Mädchen im Haus war 1464 Margarethe Büddinck. Mit

ihren achtzehn Jahren fungierte sie nun als Hausfrau. Die Familie beriet Heiratspläne, gewiss nicht erst jetzt, unter Beiziehung der Vormünder und des erwähnten Onkels Jasper Nöteken. Letzterer kannte einen passenden Kaufmann in der Hansestadt Brügge, Albrecht Brecht, und war auch bereit, dorthin zu fahren und den Vorschlag zu unterbreiten.[34] Die Vormünder stimmten zu. Jasper Nöteken fuhr also noch 1464, traf sich in Brügge mit dem ihm bekannten und sogar entfernt verwandten Kaufmann Arnd Saffenberch aus Wisby, sodann mit dem potentiellen Ehemann von Margrethe, Albrecht Brecht. Onkel Jasper hinterlegte bei Saffenberch eine Summe 200 Pfund Grote,[35] um den Heiratskontrakt zu sichern. Nöteken, Saffenberch und Brecht, so darf man sich das vorstellen, unterzeichneten diesen Kontrakt unter Hinzuziehung weiterer Zeugen aus Brügge, vereinbarten eine Anzahlung auf die Mitgift von Margarethe und besiegelten das Ganze mit Handschlag, mit gemeinsamem Essen und Umtrunk.

Während sich Onkel Jasper in Brügge aufhielt, schien in Reval alles unverändert. Nur in den Gottesdiensten trat in diesem Jahr 1464 ein Franziskanermönch auf, genannt Johann von Hilten (1425–1500). Er hieß ursprünglich Johannes Herwich und stammte aus Hilten bei Osnabrück, heute zur Stadt Neuenhaus gehörend. Groß von Wuchs und mit schönem Haar, wie ein Zeuge berichtet,[36] war er eine charismatische Erscheinung. Er hatte seit 1445 in Erfurt studiert, 1447 den Grad eines Baccalaureus artium erworben und war dann in den Franziskanerorden eingetreten. 1463 ging er im Auftrag des Ordens nach Riga in Livland, um ein Kloster zu gründen, entwickelte sich aber zum Volksprediger und hatte «seit 1464 viele Anhänger der Oberschicht».[37] Zu diesen Anhängern zählten Bürgermeister, Ratsherren und Bürger, aber es waren «heimliche Schüler», etwa der Kirchenvorsteher bei St. Nikolai Evert Smit, der als klug und vernünftig eingeschätzte Hermann Werminck,[38] weiter Otte Mestorp, Johann van Berchem, Johan van Richen als Bürgermeister und Kirchenvorsteher bei St. Olai,[39] Hermann tor Oesten, Herman Smedinck, ein Freund Greves, und eben Herman Greve selbst.

Der Kreis vergrößerte sich rasch, so dass im Rat der Stadt von den achtzehn Mitgliedern acht Anhänger Hiltens waren, darunter zwei Bürgermeister. Somit, schließt Paul Johansen, «war die wirtschaftliche Leitung beider Stadtkirchen in Händen der Anhänger Hiltens».[40] Durch Hiltens Predigten, die auf strengere Sittlichkeit, Einhaltung der Almosenpflichten und Fastengebote zielten, entstanden Streitigkeiten, die auf eine Spaltung der Stadt hinausliefen. Hermann Greve war in vorderster Reihe dabei, nahm den Prediger sogar in sein Haus auf und ließ ihm noch im Jahr 1464 rechts vom Treppenaufgang eine eigene Hauskapelle bauen. Er verfiel dem Prediger schrittweise und verlor die Lust an der Kaufmannschaft sowie an der Arbeit im Rat. Seine Gedanken kreisten wohl schon vor der kommenden Katastrophe darum, Mönch zu werden. Möglicherweise spielte auch der Gedanke eine Rolle, dass «seine» beiden Häuser in der Breit-Straße, in denen er wohnte, aus dem Erbteil seiner Stieftochter Margarethe stammten und dass ihm mit Margarethes Verheiratung eines Tages die Lebensgrundlage in Reval entzogen werden könnte.

Noch war das Jahr 1464 nicht beendet. Mitte August kam die Pest. Man kannte diese immer wieder auftretende «Pestilenz», die, wie es hieß, gerade Lübeck erfasst hatte und von da gemeiniglich nach Reval zu kommen pflegte («de pestilencie, de do alrede tho Lübeck was betenget vnde van dar jegen Reuel ghemenichliken plecht tho kamen»). Vom Hafenviertel aus breiteten sich die Anzeichen aus. Die Pest ergriff die Stadt, Bußpredigten wurden gehalten, vor allem von Johann von Hilten, der die Seuche als Geißelung Gottes für die Sünden der Menschen bezeichnete. Etwa zwei Drittel der Stadtbevölkerung fielen der Pest zum Opfer.[41]

Im Hause von Hermann Greve herrschte Johann von Hilten. Er ließ Hermann Greve einen Eid schwören, dass dieser sich ihm in allen Dingen unterwerfen wolle. Während andere Bürger mit Familien und Gesinde aufs Land flohen, blieben Greve und seine Hausbewohner, obwohl sie gewarnt wurden, in der Stadt. Als Margarethe von der Pest befallen wurde, setzte Johann von Hilten auf rückhaltloses Gottvertrauen und ließ zu oder ordnete gar an, dass Margrethes zwölf Geschwister mit ihr Kontakt hatten. Auch er selbst blieb in der Stadt, gegen alle Einwände immunisiert durch seinen Glauben und wohl auch in der Überzeugung, er sei als Priester Gottes unverletzliches Werkzeug. Gleichzeitig wusste er, wie alle Zeitgenossen, die Pest werde durch Körperkontakt übertragen, sei also «kontagiös».[42] Des-

halb war die Zusammenführung der Geschwister mit Margarethe gewissermaßen eine Entscheidung, die Gott herausfordern sollte, sowohl
Hiltens prophetische Berufung zu bestätigen als auch ein Urteil über
Leben und Tod der Hausgemeinschaft zu sprechen. Alle zwölf Geschwister starben innerhalb weniger Tage, Margrethe gesundete. Sie
war nunmehr neben ihrem Stiefvater, der seine Familie verloren hatte,
die einzige Überlebende. Aber auch Hilten lebte weiter im Hause.

Margarethe lernte in dem Zirkel um den Prediger einen jungen
Mann aus Bremen kennen, Diderick Czirenberg (Czyrenberch, Ziren-
berg), der in einem befreundeten Handelshaus arbeitete. Sie verliebten
sich, aber die Schwierigkeiten waren absehbar; denn Margarethe
wusste, dass Onkel Jasper in Brügge einen Heiratskontrakt vorberei-
tete. Gleichwohl versprachen sich Margarethe und Diderick die Ehe.
Als der Onkel wieder in Reval eintraf, weigerte er sich, einer Ehe Margarethes mit Diederick zuzustimmen, zumindest deshalb, weil die
Kautionssumme von 200 Pfund Grote in Brügge verfallen wäre. Aber
Hermann Greve, gelenkt von Hilten, befürwortete die Ehe. Das junge
Paar, der Mönch und Greve beschlossen nun, gegen den Willen der
Vormünder Fakten zu schaffen: Während die Familie am Sonntagvor-
mittag in der Olaikirche im Gottesdienst saß, traute der Mönch die
jungen Leute auf der Straße vor dem Haus und ließ sie die Worte
sprechen: «Ick (Diderick Czirenberg), nehme dy.» «Ick (Margarethe
Büddinck) nehme dy wedder.» Als Zeugen wirkten der dem Priester zu
Gehorsam verpflichtete Hermann Greve und der Priester selbst mit.
Die Quelle betonte, die Eheschließung unter Anwesenden durch wech-
selseitige Erklärungen nenne man lateinisch *sponsalia per verba de
presenti*. Die Ehe war gültig geschlossen, auch wenn man vielleicht
bemängeln mochte, dass der das Paar einsegnende Priester zugleich
Zeuge war.[43]

Der Konflikt mit den Vormündern, vor allem mit Jasper Nöteken,
war damit unausweichlich. Beide Seiten wandten sich an den Rat um
Vermittlung. Johansen berichtet über das Ergebnis: «In der Großen
Gildstube, in Gegenwart des Rats und der Gemeinde, wird das Verlöbnis durch die Vormünder feierlich vollzogen. Hermann Greve verspricht, das junge Paar bei sich zu beherbergen, sie wie seine eigenen
Kinder zu halten und ihnen die beiden Häuser mit der Zeit ganz zu

überlassen. Das Hochzeitsfest findet schon am 25. Januar 1465 statt»,[44] wobei der Priester die Oblate in drei Teile brach und je einen Teil Hermann Greve, dem Bräutigam und der Braut gab, um alle in den Eid einzubinden.

Johann von Hilten aber, Franziskaner strenger Observanz, verliebte sich in Margarethe und schrieb ihr «wunderlike» Briefe mit eigenem Blut. Das blieb nicht verborgen, die Eheleute entfremdeten sich, vor allem aber wurde Onkel Jasper Nöteken wieder aktiv und brachte die Sache vor den Bürgermeister. Dort gab es erregte Debatten. So beleidigte Martin Kruse 1469 Greve im Rat und wurde bestraft, weil er «teghen her Herman Greuen vntuchtige worde hadde gefort ym rechten».

Die Eheleute fanden aber wieder zusammen und stellten sich jetzt, unterstützt von Jasper Nötgen, gegen den im Haus lebenden Mönch und gegen Hermann Greve. Letzterer reagierte 1467, indem er den im September 1465 mit Diderick Czirenberg geschlossenen Kaufvertrag kündigte, weil die versprochenen 3000 Mark Rigisch in Jahresfrist von Diderick Czirenberg nicht bezahlt worden waren. Auch nach einer Verlängerung der Zahlungsfrist um ein weiteres Jahr konnte Czirenberg nicht zahlen. Nun versuchte Greve, das junge Paar dadurch aus dem Haus zu drängen, dass er es, ohne Margarethe und ihren Mann zu informieren, dem Ratsherrn Johann van Berchem, «gleichfalls einem Schüler des Mönchs», zum Kauf anbot. Der lehnte zunächst ab, aber Johann von Hilten erreichte es dann doch, dass drei Bürger, alle drei Anhänger des Mönchs, am 22. Dezember 1470 einen heimlichen Kaufvertrag über die Häuser, einschließlich Holzraum und Kellern, Garten und drei Stallungen vor der Großen Strandpforte, abschlossen. Käufer sollte Johann van Berchem sein, während die beiden anderen als Kreditgeber oder als Bürgen fungierten. Der Preis von 3200 Mark Rigisch, verteilt auf die Käufer zahlbar bis 1474, wurde auf *eventür* vereinbart, also auf Risiko.

IV.

Von nun an nahmen die Dinge eine gefährliche, nämlich juristische Wendung. Als der Kaufvertrag bekannt wurde und Margarethe, deren Mann abwesend war, aus dem Haus gedrängt werden sollte, kam es zu einem dramatischen Auftritt. Von Onkel Jasper Nöteken herausgefordert, räumte Greve zwar auf Anraten des Mönchs den Kaufvertrag vor Zeugen ein, versprach aber dennoch, sein Gelöbnis zu halten und das Haus Margarethe und ihrem Mann zuzuwenden. Danach schwenkte er wieder um, musste aber vor dem Rat bekennen, «dat he deme obseruanten hebbe horsam gedan vnde geloued».[45] Daraufhin entschied der Oberhof zu Lübeck, das vertrage sich nicht mit dem Sitz im Rat («so enbehoret sick nicht dat de den ratstol wurder besitten moghe»). Da Hermann Greve mit dem Observanten durch das Land gezogen sei (um zu predigen), müsse er auch, wie in anderen Fällen, in denen etwa Frauen von Ratsherren in einen geistlichen Orden eintreten wollten, seine «liggende gründe vorkopen vnde de renthe dar van to zinen daghen tobrukende»; denn dem Rat könne er nicht mehr angehören. Am 25. Mai 1471 verlor dann Hermann Greve seine Stellung als Ratsherr. Offenbar war bis dahin sowohl dem Revaler als auch dem Lübecker Rat der heimliche Verkauf der Häuser von 1470 noch unbekannt geblieben.

Weil Greve nun weiter versuchte, Margarethe aus dem Haus zu setzen, klagten ihr Onkel Jasper Nöteken und der wieder in Reval anwesende Ehemann Diderick Czirenberg vor dem Revaler Rat gegen den Ratsherrn Hermann Werminck (gest. 1474), einen der Käufer des Hauses und Bevollmächtigten von Greve. Czirenberg berichtete an den Rat, er und seine Ehefrau Margarethe, Greves Stieftochter, seien von Greve «mid armen vnd mid kusse» als seine Kinder empfangen worden und Greve habe ihnen versichert, sie sollten an seinen zeitlichen Gütern teilhaben und keinen Schaden leiden, solange sie leben. Greve habe Margarethe auch in seiner (Czirenbergs) Abwesenheit gelobt, sie mit seinen Gütern wohl zu versorgen, solange er lebe und nach seinem Tode. Und damit dies so geschehe, hätten sie alle zusammen das heilige Sakrament empfangen. Von Greve verlange er auch das Patengeld für alle Kinder, das dieser noch bei sich habe und das er als Ehemann von Margarethe nach dem Testament des seligen Büddinck, das ihm die Vormünder vorlesen ließen, zu beanspruchen habe. Wegen all diesem, sagte er, «klage ich mit Eides Hand»[46].

Und er fuhr – nach einem Absatz – fort: Was er zu Herrn Hermann (Greve) wegen Bruder Johannes zu sagen habe, was durch dessen «Handschriften» erwiesen sei und was der Mönch selbst bekannt habe, das liege bei den Ordensoberen von Dorpat und sei eine Sache, die «in deme geistliken rechte liggen. Dat geistlike sake sin dar sick das warlike (weltliche) recht nicht mede bekummert». Deshalb wolle er es mit ihm nach geistlichem Recht austragen. Mit anderen Worten: Diderick wollte eine zivilrechtliche (weltliche) Klage vor dem Rat von Reval erheben, aber davon getrennt eine andere nach Kirchenrecht vor dem Ordenskapitel der Franziskaner in Dorpat. In der Tat reagierte daraufhin die Stadt Reval, in deren Rat jetzt die Gegner Hiltens eine Mehrheit hatten, und wies 1471 den Mönch als Ruhestörer aus. Er ging nach Dorpat und wurde dort, obwohl kirchenrechtlich angeklagt, zum Lektor gewählt, aber 1477 im Kloster in Dorpat gefangen gesetzt. Hierzu später.

In dem Prozess nach weltlichem Recht vor dem Rat[47] verlor Hermann Greve zunächst, wenn man dem Bericht von Paul Johansen von 1938 folgt, und Lübeck bestätigte dies am 30. Mai 1472. Der Prozess ging aber weiter. Am 5. Januar 1473 schrieb Hermann Greve an den Rat, er warte nun mehr als Jahr und Tag auf eine Entscheidung wegen der Klage von Diderick Czirenberg (Syrenberch) und Jasper Nöteken sein (Greves) Haus betreffend. Czirenberg klage mit Eid, Nöteken mit Zeugen, das sei ungebührlich und gegen Recht, zweierlei Klage gegen einen Einzelnen und wegen einer Sache zu erheben. Die Klage von Nöteken, den die Sache eigentlich nichts angehe und der kein Wortführer der Sache sei, sei von den Lübeckern zurückgewiesen worden. Czirenberg sei zwar wegen seiner Ehefrau berechtigt zu klagen («en recht hovetman is van syner husfrouwen wegen»), aber niemand solle sein (Greves) Haus gegen seinen Willen und gegen Recht besitzen. Der ehrsame Rat habe ihm geboten, die Czirenbergs nicht aus dem Haus zu drängen, es sei denn «myt rechte» und «in rechtes dwange». Deshalb solle Czirenberg, der während seiner Abwesenheit die Sache seinen Bevollmächtigten übertragen habe, selbst antworten. Er (Greve) hoffe zu Gott, die Sache, die so lange anhängig gewesen sei, werde nach lübischem Recht entschieden.

Aber Jasper Nöteken ließ sich als Vertreter Czirenbergs nicht aus dem Prozess drängen. Er verlangte, Werminck solle in der Sache aussagen, und der Lübecker Rat gab ihm 1473 Recht.[48] Bis dahin sollte es bei dem Lübecker Urteil von 1472 bleiben. In der Folge stritt man sich 1474 darum, ob Zeugen oder Eidesleistung als Beleg für Aussagen von Hermann Greve aufgeboten werden sollten oder ob es genüge, Diderick Czirenbergs *Handschrift und Siegel* vorzuweisen.

Nun obsiegte aber in der nächsten Runde der Käufer Johann von Berchem. Er kam mit allen seinen Freunden und Anhang und forderte, der Rat sollte ihm die Häuser überschreiben («vor den radt myt allen synen vrunde myt groter partige vnde wolde de radt solde eme de huse toschriuuen»), aber der Rat lehnte dies zunächst ab. Darauf bot Berchem Bürgen an, und da die Freunde von Berchem Druck ausübten, gab der Rat am Ende nach und ließ Berchem die Bürgen benennen.[49] Die umstrittenen Häuser wurden Berchem sodann im Stadtbuch überschrieben, und er zögerte nicht, Margarethe aus dem Haus zu werfen, während deren Mann abwesend war. Hermann Greve hatte sich das Wohnrecht in einer Kammer ausbedungen.

1476 starb aber Berchem, die Partei Czirenberg klagte erneut, obsiegte und nun wurde 1476 die Witwe Berchem «mit den Kindern aus dem Hause gejagt, Hausrat und Brennholz auf die Straße geworfen, so dass vieles gestohlen wurde»[50]. Unter diesen Kindern befanden sich ein Sohn Johan (Hans) und eine Tochter Catharina.

Hiergegen wandte sich die Witwe Berchem, vertreten durch Iwan Borger, an den Kaiser in Wien. Sie erwirkte am 12. Mai 1478 ein Mandat zu ihren Gunsten.[51] Darin wurde dem Rat von Reval befohlen, ihre von Hermann Greve erworbenen und bezahlten sowie im Stadtbuch eingetragenen Häuser, die ihr der Rat von Reval widerrechtlich genommen habe, zurückzugeben.[52] Da der Rat nicht reagierte, trug Iwan Borger erneut beim Kaiser vor, die Stadt Reval habe Frau Berchem rechtswidrig das Haus und die Bürgerschaft entzogen. Daraufhin bevollmächtigte der Kaiser am 1. April 1479 Bischof Albert (II.) von Lübeck sowie die Dechanten und das Kapitel des Domstifts, die Parteien zu laden, anzuhören und rechtlich zu entscheiden.[53] Nachdem Hermann Greve 1480 die Angabe bestätigt hatte, er habe die Häuser an Johann Berchem verkauft und die Kaufsumme erhalten,[54] verurteilte Bischof Albert am 30. April 1481 die Stadt Reval und Diderick Czirenberg jun. zur Rückgabe der Häuser an die Witwe Berchem, zur Zahlung von Entschädigung und zur Übernahme der Prozesskosten.[55]

Der Rat von Reval erkannte dies jedoch nicht an; denn nicht das eigentlich zuständige Lübeck hatte entschieden, sondern ein vom Kaiser eingesetztes geistliches Schiedsgericht. Das wurde vom Rat von Reval als Eingriff in seine Kompetenzen und in den geordneten Rechtsgang zum Oberhof nach Lübeck verstanden. Deshalb schleppten sich die Prozesse zwischen der Partei Berchem gegen die Vormünder von Margarethe Czirenberg und ihren Sohn Diderick jun. ein volles Jahrzehnt weiter. Immer noch blieb unklar, wem die umstrittenen Häuser gehörten. Deshalb lehnte der Rat von Reval auch eine Beleihung der streitigen Häuser ab, bevor der Streit über das Eigentum beendet sei. Lübeck bestätigte dies 1491 und unterstrich, der Streit solle nach lübischem, nicht nach kaiserlichem oder geistlichem Recht entschieden werden.[56] Das war eine klare Zurückweisung der Einmischung des Kaisers und des Ordens.

Im folgenden Jahr 1492 trat auf der Seite der Witwe Berchem der Ratsherr Johan Gellinckhusen, ihr Schwiegersohn, in den Prozess ein. Er hatte die erwähnte Catharina van Berchem in zweiter Ehe geheiratet. Nun standen sich der Sohn Hans van Berchem jr., vertreten durch seinen Stiefvater Gellinckhusen auf der einen Seite, die Partei Czirenberg, jetzt vertreten durch die drei Herren Diederick Naschart, Marten Bokelman und Hans Gruter, gegenüber. Letztere sollten zur Sache aussagen, auch wenn die Gegenpartei für ihre Behauptungen weder Zeugen noch Eidesleistung angeboten hatte.[57] Weiter stritt man sich in einer Art von prozessualem Fingerhakeln über die Einsichtnahme von Urkunden, die im Stadtbuch einzusehen waren, zunächst in Reval, dann wieder in Lübeck. Die Lübecker antworteten, die Revaler mögen das so halten wie es bei ihnen immer gehalten werde («alse myt juw wontlik is»).[58]

Mit dem Tod von Margarethe Czirenberg im Jahr 1495 – sie starb mit 49 Jahren – veränderte sich die Prozesslage erneut. Jasper Nöteken erstellte ihr Nachlassinventar, wobei er von seinem Schwager, dem Erzbischof Michael von Riga unterstützt wurde. Auf der Seite der Familie Berchem agierte nun der Sohn Hans, vertreten durch den Ratsherrn Gellinckhusen. Auf der Seite der Czirenbergs war Diderick jun. in Bremen für mündig erklärt worden. Er trat mit seinem Onkel Nöteken sowie mit seinem bremischen Verwandten Hinrik Czirenberg auf. Im Hintergrund wirkte Erzbischof Michael, etwa indem er den Rat von Reval am 7. Juni 1496 aufforderte, Jasper Nöteken in die umstrittenen Häuser einzuweisen. Aber das tat der Rat von Reval nicht. Immerhin erkannte 1497 der Rat von Lübeck Diderick jun. als Kläger an und sagte ihm, er solle nun die Sache «zum ganzen Ende austragen»,[59] wohl von Bremen aus. Letzteres war wohl auch der Grund, warum die Prozessführung stockte; denn Gellinckhusen trug vor, die Gegner hätten sich lange Zeit um die streitbefangene Sache nicht gekümmert, hätten nicht geantwortet oder antworten wollen, obwohl vielmals aufgefordert. So mag auch die Lübecker Entscheidung besagen, Diderick Czirenberg jun. solle sich um Beendigung des überlangen Prozesses bemühen. Der Revaler Rat stimmte der Prozessführung durch den nun mündigen Diderick zu, wollte aber Jasper Nöteken nicht aus dem Prozess entlassen.

So traf man sich erneut am 11. September 1499 in Lübeck, Gellinckhusen auf der einen Seite, die Herren Johan Gruter und Merten Boclem als «vormundere der Czirenbergeschen in god vorstoruen ... vann wegen der twistigen sake etliker husere ... in der Susterstraten» auf der anderen Seite, um eine gütliche Einigung zu erreichen. Aber diese Einigung gelang zunächst nicht. Auch der wiederum von der Czirenberg-Partei 1499 angerufene Rat von Lübeck (man wolle die Schriftstücke aus dem Revaler Bestand vorgelegt haben) weigerte sich zu entscheiden und vermerkte, dass es in dieser Sache viel «Rechtsgang», Irrungen und Kosten gegeben habe.[60]

Aber es war inzwischen klar, dass der Verkauf der Häuser von Greve an Berchem rechtsgültig war. Das Eigentum war übergegangen und Berchem hatte bezahlt. Drei Monate später, am 20. Dezember 1499, gelang es Gellinckhusen in Reval, die Häuser und alle nachgelassenen Güter in Besitz zu nehmen. Damit war er zwar noch nicht Eigentümer geworden, aber er hatte die wichtigste strategische Position gewonnen.

Nun wandte sich Diderick Czirenberg jun. wieder an den Rat in Bremen, wo er inzwischen wohnte, und bat um Hilfe. Im Jahr 1500 erklärte der Erzbischof von Bremen, er vertrete die Rechte von Diderick Czirenberg jun., während der Erzbischof von Riga für die Rechte Jasper Nötekens, seines Schwagers, auftrat.[61] Aber dies hatte keine prozessuale Bedeutung mehr, sondern war die Erklärung, wer in den abschließenden Verhandlungen zu sprechen berechtigt war. So kam es schließlich und endlich zu einem Ende der Prozesse. Johan Gellinck- husen wurde Eigentümer der umstrittenen Häuser und Güter in der Süsterstrade (Lai 29) und er bekundete am 31. Oktober 1501, er habe sich mit Jasper Nöteken geeinigt und man habe es beschworen, bei Ehre und Treue, dass dieser bekommen solle «tho midtsomer ander- halffhundert mark unnd daenn alle jar int jar die einhundert unnd int jar ver einhundert und int jar vifffe (!) einhundert unnd int jar sesse einhundert, is sesthalleffhundert mark».[62] Damit schien die Sache endlich ausgestanden. Gellinckhusen wurde 1502 noch Bürgermeister von Reval, verstarb aber 1504. Aber noch eine Generation später scheint es Misstrauen gegeben zu haben, ob alles mit rechten Dingen zugegangen sei; denn 1532 verlangte jener Ratsherr Hinrik, «de Czyrenberge van Bremen», wie man 1499 in Lübeck geschrieben hatte, das soeben zitierte Abschlussdokument zu sehen, das Gellinck- husen und Jasper Nöteken im Namen von Diderick Czirenberg d. J. geschlossen hatten.

V.

Das Ende der Hauptfiguren dieser Geschichte war höchst unterschied- lich.

Der ehemalige Ratsherr Hermann Greve, dessen Unglück 1463 mit dem Tod seiner Frau und 1464 mit dem Tod seiner Kinder durch die Pest begonnen hatte, war, geistlich beherrscht durch Johann von Hilten, eine Person ohne Amt und Einfluss geworden. Er wohnte, wie Johansen annimmt, ab 1471 weiter in der Kammer in seinem Haus, zusammen mit der Witwe Berchem und deren Kindern. Als aber diese Familie aus dem Haus verdrängt wurde, konnte er dort nicht länger bleiben. Ob er im Land herumwanderte und als Laie predigte, wofür es Hinweise gibt, dabei aber weiter in Reval wohnte, ist unsicher. Johansen nimmt an, er habe unter geistlicher Bevormundung gestanden und sei vielleicht sogar in Haft gewesen. Jedenfalls starb er 1490 in Reval, während seine mit ihm verfeindete Stieftochter Margarethe ihn um neun Jahre überlebte.

Margarethe selbst, die im gesamten Prozessverlauf nicht selbst als Handelnde auftreten konnte, bleibt als Person kaum erkennbar. Sie war als Stieftochter bei Hermann Greve aufgewachsen. Da sämtliche Geschwister starben, musste sie früh Verantwortung übernehmen. Über ihre Eheschließung entschieden nach damaligen Gepflogenheiten die Männer der Familie, in ihrem Fall die Vormünder. Sie akzeptierte das zwar, versuchte aber, unterstützt von dem das Haus verwirrenden Priester, mit der Beziehung zu Diderick einen eigenen Weg zu gehen. Dass sie dabei zugunsten des Priesters vielleicht zeitweise schwankend wurde, scheint die Quelle anzudeuten, die berichtet, nun – nach der Affäre mit den Liebesbriefen – sei das Ehepaar wieder «freundlich» miteinander umgegangen. Die Verstimmung mag auch am Misstrauen ihres Mannes gelegen haben, der den Priester plötzlich als Störer seiner Ehe wahrnahm. Jedenfalls war ihr Verhältnis zum Stiefvater Greve unheilbar zerrüttet, als dieser versuchte, das Ehepaar aus dem Haus zu drängen, indem er sein vor dem Rat gegebenes Versprechen brach und das Haus heimlich verkaufte. Schließlich kämpfte das Ehepaar mit Erbitterung und mit großem Geldverlust um die beiden Häuser, sicher nicht nur aus Egoismus, sondern auch, um es dem Sohn Diderick jun. zu hinterlassen. Folgt man den knappen Informationen und dem Prozessverlauf, dann kann man sich doch eine früh selbständig gewordene, energische und auf ihre Rechte pochende Frau vorstellen. Vielleicht war sie aber auch durch die Auseinandersetzungen, die ihr Leben seit dem 18. Lebensjahr begleiteten, erschöpft und resigniert. Wir wissen es nicht. Nur dass der charismatische Mönch sich zu Margarethe hingezogen fühlte, ist sicher. Er ging als Geistlicher mit seinen Liebesbriefen ein hohes Risiko ein. Von seiner Seite war es wohl wirkliche Leidenschaft, nicht nur taktisches Kalkül um die Macht im Hause und in der Stadt.

Johann von Hilten war, wie gesagt, 1471 aus Reval ausgewiesen und vor dem geistlichen Gericht in Dorpat angeklagt worden. Johansen vermutet, dass dieser Klage die mit Blut geschriebenen Briefe an Margarethe als Beweisstücke beigelegt wurden. Auch seine aufrührerischen Reden, die Kritik am Mönchswesen und die in Reval erzeugte Unruhe waren Anklagepunkte.[63] Dennoch ist Hilten 1472 in Dorpat zum Lektor des Klosters gewählt worden, für einen Angeklagten ein auffälliger Vertrauensbeweis.[64] Aber nachdem seine Anhänger in Reval nach und nach verstarben und sein Einfluss auch im Rahmen der Streitigkeiten zwischen den Deutschordensmeistern Johann Wolthusen von Herse, der 1472 ermordet wurde, und seinem Nachfolger Bernd von der Borch einerseits, den Bischöfen von Reval, Dorpat und Riga andererseits nachließ, setzte man Hilten 1477 im Gefängnis fest und sorgte für seinen Rücktransport nach Weimar.[65] Im dortigen Franziskanerkloster blieb er in Haft. 1499 wurde er in das Franziskanerkloster Eisenach verlegt, wo er mehreren Berichten zufolge 1500 starb, während Zedler als Vermutung mitteilt, er solle dort 1502 verhungert sein.[66]

VI.

Die 1517 in Gang gesetzte und von da an bis zum Wormser Reichstag von 1521 rasch um sich greifende «Reformation» Luthers erreichte ohne Zeitverzug auch Livland. Schon 1523 wurden erste Predigten der neuen Richtung in der Olaikirche gehalten, 1525 wurde die erste Kirchenordnung erlassen, der Deutsche Orden säkularisiert und als neuer Landesherr von der Stadt anerkannt. So geschah es in zahllosen Gemeinden Nord- und Mitteleuropas. 1529 erschienen Luthers Großer und Kleiner Katechismus, es fand das Religionsgespräch in Marburg statt, das dann Lutheraner und Zwinglianer trennte, aber Luther, der thüringische Reformator Friedrich Myconius (1490–1546), ein ehemaliger Franziskanermönch,[67] und Melanchthon, trafen sich in diesem Jahr auch in Eisenach.

Bei diesem Treffen erzählte Friedrich Myconius (1490–1546), ein ehemaliger Franziskanermönch aus dem Kloster Annaberg im Erzgebirge, etwas über das Leben, Wirken und den Tod seines Ordensbruders Johann von Hilten. Luther und Melanchthon waren höchst interessiert. Sie schrieben beide am 17. Oktober 1529 in getrennten Briefen an Myconius,[68] wobei Luther besonders dringend um genaue

Nachrichten über Hilten bat, und zwar mit allen Einzelheiten und so bald wie möglich.[69] Myconius antwortete Luther am 31. Oktober 1529, worauf ihm Luther am 7. November 1529 von Wittenberg aus dankte. Myconius legte dann in einem langen Brief vom 2. Dezember 1529 nieder, was er über Hilten in Erfahrung gebracht hatte,[70] nämlich Hilten (Iltenius) habe den Livländern derartig gepredigt, dass sie meinten, «einen Engel zu hören, was alle bestätigten, die ihn sahen oder hörten» (*Fuit Iltenius ille tantus olim apud Livonios, quibus praedicavit, ut angelum se audisse putarent, quotquot concessum fuit, illum videre et audire*). Ein Franziskaner H. S. aus Langensalza, dessen Bericht Myconius beilegte, habe auch berichtet, Hilten sei in milder Haft im Kloster in Weimar gehalten worden, krank geworden und einen Monat vor seinem Tod (um 1500) in die Krankenstube des Eisenacher Klosters überführt worden. Dort habe er die Sakramente empfangen, Guardian Dr. Heinrich Küne sei dabei gewesen. Hilten habe die Brüder um Verzeihung für seine Widersetzlichkeit gebeten, aber sich geweigert, seine Prophezeiungen zu widerrufen.[71] In der Beilage jenes H. S. hieß es noch, er habe Hilten sterben sehen, und er sei ein *«vir ... grandevus etate, procerus statura, camiciei venerabilis, litterarum avidus»* gewesen, hochbetagt also, von hoher Statur, ehrwürdig in seinem Ordensgewand und an Wissenschaften interessiert. Am 2. Dezember konnte Myconius aus Gotha auch jenes «Buch», einen Kommentar zur Prophetie Daniels, an Luther senden, das er von einem Mönch bekommen habe. Dieser wolle es aber zurückhaben. Myconius legte diesem Brief auch einen Brief von Pastor J. Bartolus an Pastor J. Cornerius bei, in dem Aussagen von Arnstädter Mönchen zu Hilten enthalten waren.[72]

Luthers Interesse an Johann von Hilten war verständlich. Es ging um die Prophezeiungen Hiltens, die dieser um 1485 in Klosterhaft niedergeschrieben oder diktiert hatte: denn Hilten hatte jenem Kommentar zur Prophetie Daniels die Vorhersage angefügt, die Türken würden um 1600 Italien und Deutschland beherrschen, 1606 werde die Herrschaft von Gog und Magog anbrechen und das Ende der Welt werde im Jahr 1651 eintreten.[73] Insbesondere aber sagte er, im Jahr 1516 werde ein anderer (*alius quidam*) erscheinen, der unwiderstehlich sei und dem Mönchstum ein Ende bereiten werde.[74] Letzteres war für Luther, der noch zu Lebzeiten Hiltens in Eisenach zur Schule gegangen war, interessant genug, zumal er sich vorstellen konnte, selbst als jener «quidam» gemeint zu sein. In seinen Tischreden machte er den Zusammenhang deutlich: «Aber nun mus Joan Huss gerochen werden secundum prophetiam Ioannis Hilten in Eisennach, qui etiam nostro tempore occisus est; qui in morte dixisse fertur: Alius venit, et videbitis eum. Illa prophetia facta est me adolescente.»[75] Luther verschärfte also den Bericht, indem er behauptete, Hilten sei – wie Johann Huss – umgebracht worden und diese Prophezeiung sei in seiner Jugend geschehen.

Auch Melanchthon las den Bericht des Myconius und das von diesem übersandte Manuskript. Da er zwischen 1526 und 1529 selbst an einem Kommentar zum Buch Daniel schrieb,[76] berichtete er am 18. Mai 1552 in einem Brief an seinen in Joachimsthal lehrenden Schüler Johannes Mathesius (1504–1565), er habe das Manuskript Hiltens gesehen, und er fügte hinzu, nachdem er die Prophezeiungen Hiltens referiert hatte, es gebe eine eigenhändige Handschrift Hiltens: Exstat *cheirographon* huius viri.[77] Dieses Manuskript gelangte dann aus dem Besitz des Arnstädter Klosters über die Bibliothek des Heidelberger Hofpredigers Abraham Scultetus (1566–1624)[78] in die Bibliothek des Vatikans, wo es sich heute noch befindet.[79]

Melanchthon nutzte den Einblick in das Manuskript Hiltens sowie die positiven Auskünfte über dessen Frömmigkeit in seiner 1531 erstmals erschienenen Verteidigung der Confessio Augustana. Dort schrieb er, den Mitteilungen des Myconius folgend, in Art. XXVII (Von den Klostergelübden), es habe vor etwa 30 Jahren einen Barfüßermönch mit Namen Johannes Hilten in Eisenach gegeben. Er sei von den Mitbrüdern eingekerkert worden, weil er gegen Missbräuche des Klosterlebens gefochten habe. Er sei aber ein christlich und schriftgemäß lebender Mann gewesen und habe auch so gepredigt. Er sei fromm, alt und still, redlichen ehrbaren Wesens und Wandels gewesen, in seiner Krankheit habe er den Guardian gerufen, der habe ihn aber grob und abweisend behandelt. Daraufhin habe Johannes Hilten ernst gesagt: «Es wird ein anderer Mann kommen, wenn man schreibt 1516, der euch Mönche tilgen wird, und der wird euch wohl bleiben, dem werdet ihr nicht widerstehen können». Die Zahl 1516 habe man dann auch in seinen anderen Schriften, vor allem im Daniel-Kommentar gefunden.[80]

Die nun folgende Berichterstattung in den Schriften des Luthertums schwankt. Einmal wird behauptet, Luther sei in seinen frühen Eisenacher Jahren noch Schüler von Hilten gewesen,[81] ja Luther habe dies selbst berichtet. Andere sagen, das könne doch nicht stimmen; denn Hilten sei erst 1499, kurz vor seinem Tod, von Weimar nach Eisenach gebracht worden und in Haft geblieben. Schon deshalb habe er keinen Unterricht geben können. Die Zahl 1516 könne so erklärt werden, dass sie den traditionell angenommenen 1516 Jahren zwischen dem Auszug der Kinder Israel aus Ägypten und Christi Geburt spiegelbildlich entspreche, also auf Hiltens Glauben an die Symmetrie der Heilsgeschichte beruhe. Ein verlässlicher Prophet sei übrigens Hilten nicht gewesen; auch andere seiner Prophetien seien falsch.[82]

Aber das bedeutete nun für die Reformationsgeschichte nichts mehr Entscheidendes. Durch die Erwähnung in Melanchthons Apologie des Augsburger Bekenntnisses war Johann von Hilten zu einem gottesfürchtigen prophetischen Vorläufer des Luthertums geworden, ein Zeuge der Wahrheit (*testis veritatis*), wie sich später der orthodoxe Lutheraner Nicolaus Rebhan (1571–1626) ausdrückte.[83] Alle anderen Details seines problematischen Lebens, insbesondere die Vorgänge in Reval, schienen nun vergessen. Seine Rolle als verliebter Priester bei der Heirat von Margarethe Büddinck, seine Herausforderung Gottes beim Tod der Kinder und Stiefkinder von Hermann Greve, sein offenbar schwer zu zügelnder politischer Ehrgeiz, die von ihm verursachte Unruhe und Zwietracht in Reval und Dorpat sowie die Verurteilung durch den Orden waren vergessen oder verschwiegen, wurden aber wohl auch als Beleg dafür genommen, dass Fromme viel leiden müssen. Seine Klosterhaft diente gewissermaßen als eine Art Märtyrerkrone. Bei der Interpretation der Nachrichten über sein Leben, als deren Kernpunkt für die Protestanten das autoritative Wort Melanchthons stand, teilten sich die Meinungen. Die einen glaubten weiterhin daran, es sei Gott jederzeit möglich, seine Absichten durch besonders begnadete Propheten verkünden zu lassen. Die anderen betrachteten das Auftreten neuzeitlicher Propheten eher kritisch-rationalistisch, gaben auch die Zahlenmystik auf und gewannen in der Theologie der Aufklärung letztlich die Oberhand.

2. Löwe und Fuchs

Eine politische Maxime im Frühabsolutismus

I.

Von dem spartanischen Feldherrn Lysander († 395 v. Chr.) berichtet Plutarch, er habe sein politisches Handeln mit der Maxime gerechtfertigt: «Wo das Löwenfell nicht zureicht, muß man den Fuchspelz anziehen.»[1] Lysander steht bei Plutarch neben dem römischen Diktator Sulla, und beide werden vorgestellt als löwenähnliche politische Kraftnaturen, die aber durchaus in der Lage gewesen seien, auch eine gewisse «füchsische» Verschlagenheit zur Erreichung ihrer Ziele einzusetzen. Beide handeln nach dem Grundsatz, dass dem Starken die List und dem Listigen die Stärke jeweils nach Bedarf zu Hilfe kommen müsse.

Die zugrunde liegende ethisch-politische Problematik, ob die Politik den Geboten der Gerechtigkeit und der Religion unterworfen sei, ob sich das «Gerechte» als das dem Starken Zuträgliche definieren lasse,[2] ob und inwieweit Täuschung und Betrug in der Politik um eines gerechten Zieles willen erlaubt seien, gewann mit dem Zerfall der mittelalterlichen Glaubens- und Ordnungseinheit neue Virulenz. Die beiden großen Epochen des europäischen «Individualismus», Antike und Renaissance, traten nicht nur ästhetisch, sondern auch in Fragen der politischen Ethik in neue und vertiefte Beziehungen. Die Herausbildung unabhängiger «Staaten» aus der Einheit der «Respublica christiana»,[3] die zur Souveränität führenden und aus älteren kanonistischen Vorlagen entwickelten Formeln vom «Rex, qui superiorem non recognoscit in terris»[4] kündeten sowohl die Personifizierung des Staates als eines eigenständigen handlungsfähigen «Individuums» als auch den Aufstieg des einzelnen «Politikers» als geschichtsmächtige Figur an. Mit der Entwicklung des neuzeitlichen europäischen Staatensystems

ging daher auch ein zunehmender politischer Subjektivismus und Vo-
luntarismus einher. Indem die politische Aktion das normative Gefüge
der abendländischen Ordnung sprengte, gewannen auch der heroische
Einzelne und seine Willensentschlüsse an Gewicht. Seine persönlichen
Eigenschaften (Kraft, Mut, Friedensliebe, Rücksichtslosigkeit, Verschlagenheit usw.) konnten Krieg oder Frieden bedeuten und rückten
deshalb ins Zentrum der politischen Ethik. Je weniger dem überlieferten christlichen Normkodex Entscheidungsregeln des politischen
Handelns zu entnehmen waren, desto wichtiger wurde offenbar die
Steuerung des einzelnen «Souveräns» durch die Fürstenspiegel[5] und
neue übergreifende Ordnungssysteme. Wichtigstes neues System ist das
Völkerrecht,[6] das bezeichnenderweise dort konzipiert wurde, wo eine
junge Republik mit überseeischen «internationalen» Interessen die
Bindung an das alte Reich abgeschüttelt hatte (1581).

Die wissenschaftliche Lehre von der Politik und das moderne Völkerrecht haben so nicht ohne Grund deutliche Zäsuren ihrer Entwick-
lungsgeschichte dort, wo – in dramatischer Verkürzung – die für die
Neuzeit entscheidend gewordenen Ereignisse sich häuften.[7] Die Entdeckung der Neuen Welt (1492), der Beginn der Kämpfe um Italien
(1494), die Reformation (1517), der Wandel der Heeres- und Belage-
rungstechnik, der Aufstieg der neuen Handelshäuser in der Politik[8]
und der Beginn des Frühabsolutismus drängen sich auf wenige Jahre
zusammen. Auch räumlich ist der Schauplatz eng. Vor allem in Italien
entwickelten sich früher als anderswo Elemente einer Staatstheorie auf
empirischer Basis, setzte sich ein von der aristotelischen Politik und
der Scholastik abgelöster Politikbegriff und eine am schöpferischen
Individuum orientierte Entwicklungsidee der Geschichte durch. Dabei
leistete die verwandelnde Aneignung der antiken Quellen unschätz-
bare Hilfe.

II.

Im politischen Denken dieser Zeit nimmt seit jeher unbestritten
Niccolò Machiavelli (1469–1527) eine Schlüsselstellung ein. Er ist der
«Wegebahner des modernen kontinentalen Machtstaates» (G. Ritter).

Er gilt als der eigentliche Begründer der Lehre von den Staatsinteressen, d. h. der Autonomie politischer Entscheidungen gegenüber den Geboten der Moral, der Religion und des Rechts. «Das grundsätzliche Neue in Machiavellis politischer Theorie bestand darin», so fasst Wolfgang Preiser im *Wörterbuch des Völkerrechts* zusammen, «dass er lehrte, im Falle einer anders nicht zu lösenden Kollision zwischen den Geboten der Moral oder des Rechts auf der einen Seite, elementaren Interessen der Machtbewahrung im Innern oder der Erhaltung des Staates gegenüber äußeren Gegnern andererseits dürfe, ja müsse der leitende Staatsmann Moral und Recht hinter der – bald danach von seinem Landsmann Francesco Guicciardini erstmals so genannten – «Staatsräson» zurücktreten lassen; keine moralische oder vertragliche Bindung dürfe eine Rolle spielen, wenn die politische Notwendigkeit verlange, dass man sich von jenen Bindungen freimache. Erst auf dieser Grundlage konnte sich der Staat der Neuzeit zu jenem «selbstzweckhaften» extrem souveränen Gebilde entwickeln, dessen internationale Bindungen entweder überhaupt nicht als rechtliche aufgefaßt wurden oder doch nach den Grundsätzen der Clausula rebus sic stantibus im konkreten Fall leicht abzustreifen waren.»[9]

Es ist deshalb nicht überraschend, dass die eingangs genannte Maxime des Lysander bei Machiavelli wieder auftaucht und von ihm zu einer besonders knappen und plastischen Metapher des «modernen Fürsten» verdichtet wird. In dem für die Nachwelt so anstößigen Kapitel 18 des *Principe* (1513)[10] sagt er zur Frage der Bindung des Fürsten an das gegebene Wort, ein Fürst müsse «verstehen gleicherweise die Rolle des Tieres und des Menschen durchzuführen. Diese Lehre haben die Schriftsteller des Altertums den Fürsten verhüllt gegeben, wenn sie berichten, daß Achilles und viele andere Fürsten der Vorzeit dem Zentaur Chiron zur Erziehung anvertraut wurden. Daß ein Fürst einen Lehrmeister bekommt, der halb Mensch halb Tier ist, soll nichts anderes heißen, als daß er verstehen muß, die Natur beider zu vereinigen, und das eine allein keinen Bestand hat. Da also ein Fürst imstande sein muß, die Natur eines Tieres anzunehmen, so muß er sich den Fuchs und den Löwen aussuchen; denn der Löwe ist wehrlos gegen Schlingen, der Fuchs gegen Wölfe. Man muß also Fuchs sein, um die Schlingen zu kennen und Löwe, um die Wölfe zu schrecken. Diejenigen, die sich einfach nach dem Löwen richten, verstehen ihre Sache schlecht.»[11] Wer immer sein Wort halten wollte, käme angesichts der Schlechtigkeit der Menschen zu Schaden; deshalb: «wer am besten verstanden hat den Fuchs zu spielen (usare la golpe) ist am besten weggekommen. Man muß nur verstehen, der Fuchsnatur ein gutes Aussehen zu geben (bene colorire) und ein Meister sein in Heuchelei und Verstellung.»[12] Kurz darauf bezieht sich Machiavelli bei Bemerkungen zu Kaiser Septimius Severus (146–211 n. Chr.) nochmals hierauf: «Da er als neu zur Herrschaft gelangter Fürst Großes verrichtete, will ich kurz darlegen, wie ausgezeichnet er es verstand, den Fuchs und den Löwen zu spielen, die der Fürst, wie oben gesagt, beide zum Vorbild nehmen muß.»[13]

Die in die Metapher von Löwe und Fuchs gekleidete Maxime, der politisch Handelnde müsse Kraft und Intelligenz, Stärke und List, Mut und Kalkül verbinden, ist nicht nur von der unübersehbaren Machiavelli-Literatur der Neuzeit,[14] sondern auch von den Zeitgenossen als besonders aufschlussreich bzw. decouvrierend für Machiavellis Denken empfunden worden. Indem man seine Lehre in gröbster Vereinfachung auf diese Sätze konzentrierte, war es einfach, ihn zum zweckorientierten amoralischen Pragmatiker der Macht zu stempeln. Die lange Kette der Machiavelli-Deutungen in politischer Absicht nimmt hier ihren Anfang.

Vor der Frage nach Reaktionen auf jene Maxime wäre zu klären, aus welcher Quelle sie Machiavelli geschöpft hat. Sowohl die Verwendung einer sprichwörtlichen Redensart[15] als auch die direkte Übernahme aus Plutarch sind möglich. Sichere Aussagen sind hierbei schwer zu gewinnen, doch gibt es Anhaltspunkte: Während seiner zweiten diplomatischen Mission zu Cesare Borgia nach Imola, die sich von Oktober 1502 bis Januar 1503 hinzog, beschaffte sich Machiavelli die griechisch-römischen Biographien Plutarchs in einer lateinischen Übersetzung aus Venedig.[16] Cesare Borgia, das Urbild des zugleich mutigen und verschlagenen Herrschers («ich wüßte für einen neuen Fürsten keine besseren Lehren als das Beispiel seiner Taten»[17]), beeindruckte Machiavelli tief und zwar gerade durch die Skrupellosigkeit seines Wechsels zwischen Stärke und List.[18] Die heimtückische Ermordung seiner Gegner im Winter 1502/03 – hierüber hat Machiavelli im so genannten *Valentino* berichtet[19] – zeigten, wozu dieser Mann auf dem Gipfel seiner Macht fähig war. Machiavelli kommentierte die Ereignisse mit dem Hinweis, Cesare Borgia habe angesichts des damaligen Kräfteverhältnisses, um weiter voranzukommen, zur «List» gegriffen, und er betonte abschließend: «Wenn ich alle Taten des Herzogs zusammenfasse, so wüßte ich nichts an ihm auszusetzen, vielmehr kann man ihn füglich, wie ich auch getan habe, für alle als Vorbild hinstellen, die durch Glück und fremde Waffen zur Herrschaft gelangt sind. Wer also lernen will, in seinem neu begründeten Fürstentum mit seinen Feinden fertig zu werden, sich Freunde zu verschaffen, durch *Gewalt oder List* den Sieg zu erringen ... der kann keine näherliegenden Beispiele finden als die Taten Cesare Borgias.»[20] Auf diesem Hintergrund muss die Lektüre von Plutarch im Winter 1502/03 und die dort überlieferte Maxime Lysanders von erregender Aktualität gewesen sein. Da Machiavelli die antiken Autoren nicht als gelehrter Philologe studierte, sondern sie produktiv in politische Theorie umzusetzen versuchte,[21] konnten Lysander und Sulla unschwer mit Cesare Borgia in eine Linie gebracht werden. Die Annahme ist naheliegend, dass sich bei Machiavelli das Bild von «Löwe und Fuchs» aus Plutarch mit den Zügen Cesare Borgias verbunden hat. Die Sentenz Lysanders im 18. Kapitel des *Principe*, so lässt sich wohl mit ziemlicher Sicherheit sagen, stammt aus der Plutarch-Lektüre jenes Winters 1502/03.

III.

Nun zu den Reaktionen der Zeitgenossen auf «Löwe und Fuchs». Bereits der erste prominente Kritiker Machiavellis, der englische Kardinal Reginald Pole, bezog sich sieben Jahre nach Erscheinen des *Principe* im Druck (1532) auf die hier ins Auge gefaßte Passage.[22] In seiner 1539 verfassten *Apologia ad Carolum Quintum Caesarem*[23] warnte er die Fürsten und Nationen Europas vor dem von der Hand des Satans geschriebenen Buch, weil sein Autor empfohlen habe, Religion und Tugenden nur zu heucheln um des politischen Effekts willen, sie «sozusagen als Mausefalle zum Fangen der Hausmäuse» zu gebrauchen.[24] Dann fasste er Machiavellis Lehre zusammen: «Der Fürst solle zunächst die Rolle des Löwen, dann die des Fuchses spielen. Diese beiden Tiere nennt er nämlich und formt seinen Fürsten nach ihrem Bild; denn er zieht die auf Furcht gegründete Herrschaft der auf der Zuneigung (des Volkes) gegründeten als nützlicher, sicherer und leichter vor. Der Rolle des Löwen weist er den ersten Rang zu, sie bildet gleichsam die Grundlage, während er nach Bedarf dem Fuchs den Rest überläßt, so daß sie sich abwechseln; wo der dem Fuchs eigentümliche Betrug nichts vermag, öffnet die Gewalt des Löwen einen Ausweg; wo offene Gewalt weniger zu vermögen scheint, wird der Fuchs wie durch unterirdische Gänge eingeführt.»[25] Wer wie Machiavelli, so schloss Pole in beschwörendem Ton, dem Betrug das Wort rede, liefere die Menschheit der Herrschaft von Fürsten aus, die wilden Tieren glichen: «Tut der dies etwa nicht, der die Regierungsgewalt der Wildheit des Löwen und der List des Fuchses ausliefert?»[26]

Der nun intensiv einsetzende Antimachiavellismus gegen den «unreinen und verbrecherischen Schreiber» (Bischof Osorius 1542), den «dannato autore»,[27] der gelehrt habe, nichts sei unrecht was nütze,[28] wiederholt in der Regel die von Pole genannten Argumente. Wesentlich ist weniger die Ruchlosigkeit der Mittel, von denen Machiavelli in sachlichem Ton spricht, als die Tatsache, dass die Entscheidung über ihren Einsatz von der aktuellen Konstellation der Interessen und nicht von den Geboten der Kirche abhängen solle. Die posthume Verdammung dieses Autors (Römischer Index 1559; Index des spanischen Generalinquisitors 1583)[29] gehört zur Frontbildung der Gegenreformation, dann aber auch zur ständischen Opposition gegen den aufsteigenden Absolutismus. Beide bedienen sich Machiavellis gewissermaßen als Phantomgegner, um die antikatholischen bzw. antiständischen «Politici» in seinen Dunstkreis zu bringen. Letztere werden als verderbliche Sekte, die sich in den meisten europäischen Ländern festgesetzt habe, vorgestellt. Innocent Gentillet behauptet 1576 erbittert, es seien «Machiavelistes (Italiens ou Italinisez)», die Frankreich regierten. Sein deutscher Übersetzer spricht 1580 von «Machiavelliten»,[30] und etwa gleichzeitig setzt sich der Ausdruck auch in Spanien und England durch. Sittenverfall, Entrechtung der Stände, Abwendung von der wahren Religion, skrupelloses politisches Handeln von Vertragsverletzungen bis zur Bartholomäusnacht werden dieser «Sekte» angelastet.

Immer wieder in dieser ganz Europa erfassenden und etwa von 1550 bis 1650 reichenden Auseinandersetzung spielt die Maxime Lysanders von «Löwe und Fuchs» eine Rolle. So zahlreiche Autoren kommen darauf zu sprechen, dass man vermuten darf, einen Knotenpunkt im Denken jener Zeit über Recht und Moral der Fürsten gefunden zu haben. Je mehr die Fürsten in dieser Phase der Entstehung des modernen Staates Macht akkumulierten, desto dringlicher wurde die Frage, welche Ziele ihnen vorgegeben oder vorzugeben seien und welche Mittel von ihnen eingesetzt werden dürften. Sie gipfelte in der Alternative zwischen dem *«princeps christianus»* und jenem von Machiavelli empfohlenen Mischwesen, das fähig sein sollte, «gleicherweise die Rolle des Tieres und des Menschen zu spielen».[31]

Der entschiedenste Verfechter des Leitbildes vom *princeps christianus*, der spanische Jesuit Pedro de Ribadeneira, stellte die Beziehung zwischen Lysander und Machiavelli, die Pole offenbar nicht bewusst war, mit Deutlichkeit wieder her. Bei der Erörterung der Frage, ob Betrug *(dissimulatio)* erlaubt sei, zitierte er zunächst ein Wort Ludwigs XI. von Frankreich («nescit regnare, qui nescit dissimulare») und meinte dann, zum Kern der Sache führe jener Ausspruch des spartanischen Feldherrn Lysander – er habe zu jenen Politikern gehört, die Gerechtigkeit und Nutzen vermischten –, wenn der Fürst sich nicht mit der Löwenhaut bedecken könne, müsse er den Fuchspelz nehmen, ein Rat, den Machiavelli oft wiederholt und gelobt habe.[32] Immerhin war hier Machiavelli nicht mehr isoliert, sondern wurde einem von der Antike bis in die Gegenwart reichenden Denktypus zugeordnet. Gleichzeitig werden aber die «Politiker», die Schüler dieses «schlechten Menschen und Gehilfen des Teufels», als neue und besonders verderbliche Sekte gebrandmarkt: ihnen fehle die Scheu vor der Religion, sie fragten nicht nach wahr oder falsch, sondern danach, «si es proposito para su razon de Estado», und außer auf Machiavelli beriefen sie sich vor allem auf Tacitus, Jean Bodin, De la Noue und Duplessis-Mornay.

Was nun den Betrug anging, so gab es in der Sache doch eine gewisse Annäherung an Machiavelli. Ribadeneira verwarf zwar die Lüge als Mittel der Politik, akzeptierte dann aber doch das Verschweigen von Staatsgeheimnissen: «Keine Lüge ist das Verschweigen und Verbergen in Rat und Tat als größtes Geheimnis (wie man es bei der Regierung der

Staaten tun muß).»[33] Sogar eine Lüge, vorgebracht ohne Bosheit und aus gewichtigen Ursachen zum Vorteil des Gemeinwesens, soll erlaubt sein, aber gleichsam nur als Gegengift und vor allem gegen unchristliche Fürsten.

Kurz zuvor hatte auch der gewandte und gelehrte Italiener Giovanni Botero eine ähnliche Linie eingeschlagen. Indem er kirchliches Interesse und «Ragion di stato» engstens aneinanderrückte, christianisierte und entschärfte er Machiavellis Lehre.[34] Auch ihm ist allerdings die Geheimhaltung der «Arcana» selbstverständliches Gebot. Kriegslisten sind erlaubt und notwendig: «So auch jener vernünftige und höchst scharfsinnige Spartaner Lysander, der ebenso viel durch Strategie wie durch Kraft und Hilfsmittel bewirkt hat. Einem, der ihm dies vorwarf, antwortete er ‹wenn das Löwenfell nichts nützt, muss man das Fuchsfell anziehen›.»[35] Für Friedenszeiten rückte Botero aber von der Maxime Lysanders ab, die, wie er mit Seitenblick auf Machiavelli sagte, oft verherrlicht worden sei. Dass sich dieser Seitenblick nur auf den *Principe* bezog, lehrt die mit dem *Principe* unvereinbare Stelle aus Machiavellis *Discorsi*: «Betrug ist überall schändlich, nur im Krieg ist er lobenswert und rühmlich.»[36]

Die Spannung zwischen den reinen Grundsätzen von Religion, Recht und Moral und der schmutzigen Praxis beschäftigte alle diese Autoren. Stets ging es um die Bestimmung der «Ausnahmen» von den allgemeinen Tugend- und Rechtsregeln aus Gründen der «Necessitas», des «bonum commune» und der «ratio status». Wichtigste Grundlage für die Entscheidung dieser Probleme waren Kenntnis und Handhabung der «Prudentia politica» (Weltklugheit), die zur Vermeidung extremer Lösungen riet. Weder Lobredner des Verbrechens noch praxisferner und wirkungsloser Moralist zu sein, war das Ziel der Gratwanderung in diesem Gelände. Besonders typisch ist hierfür Justus Lipsius in seiner ebenfalls 1589 erschienenen *Politik*.[37] Es ist eine Bestätigung der hier verfolgten Spur, dass er gerade bei der Erörterung der Zulässigkeit von List und Betrug sowohl auf Lysander wie auch Machiavelli Bezug nimmt. Gemäß seiner Lehre von der «prudentia mixta», die gegen den kleinen Betrug nichts einzuwenden hat, die den mittleren Betrug um guter Zwecke willen duldet, und nur den groben und großen Betrug verwirft (*Politik* IV, 14), zitierte er zustimmend die alte Maxime: «Ubi Leonina pellis non pertingit, oportet Vulpinam assuere», was sein deutscher Übersetzer Melchior Haganaeus 1599 in die Worte bringt: «Und nach Lysandri der Lacedämonier Königs meynung: Muß man alda ein Fuchsbalch mit anflicken/da die Löwenhaut nicht zureichen wil.» Auch Pindars Lob eines Mannes, der im Streit ein Löwe, bei der Beratung ein Fuchs war, wird zustimmend angefügt.

Lipsius, der schon in der Vorrede seiner *Politik* ein Bekenntnis zu Machiavelli abgelegt hatte, ging an dieser durch das Zitat des Lysander bezeichneten Stelle nochmals auf ihn ein: erfahrene Leute, meinte Lipsius, müßten die Empfehlung, zugleich Löwe und Fuchs zu sein, billigen «und sagen/dass der Italiener Machiavellus nicht also schlechthin zuverdammen: Der doch heutigs tags von einem jeden Schulfuchß vnd Bachanten sich steupen lassen muß:/vnd dass: wie der heilige Basilius redet/auch eine Ehrliche vnd löbliche Betriegerey sey.»[38] Dass hierzu auch die «listigen Anschläge und Practicken» im Kriegsfall gehörten, ist bei dem Schwergewicht, das die «Prudentia militaris» bei Lipsius hat, selbstverständlich. Er geht dabei sogar über antike Vorbehalte gegen Kriegslisten hinweg,[39] mit dem Zusatz freilich, diese heiklen Dinge seien nicht für jedermann geschrieben, vor allem nicht für die Jugend, sondern für alte und erfahrene Leute.

Wie man sieht, gehen politischer Realismus, eine gewisse Lockerung der religiösen und ethischen Gebote gegenüber der Politik und entsprechende Nachsicht gegenüber Machiavelli Hand in Hand. Lipsius' unbefangene Verwendung einer Kernstelle aus dem 18. Kapitel des *Principe* und seine Verteidigung Machiavellis zeugen in einer Zeit, die mit dem Vorwurf der Ketzerei und des Machiavellismus schnell bei der Hand war, von persönlichem Mut. Das enorme Ansehen, das Lipsius in der wissenschaftlichen Welt genoss, bot ihm allerdings auch weitreichenden Schutz.

Anders war die Situation bei dem in päpstlichem Dienst stehenden Philologen und Publizisten Gaspare Scioppio (Caspar Schoppe, 1576–1649),[40] der übrigens zusammen mit Lipsius und Philipp Rubens auf dem so genannten Mantuaner Freundschaftsbild von Peter Paul Rubens dargestellt ist.[41] Ihm war ein offenes Bekenntnis zur Trennung von Moral und Politik zwar versagt, doch ging er in dieser Richtung, raffiniert «balancierend»,[42] so weit wie irgend möglich. Sein Verfahren war zunächst, zu zeigen, dass auch die über allen Zweifel erhabenen Autoritäten Aristoteles und Thomas von Aquin die Anwendung von Täuschung, Betrug, Meineiden usw. erörterten, dass sie dies aber nur «hypothetice» taten (d. h. *wenn* sich ein Tyrann an der Macht halten wolle, *dann* müsse er zu solchen Mitteln greifen!), dass sie stets aber die Tyrannis abgelehnt und die wahren Fürstentugenden gepredigt haben. Wer hier Missverständnisse herauslese, so sagte Scioppio vielleicht mit Blick auf die Zensur, sei selbst schuld.[43] Dann heißt es weiter: «Ursachen der Tyrannis sind Gewalt und Betrug, tierische und nicht des Menschen würdige Verhaltensweisen. Sie bewirken ewige Schande, öffentlichen Hass, die ihn begleitende beständige Furcht und Einsamkeit. Wenn also ein Politiker sagt, der Tyrann sei halb Mensch und halb Tier, aus Löwe und Fuchs zusammengesetzt, in beständiger Furcht lebend und nach seinem Tod ewiger Schande ausgesetzt, so muss man zugeben, dass er in genügender Klarheit sagt, die Tyrannis sei schimpflich und müsse billigerweise vermieden werden.»[44] Machiavelli wird hier von Scioppio doppelt in Schutz genommen, einmal durch den Hinweis, er habe die Tyrannis mit klaren Worten als schimpflich abgelehnt, dann durch jene Wendung der ganzen Erörterung ins «Hypothetische», die überdies durch den Hinweis auf Aristoteles und Thomas abgesichert ist. Die Erörterung von Gewalt und Betrug und die Abtrennung der Politik von der Religion sind also dem «Politicus» als theoretische Beschäftigung erlaubt. Nur ihre Empfehlung für die Praxis ist ihm versagt. Mit diesen verhüllenden Wendungen ging Scioppio innerhalb der kirchlichen Hierarchie sehr weit und sein späterer Konflikt mit den ausgesprochen antimachiavellistischen Jesuiten scheint hier schon angelegt.

IV.

Die Art und Weise, wie Scioppio die Löwe-Fuchs-Metapher und damit die Position Machiavellis diskutiert, ohne den verfemten Autor nennen zu müssen, deutet schon auf eine sprichwortartige Verbreitung der Sentenz. Selbst wenn man annehmen wollte, Scioppio habe für einen kleinen Kreis informierter Kirchenmänner, Politiker und Gelehrter ge-

schrieben, so zeigt sich doch auch außerhalb dieser Zirkel die Beliebt-
heit der Wendung. Der Löwe als altbekanntes Symbol- und Wappen-
tier und der volkstümliche Fuchs[45] traten nun in einem Doppelsymbol
für «Stärke und List» zusammen und wurden zur Kurzformel für den
«Politicus», «Statista», «Hofmann» (Palatinus), «Rat» (Consiliarius,
Minister) sowie für den Fürsten oder Einzelherrscher (Princeps, Ty-
rannus). Gelegentlich wird, ganz offenbar von Lipsius übermittelt,[46]
auch Lysander noch zitiert. So bei der Rede des Straßburger Gelehrten
Matthias Bernegger anlässlich der Hundertjahrfeier der Reformation
1617, bei der das Sprichwort antipäpstlich gewendet wird: «Von Lysander schreibt Plutarch, er habe auf den Vorwurf, dass er so oft mit
List und Betrug, nicht offen und ehrlich zu Werke ginge, erwidert: Wo
das Löwenfell nicht zum Ziele gelangt, da sei der Fuchspelz am Platze.
Der Papst hat diesen Grundsatz umgekehrt, und wo der Fuchspelz
nicht ausreicht, dort wird das Löwenfell daran genäht.»[47]

In anderen Fällen genügte das Sprichwort: «Wer will in der Welt
bleiben, der muß List mit List vertreiben. Was der Löwe nicht kan
thun/das thut der Fuchs ...»,[48] oder in verallgemeinerter Form: «La po-
tenza senza la prudenza e periculoso a gli Stati».[49] In Flugschriften
und Schauspielen brauchte man nur zu sagen: «Wo der Fuchsbalg
nicht reichte, zog ich die Löwenhaut an»[50] oder den Rat zu erteilen
«weil die Löwen-Haut dismahl nicht gelten wollte: müßte man den
Fuchs-Balg ergreiffen»,[51] und alle wissen offenbar, wovon die Rede
ist.[52] «Versipelles» (Fellwender, Wechselbälge) wird die allgemein verbreitete sarkastische Kurzformel für die «Politici», denen nichts heilig
war, die keine Bindungen anerkannten und den Fürsten zur rück-
sichtslosen Verfolgung seiner Interessen ermunterten. Da dies, ins
Positive gewendet, aber auch Friedenswahrung und Überwindung der
religiösen Streitigkeiten bedeuten konnte, blieb die Auseinandersetzung in der Schwebe. Auf der einen Seite das Leitbild des christlichen
Fürsten, in der Nachfolge von Botero und Ribadeneira besonders verbreitet etwa durch Diego Saavedra y Fajardos «Idea de un Principe
Christiano», wo sich eine besonders ausführliche Diskussion der
Maxime Lysanders und ihrer Aktualisierung durch Machiavelli findet.[53] Auf der anderen Seite der tiefe Pessimismus Balthasar Gracians,
dem die Welt zum verrückten Spiegelkabinett wird und der in heroi-

scher Einsamkeit darüber nachsinnt, wie man als Individuum in dieser Welt bestehen kann. Er lässt einen Politiker auf einem Fuchs reiten «und zwar stets rückwärts und nie geradeaus», er nennt ihn ein «Chaos aus lauter Staatsräson», Machiavelli tritt als Gaukler auf dem Marktplatz auf und bietet den «überzuckerten Schmutz» seiner Lehren dar.[54] Im «Handorakel» empfiehlt er wiederum, ohne Machiavelli oder Lysander zu nennen, man solle den Fuchspelz nehmen, wenn die Löwenhaut nicht ausreiche.[55] Er ist fasziniert und abgestoßen von Machiavelli, und er ist ihm zutiefst verwandt, was Illusionslosigkeit, Menschen- und Weltkenntnis angeht.

Ob nun die Formel von «Löwe und Fuchs» positiv oder negativ auf den Politiker bezogen wird, sie deutet auf tiefgreifende Veränderungen: eine intensive und nur als gesamteuropäisches Phänomen fassbare sittliche Kritik am Hofleben, die im Verlauf des 16. und 17. Jahrhunderts eine vorher unbekannte Intensität annahm, daneben den Abwehrkampf der religiösen Mächte gegen eine seit und durch Machiavelli in beunruhigender Weise «entgötterte» Politik, schließlich Versuche, die Politik, die in völlige Regellosigkeit zu entgleiten drohte, wieder an normative Grundlagen zu binden. Da die europäischen Staaten sich im Innern und untereinander in religiösen (oder jedenfalls religiös begründeten) Auseinandersetzungen schwächten, konnten die normativen Grundlagen der Zukunft nur auf einem Gelände außerhalb des theologischen Suprematieanspruchs und in der Sicherheit von Rechtsgarantien gesucht werden. Diese Rechtsgarantien mussten in einer neuen, das ineffektive Reich ersetzenden «Rechtsordnung ohne Souveränität»[56] gesucht werden.

Dass es gelingen könnte, jene Löwen und Füchse wenigstens für den Regelfall innerhalb dieser Rechtsordnung zu domestizieren, und zwar nicht nur durch Drohung mit Sanktionen, sondern durch freiwillige Bindung an rechtliche Regeln, das ist die Arbeitshypothese und die Hoffnung des nun entstehenden Völkerrechts.

3. Blaise Pascal –
Gedanken zur Ungewissheit des Rechts

I.

Blaise Pascal (1623–1662), der geniale Mathematiker, Physiker, Schriftsteller und Laientheologe kommt in den Lehrbüchern der Rechtsgeschichte, in Handbüchern oder Juristenlexika nicht vor. Das ist nicht verwunderlich, denn zu Rechtsfragen hat er sich nur nebenbei geäußert. Sein Ruhm gründete zunächst auf frühen mathematischen Arbeiten, über Kegelschnitte, vor allem aber zur Wahrscheinlichkeitsrechnung, weiter zu Kombinatorik, Zahlentheorie und Geometrie (Pascalsches Dreieck). Er konstruierte eine funktionsfähige, allerdings nicht profitabel verwertbare Rechenmaschine (Pascaline) und ließ bahnbrechende Arbeiten zu Vakuum und Luftdruck in Fortführung der Untersuchungen von Torricelli, zum Gesetz der kommunizierenden Röhren und den Grundlagen der Hydrostatik folgen.[1]

War Pascal schon hierdurch einer der interessantesten Intellektuellen des 17. Jahrhunderts, so wurde er es vor allem als Religionsphilosoph durch sein bohrendes, geradezu verzweifeltes Bemühen, jenseits aller naturwissenschaftlichen Erkenntnis, deren immanente Begrenztheit er mit aller Schärfe wahrnahm, zu einer Sicherheit des Glaubens zu gelangen.[2] Er stand dabei mitten in dem großen Konflikt zwischen den Jansenisten und Oratorianern einerseits, der Kurie und den Jesuiten andererseits um Fragen der Gnadenlehre und um moralischen Rigorismus oder Probabilismus. Nachdem er sich schon 1647 den Jansenisten zugewandt hatte, erlebte er am 23. November 1654 eine existentielle «zweite Konversion» in diese Richtung, war also im Sinn der Verurteilung des Jansenismus vom 31. Mai 1653 durch Papst Innozenz X. ein Häretiker. Mit den 1656 unter Pseudonym publizierten Lettres Provinciales gegen die probabilistische Moraltheologie der Je-

suiten erregte er größtes Aufsehen. Das Buch kam auf den kirchlichen Index und wurde 1660 vom Henker verbrannt. Sein bedeutendstes Vermächtnis sind jedoch die unvollendeten «Pensées», seine Gedanken über die Religion und einige andere Themen, die nach seinem Tod unter seinen Papieren gefunden wurden. Dabei handelt es sich um rund 1000 Zettel in verschiedenen Mappen, erstmals postum 1669/70 veröffentlicht und seither in verschiedenen Anläufen halbwegs geordnet, vor allem durch Léon Brunschvicq 1897. Die heutige Ausgabe unterscheidet auf der Basis der Arbeiten von Louis Lafuma «Eingeordnete» und «Nichteingeordnete» Papiere.[3]

Konzentrieren wir uns hierauf und lassen die noch konventionelleren Äußerungen zum Naturrecht in den «Lettres Provinciales» beiseite,[4] dann stehen wir bei dem späten Pascal einem Kosmos von Aphorismen, Beobachtungen und Zweifeln gegenüber. Jeder Leser wird hier je nach

44

Gestimmtheit und Interesse ganz unterschiedliche Erkenntnisse gewinnen. Man kann sich auf seine gesellschaftskritischen Bemerkungen beschränken, seinen scharfen Blick auf die Eitelkeiten und Nichtigkeiten seiner Zeit bewundern, kann aber auch das leidende Genie wahrnehmen, das sich aus der Gesellschaft zurückgezogen hat und mit denkerischer Leidenschaft seine Sache mit Gott ins Reine bringen will. Von hohem theologischem und religionsgeschichtlichem Interesse sind seine teils kritischen, teils bewundernden Bemerkungen zum Judentum, seine ablehnenden zum Islam, zu den Jesuiten und Calvinisten, teilweise sogar zu den Jansenisten, denen er so nahe stand. «Wahrheit», ja eine Erlösung von der Wahrheitsfrage im Glauben fand er allein im katholischen Glauben. «Vergessen der Welt und aller Dinge, nur Gottes nicht» und «Vollkommene Unterwerfung unter Jesus Christus und meinen geistlichen Berater» (Isaac Louis de Maistre) gelobte er in dem Fragment über sein Erweckungserlebnis (913).

Besonders bewegend ist sein Ringen um die Frage «was kann ich wissen?». Trotz seiner bahnbrechenden Leistungen als Mathematiker und Physiker fand er nicht den cartesianischen, optimistischen Weg der Aufklärung, eines Glaubens an einen Fortschritt, der nach und nach, sich komplettierend, am Ende die Dunkelheit des Aberglaubens, ja allen Glauben und alle metaphysischen Annahmen vertreiben würde, so dass Natur und Gesellschaft, Mensch und Kosmos im offenen Licht der Erkenntnis begriffen werden könnten. Für Pascal war der Mensch – nach dem Sündenfall – geschlagen mit Unwissenheit. Die natürliche und unkorrigierbare Unwissenheit, so sagt er, ist «der wahre Wesensgrund des Menschen». Dabei unterscheidet er die kreatürliche, erfahrungslose Unwissenheit des Kindes von der «klugen Unwissenheit» dessen, der alles erforscht hat, was Menschen wissen können, um schließlich sein Unwissen einzugestehen (83/327). So kann er mit Hilfe des Mikroskops feststellen, dass es immer kleinere Bauteile der Organismen und der Welt insgesamt gibt, weit diesseits der «mittleren» Beobachtungsebene, die dem Menschen durch die Natur zugeteilt ist. Dass es Atome und vielleicht noch kleinere Teile sind, vermutete Pascal in erstaunlicher Hellsicht. Umgekehrt führte ihm das Teleskop Himmelsräume vor, die alle Vorstellungskraft von Raum und Zeit überstiegen. Der Mensch, irgendwo zu finden zwischen

Milbe und Weltall, erschien ihm «gleichermaßen unfähig, das Nichts zu sehen, dem er entrissen wurde, und das Unendliche, das ihn verschlingt» (199/72). Er selbst erscheint als Kosmos von winzigen Teilen, der seinerseits aber im All nicht mehr wahrnehmbar ist, jedenfalls nicht mit menschlichen Organen. Seine Sinne und seine Intelligenz sind bewundernswert, aber begrenzt und trügerisch. «Der Mensch ist nur ein Schilfrohr, das schwächste der Natur, aber er ist ein denkendes Schilfrohr» (200/347).

Wie das Schilfrohr sich biegt, so passt der Mensch sein Leben an die Umstände an, formt seine Welt nach seinen Wahrnehmungen, wie wiederum seine eigenen Wahrnehmungen von der Welt bestimmt werden. Er richtet seine Überzeugungen nach wechselnden Vorgaben und nennt sie «Wahrheiten». Seine Lage ist bestimmt von «Unbeständigkeit, Langeweile und Ruhelosigkeit» (24/127). Einbildungen und Trugbilder umgaukeln ihn. Er ist schwach, kann dies aber kraft seiner Intelligenz auch reflektieren. Seine Unschuld hat er durch die Entfernung von Gott verloren; was ihm bleibt, ist nur noch eine schwache Erinnerung an die paradiesische Einheit. «Dieses ganze Verrinnen der Zeit und des Lebens und diese wechselnden Körper, die wir empfinden, diese unterschiedlichen Gedanken, die uns dabei bewegen, sind vielleicht nur Täuschungen, die dem Verrinnen der Zeit und den leeren Trugbildern in unseren Träumen gleichen.» (131/434)[5]

II.

Von diesem Punkt aus warf Pascal, dem die Welt des Rechts durch das familiäre Umfeld vertraut war, kritische Blicke auf Richter, Advokaten und andere Autoritäten. Er grübelte nicht nur nach über die Diskrepanz zwischen prunkvoller Erscheinung und fundamentalem Nichtwissen, was Recht eigentlich sei, sondern auch über den Zusammenhang von Macht und Recht, insbesondere über die Verwandlung von Gewohnheit oder Machtgebot in «Recht».[6]

Zunächst also das Recht als Ritual und Maskenspiel. Pascal beobachtet die Rolle von Kleidung, Gestik und Rhetorik bei der Rechtsfindung. Ein Gerichtsverfahren ist ein kommunikativer Prozess, in dem jede Seite diejenigen Mittel nutzt, die ihr zu Gebote stehen. Einen Prozess zu gewinnen, heißt die Gegenseite und vor allem die Richter zu beeindrucken. «Zuneigung oder Hass verändern das Recht grundsätzlich.» Ein gut bezahlter Advokat findet nicht nur die Sache selbst, die er vertritt, viel «gerechter» und verteidigenswerter als ein schlecht bezahltes Mandat, er tritt auch anders auf: «Wie sehr lässt sein kühnes Auftreten sie den Richtern, die von diesem äußerlichen Eindruck getäuscht werden, besser erscheinen.» (44/82) Das Gleiche gilt für die Richter. Sie demonstrieren ihre Würde, ihre Unabhängigkeit, kurzum ihre Macht, und sie kaschieren dadurch ihr eigentliches Nichtwissen. «Unsere Justizbeamten», sagt Pascal, «haben dieses Geheimnis genau erkannt. Ihre roten Talare, ihr Hermelin, worin sie sich wie mit Pelzstreifen geschmückte Katzen einwickeln, die Paläste, in denen sie Recht sprechen, die Lilienwappen, diese ganze erhabene Pracht war sehr notwendig, und wenn die Ärzte keine Leibröcke und Pantoffeln hätten und die Rechtsgelehrten keine viereckigen Barette und vierteilige, viel zu weite Roben, so hätten sie nie die Welt betrogen, die dieser so glaubwürdigen Zurschaustellung nicht widerstehen kann. Wenn sie das wahre Recht sprächen und wenn die Ärzte die wirkliche Heilkunst beherrschten, hätten sie keine viereckigen Barette nötig. Die Würde dieser Wissenschaften wäre durch sich selbst ehrfurchtgebietend genug, da sie jedoch nur eingebildete Wissenschaften haben, müssen sie zu diesen eitlen Hilfsmitteln greifen, die auf die Einbildung wirken, mit der sie es ja zu tun haben, und hierdurch verschaffen sie sich tatsächlich Achtung.» (44/82) Kleider machen Leute, Zeremonialkleidung führt zu Abstand und Achtung.[7] «Wir können nicht einmal einen Advokaten im Talar und mit dem Barett auf dem Kopf sehen, ohne eine vorteilhafte Meinung von seiner Tüchtigkeit zu haben» (44/82).

Besonders abgeleitete Macht muss sich mit Symbolen ausstaffieren und eine Gestik der Macht präsentieren. «Der Kanzler zeigt feierlichen Ernst und ist mit einer reichverzierten Amtstracht bekleidet. Denn sein Amt ist falsch und nicht der König. Er [der König] hat die Gewalt, er braucht die Einbildung nicht. Die Richter, Ärzte usw. haben nur die Einbildung» (87/307). Ihre Klientel, das gewöhnliche Volk, ist durch Gesten, Zeremoniell, Kleidung und Rhetorik leicht zu beeindrucken. Es reagiert gewissermaßen nur auf Schlüsselreize. Das Ritual der

Gerichtsverhandlung ist eine Art Gottesdienst vor einem Gott, der niemals erblickt werden kann. Die Talare der Priester und des Justizpersonals gleichen sich ebenso wie der Gerichtssaal einer Kirche. Die Sitzordnung entspricht dem Geschehen im Gottesdienst. Höhere Mächte werden angerufen – Im Namen des Königs –, Texte werden verlesen, Urteile werden verkündet, Ermahnungen werden ausgesprochen. Das Publikum erhebt sich oder setzt sich, den Regeln folgend, und es entsteht eine prozessuale Wahrheit, die mit dem eigentlichen Geschehen, das unerkennbar bleibt, kaum etwas zu tun hat.[8]

Was zunächst wie eine moralische Kritik der Oberfläche des Justizbetriebs klingt, ist tatsächlich viel mehr. Denn Pascal bleibt bei den Hinweisen auf das «wahre Recht» und die «wirkliche Heilkunst» nicht stehen. Seine Erschütterung über die Wahrnehmung der dem Menschen gesetzten Grenzen der Erkenntnis führt ihn vielmehr zu der Überzeugung, dass es dieses «wahre Recht» und die «wirkliche Heilkunst» gar nicht geben kann. Was wir dafür halten, sind nur Chimären. Weder unsere Sinneseindrücke noch unser Denkvermögen dringen zu ihnen vor. «Es gibt keine wahre Erkenntnis. Vernunft und Sinne täuschen sich ständig gegenseitig.» (45/83)

Wenn dies so ist, folgert Pascal, dann stellt sich die Frage nach dem Geltungsgrund des Rechts. Die klassische zeitgenössische Antwort auf diese Frage setzte voraus, dass das verworrene geltende Recht in irgendeiner Weise durch Normen höherer Qualität legitimiert werde. Das konnte das göttlich inspirierte Naturrecht sein, daneben die von den Vorfahren überlieferte Gewohnheit, im 17. Jahrhundert nun aber zunehmend auch die mathematisch angeleitete Vernunft, die sich anschickt, «more geometrico» die Sätze des Rechts und der Ethik in rationale Ableitungszusammenhänge zu bringen, um ein widerspruchsfreies System zu erzeugen.[9]

Pascal wendet sich nacheinander gegen diese drei Begründungswege. Zunächst verwirft er das Naturrecht. So vielfältig und letztlich unergründlich, wie sich die Natur als Mikro- und als Makrowelt erweist, sind auch die Varianten des Rechts. Gewiss gibt es viele Übereinstimmungen von Rechtssätzen in verschiedenen Ländern, aber eben auch immer wieder Ausnahmen. Die Bildung ausnahmslos gültiger allgemeiner Sätze scheint ihm, anders als 1656 im 14. Brief der *Lettres*

Provinciales, ausgeschlossen. Er formuliert es drastisch: «Diebstahl, Blutschande, Kinder- und Vatermord, alles hat schon zu den tugendhaften Handlungen gehört.» (60/294) Offenbar genügt es für Pascal zur Widerlegung eines «Naturrechts» festzustellen, dass es hier und dort, früher und heute Abweichungen gegeben hat. Die Abweichung zerstört die Annahme eines «Gesetzes»: Insoweit ist er Naturwissenschaftler, für den ein «Gesetz» im Moment seiner Falsifizierung seine Gültigkeit verliert.[10] Pascal, der sich in den *Pensées* so intensiv mit der Interpretation des Alten Testaments beschäftigt, um Hinweise auf das Kommen des Erlösers Christus richtig zu verstehen, verzichtet bei der Frage nach der Legitimation des Rechts gänzlich auf eine Herleitung aus dem göttlichen Willen, der das Naturrecht, wie die antike und die christliche Tradition gesagt hatten, dem Menschen ins Herz geschrieben habe. Vielmehr ist er ganz auf die weltliche Seite des Rechts konzentriert. Gerechtigkeit gibt es zwar noch als Abglanz und Erinnerung, «soweit Gott es uns offenbaren wollte» (520/375), aber keine Gerechtigkeit auf Erden, keine Orientierung durch ein erkennbares und als Orientierung brauchbares Naturrecht.

Entfällt also das aus dem Dekalog, aus der Offenbarung oder aus der göttlichen Vernunft des Schöpfers abgeleitete Naturrecht, dann verbleibt als zweiter Legitimationsgrund die Gewohnheit, der *mos maiorum*. Diese Gewohnheit, sagt Pascal, sei «das Sicherste» (60/294). Was sich bewährt hat, bietet in gewisser Weise einen Schutz vor Überraschungen, aber eben nur in gewisser Weise. Wir folgen den Vorbildern, weil wir Lernprozesse durchlaufen, und am Ende halten wir das Gewohnte für Naturrecht: «Was sind unsere natürlichen Prinzipien anderes als unsere Gewohnheitsprinzipien? Und bei den Kindern sind es diejenigen, die sie aus der Gewohnheit ihrer Väter empfangen haben, wie bei den Tieren die Jagd.» (125/92) Aus Gewohnheit wird Vernunft.

Pascal durchbohrt mit seinem Skeptizismus die Verwandlung der Gewohnheit in Vernunft, wohl auch weil er einen unzulässigen Sprung vom Faktum der konstanten Überlieferung einer Norm auf ihren Sollenscharakter vermutet. Gewohnheit ist Gewohnheit. Dass sie Recht sein «solle», gar «richtiges Recht», ist nicht begründbar. «Die Gewohnheit [ist] die ganze Gerechtigkeit, allein deshalb weil sie eingebürgert ist. Das ist der mystische Grund ihrer Autorität. Wer sie auf ihren Ursprung zurückführt, vernichtet sie. Nichts ist so fehlerhaft wie diese Gesetze, welche die Fehler abstellen sollen. Wer ihnen gehorcht, weil sie gerecht sind, gehorcht einer Gerechtigkeit, die er sich einbildet, nicht aber dem Wesen des Gesetzes. Es ist ganz in sich selbst beschlossen. Es ist Gesetz und nichts weiter.» (60/294)

Würde man die Gewohnheit(en) als Rechtsquelle und als Maßstab des Rechts nehmen, würde es notwendig nicht nur länderweise verschiedenes Recht geben, es wäre auch der Einbruch der Geschichte in das Recht. Was sich geschichtlich verändert, kann nicht auf Dauer Geltung beanspruchen. Damit wäre der Anspruch universaler Geltung von vornherein aufgegeben. Gäbe es ein solches universales Recht, dann würden es alle Gesetzgeber akzeptieren, dann hätte «der Glanz der wahrhaften Gerechtigkeit sich alle Völker untertan gemacht». So ist es aber nicht. Die Gesetzgeber folgen unterschiedlichen Mustern, ja sie befolgen gelegentlich sogar, wie der Ironiker Pascal sagt, «die wunderlichen Einfälle und Launen der Perser und Deutschen» (60/294). Also kann die Regel «Jeder folge den Sitten seines Landes» niemals zu einem universellen Recht führen. Nur wer die «wahre Gerechtigkeit» kennt, kann die Regel aufstellen, man solle «den Sitten seines Landes folgen ... Das heißt, da man nicht die Gerechtigkeit entdecken konnte, hat man die Gewalt entdeckt usw.» (86/297) Diese Gewalt, die den Rechtsgewohnheiten Festigkeit verleiht und sie als «Recht» erscheinen lässt, wird zwar, wenn sie sich nicht mit dem Recht verbündet, tyrannisch genannt, aber sie scheint auch – ohne jede Moral – als Beschützerin vor dem Chaos willkommen. Pascal betet die Gewalt nicht an, davon ist er weit entfernt, aber er beschreibt sie als das einzig feste Element, das im Strudel des Nichtwissens und der Täuschung Ordnung schafft. «Die Gerechtigkeit ist umstritten. Die Gewalt ist sehr klar erkennbar und nicht umstritten.» (103/298) Das Ideal einer klar erkennbaren Gerechtigkeit, ausgestattet mit der Gewalt, sich durchzusetzen, bleibt eine Utopie. Die zweitbeste Lösung lautet deshalb, man habe als gerecht zu akzeptieren «was Gewalt hat». Gerechtigkeit ist also, wie sich Peter Schneider ausgedrückt hat, «ein brutales soziales Faktum».[11]

Fallen also ein göttlich inspiriertes Naturrecht und die Rechtsgewohnheiten als Fundamente des Rechts aus, bleibt die «Vernunft». Auf diese verlässt sich der eminente Mathematiker und Physiker aber nicht, wenn es um Recht geht. «Wenn man allein der Vernunft folgt, ist nichts von sich aus gerecht, alles gerät mit der Zeit ins Wanken.» (60/294) Nimmt man die erkenntnistheoretischen Prämissen Pascals ernst, dann kann die Vernunft in der Tat nur insoweit als Licht dienen, wie ihr Lichtstrahl reicht. Das ganz Kleine und das ganz Große sind dem Menschen verborgen. Seine Einsichten sind nicht nur begrenzt, sondern prinzipiell unsicher, da er sich ständig von Sinneseindrücken täuschen lässt und die Vernunft selbst zu verworrenen Ergebnissen kommt. Wie gezeigt, wird oft etwas nur als vernünftig «behauptet», allzu oft fallen wir der Täuschung anheim, das Überlieferte sei das Gerechte, ja selbst Ungerechtigkeiten können, geschickt vorgetragen, wie Gerechtigkeit erscheinen. Kurz gesagt, der Mensch ist nicht aus eigener Kraft in der Lage, die Sichtblenden seiner Wahrnehmung zu entfernen.

Was bleibt demnach? Der machtgestützte Befehl des Herrschers, die Autorität, versehen mit der Drohung, dass derjenige, der nicht gehorcht, bestraft werde. Das ist die einfachste Lösung. Auch Thomas Hobbes empfiehlt sie kurz zuvor: «Auctoritas, non veritas facit legem».[12] Um Frieden zu schaffen, ist der Mechanismus von Befehl und Gehorsam vielleicht das richtige Mittel. Und vielleicht ist nur die radikale Befreiung von jeglicher Metaphysik geeignet, die Relativierung der weltlichen Ordnung durch Bezugnahmen auf außerrechtliche Autoritäten zu verhindern.

Pascal sieht aber auch die absurden Konsequenzen. Eine zunächst rätselhafte Eintragung «Er wohnt jenseits des Wassers» (20/292) erklärt sich bald. Jenseits des Grenzflusses herrscht eine andere Rechtsordnung, gegründet auf eine andere Befehlsgewalt. Im Konfliktfall stehen Soldaten einander gegenüber: «Warum tötet Ihr mich, da Ihr mir doch überlegen seid? Ich habe keine Waffen. – Was denn, wohnt Ihr nicht jenseits des Wassers? Mein Freund, wenn Ihr auf dieser Seite wohntet, so wäre ich ein Mörder, und es wäre ungerecht, Euch auf diese Art zu töten. Aber da Ihr ja auf der anderen Seite wohnt, bin ich ein tapferer Mann, und es ist gerecht», und weiter, zentral: «Kann es etwas Lachhafteres geben, als dass ein Mensch das Recht hat, mich zu töten, weil er jenseits des Wassers wohnt und sein Fürst mit dem meinen im Streit liegt, obwohl ich keinen mit ihm habe?» (60/294)

Auch das länderweise unterschiedlich geregelte Erbrecht führt zu Ungerechtigkeiten. Pascal notiert für einen geplanten «Brief über die Ungerechtigkeit» die «spaßhafte Geschichte von den Erstgeborenen, die alles haben. Mein Freund, Ihr seid von diesseits des Gebirges geboren, also ist es gerecht, dass Euer ältester Bruder alles haben soll.»

So wird Gerechtigkeit ein Zufallsprodukt der Geographie: «Drei Grad Polhöhe kehren die ganze Jurisprudenz um, ein Meridian entscheidet über die Wahrheit. In wenigen Herrschaftsjahren ändern sich die Grundgesetze, das Recht hat seine Epochen, der Eintritt des Saturns in das Zeichen des Löwen gibt uns den Ursprung eines gewissen Verbrechens an. Eine lachhafte Gerechtigkeit, die ein Fluss begrenzt. Wahrheit diesseits der Pyrenäen, Irrtum jenseits.» (60/294)

Diese von der Nachwelt wohl am häufigsten zitierte Formulierung Pascals kann ironisch gelesen werden, nämlich als Hinweis auf die Absurdität der Welt. Auch dass man unterschiedlich erben kann oder töten bzw. sich töten lassen muss, weil der Landesherr es befiehlt, ist eine nur ironisch zu ertragende Konsequenz. Man kann den Satz aber auch als Absage an das Naturrecht und als Hinwendung zu einem absolutistischen Gesetzespositivismus verstehen. Dann wäre das Befohlene vielleicht unsinnig vor dem Forum der Vernunft oder der Moral, aber es wäre dennoch wohltätig, weil eine geordnete Problemlösung dem Chaos vorzuziehen sei. Ob Pascal wirklich hier die zugleich rational und politisch begründete Sentenz von Hobbes über die Zuschreibung der alleinigen Gesetzgebungskompetenz an den Souverän billigt, mag offenbleiben.[13] Immerhin stimmen Pascal und Hobbes darin überein, dass Geltungsgrund des Rechts der Befehl des Souveräns ist, während Offenbarung, Naturrecht und Gewohnheit(en) ausscheiden. Unterschiedlich sind allerdings die Motive beider, bei Pascal der tiefe Zweifel über die Erkennbarkeit der Gerechtigkeit, bei Hobbes die Sicherung des geordneten Staatswesens vor dem Bürgerkrieg. Pascal geht es im Kontext seiner Notizen der *Pensées* primär um die Beleuchtung der argumentativen Widersprüche der Rechtsbegründung sowie um Belege für sein Grundgefühl der Unsicherheit des Menschen in der Welt, nicht um die staatsrechtliche Feststellung der Kompetenz-Kompetenz.

Dies wird dadurch bestätigt, dass Pascal das Recht insgesamt als schwankend und der Mode unterworfen ansieht. «Wie die Mode das

Vergnügen bestimmt, so bestimmt sie auch das Recht». (61/309) Aber soll man dies offen aussprechen? Wird es nicht den Glauben des Volkes an die Gerechtigkeit untergraben, der für die Ausübung von Herrschaft unverzichtbar ist? Wenn die Gesetzgebung nicht nach Vernunftregeln abläuft, wenn die Gewohnheiten nur ein Sammelbecken überlieferter Willkür sind, wenn der Mensch, halb wachend halb träumend, keine Gewissheit finden kann, weil vollständige Erkenntnis sein Fassungsvermögen übersteigt, dann ist eben fraglich, ob solche destruktiven Einsichten nicht eher verborgen werden sollten. Pascals Gegner, die Jesuiten, hätten dies nach der von ihnen verfolgten Linie des Probabilismus gewiss bejaht. Aber auch Pascal, der sich so scharf gegen eine moderate Anpassung der moralischen Anforderungen an die Lebenswirklichkeit ausgesprochen hatte, rät nun plötzlich, man möge jene elementaren Zweifel an der «Wahrheit» nicht öffentlich mitteilen: «Es ist gefährlich, dem Volk zu sagen, dass die Gesetze nicht gerecht sind, denn es gehorcht ihnen nur, weil es sie für gerecht hält. Daher soll man ihm zugleich sagen, man müsse ihnen gehorchen, weil sie Gesetze sind, wie man den Oberen nicht deshalb gehorchen muss, weil sie gerecht sind, sondern weil sie die Oberen sind. Dadurch wird jeder Empörung vorgebeugt, wenn man das verständlich machen kann, und [das ist] eigentlich die Definition des Rechts.» (66/326) Der Gesetzesbefehl und die hinter ihm stehende Staatsgewalt mit dem Schwert bewirken, dass der Untertan sich überzeugt sieht, das sei auch «gerecht». Man nennt «gerecht, was man befolgen muss». Insofern kann man folgern, «das Schwert verleiht ein wirkliches Recht» (85/878); denn «Gerechtigkeit ohne Gewalt ist ohnmächtig, Gewalt ohne Gerechtigkeit ist tyrannisch» (103/298).

Das ist eine ernüchternde Bilanz. Sie läuft im Ergebnis auf die Maxime hinaus, über die Unsicherheiten menschlicher Erkenntnis, über die Schwankungen der Vernunft und der Gewohnheiten, kurzum über die Willkür der Gesetzgebung, des Gewohnheitsrechts und der Rechtsprechung zu schweigen, um nicht die Menge zu verunsichern oder zu Aufständen zu reizen. Die an sich ganz unsinnige Thronfolgeregel, dass der älteste Sohn des verstorbenen Königs als der beste aller Kandidaten gelten solle, gewinnt als empirisch verlässliches Verfahren der Streitvermeidung ihren Sinn: «Das ist einleuchtend, da gibt es keinen

Streit. Die Vernunft kann nicht besser vorgehen, denn der Bürgerkrieg ist ja das größte Übel.» (977/320) Auch die zunächst so scharf kritisierten Überredungsmittel der Inszenierung von Recht durch Rhetorik, Sitzordnung, Talare und ähnliche scheinbare Äußerlichkeiten müssten demnach wieder gebilligt werden, weil sie das erkenntnistheoretisch schwankende Gebäude des Rechts von außen stützen. Und da man das Gebäude braucht, sind letztlich auch ein roter, mit Hermelin besetzter Talar und ein Barett nicht unnütz, falls sie die Illusion unterstützen, das Zeremonialgeschehen der Justiz produziere jene Gerechtigkeit, die es eigentlich gar nicht gibt.

III.

Der Blick in die grübelnden Notizen eines herausragenden Naturwissenschaftlers und ekstatischen Gläubigen führt uns heute in Räume, die teils museal, teils hochmodern wirken. Seine erkenntnistheoretischen Zweifel sind den Zeitgenossen weit voraus. Sie führen letztlich über Hume und Kant hinaus in die prinzipielle Unerkennbarkeit der Welt, weil weder die Sinnesorgane noch die Vernunft den Pfad der Menschheit hinreichend erfassen können. Auch seine Abweichung von der durch Descartes gezogenen Linie der Moderne – und damit von der Linie der europäischen Aufklärung – kann uns Zeitgenossen der Postmoderne plausibel erscheinen, zumal nach dem Abschied vom physikalischen Weltbild Newtons durch die moderne Physik. Zugleich sind aber seine *Pensées* Dokument einer scholastischen Theologie, die mit den Mitteln der logischen Begriffsbildung beweisen möchte, dass allein der katholische Glaube «im Recht» ist. Diese Diskrepanz ist unauflöslich. Sie zeigt die Qual eines innovativen Forschers, der erkennt, dass «Wahrheit» durch menschliche Anstrengung nicht erlangt werden kann: «Hier ist nicht die Heimat der Wahrheit; unbekannt irrt sie unter den Menschen umher. Gott hat sie mit einem Schleier verhüllt, der sie jenen unkenntlich macht, die seine Stimme nicht vernehmen.» (840/843) Die Bedauernswerten, welche diese Stimme Gottes nicht vernehmen, sind also doppelt geschlagen. Die irdischen Wahrheiten über den Bau der Welt, die Wahrheiten der Vernunft, der Geschichte, des Rechts sind prinzipiell unerreichbar, und die in Gottes Stimme zu hörende Wahrheit entgeht ihnen ebenfalls, sei es weil sie sie nie gehört haben, sei es weil sie ihr nicht zuhören wollen. Der in den Naturwissenschaften so unerhört offene und neugierige Pascal erweist sich im Glauben, in dem er seinen Rettungsanker findet, als besonders enger Dogmatiker der eigenen Konfession. Da er auch der «Gewalt» als Stabilisator in einem Meer von Nichtwissen einen Nutzen zuspricht, ist man nicht ganz sicher, ob er nicht vielleicht doch ihren Einsatz gebilligt hätte, um die Liebe zu Gott zu erzwingen. Wäre diese Frage in seinem kurzen Leben jemals aufgetaucht, könnten wir aber wohl doch annehmen, dass sein luzider Geist diese Versuchung als eine des Teufels erkannt und zurückgewiesen hätte.

4. Die Prinzessin als Braut

I.

Die in den letzten Jahren intensivierte historische Forschung über das Alltagsleben, über das Verhältnis der Geschlechter und die Auffassungen von der Institution der Ehe hat eine Fülle von Material ans Licht gebracht und vor allem die Rolle der Frauen neu beleuchtet.[1] Bürgerliche Ehefrauen[2] und deren Mägde,[3] Kindsmörderinnen[4] und Findelkinder,[5] Huren und Rabenmütter,[6] «unartige Weiber»,[7] «schimpfende Weiber»[8] und arbeitende Frauen[9] wurden ebenso untersucht wie die Zusammenhänge von Gewalt und Sexualität, Körper und Psyche, Religion und Moral, Ehre und Schande, Solidarität und Ausgrenzung, Unterdrückung und Widerstand. Für die Rechtsgeschichte entscheidende Themen sind die Rechtsstellung der Frauen in familien-, vermögens- und erbrechtlicher Hinsicht und ihre Möglichkeiten zum Betrieb eines Handwerks oder Gewerbes.[10] Weibliche Kriminalität wurde innerhalb der aufblühenden Forschung zur Kriminalität der Frühen Neuzeit zu einem speziellen Forschungsfeld,[11] eingebettet in die Themenfelder «Armut» und «Randgruppen».[12] Ungemeine Anziehungskraft übte schließlich das Thema der Hexen und deren Verfolgung aus.[13]

Mehr oder weniger deutlich richtet sich das Interesse der Forschung auf Unter- und Mittelschichten, die in der Tat auch lange vernachlässigt worden sind. Da es relativ wenig Selbstzeugnisse gibt, die als Quellen dienen könnten, werden vor allem Testamente und Erbverträge, Visitationsprotokolle, Akten von Sittengerichten und städtischen Niedergerichten beigezogen, vor allem aber Kriminalakten. Ergänzend erweisen sich normative Quellen wie die «Policeyordnungen der Frühen Neuzeit» als ergiebig, sofern es gelingt, ihren Kontext zu rekonstruieren und die in ihnen enthaltenen normativen Aussagen in Richtung auf die «Normdurchsetzung» in der Praxis zu interpretieren.[14]

Die moderne Sozial- und Mentalitätsgeschichte hat eine Abwendung von der älteren Geschichte der «Haupt- und Staatsaktionen» vollzogen, gleichviel ob damit eine stärker abstrahierende Strukturgeschichte oder die Rekonstruktion individueller Lebenswelten an deren Stelle trat. Parallel hierzu hat sich die Rechtsgeschichte von der Dogmengeschichte des Privatrechts und der Geschichte der Gesetzgebung zurückgezogen, um sich der Funktionsweise von Rechtsordnungen und der Geschichtlichkeit von Rechtskulturen zuzuwenden. Auf diese Weise sieht man von verschiedenen Seiten eine Zuwendung zum «gewöhnlichen Leben».

Die Abwendung von den Haupt- und Staatsaktionen bedeutet allerdings auch eine gewisse Vernachlässigung der Sozialgeschichte der «höheren Stände». Die folgenden Ausführungen möchten die Verbindung zwischen beiden markieren, denn die *matrimonia illustra* bildeten ein staatsrechtliches Thema des Ancien Régime, das sich gelegentlich als schicksalhaft für Land und Leute erweisen konnte und zu dessen Behandlung insbesondere die juristisch ausgebildeten Hof- und Geheimräte beigezogen wurden.[15] Gleichzeitig bieten sie reiche Quellen für die Sozial- und Mentalitätsgeschichte der Frauen, für die Fest- und Zeremonialkultur, für Wirtschafts- und Finanzgeschichte.

II.

Es gehört zum gesicherten Bestand der Forschung, dass das Eherecht im Übergang vom Mittelalter zur Frühen Neuzeit durch die Reformation eine scharfe Zäsur erfahren hat. Katholische und evangelische Eheauffassung traten von nun an auseinander. Die Leugnung des Sakramentscharakters der Ehe im Protestantismus überführte die Ehe in die Regelungskompetenz der weltlichen Ordnungsmächte.[16] Die Ehe wurde nach dem bekannten Wort Luthers «ein eusserlich weltlich ding»,[17] was ihre Deutung als einen von Gott gesegneten «heiligen» Stand keineswegs ausschloss. Der Theologe und Seelsorger konnte in ihm raten, hatte aber keine Rechtskompetenz mehr. Er konnte «Ehezuchtbüchlein» schreiben und in Ehefragen Rat erteilen, war aber, wenn Luthers Ausgangspunkt festgehalten wurde, nicht mehr zuständig für das Recht der Eheschließung und Ehescheidung. Freilich wurde dieser Ausgangspunkt nicht bewahrt; die protestantischen Juristen verwandelten vielmehr die Ehe wieder zurück in eine «materia ecclesiastica» und entwickelten eine staatlich-kirchliche Doppelkompetenz. Dementsprechend wurden die Ehesachen den Konsistorien zugewiesen, die als geistliche Behörden unter dem Schirm des landesherrlichen Kirchenregiments den geistlichen Charakter der Ehe festhielten, wobei sie zugleich der weltlichen Regelungskompetenz des Landesherrn unterworfen waren. Mit der allmählichen Säkularisierung der protestantischen Eheauffassung, die vom aufsteigenden Naturrecht und der Aufklärung verursacht wurde, gewann letztlich die Interpretation der Ehe als *res politica* die Oberhand.[18]

Diese im Prinzip alle Untertanen betreffenden Verschiebungen von Ehepraxis und Eheauffassung gerieten allerdings stets dann in eine schärfere Beleuchtung, wenn die Ehepartner dem höheren Adel oder gar dem regierenden «Haus» angehörten. Prinzen und Prinzessinnen waren keine gewöhnlichen Freiers- oder Brautleute. Ein politisches System, dessen Rückgrat eine Dynastie bildete, musste der Frage, wer wen heiratete und was eine solche Heirat politisch bedeutete, höchste Aufmerksamkeit widmen. Die Dynastie, deren Mitglieder am Machterhalt interessiert sein mußten, bildete nur dann jenes Rückgrat, wenn genügend Söhne vorhanden waren, um – bei hoher Kindersterblichkeit und insgesamt geringer Lebenserwartung, zumal in kriegerischen Verhältnissen – eine gewisse Breite bei der Auswahl fähiger Nachfolger im Inneren zu bieten. Und in gleicher Weise bedurfte es einer gewissen Anzahl Töchter, mit denen die Außenbeziehungen gepflegt und befestigt werden konnten. Die Dynastie musste also fruchtbar bleiben und für die Familienmitglieder musste es als selbstverständlich gelten, das Schicksal ihrer Kinder dem Lebensgesetz der Machterhaltung unterzuordnen. Gleichzeitig aber bedeutete allzugroße Fruchtbarkeit von Nebenlinien auch eine Quelle von Streitigkeiten und eine politische Gefahr für die Hauptlinie, weshalb es auch Hausgesetze gab, die den Nachgeborenen die Ehelosigkeit auferlegten.[19]

Das bedeutete für Söhne, vor allem aber für die Töchter, dass private Wünsche kein Gehör fanden. Das «regierende Haus» hatte eine Prägekraft, der kaum jemand entrinnen konnte, solange es wirklich

«regierend» und nicht nur repräsentierend war. Seine rechtliche Ordnung war das «Hausgesetz», das die nach dem Mannesstamm orientierten (*agnatischen*) Geschlechterverbände mit einer Binnenverfassung ausstattete. Der ältere Sprachgebrauch (*pactum, dispositio,
beliebung*, Erbvertrag, Erbverbrüderung) deutet an, dass diese Hausgesetze sich aus Gewohnheiten und Verträgen entwickelt hatten. Sie
regelten unter anderem die Erbfolge, und zwar durchweg so, dass der
Erstgeborene die Herrschaft zu übernehmen habe. Die übrigen Söhne
wurden entweder zu standesgemäßer Heirat verpflichtet, um ein Reservoir geeigneter Nachfolger zu gewinnen, oder in den geistlichen
Stand und Militärstand verdrängt. Töchter waren von der Nachfolge
in die Herrschaft ausgeschlossen, sie traten hausintern nicht mehr als
Rivalinnen auf, standen also der Heiratspolitik des Hauses zur Verfügung und wurden im Normalfall in der Reihenfolge nach außen
verheiratet, die sich aus dem Alter ergab. Sie gehörten zwar zum genossenschaftlich organisierten Hausverband, hatten dort aber nur
Anspruch auf Schutz.

Diese Grundregeln galten übrigens nicht nur für den Hochadel,
sondern mit zweckmäßigen Modifikationen für alle Stände der ständisch gegliederten Gesellschaft: Der Beruf des Vaters war das vorgegebene Muster für den erstgeborenen Sohn, während die Nachgeborenen, für die keine Versorgung gefunden werden konnte, in andere
Rollen ausweichen mussten. Das gleiche lässt sich für die Mutterrolle
der Töchter sagen, soweit sie verheiratet werden konnten und sich
nicht dem geistlichen Stand zuwandten. Dieses Denken in der Kategorie des «Hauses» galt gleichermaßen für die bäuerliche Familie, für
Handwerker und Kaufleute, vielleicht sogar in gewisser Weise für die
Ausgestoßenen der Gesellschaft, soweit sie feste häusliche Einheiten
aufbauen konnten, etwa die Dynastien der Henker und Abdecker.
Überall versuchte man, durch Gewinnung einer «reichen Braut» oder
eines «reichen Schwiegersohns» den eigenen Status zu verbessern.
Umgekehrt strebte man danach, Mesalliancen, die sozialen Abstieg
bedeuteten, mit allen Mitteln der Überredung und des Zwangs zu verhindern. Dazu wurden Heiraten von den Eltern arrangiert, unmündige
Kinder einander «versprochen» und die Ehekontrakte mit Zähigkeit
ausgehandelt.

Jenseits dieser Gemeinsamkeiten beginnen aber die Unterschiede, welche die Ehen der höchsten Stände von denen des Volks trennten. Zunächst sind es eher Unterschiede der Intensität als solche der Qualität. Verlöbnis, Aufgebot, Trauung und Beilager vollzogen sich jedenfalls mit weit größerem materiellem Aufwand und in stärker sakralisierter Form als bei Privatleuten. Nach den Vorverhandlungen begann man mit dem Austausch von Portraits, die Braut bestimmte ihre künftigen Hofdamen, dem Land der Braut wurde eine «Fräuleinsteuer» zur Finanzierung der Ausstattung auferlegt. Waren dann die zahlreichen Wagen mit dem Brautschatz gepackt, fuhr man unter militärischer Begleitung an die Landesgrenze.[20] Dort wartete der Stellvertreter des Bräutigams, der sich nach diplomatischen Regeln auszuweisen hatte, die Braut in Empfang nahm und sie dann seinerseits auf dem eigenen Territorium in die Hauptstadt geleitete, wo Hochamt und Trauung, Hochzeitsessen, Spiele, Wasserfahrten, Jagden, Feuerwerk und Volksbelustigungen stattfanden, roter und weißer Wein aus den Brunnen floß, Ochsen gebraten wurden und die Armen reichlich Almosen erhielten. Chronisten notierten die Gäste, die Zahl der Gänge beim Hochzeitsessen und den Wert der Geschenke, Kupferstecher hielten die wesentlichen Stationen fest, Hofdichter traten mit Hochzeitscarmina auf und der Hofcompositeur hatte eine entsprechende Kantate zu liefern. Alles in allem bestätigte man sich und anderen, die Braut und künftige Landesmutter habe alle anderen Damen an Schönheit übertroffen.

Dies alles diente der Selbstinszenierung und Binnenstabilisierung des regierenden Hauses. Man war sich bewusst, dass Macht ohne entsprechende Darstellung gefährdet ist.[21] Prunkvolle Hochzeiten demonstrierten die Lebenskraft der Dynastie. Gleichzeitig waren sie Akte der Politik unter Einsatz der nächsten Generation; denn Prinzen und Prinzessinnen waren die knappe Ressource des Herrschers, mit deren Hilfe er Machtzuwächse realisieren konnte, ohne Kriege zu riskieren. Infolgedessen hatten die Kinder zu gehorchen, um der Staatsräson willen.

Damit ist das Stichwort der *ragion di stato* gefallen, das der Politik der Neuzeit ihr eigentliches Gepräge gibt.[22] Seit diese Formel aus der italienischen Volkssprache des ersten Drittels des 16. Jahrhunderts in

die Sprache der Gesandtenberichte und der gelehrten Traktate aufgestiegen war und sich über Europa verbreitete, stellte auch die Heiratspolitik regierender Häuser einen der Gegenstände dar, an denen sich
rationale Berechnung (*ragion*) der Interessen des regierenden Hauses
und damit des ganzen Landes zu bewähren hatte. Eine richtige oder
falsche Entscheidung bei der Stiftung von «Konnexionen» durch eheliche Verbindungen konnte ein Land aufsteigen lassen oder ruinieren.[23]
Deshalb war es ratsam, sie als *arcana imperii* geheim zu halten: «Matrimonia Principum spectant ad Arcana Status.»[24] Öffentliche Verhandlungen, vor allem deren häufiges Scheitern, hätten für alle Beteiligten kompromittierende Wirkungen auslösen können. Staatsräson
und die ihr nahe taciteische Formel der *arcana imperii* verschmelzen
hier ineinander. Die Staatsräson gebietet Geheimhaltung. Über Staatsheiraten spricht man erst, wenn sie beschlossene Sache sind. Das

schloss freilich heftige Spekulationen und Indiskretionen an den Höfen nicht aus, denn auch für die juristischen Berater des Herrschers stellten die *matrimonia illustrium* eine Schicksalsfrage dar. Schon die Kinderlosigkeit eines Herrschers war für den Hof eine Katastrophe, weil der Tod des Herrschers in der Regel alle Ämter und Einkünfte seiner Entourage in Frage stellte.

Alle Autoren von Fürstenspiegeln und «Politiken» der Frühen Neuzeit waren sich deshalb einig: Die Verheiratung der Prinzen und Prinzessinnen ist eine Staatsaktion von höchster Bedeutung. Sie musste langfristig vorbereitet und juristisch abgesichert werden. Zum Abschluss der staats- und völkerrechtlichen Verträge musste die Frage des Heiratsalters geklärt sein, weiter die Einholung notwendiger Dispense durch den Landesherrn, den Kaiser oder den Papst, die Rechtsstellung der Braut im neuen Familienverband, die ihr zukommende Titulatur, die Höhe der Mitgift und der Morgengabe, die Rechte zu erwartender Kinder in Abgrenzung zu Kindern aus früheren Ehen, die eventuell notwendigen Konfessionswechsel sowie die Möglichkeit einer Ehescheidung bei Kinderlosigkeit. Die Eheschließung konnte lehenrechtliche Fragen aufwerfen, wenn innerhalb der Lehenpyramide nach oben oder nach unten geheiratet wurde. Schließlich spielte das Völkerrecht eine entscheidende Rolle, wenn Fürstenhochzeiten die Friedensverhandlungen begleiteten und «besiegelten». In diesen Fällen bot sich die Lösung an, die demütigende Zahlung von Kriegsentschädigung in eine ehrenvolle Mitgift der Tochter des unterlegenen Herrschers zu verwandeln. Verbanden sich zwei Dynastien durch Heirat, war schließlich zu klären, ob die Länder eine staatsrechtliche Einheit werden oder in Personalunion regiert werden sollten.

Zunächst waren diese wichtigen Fragen noch eingefügt in das christliche Weltbild. Der sächsische Kanzler Melchior von Osse[25] sagte in seinem *Politischen Testament*, es sei fürwahr «ein hoher genediger Segen gottes nicht allein uber her und gemahel sondern auch land und leut, wan solche hohe hairaten wol geraten».[26] Um dieses Gelingens willen wollte Osse den Fürsten auch nicht alles gestatten, insbesondere nicht die Überschreitung kirchlicher Eheverbote. Dies mit Hilfe etwa päpstlicher Dispense zu erreichen, sagte er, führe zu nichts Gutem, wofür es Exempel gebe. Seine Vorstellung von einem christlichen *regimen conjugale* hoher Herren war (noch) nicht Ausdruck purer Staatsräson, sondern ethisch gebunden. Es erschien ihm «ruhmlich und gut, dass sich ein obrigkeit cristlich und gotseligklich vorheirate und sich mit seinem gemahl freundlich und wol vortrage».[27] Solange man von der Einbettung fürstlicher Ehen in einen religiösen Kontext ausgehen konnte, war dies eine wohl selbstverständliche Maxime. Sobald jedoch dieser Kontext schwächer wurde und das politische Kalkül dominierte, war die «freundliche Wohlverträglichkeit» der fürstlichen Ehepartner eher eine Nebensache, die man erfreut registrierte, wenn sie vorkam, die aber auch verzichtbar war, solange wenigstens die Hauptaufgaben dieser Ehen erfüllt wurden, die Zeugung von Kindern und die Akzeptanz gewisser Repräsentationspflichten, die für die Selbstdarstellung der Monarchien unabdingbar schienen. Die Kehrseite dieser Unterwerfung fürstlicher Ehen unter das Kalkül der Macht war die Zulassung von morganatischen Ehen zur linken Hand sowie das Mätressenwesen, dessen moralische Missbilligung sich nur verhalten geltend machte.

«Privatpersonen», sagte König Meleander in dem Staatsroman *Argenis* von John Barclay (1582–1621) zu seiner Tochter, «pflegen Heyrath nach jhrer Zuneigung oder Gleichheit der Sitten zu treffen; Wir hergegen müssen solche Anmutigkeit fahren lassen. Dann der Könige Zustandt erfordert/dass sie jhnen baldt vnwürdige vnd feindselige Personen durch die heilige Pflicht der Heyrath verbinden; baldt mit einer grausamen Notwendigkeit alle Gesetze der Verbindnüsse vnnd Blutsfreundschafft hindan stellen. Der jenige pflegt vns am liebsten zuseyn/der vnsere Macht mit Nutzen sonderlich stärcket; vnnd diese Verwandtschafften werden für die fürnembsten gehalten/welche das Reich am meisten befestigen.»[28] Regenten und ihre Familien heiraten also nach anderen Regeln als Privatpersonen, ihre Heiraten sind «Staatsheiraten». Prinzessinnen insbesondere, so Barclay, unterliegen doppelten Bindungen, denen der väterlichen Gewalt und der Staatsräson.

Über die zitierte Sentenz aus der *Argenis* disputierte 1676 unter dem Vorsitz des Magisters Christoph Köhler ein Johann-Melchior Auerbach als Student der politischen Philosophie in Leipzig. Sein Thema lautete «De matrimonio illustri ex ratione status, praeeunte

Barclajo, Lib. 3, Arg. 15».[29] Er betonte zunächst den Unterschied zwischen der Heirat von Privatleuten und von Fürsten, erörterte dann die Frage der Partnerwahl und die dabei möglichen Motive (Zuneigung, Übereinstimmung des Lebensstils, Absichten auf Geld, Schönheit der Braut), was ihn dazu brachte zuzugestehen, dass auch Privatleute einer Art Staatsräson folgten. Im Hauptteil, der sich den *matrimonia illustra* widmete, riet er zu einer gewissen *suavitas* im Umgang mit den Problemen der Fürstlichkeiten, denn ein Misslingen provoziere Staatskatastrophen, während man sich durch Heiratsbündnisse (*sanctissima matrimoniorum foedera*) die schlimmsten Feinde zum Freund machen könne. Die launische Fortuna und die eiserne Necessitas standen gewissermaßen Pate, wie Auerbach mit vielen alten und neueren Beispielen belegte. Abweichungen von den für alle geltenden Regeln meinte er – mit Bezug auf Justus Lipsius' vielzitierte *prudentia mixta* – dulden zu können, aber er billigte sie nicht.

Das Denken in Kategorien der Staatsräson entwertete tendenziell den christlichen Charakter der Ehe. Das entspricht der allgemeinen Tendenz zur Säkularisierung der Politik seit dem 17. Jahrhundert. Die theologischen Aussagen und die Sätze der neoaristotelischen Politiken wurden nun durch solche des Naturrechts verdrängt. Entsprechend wurden Staatsräson und *arcana imperii* schrittweise in den stärker verrechtlichten Kontext überführt, verloren ihre machiavellistischen Schrecken und die Aura des Geheimnisses. Sie konnten in Form der *necessitas*, die seit jeher als rechtlicher Topos anerkannt war, rational gehandhabt werden. Entsprechende Verrechtlichungstendenzen finden sich im frühneuzeitlichen Völkerrecht, speziell im Gesandtschaftswesen und im nun ausgeformten Zeremonialrecht. Auf diese Weise verlor auch die zum Arrangement einer Fürstenhochzeit nötige Maschinerie ihre geheimnisvollen Aspekte. Der Hoch- und Spätabsolutismus entwickelte in diesen Fragen eine professionelle Routine; die Beteiligten wußten, was zu tun war.

Damit war auch schon der Keim für eine kritische Einstellung gelegt. Rationalisierung, Verrechtlichung und Professionalisierung brachten diese Kritik gewissermaßen aus sich selbst hervor. Die Untertanen begannen, an der Notwendigkeit eines solch exorbitanten Aufwands zu zweifeln, sie kritisierten zunehmend auch die Legitimität

einer neuen Obrigkeit, wenn diese Land und Leute als Heiratsgut einer
Prinzessin erworben hatte. Je mehr sich die Unteilbarkeit der Territorien in den Sukzessionsordnungen stabilisiert hatte, desto mehr erschien der «Staat» als eine von der fürstlichen Familie sich ablösende
rechtliche Einheit. Hermann Schulze feierte später die Einführung der
Primogenitur gar als «Wiedergeburt der Staatsidee»[30]. Das reduzierte
schon im Verlauf des 18. Jahrhunderts die Bedeutung der *matrimonia
illustra*.

III.

Mit den Staatsheiraten beschäftigten sich sehr verschiedene literarische
Gattungen. An erster Stelle sind die Fürstenspiegel und die Fürstentes-
tamente zu nennen, die einen als Belehrungen, Erziehungsanleitungen
und fürstenzentrierte Staatsmoral «von außen», die anderen als Mani-
festationen des herrscherlichen Willens für die Regelung des Heiratsver-
haltens des eigenen Hauses «von innen».[31] Daneben war die «Politik»
für das Thema zuständig, denn zu den Mitteln, wie man einen Staat
erwerben, gut verwalten und vergrößern kann, gehörte eben auch die
kluge Heiratspolitik, die wiederum eine klare Einschätzung der damit
verbundenen Interessenlagen voraussetzte.[32] Schließlich konnten die Juristen dem Thema nicht ausweichen. Sie berieten den Fürsten bei der
Frage, ob die beabsichtigte eheliche Verbindung «standesgemäß» war,[33]
sie formulierten die Ehekontrakte, legten das Zeremoniell der Eheschließung fest, handelten die staatsrechtlichen Abmachungen aus,[34]
fixierten die Apanage (auch für den Fall der Kinderlosigkeit) und nahmen in den Vertrag auf, was zur Religionsausübung, zum Aufenthalts-
ort, zur Erziehung künftiger Kinder und bei anderen Punkten regelungs-
bedürftig erschien. War die Prinzessin als «Siegel des Friedens» nach
einem Krieg zum Heiratsobjekt geworden, dann brachte sie möglicherweise in Form des Heiratsguts auch eine – möglicherweise bereits er-
oberte – Provinz ein, deren staatsrechtlicher Status nun zu klären war.
Mit dem Heiratsvertrag konnten weitere völkerrechtliche Verträge verbunden sein, etwa Nichtangriffspakte, Verpflichtungen zur Rücksichtnahme sowie Zusagen «ewigen Friedens».

Alle damit verbundenen Rechtsfragen waren innerhalb eines normativen Gerüsts zu lösen, das zunächst von den Hausgesetzen der beteiligten Dynastien, vom Reichsrecht und vom Völkerrecht gebildet wurde. Materiellrechtlich mussten das kanonische Recht und das mit ihm größtenteils identische protestantische Eherecht herangezogen werden, weiter das jeweilige Landesrecht und das subsidiäre gemeine Recht. Ganz entscheidend war dabei die Zuordnung der *matrimonia illustra* zum Staatsrecht; denn die allmähliche Durchsetzung der agnatischen Sukzession im Mannesstamm war eines der wesentlichen Mittel zur Ausformung des geschlossenen, unteilbaren Territorialstaats.[35]

Kein Wunder also, wenn sich auch die juristischen Fakultäten vor allem im 17. und 18. Jahrhundert mit dieser Spielart einer «Jurisprudentia heroica» beschäftigten und junge Juristen darüber disputieren ließen.[36] 1691 etwa disputierte in Kiel unter dem Vorsitz von Elias August Stryk ein Johannes Wohlmuth über das Thema.[37] Sein Repertoire war relativ begrenzt: Er beschrieb den immer noch neu erscheinenden Ausdruck der Staatsräson mit seinen verschiedenen Bedeutungen, übrigens ganz im Kontext der gängigen christlichen Machiavellikritik, um ihn dann auf die Staatsheiraten anzuwenden. Die erörterten Probleme zeigen allerdings, welcher Praktiken sich eine an der Staatsräson orientierte Politik bediente, um den Bestand des regierenden Hauses zu sichern. Zu den ohnehin üblichen Geheimverträgen der Politik gehörten auch geheime Heiratsabsprachen, in denen über Unmündige verfügt wurde. Ging man über Absichtserklärungen hinaus und schloss die Ehe tatsächlich, so stellte sich zunächst die Frage nach der Gültigkeit einer Kinderehe samt eines entsprechenden Heiratskontrakts, sodann einer unter Ausschluss der Öffentlichkeit und unter Verzicht auf den priesterlichen Segen geschlossenen Ehe. Mindestens moralisch anstößig waren auch Ehen mit extremen Altersunterschieden der Partner. Als rechtlich nichtig konnte man Ehen zwischen engen Verwandten unter Verstoß gegen kanonische Eheverbote ansehen, zumal wenn der protestantische Landesherr sich als «praecipuum membrum ecclesiae» das Recht nahm, von diesen Eheverboten selbst zu dispensieren. Große praktische Probleme warfen weiter Ehen verschiedenen Bekenntnisses auf, wenn es nicht gelang, die fürstliche Braut zu einer Konversion zu bewegen. Einen Ausweg bot hier gelegentlich ein Vertrag, bei dem die Söhne dem Bekenntnis des Vaters, die Töchter dem der Mutter zu folgen hatten. Zusätzlich wurden Fragen der Wiederverheiratung erörtert, die Zulässigkeit von Doppelehen und morganatischen Ehen samt der dazu nötigen kaiserlichen Zustimmung, von Eheschließungen durch Procurator, etwa wenn der Ehemann im Gefängnis saß, weiter von symbolischen Ehen oder Ehen auf den Todesfall. Nachdem auf diese Weise das ganze Arsenal von Durchbrechungen der religiösen, moralischen und rechtlichen Ehenormen im Namen der Staatsräson durchdekliniert waren, wirkte die am Ende aufgeworfene Frage fast abwegig, ob man als Prinz unter dem Diktat der Staatsräson bei der Wahl der Ehegattin der Liebe folgen solle. Es war nicht zweifelhaft: Amor hatte als politischer Berater allenfalls eine Nebenrolle, was wiederum nicht ausschloss, dass bei der Hochzeitskantate *amor vincit omnia* intoniert wurde.

Eine von dem Helmstedter Professor für Politik und Rhetorik Justus Christopher Böhmer angeleitete Dissertation von 1704 über Fürstenhochzeiten aus Staatsräson[38] behandelte das Thema nun vollends in klassischer Weise. Ihr Autor Johann Friedrich Arendts setzte die Staatsräson als Argumentationstopos voraus und verstand unter ihr ein im Prinzip legitimes Sortiment von «gewöhnlichen» und «ungewöhnlichen» (geheimen) Mitteln, wie ein blühendes Staatswesen erreicht werden könne. Dazu zählte er den Eheverzicht Nachgeborener, um Landesteilungen zu verhüten, aber auch Kinderheiraten oder langfristige Eheversprechen. Wichtig erschien ihm die Trennung von Herrschafts- und Eherechten, zumal wenn ein Souverän eine auswärtige Souveränin heiratete wie bei Ferdinand und Isabella von Aragon und Kastilien oder in dem Ehevertrag zwischen Philipp II. und Maria von England. Erst recht galt dies, wenn der Gemahl der Souveränität der Königin unterworfen und neben dem Ehevertrag zugleich ein Lehenverhältnis errichtet wurde, um ihn mit dem Lehenband an die Königin zu binden. Heiratete ein Standesherr unter seinem Stand, dann verstieß dies zwar gegen die Staatsräson, aber die Ehe war gültig, wenn auch mit der Konsequenz, dass die Kinder aus dieser Ehe aus der Erbfolge ausscheiden mussten. Doch suchte man in diesen Fällen, wie auch bei Kindern aus Ehen zur linken Hand, häufig den Weg zum Kaiser, um die Erhebung zu ebenbürtigen Kindern zu erreichen. Arendts, der sich auf die großen Autoritäten seiner Zeit stützt, etwa auf die Naturrechtslehrbücher von Grotius und Pufendorf, auf die *Gamalogia* von Nikolaus Myler von Ehrenbach oder auf Spezialliteratur wie Heinrich Salmuths Gutachten «*pro matrimonio principis cum virgine nobili*», war im Prinzip bereit, die Abweichungen vom bürgerlichen Eherecht zu tolerieren, soweit Offenbarungs- und Naturrecht nicht tangiert wurden. Das entspricht wohl der generellen Linie auf diesem heiklen Feld, auf dem man sich möglichst viel argumentativen Spielraum zu erhalten suchte, weil sowohl die fürstlichen Familien als auch deren Juristen nicht vor Überraschungen durch Eskapaden von Prinzen und Prinzessinnen sicher waren.[39]

Als letztes Beispiel für die politisch-juristische Erörterung der Staatsheiraten sei die Abhandlung *Ratio Status Pronuba* von Abraham Gottlob Winckler von 1745 genannt.[40] Die Staatsräson fungiert hier also als römische Heiratsgöttin Pronuba. Die Abhandlung ist elegant und antikisierend, gelehrtes, schwungvoll rhetorisches Rokoko gewissermaßen. Zitate und Exempla werden aus der gesamten verfügbaren klassischen Welt von Horaz, Tacitus und Plutarch bis Bayle und Voltaire genommen. Der Autor kehrt wieder zu der eingangs zitierten Stelle von John Barclays *Argenis* zurück und entfaltet an ihr die spezifischen Probleme fürstlicher Ehen, die Konflikte zwischen Pflicht und Neigung. Neue Argumente zu den Kinderehen und den Ausnahmen von Heiratsverboten tauchen hier nicht mehr auf. Das kleine Werk ist eher eine poetisch-historische Girlande zu Ehren der Pronuba. Dass diese Welt zu Ende gehen könnte, spürt man noch nicht. Erst rückblickend hat die bürgerliche Geschichtsschreibung des 19. Jahrhunderts die Erfahrungen der Französischen Revolution auf die Staatsheiraten des 18. Jahrhunderts angewendet.[41] Spätestens mit der prägenden Gestalt der preußischen Königin Luise setzte sich auch in regierenden Häusern das Leitbild der bürgerlichen Ehe durch. Das Mätressenwesen geriet in die Kritik.[42] Sowohl die Staatsräson verschwand aus dem Sprachgebrauch als auch die Instrumentierung der Heiratspolitik für die politischen Zwecke des Staates. Das «Fürstenrecht» wurde immer mehr zu einer Privatsache regierender Häuser, was den juristischen und finanziellen Reiz dieser Goldgrube für juristische Gutachten allerdings nicht minderte.[43] Das Wohl des Staates, der zur juristischen

Person umgeformt wurde, und das Wohl der Dynastie traten in der Theorie nun ebenso auseinander wie Staat und Staatsform. Von da war dann der Weg nicht mehr weit, auch die Staatsform der Monarchie für entbehrlich zu halten, nachdem sich ihre Legitimität verbraucht hatte.

5. Der Streit um den Vorrang, oder: Der Wasunger Krieg

I. Die Ordnung nach Rang und Stand

Das Regelwerk für das «Zeremoniell» in der Frühen Neuzeit hat in den letzten Jahren stärkere Beachtung gefunden.[1] Was lange belächelt und glossiert wurde, die Protokollfragen bei den großen Friedensschlüssen, die umständlichen Verfahren am Immerwährenden Reichstag in Regensburg, das Gesandtschaftswesen und das gesamte Zeremonialwesen des völkerrechtlichen Verkehrs, die Modalitäten der Verheiratung von Prinzen und Prinzessinnen, das scheinbar sinnlose Getriebe der Selbstdarstellung großer Höfe – allen voran Versailles –, erweisen sich als Fundgrube für die Literaturgeschichte, für eine Geschichte des menschlichen Verhaltens, eine noch zu schaffende historische Humanethologie, aber auch für Sozial- und Wirtschaftsgeschichte. Die «höfische Gesellschaft», wie sie Norbert Elias beschrieben hat, wurde erst durch das Zeremoniell jener den Adel beschäftigende und ihn seiner regionalen Hausmacht beraubende soziale Kosmos.[2] Unter anderen Umständen konnte das ebenso «zeremoniöse» Militär diese Funktion erfüllen.[3] Die ganze Gesellschaft des Hochbarock scheint von zeremonialen Rangkämpfen erfüllt. Das Hofpersonal wuchs seit dem 16. Jahrhundert kontinuierlich. Es bedurfte einer fein abgestuften Binnenstruktur, um beherrschbar zu bleiben. Die Konkurrenten kämpften sich auf dem Weg zur Spitze voran, bis sie im günstigsten Fall den Immediatzugang zum Herrscher erlangt hatten. Frauen konnten diesen Weg oft in atemberaubender Schnelligkeit zurücklegen. Die niederländische Kulturhistorikerin Caroline Hanken hat dies 1996 zusammenfassend beschrieben.[4] Die Positionierung von «Rang und Stand» entschied über den Zugang zum Herrscher, der als «Gott auf Erden» seinen Untertanen immer weiter entrückt wurde.[5] Dieser Zugang eröffnete Chancen auf Ansehen und Gehalt bei Hofe, also im politischen Zentrum des Landes. Wollte man sich auf diesem glatten Parkett durchsetzen, dann kam es auf die Rangstelle an, und zwar bei Lever und Coucher, bei der Audienz, im Kabinett oder Rat und im Arbeitszimmer des Monarchen, bei den Sitzplätzen an der Hoftafel, im Gottesdienst und beim abendlichen Événement. Es hat, schrieb Lünig in seinem Theatrum Ceremoniale, «ein jeder solcher solenner Actus sein besonderes Reglement, doch stehet es sodann in eines jeden grossen Herren Willkühr demselben nachzufolgen oder nicht, auch die Solennitäten bey solchen Actibus propre oder geringe, nach Bewandniß der Umstände, anzuordnen.»[6] Gerade die Tischordnung war sozusagen täglicher Kampfplatz.[7] Die hier aufeinandertreffenden sozialen Energien bedurften der Ordnung. Sehr bald gab es neben den Rats- und Kanzleiordnungen, Kammerordnungen und Rentamtsordnungen auch Hofordnungen.[8] Juristen haben deshalb versucht, so etwas wie ein «Hof-Recht» zu entwickeln (F.-C. v. Moser, 1754/55). Die Zeremonialregeln wurden gesammelt, und es entstand eine neue Gattung, das Zeremonialrecht. Durch die jüngst erschienene Arbeit von Miloš Vec ist sie wieder erschlossen worden.[9] Auf die dort mit großer Sorgfalt gesammelten Quellen und die Analyse des Zeremonialrechts samt den gerade von frommen Protestanten getragenen Gegentendenzen muss hier der Kürze halber verwiesen werden.

Das hier als Forschungsgegenstand mehrerer Disziplinen erscheinende Zeremoniell ist für den Historiker des Kirchen- und Staatskirchenrechts in seiner Bedeutung wohlbekannt. Martin Heckel hat öfter unterstrichen, dass es gerade die mühsam ausgehandelten Kompromisse waren, die, in die Form von Regeln gegossen, das Miteinander der Konfessionen im Reich ermöglicht haben.[10] Auf diese Weise entstand ein den Konflikt überspannendes «neutrales» Staatskirchenrecht. Auf dem kleineren Feld des Zeremonialrechts konnte in entsprechender Weise durch Verrechtlichung offener Streit vermieden werden. Der Hof ordnete sich als Pyramide, strukturiert durch ein entsprechendes normatives Gerüst, dem man Regeln für den Aufstieg entnehmen konnte. So war es ganz entscheidend für Struktur und Klima eines Hofes, ob sich dieser Aufstieg streng nach Anciennität vollzog, ob Leistung oder Gunst entscheidend war oder ob sich der Hof als

Spitze einer nach adelsinternen Rangkriterien formierten Gesellschaft empfand. Ging es nach Anciennität, dann wären idealtypisch die ältesten Chargen in den höchsten Ämtern angelangt, während die jüngere Generation sich hochdienen musste. Ging es nach Leistung oder Gunst, konnte die Anciennitätsordnung umgangen oder übersprungen werden – ein Quell vieler Streitigkeiten, von dem noch die Rede sein wird. Ordnete sich der Hof als Adelsgesellschaft, dann standen die ältesten Familien oben, während sich unten der Neuadel und das Bürgertum sammelten. Innerhalb der altadeligen Spitze mochte dann wieder in gewissem Umfang das Anciennitäts- oder das Leistungs- bzw. Gunstprinzip eingesetzt werden. Typischerweise gab es an den Höfen des 17. und 18. Jahrhunderts alle genannten Prinzipien nebeneinander. Der Monarch war dabei nicht nur Gegenstand des Zeremoniells, sondern auch sein oberster Gestalter. Er konnte, sofern und soweit er über die dazu nötigen politischen Kräfte verfügte, die Regeln neu gestalten und alte Regeln durchbrechen. Tendenziell wird man sagen können, dass sich der Weg von der Adelswelt des Ancien Régime zur bürgerlichen Leistungsgesellschaft schon vor der Französischen Revolution in der allmählichen Herausbildung von anciennitäts- und leistungsorientierten Laufbahnen ankündigte. Die wachsende Neigung zu einem «unkonventionellen» Umgang bei Hofe war auch ein langsam sich ankündigender Prozess der Verbürgerlichung der Herrschaft. Hierbei sind die regionalen Unterschiede sehr groß; ganz entscheidend ist auch das politische Gewicht der Höfe. Was an einem kleinen «Musenhof» an Unkonventionalität und Geniewesen möglich war, verbot sich bei politisch bedeutenden Höfen von selbst.

II. Der Wasunger Krieg

Im Folgenden sei berichtet, wie aus einem Zeremonialstreit, der nicht mehr rechtlich gebändigt werden konnte, ein Krieg erwuchs. Freilich war es ein Miniaturkrieg. Es gab einen Toten, den sachsen-meiningischen Leutnant Zimmermann, der am 12. Februar 1747 fiel. Und es waren zwei Hofdamen, die durch einen Rangstreit an der Hoftafel den Krieg auslösten.

Wer heute durch das alte Residenzstädtchen Meiningen geht, die frühere Hauptstadt von Sachsen-Meiningen, liest in der Ernestinerstraße Nr. 14 (heute Kunsthaus Meiningen) auf einer Plakette: «Hier wohnte Wilhelmine von Pfaffenrath, Urheberin des Wasunger Kriegs 1747/48». Dieser Krieg hat folgende, der thüringischen Landesgeschichte und der Militärliteratur des 19. Jahrhunderts zu entnehmende Vorgeschichte:[11] Justus Hermann Pfaffenrath, geboren in dem solmsischen Ort Petterweil bei Friedberg (Hessen), wurde 1740 Hofmeister und Kanzleisekretär bei Graf Friedrich Wilhelm zu Solms-Hohensolms. Er begann dort eine Liebesbeziehung mit dessen ältester Tochter Wilhelmine Amalie. Da dies untragbar war – in der Sprache des Reichskammergerichts «sonderlich weil ihm nach Hochgräflich Solms'schen Fleische gelüstet und er sich dieserhalb mit der ältesten Comtesse Wilhelmine Amalie in Heirathsanträge eingelassen hatte» –, wurde er 1743 entlassen. Er fand zunächst Anstellung als Sekretär eines Baron von Wiesenhütten und wechselte dann nach Bremen und Wien. Die Comtesse Wilhelmine folgte ihrem Geliebten nach Wien, «ziemlich abgerissen, nur mit einer abgetragenen Contouche bekleidet».[12]

Da ihr Vater, Graf Solms-Hohensolms, 1744 gestorben war, nahm nun die praktisch denkende Mutter, eine geborene Gräfin Isenburg, die Sache in die Hand. Sie stimmte der Hochzeit zu, die im Mai 1746 in Oedenburg (Ungarn) stattfand. Gleichzeitig kümmerte sie sich um die Nobilierung des Mannes, der nun als Herr Justus Hermann Pfaffenrath von Sonnenfels hoffähig gemacht wurde. Im August 1746 wurde er am herzoglich sachsen-meiningischen Hof als Regierungsrat angestellt und «mit der Leitung des Regierungskollegiums beauftragt».[13] Nach Anciennität und frischer Nobilierung gehörte er also in die unteren Klassen der Rangordnung. Allerdings hatte er eine Frau aus dem Hochadel, ähnlich dem Oberförster Katzler und dessen Frau, einer Prinzessin von Ippe-Büchsenstein, aus Fontanes *Stechlin*.

Herzog Anton Ulrich von Sachsen-Meiningen (1687–1763), der gerade 1746 die Alleinregierung des Herzogtums übernommen hatte, residierte in Frankfurt am Main. Er hatte in erster Ehe bürgerlich geheiratet, eine Frau Schürmann, und war zwar erfolgreich mit seinem Versuch, seine Frau zur Reichsgräfin erheben zu lassen, nicht aber damit, die Kinder ebenbürtig zu machen. Der Meininger Hof war also verwaist. Ranghöchster Beamter war Geheimrat und Staatsminister von Pfau, dienstältester war Landjägermeister Ludwig von Gleichen, verheiratet mit Christiane Auguste, geb. von Schick, und seit 40 Jahren im meiningischen Dienst. Mit Herrn von Gleichen konkurrierte der erst vor zwei Jahren in den Dienst des Herzogs getretene Stallmeister und Hof-Stabs-Commandant von Buttlar. Die damit verbundenen Spannungen führten offenbar auch zu Diskussionen zwischen Frau von Buttlar und Frau von Gleichen. Nun komplizierten sich die Verhältnisse dadurch, dass Herr von Pfaffenrath mit seiner Ehefrau auftauchte.

Die bisher rangälteste Hofdame in Meiningen war Frau von Gleichen, eine würdige Dame, deren Vorrang an der Hoftafel, wie allgemein üblich, sich nach der «Charge» oder dem «Patent» ihres Mannes bestimmte. Als man sich wieder einmal anschickte, zur Tafel zu schreiten – die Speisen waren bereits aufgetragen und der Page stand zum Gebet bereit –, teilte Herr von Buttlar, der nun eine Chance fand, sich an Frau von Gleichen zu rächen, dieser überraschend mit, der Landesherr habe befohlen, «dass die Frau von Pfaffenrath den Rang vor allen Damen's haben soll». Frau von Gleichen, zutiefst empört, konnte zunächst gar nicht reagieren. Als sich die Flügeltüren öffneten, betrat Frau von Pfaffenrath, die günstig postiert war, als erste den Saal. Frau von Gleichen eilte um die Tafel herum zum Minister von Pfau und erklärte, wenn sich dieser Affront am Ende der Tafel wiederholen sollte, werde sie die Pfaffenrath «mit Aufopferung ihres Reifrockes zurückziehen und ihr ein paar Worte sagen, welche sehr verdrießlich werden könnten». Der Minister suchte einen Eklat zu vermeiden und empfahl Frau von Gleichen, vor dem Schlussgebet den Raum zu verlassen, um zu dokumentieren, dass sie «die Erste» sei. So geschah es.

Frau von Gleichen beschwerte sich beim Herzog und verlangte die Bestätigung der bisher innegehabten Rangstelle, «damit sie fernerhin keinen weiteren Verdruß zu gewärtigen haben möge». Der Herzog wies sie mit dem Satz zurück, es möge «denen hoffährtigen und geschwülsichtigen Damens bedeutet werden, der Frau von Pfaffenrath ohne Anstand den Rang zu geben oder den Hof zu meiden». Das war

klar und verletzend zugleich, zumal man hinter dieser Entscheidung
ein Motiv zu erkennen glaubte. Der verwitwete Herzog war angeblich
an der jüngeren Schwester der Frau von Pfaffenrath interessiert.

Frau von Gleichen mied zwar nun den Hof, wurde aber im Hintergrund aktiv. Sie erkundigte sich über ihre Gegnerin, bekam entsprechende Briefe sowie ein anonymes «Pasquill oder libellum famosum»
aus Wetzlar, angeblich verfasst von einem Herrn von Diemer, in dem
pikante Dinge über Wilhelmine Amalie und deren jüngere Schwester
berichtet wurden. Diese Nachricht verbreitete sich natürlich in Meiningen und kam über Frau von Pfaffenrath auch an den Herzog in
Frankfurt. Dieser ließ das Ehepaar von Gleichen verurteilen und ver-
haften. Frau von Gleichen wurde aufgefordert, vor Frau von Pfaffenrath kniend und öffentlich Abbitte zu leisten. Diese weigerte sich, obwohl sie auch von Hofbeamten und Geistlichen unter Druck gesetzt
wurde, berief sich auf ihre Ehre («Eher wolle sie sich tödten lassen; sie
müßte sich ja vor ihrem eigenen Schatten schämen und könnte nimmer
wieder zu Ehren kommen, ja ihren Kindeskindern müsse es zum Vor-

wurf gereichen, wenn sie solche niedrige Handlung begehen werde»)
und wurde nun, zusammen mit ihrem Mann, wieder ins Gefängnis
gebracht.

In einem Brief an den Herzog argumentierte Frau von Gleichen nun
mit dem Rang und nannte Beispiele, die ihren Standpunkt unterstütz-
ten: «Die Pfaffenräthin», schrieb sie, «hat durch ihre Heyrath ihren
Grafenstand sich völlig verlustig gemacht und haben wir ja schon
dergleichen Exempel in hiesigem Fürstl. Hauße. So hat der Brigadier
Ritterich eine verwittwete Gräfin Giech geheyrathet, sich mit dem
Namen Rattmannsburg baronisiren lassen, aber der Frau von Rattmannsburg ist doch keine Dame nachgegangen; desgleichen hat zu
Werningeroda der Hofrath Vogelsang des jetzigen regierenden Fürsten
von Waldeck leibliche Schwester geheirathet, heißet Frau Hof-Räthin,
und geht nach ihren Mann. Ew. Hochfürstl. Durchlaucht wissen auch,
was die gewesene Markgräfin von Baireuth, nunmehrige Gräfin Hodiz,
vor einen Rang in Wien hat; sie gehet als Frau Cammerherrin nach der
ancienneté ihres Mannes.»

Es half nichts. Frau von Gleichen wurde verurteilt, bei Strafe von
100 Talern und 6 Wochen Gefängnis von der Sache zu schweigen. Das
gegen Frau von Pfaffenrath gerichtete Pasquill wurde am 31. Dezember 1746 auf offenem Markt vom Schinder verbrannt. Das Ehepaar
von Gleichen musste zwangsweise zusehen und wurde dann wieder in
das berüchtigte Gefängnis «Rosenthal» gebracht. Dass der Wind das
verbrannte Papierchen hochhob und es vor dem Platz des Herrn von
Buttlar wieder absetzte, gab Anlass zu «besonderen remarques».

Einflussreiche Freunde der Gleichens wandten sich nun an einen
Herrn von Diemer aus Eisenach, der am 7. Januar 1747 das Reichskammergericht in Wetzlar anrief. Einen Tag später schon forderte das
Gericht die Regierung in Meiningen auf, «binnen 14 Tagen Bericht zu
erstatten, inzwischen mit fernerem Verfahren einzuhalten und Kläger
als Klägerin mit keinem ihrer Gesundheit schädlichen Arrest zu bestrafen». Am 11. Januar 1747 erließ es den Befehl, das Ehepaar zu entlassen und Schadenersatz zu leisten. Als sich die Regierung weigerte
und die Bedingungen sogar verschärfte, erging am 7. Februar ein drittes inhaltsgleiches Mandat des Gerichts, datiert vom 1. Februar, an
den Herzog in Frankfurt. Dieser warf den Kammergerichtsboten aus

dem Haus. Er fühlte sich im Recht und erklärte, das Pasquill nach sächsischem Recht bestraft zu haben. Kaum war diese Nachricht wieder in Wetzlar angekommen, beauftragte das Gericht am 10. Februar Herzog Friedrich III. von Sachsen-Gotha damit, das Ehepaar zu befreien, es sicher zu verwahren und innerhalb eines Monats Bericht zu erstatten.

Herzog Friedrich, der wegen anderer Streitigkeiten mit seinem Vetter auf eine solche Gelegenheit gewartet hatte, beauftragte zwei Hofräte mit der Exekution. Auch dies hielt Anton Ulrich für rechtswidrig, denn erstens dürfe es in diesem Fall gar keine Exekution geben, und zweitens dürfe nicht sein Vetter damit beauftragt werden, sondern ein anderer Reichsstand des fränkischen Kreises, dem er angehöre.

Da die gothaischen Räte erfolglos blieben, setzte Herzog Friedrich eine kleine Armee in Marsch.¹⁴ In Meiningen besserte man die Wälle aus, richtete die Kanonen, ließ Wasser in den Graben und schloss die Stadttore. Die gothaischen Truppen rückten nun bei Tambach-Schmalkalden über die meiningische Grenze. Bei dem Dorf Niederschmalkalden kam es zu dem erwähnten Gefecht, bei dem Leutnant Zimmermann fiel. Am 13. Februar 1747 wurde die ehemals hennebergische Stadt Wasungen besetzt. Die Stadt ergab sich schnell, versuchte aber, den Eindringlingen durch Schließung der Bäcker- und Metzgerläden sowie der Brauereien den Aufenthalt schwer zu machen. Nachdem sich die Soldaten aber von Hessen aus zu versorgen begannen, lieferten die Wasunger Bäcker, Metzger und Brauer wieder.

Nun machten die gothaischen Truppen Anstalten, Meiningen zu erobern. Schon die Nachricht wirkte so, dass man dort das Ehepaar am nächsten Tag aus der Haft entließ. Frau von Gleichen kam nach Wasungen, um sich den gothaischen Räten und den Offizieren vorzustellen. Sie wurde aber kühl aufgenommen, da man es bedauerte, den Kriegsgrund verloren zu haben. Nach einigem Hin und Her und ärgerlichen Auftritten in der Stadt, bei denen sich wieder das Reichskammergericht einschaltete, wurde Wasungen im März 1747 endlich geräumt. Einige gothaische Soldaten schlossen allerdings Ehen mit Wasunger Bürgertöchtern, obwohl der Rat der Stadt diese Ehen als «verräterische Bündnisse» bezeichnete. Der Krieg schien zu Ende.

III. Die schiedsgerichtliche Lösung

Herzog Friedrich III. von Sachsen-Gotha bedauerte dies. Er forderte nun von seinem Vetter Anton Ulrich Anerkennung des reichskammergerichtlichen Exekutionsverfahrens und Ersatz der Kriegskosten in Höhe von 7104 Talern. Dieser widersetzte sich selbstverständlich, wandte sich an den Fränkischen Reichskreis, dann an alle Reichsfürsten und wählte schließlich den Weg des Rekurses an den Reichstag in Regensburg.[15] Im Mai 1747 rafften sich die Meininger auf, das besetzte Wasungen zurückzuerobern. Die gothaischen Truppen verließen Wasungen kopflos, besannen sich aber in derselben Nacht, kehrten zurück und warfen nun ihrerseits die Meininger hinaus.

Das Reichskammergericht versuchte nun den Konflikt zu lösen und überwies die Einkünfte der meiningischen Ämter Wasungen und Frauenbreitungen an Herzog Friedrich III. von Gotha. Diese Einkünfte waren aber schon durch eine Kommission des Fränkischen Kreises einem Gläubiger des Herzogs Anton Ulrich von Sachsen-Meiningen zugesprochen worden, so dass hier nichts mehr zu holen war.

Da inzwischen alle Reichsfürsten informiert waren und die Streitsache auch vor dem Reichstag in Regensburg schwebte, schaltete sich Friedrich d. Gr. ein und schrieb an Friedrich III., zwar missbillige er den Stil Anton Ulrichs von Sachsen-Meiningen, aber in der Sache habe er Recht; denn das Verfahren des Reichskammergerichts sei «reichssatzungswidrig, auch derer Reichsstände Ehre, Würde und Ansehen höchst praejudicierlich und nachteilig», weshalb er sich als Vermittler anbiete.

Nun war am 29. Januar 1748 auch noch Ernst August von Sachsen-Weimar gestorben und hatte Herzog Friedrich III. von Gotha zum Vormund über seinen Sohn eingesetzt. Friedrich akzeptierte und ließ sich von den Ständen in Weimar und Eisenach huldigen. Hiergegen protestierten nun wieder Anton Ulrich von Meiningen als Senior des ernestinischen Sachsen und Franz Josias von Sachsen-Coburg-Saalfeld als nächster Agnat des Verstorbenen. Beide waren zusätzlich untereinander uneins. Friedrich d. Gr. löste den Konflikt im Juli 1748 so, dass der Gothaer seine Truppen aus Meiningen zurückziehen und auf den Ersatz der Kriegskosten verzichten sollte. Der Meininger sollte dies annehmen und seinerseits erklären, er wolle sich nicht mehr gegen die Vormundschaft des Gothaers in Weimar-Eisenach sperren. So geschah es, und die Truppen zogen sich nach Gotha zurück. Ein Jahr später teilte sich der Gothaer mit Josias von Coburg-Saalfeld noch die Vormundschaft in der Weise, dass die Vormundschaft über Weimar und den Prinzen bei Gotha blieb, während die Vormundschaft über Eisenach und die Prinzessin an Coburg-Saalfeld fiel. Friedrich d. Gr. erhielt für seine Vermittlungsbemühungen die weimarische Garde von 200 Mann.

Herr Pfaffenrath (von Sonnenfels) und seine Frau lebten weiter in Meiningen. Das Ehepaar von Gleichen war nach Römhild gezogen, wo sie beide 1748 starben und vier Kinder hinterließen. Der Herzog von Sachsen-Meiningen heiratete 1750 nach dem Tod seiner ersten Frau, nunmehr standesgemäß, die 43 Jahre jüngere Prinzessin Charlotte Amalie von Hessen-Philippsthal (1730–1801), mit der er durch acht weitere Kinder den Fortbestand der Meininger Linie sicherte. Charlotte Amalie erwies sich nach dem Tod ihres Mannes von 1763 bis 1782 als besonders tüchtige Regentin des kleinen Landes, das sie in vorbildlicher Weise sanierte. Ihr Grab befindet sich auf dem Stadtfriedhof von Meiningen.

IV. Vier Nachbemerkungen

1. Der «Wasunger Krieg» war ein Duodezkrieg. Schon für die Zeitgenossen hatte er ein Element von Komik und Theatralik. Die meiningische Regierung erklärte am Ende entrüstet, es wäre «weit besser gewesen», «... wenn besagte Truppen diese fürstlichen Lande niemals auf eine solche Art, als gleichwohl zu ihres gnädigen Fürsten und Herrn auch dessen unschuldige Unterthanen fast irreparablen Schaden leider geschehen, invadiret hätten». Dennoch liegt im Konflikt zwischen dem Herzog und dem Ehepaar von Gleichen etwas vom Ernst des Zeremoniells. Frau von Gleichen war nach den hergebrachten Regeln des Vorrangs im Recht. Aber der Souverän war Herr der Regeln, gleichviel, ob sie als Konventionalregeln oder als «Recht» eingeordnet wurden. Änderte er sie, aus welchen Motiven auch immer, dann hatte

Frau von Gleichen nur die Wahl, sich zu unterwerfen oder den Hofdienst zu verlassen. In diesem Fall hätte auch ihr Mann den Dienst quittieren müssen.

Frau von Gleichen beharrte in mehreren Schreiben auf ihrer Ehre. Sie betonte in einem Schreiben an Anton Ulrich von Meiningen, sie stehe für sich selbst, ihr Mann habe von dem Vorfall nichts gewusst; «denn was meine Ehre versiret, keine Bothmäßigkeit des Mannes statuire». Sie beharrte eisern auf ihrem Standpunkt, verweigerte die Abbitte, unterschrieb keine Unterwerfungserklärung, ließ sich mit Gewalt zur Verbrennung ihres «Pasquills» tragen und ertrug elf Wochen Haft. Auf ihrem Sterbebett sagte sie: «Ich maintenirte meinen Posten.» Das waren die Möglichkeiten einer Frau von Stande, sich zu behaupten. Für Männer wäre der Vorfall an der Hoftafel Anlass für ein Duell gewesen, wofür sie dann wiederum Festungsstrafe hätten akzeptieren müssen.[16]

Kein Zweifel besteht daran, dass sich Frau von Gleichen mit der Verbreitung übler Nachrede über Frau von Pfaffenrath ins Unrecht gesetzt hatte. Letztere konnte sich gegen Klatsch nur dadurch wehren, dass sie – über den ihr gewogenen Fürsten – das Gericht anrief. Freilich war auch sie kein Unschuldslamm. Sie hatte in den ersten vier Wochen ihrer Anwesenheit im Lande einen Hofrang beansprucht, der ihr nach allgemeiner Meinung nicht zustand, und sie hatte dies in einer Intrige gegen die ihr an Alter und «honetter Aufführung» überlegene Standesgenossin durchgesetzt.

2. Blicken wir nochmals auf die Rangordnung am Hof in Sachsen-Meiningen, dann zeigt sich, dass in unserem Fall mehrere Prinzipien miteinander verquickt waren. Vor der Ankunft des Ehepaars von Pfaffenrath herrschte das Prinzip der Ämterhierarchie (Minister von Pfau rangierte vor dem Landjägermeister von Gleichen), weiter das Anciennitätsprinzip (Herr von Gleichen rangierte wegen seiner längeren Dienstzeit vor Herrn von Buttlar), und die Ehefrauen folgten in der Hierarchie der Charge des Mannes. Durch die Beförderung von Frau von Pfaffenrath brachen zwei neue Prinzipien ein (Uradel vor Neuadel, Gunst bricht Anciennität). Der Fürst ist formal im Recht, aber er schafft Verstörung und er entwertet lange treue Dienste. Indem er sich despotisch gibt, Loyalitäten verletzt und das Land aus der Ferne regiert,

untergräbt er seine Legitimität. Vom Reichskammergericht wird er streng behandelt und nicht einmal angehört. Am Ende verspielt er durch anmaßendes Auftreten auch noch seinen Kredit im Reich und wird militärisch gedemütigt. Die von ihm beanspruchte Vormundschaft erhält er nicht.

3. Der Vorfall belegt nachdrücklich, wie schnell das oft als träge gescholtene Reichskammergericht in Wetzlar handeln konnte. Gewiss hätte es gegen einen mächtigeren Reichsstand als es Sachsen-Meiningen war nicht so forsch entschieden und vielleicht auch nicht die Exekution einem benachbarten und verfeindeten Vetter, sondern tatsächlich einem Stand des zuständigen Reichskreises übertragen. Aber es ist doch immerhin ein Ansatz für den gerichtlichen Schutz individueller Freiheitsrechte, wenn ein Reichsfürst verurteilt werden konnte, einen rechtswidrig verhafteten Untertan freizulassen und Schadenersatz zu leisten (letzteres geschah übrigens nicht).[17]

4. Im immer wieder austarierten Gleichgewicht des Reichs nach 1648 drohten Konflikte zwischen einzelnen Reichsständen ganze Kettenreaktionen auszulösen. Auch wenn im vorliegenden Fall niemand ernsthaft an eine militärische Intervention von außen dachte, so störte doch das Aufsehen, das reichsweit entstand. Der Rekurs an den Reichstag hatte unerwünschte Publizität gebracht. Außerdem störten sich größere Nachbarn wie der preußische König daran, dass das Reichskammergericht sich als Reichsgewalt bemerkbar machte und – günstige Konstellationen vorausgesetzt – auch die Chance der Durchsetzung erlangte. Den Reichsständen und dem Kaiser war deshalb in der Regel daran gelegen, solche Konflikte unter Kontrolle zu bringen. Dies gelang meist schon mit einer Kombination von diplomatischen Aktionen und militärischen Drohungen. Insofern ist der Wasunger Krieg auch ein Beispiel für die These, dass Kriege zwischen 1648 und 1789 noch überwiegend völkerrechtlich «gehegte Kriege» oder «Kabinettkriege» waren, bei denen die teuren Soldaten geschont wurden und die Zivilbevölkerung möglichst ausgespart blieb.[18]

6. Fünf Frauen am Hofe

I. Vorbemerkung

Die Frauen, um deren Rechtsstellung am Hofe es im Folgenden gehen soll, sind die Königin, die Mutter des Königs, die Witwe des Königs, die Prinzessin, und – nicht zuletzt – die Mätresse. Dass letztere hier aufgenommen wird, deutet auch einen zeitlichen Rahmen an, denn vor und nach der Epoche des Absolutismus spielt die Mätresse an den Höfen keine staatsrechtlich bedeutende Rolle. Diese entfaltete sich erst, seit die Ehe des Souveräns systematisch in das intellektuelle Kalkül der Staatsräson einbezogen und zu einem rationalen Teil des Staatszeremoniells gemacht worden war. Seither beobachtet man das bis zum Ende des 18. Jahrhunderts reichende und letztlich unabgeschlossene Ringen um einen angemessenen und gefestigten Platz der Mätressen in der «Staatsmaschine».[1] Im Zentrum der Betrachtung steht also der Hof europäischer Fürsten in der Frühen Neuzeit, vor allem im 18. Jahrhundert.

Dieser «Hof» war die dominante und komplizierteste Institution jener Zeit. Er entstand zwar nicht in der Frühen Neuzeit; stationäre Residenzen hat es in Hochkulturen zu allen Zeiten gegeben. Aber er gewann in der Epoche der Entstehung des modernen europäischen Staates eine zentrale Rolle. Der Hof war nun in der Regel der Sitz der Staatsverwaltung, daneben das Zentrum des gesellschaftlichen Lebens, das Karriereziel der aufsteigenden Eliten und vor allem der Ort der Selbstdarstellung des Monarchen.[2] Vom 16. bis zum 18. Jahrhundert stiegen die Zahlen der am Hof tätigen Personen, der dort getriebene Aufwand und damit auch der öffentliche Finanzbedarf in ganz Europa kontinuierlich an. Aus relativ einfachen Strukturen, wie man sie noch im Spätmittelalter beobachten kann, wuchs durch Fixierung und Differenzierung von Ämtern ein soziales Gebilde, das eigenen Regeln folgte und das sich durch Inklusion und Exklusion mittels der

Unterscheidung der «Hoffähigkeit» nach außen abgrenzte. Wer zu Hofe zugelassen wurde, sei es durch eigenen Formalakt, sei es stillschweigend, «gehörte dazu». Wer von dort ausgeschlossen war oder verbannt wurde, hatte den Hof zu verlassen und konnte bestenfalls auf seine Landgüter oder in den Schoß der Familie zurückkehren.

Das den Hof konstituierende Regelwerk war komplex. In der Vertikale galt die Hierarchie. Die Figuren waren so geordnet, dass sie auf eine Spitze, den Herrscher, zuliefen. Von ihm empfingen sie ihre Daseinsberechtigung. Je näher die Figur zum Herrscher stand, desto höher ihr objektiver Rang und ihr soziales Ansehen. In der Horizontale verliefen die Schichten der Gleichrangigen: vom Küchenjungen, Läufer, Jäger, Trabanten aufwärts zu den Kammerherrn verschiedener Rangstufen bis zu den unmittelbaren Beratern des Herrschers. Auf dieser horizontalen Ebene herrschte Gleichheit, also in der Regel erbarmungsloser Wettbewerb um den Aufstieg und um die Nähe zum Herrscher. Vertraulichkeit und Freundschaften waren deshalb riskant und eher selten. «Bei Hof, bei Höll» war der sprichwörtliche Kurzkommentar zur Härte des politischen Wettbewerbs am Hof, gleichermaßen unter den Herren wie den Damen.[3]

Die rechtliche Einordnung des Regelwerks bei Hofe ist schon den Zeitgenossen schwer gefallen, und uns, die wir dazu neigen, anachronistische Begriffe zu verwenden, fällt sie noch schwerer. Vielleicht kann man von einer Mischung von selbst gesetztem Herrscherrecht kraft Souveränität, von frühmodernem Völkerrecht aus Verträgen, Gewohnheit und «Naturrecht» sowie von Konventionalregeln bis herunter zur bloßen «Übung» sprechen. Das vom Herrscher gesetzte Recht, etwa in Gestalt einer «Hofordnung», gehörte zum innersten Kreis dessen, was der Herrscher allein, also ohne ständische Beteiligung, entscheiden konnte. Er bestimmte Zahl und Ränge der Hofämter, das Zeremoniell des Tagesablaufs und besonderer Anlässe, Zulassung oder Ausschluss vom Hofe, Titulaturen, Ordensverleihungen und vieles andere. Für diese Entscheidungen gab es faktische, finanzielle, herkömmliche und konventionelle Begrenzungen, jedoch kaum solche normativer Art, gleichviel ob die Befugnis des Herrschers aus dem Rechtstitel der väterlichen Gewalt, der *patria potestas*, aus dem imperialen Satz *Quod principi placuit, legis habet vigorem* oder

aus königlichem Gewohnheitsrecht abgeleitet wurde, sie war rechtlich
ungebunden, was das Detail anging. Freilich standen an den Grenzen
dieses Bereichs Natur- und Völkerrecht. Insofern achtete ein Herrscher, einer klugen Selbstbindung folgend, das Völkergewohnheitsrecht, welches fremden Herrschern und deren Gemahlinnen, deren
Gesandten und ihrem Personal jeweils spezifische Plätze im System des
Hofes zuwies. Alle anderen Verhaltens- und Zeremonialregeln bei
Hofe können zwar Normen genannt werden, kaum aber Rechtsregeln;
denn sie steuerten das «richtige» soziale Verhalten kraft Konvention,
Sitte oder Brauch, nur gelegentlich auch kraft Herkommens, also
durch öffentlichrechtliches Gewohnheitsrecht.[4]

Das Regelwerk aus autonomem Staatsrecht, Völkerrecht, Gewohnheitsrecht und Konventionalnormen regelte vertikal und horizontal
die Ränge. Es sorgte damit für das Funktionieren der großen Maschinerie des Hofes, indem es einerseits Besitzstände sicherte, etwa nach
den immanenten Vorrangregeln der adeligen Welt oder nach den Regeln der wohlerworbenen Rechte (*iura quaesita*), indem es aber andererseits auch Aufsteigern Chancen dadurch einräumte, dass es Regeln
für den «Einstieg», also für die erwähnte Zulassung zu Hofe, bereit-
hielt. Letzteres gilt für Günstlinge und Mätressen gleichermaßen.[5]

Dieses idealtypische Bild wurde überall in Europa von Abweichungen und Sonderformen durchbrochen. Kein Hof war wie der andere.
Jeder war das Produkt der spezifischen Landeskultur und Landesgeschichte. Seine Regeln bildeten frühere Machtkämpfe ab, ebenso
Reichtum oder Armut sowie stets ein gewisses Maß herrscherlicher
Willkür. Die Kavalierstour junger Prinzen diente deshalb vor allem
dem Zweck, das jeweils Besondere verschiedener Höfe durch Anschauung zu erfahren, gewissermaßen die hinter dem Zeremoniell versteckte Sprache der Macht auf verschiedene Weise sprechen zu lernen.
Der Kleinstaat Sachsen-Gotha wurde selbstverständlich anders regiert
als das Reich der Habsburger von Wien aus. Ein absolutistischer
Großstaat wie Frankreich folgte anderen Regeln als das ebenfalls ab-
solutistische Dänemark oder das zaristische Russland. Diese wiederum unterschieden sich von Staaten, in denen es noch funktionierende
Stände gab, wie etwa in Württemberg oder in der «aristokratischen
Monarchie» Polens. Die Höfe geistlicher Staaten (Köln, Mainz, Trier,

Würzburg, Salzburg) folgten einem anderen Normprogramm als weltliche Staaten mit mehreren Konfessionen wie etwa Preußen.

Ebenso wenig entsprach die Praxis der als idealtypisch vorausgesetzten Struktur einer Pyramide mit dem Herrscher an der Spitze. Auch wenn die Ikonographie des Absolutismus sich pyramidenförmiger Figuren und Gleichnisse bediente, so wichen doch die realen Höfe häufig davon ab. Vielfach gab es mehrere Spitzen, die miteinander konkurrierten, etwa wenn regierende Minister oder Günstlinge die Staatsmacht in Händen hielten, während schwache Herrscher oder die verwitwete Landesmutter als Regentin für ihre unmündigen Söhne eher eine Zeremonialfunktion ausübten. Gelegentlich war die eigentliche pyramidale Spitze auch die Königin oder die Königinmutter, die – wenn der König schwach war – mit einem regierenden Minister kooperierten oder, wie Katharina die Große von Russland, selbst kraftvoll regierten. Gelegentlich wirkten auch Geistliche als Machtzentren, nicht nur die zu Politikern gewordenen Kardinäle Richelieu und Mazarin, sondern auch im Hintergrund wirkende Beichtväter, deren Einfluss nicht nur antijesuitische Legende gewesen ist. Schließlich ließen enge politische oder verwandtschaftliche Verbindungen zum Nachbarstaat die Spitze der Pyramide, um im Bild zu bleiben, auch abwandern. Zurück blieben dann Vasallen- oder Schattenkönige.

Selbst wenn man diese enorme Vielfalt zugesteht, bleiben gewisse in ganz Europa anerkannte höfische Grundregeln übrig. Sie regelten den Diskurs, innerhalb dessen und durch den der Herrscher seine soziale Rolle formte und mit ihm seine höfische Umgebung. Diese Grundregeln bilden den Ausgangspunkt, von dem aus über Sonderformen oder Abweichungen gesprochen werden kann. Zu ihnen gehören etwa die Sätze, dass der Monarch den zentralen Bezugspunkt und die Quelle der Legitimation bildet, dass Männer vor Frauen rangieren, dass es eine Rangfolge Adel vor Bürgertum gibt und dass innerhalb des Adels die älteren Häuser vor den jüngeren stehen. Entscheidend für den Rang war also primär die «Geburt». Deshalb bedurfte die Bevorzugung der Leistung vor der Herkunft einer speziellen *causa*, eben der besonderen Begründung durch den Herrscher. Es sind dies alteuropäische Grundregeln, deren Muster noch im 19. Jahrhundert wirksam waren. Seit dem sukzessiven Ende der Monarchien und dem

Übergang in das Zeitalter der Massen sind sie allenfalls noch als Bestandteile von Sonderkulturen innerhalb der entdifferenzierten Gesellschaften moderner Industriestaaten wahrnehmbar.

II. Die Königin, die Königinwitwe und die Königinmutter

Der prinzipielle Vorrang von Männern vor Frauen, über dessen Gründe – oder vielmehr Begründungen – hier nicht weiter gesprochen werden kann, bedeutete allerdings auch, dass es zwei deutlich voneinander getrennte Welten am Hof gab: die männliche und die weibliche Sphäre. Gewissermaßen als Verdoppelung der männlichen Hierarchie mit dem Monarchen an der Spitze der Höflinge gab es eine hierarchisch geordnete Welt der Frauen, deren Spitze die Königin bildete. Sie war Garantin der Thronfolge, von ihr hing ab, ob die regierende Linie an der Macht blieb. Ihre Unbescholtenheit war das zentrale Gut der Herrschaftssicherung. Sie hatte ihren eigenen «Hofstaat» und verfügte über offiziell zugelassene Hof- oder Ehrendamen. Im Rang unter diesen standen adelige Damen, die entweder Zugang zu Hofe suchten oder ihn aufgegeben hatten, die aus Gründen zu jugendlichen oder zu hohen Alters noch nicht oder nicht mehr am Hofleben teilhaben konnten. Nahe bei dieser Gruppe, aber doch unterschieden, rangierten die eventuell bürgerlich geborenen Ehefrauen adeliger Hofbeamter. Alle diese Frauen hatten wiederum weibliches Personal, Zofen und Mägde, deren Zahl an größeren Höfen in die Hunderte ging.

Der Hofstaat der Königin hing nach Größe und Zusammensetzung letztlich vom Willen des Monarchen ab, etwa bei der Entlassung in Fällen, die zu Misstrauen oder Skandalen Anlass gegeben hatten. Allerdings war der Monarch hierbei wiederum selbst gebunden, nicht nur an Konventionen und an die Rücksicht auf die Stellung der Monarchin, die er nicht ohne weiteres beschädigen konnte, sondern normalerweise an die Bestimmungen des Ehekontrakts, in denen Rahmenbestimmungen für den weiblichen Hofstaat festgelegt waren.

Auch diese Welt der Frauen war von der genannten Mischung aus positivem Recht kraft monarchischer Gewalt, Völkervertrags- und Völkergewohnheitsrecht, Gewohnheitsrecht und Zeremonialrecht kraft Konvention bestimmt. Anders als auf der Seite der Männer bestanden die Rechtspositionen hier jedoch nicht aus eigenem Recht; sie waren abgeleitet, soweit es sich nicht um Völkerrecht handelte. Die Königin hatte als Ehefrau des Monarchen an der öffentlichen Herrschaft, dem *Imperium*, keinen Anteil. Sie stand an zweiter Stelle im Staat, rangierte vor der Mutter des Königs, vor einer anderen eventuell noch vorhandenen königlichen Witwe und vor allen anderen königlichen Verwandten.[6]

Das war die reguläre Konstellation. Eigene Herrschaftsrechte konnte sie allerdings haben, wenn diese in die Ehe eingebracht und dort – kraft Ehevertrag – nicht aufgegeben worden waren. Nur dann verfügte sie über eigene Untertanen und war Königin in ihrer Sphäre aus eigenem Recht. Abgeleitete Herrschaftsrechte hatte sie dann, wenn sie in Abwesenheit des Königs oder für den Fall von dessen Tod als Regentin eingesetzt war. Im Fall der Abwesenheit des Königs blieb es bei der zweiten Rangstelle im Staat, ungeachtet der aktuellen Regentenpflichten – so etwa bei der französischen Königin Marie-Therese, der Gemahlin Ludwigs XIV., die 1762 bei kriegsbedingter Abwesenheit als politisch bedeutungslose Regentin fungierte. Erst im Falle des Todes des Königs rückte die Königin, wenn männliche Erben fehlten und wenn das Hausgesetz oder die Reichsgrundgesetze (*leges fundamentales*) überhaupt weibliche Thronfolge erlaubten, an die erste Stelle vor.

Doch zurück zum Regelfall. Hier galt: «Die Gemahlin des Souveräns, obgleich dessen Staatshoheit insbesondere seiner Gerichtsbarkeit untergeben, und zu Theilnahme an der Staatsregierung nicht befugt, führt, in der Regel, Prädicat, Titel und Wappen ihres Gemahls, und es wird ihrer in dem ordentlichen Kirchengebet erwähnt. Sie genießt, im Verhältnis zu den Gemahlinnen anderer Souveraine, den Rang, welcher der Würde ihres Gemahls angemessen ist, und, vermöge der HofEtikette, den Vorrang vor den Witwen voriger inländischer Souveraine.»[7] Die Königin trat also mit ihrer Heirat in den Rechtsrahmen ein, den die Monarchie ihr bot, sie genoss den ihr zustehenden Ehrenrang teils automatisch als Zugehörige zum Hochadel, teils kraft Zuteilung durch den Monarchen.[8] Stammte sie aus einem an Rang höheren Haus als der König, durfte sie ihre hierauf bezüglichen Titel behalten,[9] eventuell sogar vererben. Mit anderen Worten: Sie wurde mit der Verehelichung zwar nicht Untertanin ihres Ehemanns, des Monarchen, da sie ihm gleichrangig war, aber sie unterwarf sich der Staatsgewalt des Staates, in den sie eingeheiratet hatte, und sie wurde Teil der königlichen Familie, unterstand nun noch dem Hausgesetz der Dynastie ihres Mannes, war also dessen *patria potestas* unterworfen. Unter der Überschrift *Augusta, legibus non soluta* ist dies noch im 18. Jahrhundert mehrfach diskutiert worden.[10] Im 19. Jahrhundert scheint sich in der zunehmend von konstitutionellem Dogmatismus geprägten Lehre eher die Ansicht durchgesetzt zu haben, die Königin sei auch im staatsrechtlichen Sinn «Untertanin». Dieser Satz hatte zwar kaum praktische Bedeutung, konnte aber als Exempel dafür dienen, wie weit der Status des Untertanen im modernen Verfassungsstaat reichen könne.

Nicht der Regelfall, aber meist auch nicht prinzipiell ausgeschlossen, war der Fall der weiblichen Thronfolge. Hier war die Lage umgekehrt. Der Gemahl der regierenden Königin war zugleich an das geltende Recht des neuen Staates und an das Hausgesetz der Dynastie gebunden, in die er eingeheiratet hatte. Rangprobleme, die dadurch entstanden, waren analog den Regeln zu lösen, die galten, wenn ein Monarch seine Ehepartnerin aus den Dynastien der Nachbarstaaten wählte.[11]

Unabhängig von den hier skizzierten Grundregeln über die Rangstelle der Königin war ihre faktische Lage eher bedrückt und eingeengt. Sie kam in der Regel an einen Hof, den sie nie vorher gesehen hatte und dessen Sprache sie oft nicht beherrschte. Kavalierstouren, auf denen die jungen Männer des Hochadels Erfahrungen und Sprachkenntnisse sammeln konnten, gab es für die Prinzessin nicht. Was sie wusste und konnte, brachte sie von ihren Hauslehrern mit. In der neuen Umgebung konnte sie sich, wenn sie geschickt war, Sympathien erwerben, kaum aber Macht.[12] Sie war strengstens an das fade Zeremoniell gebunden, an «cette insipide étiquette», wie sich Lieselotte von der Pfalz brieflich äußerte.[13] Ihre Aufgabe war es, von der Teilnahme an den «insipides cérémonies» abgesehen, jährlich schwanger zu werden und Thronfolger zu gebären.[14] Und letzteres auf jeden Fall vor eilig herbeigerufenen Zeugen, um Manipulationen auszuschließen.[15] Eine wirkliche innere Bindung an den Monarchen war eher ein glücklicher Zufall, so viel auch die Hofprediger bei der Einsegnung die eheliche Liebe beschworen haben mochten. Wegen der Bedeutung für die Thronfolge waren schon Andeutungen von Flirts mit anderen Männern untersagt, geschweige denn durften wirkliche Affären stattfinden. Lieselotte von der Pfalz etwa, verheiratet mit dem Bruder des Königs und moralisch untadelig, geriet am französischen Hof in erhebliche Schwierigkeiten, als man ihr, um das Vertrauensverhältnis zum König zu stören, eine Neigung für einen Chevalier Saint-Saens andichtete.[16] Die Schicksale der hannoverschen Erb- und Kurprinzessin Sophia Dorothea, der «Prinzessin von Ahlden», deren Geliebter ermordet wurde und die dreißig Jahre lang bis zu ihrem Tod in Verbannung lebte,[17] oder das der dänischen Königin Caroline Mathilde, die nach Struensees Hinrichtung in ihre englische Heimat zurückgeschickt wurde,[18] sprechen für sich.

Dass Königinnen Damenorden stiften, fromme Schenkungen machen und sich für Kirchenbauten einsetzen konnten, sowie dass ihrer in der sonntäglichen Fürbitte im Gottesdienst gedacht wurde, war ein schwacher Trost dieser meist freudlosen Frauenleben. Bei ihrem Tod war Staatstrauer anzusetzen. Gelegentlich liefen schon während dieser Trauerzeit, der Staatsräson folgend, die Unterhandlungen wegen der Wiederverheiratung des Herrschers, so etwa im Fall des bayerisch-pfälzischen Kurfürsten Carl-Theodor, der in großer Eile (doch vergeblich) versuchte, noch zu einem Thronfolger zu kommen.[19]

Starb der Herrscher und ließ seine Gemahlin als Königinwitwe zurück, fiel sie unter dem neuen Regenten mindestens um eine, meist aber um mehrere Rangstellen bei Hofe ab. Entscheidend hierfür war der aktuelle Bestand an Thronprätendenten sowie das Hausgesetz der Dynastie. Aber es bestand Einigkeit darüber, die Witwe eines Souveräns behalte «Wappen, Prädicat und Titel, auch das Recht, einen eigenen Hofstaat zu haben».[20] Das bedeutete jedenfalls einen Anspruch auf einen Witwensitz und eine angemessene Apanage. Die genaue Ausgestaltung dieser Rechtsstellung blieb aber relativ offen, wohl auch aus finanziellen Gründen, die bei kleineren Staaten eine drastische Reduzierung des Aufwands bei der Witwe nahelegten. Gelegentlich ging es auch darum, ein bisher bestehendes Machtzentrum auszuschalten, Günstlinge zu entlassen und überhaupt eine politische Wende zu symbolisieren.[21] Johann Jakob Moser drückte sich an diesem Punkt recht vage aus: «*Viduorum et viduarum illustrium Iura ex conventionibus aestimanda sunt*», und er verwies entlastend auf Ludolphs «*De iure foeminarum*», «allwo er fast die Hälffte *de viduis illustr.* handelt».[22] Die Gelehrten seien sich in diesem Punkt nicht einig, meinte er, man müsse hier «sehr distinguiren».

Erst in der Epoche des Konstitutionalismus verfestigten sich die Regeln, wie verwitwete Regentinnen vom regierenden Herrscher zu behandeln seien. Mit der nun vollzogenen Trennung zwischen Staat und Dynastie sowie Staatsvermögen und Privatschatulle des Herrschers konnte die regierende Familie im engeren Sinne, also einschließlich der Witwe des Königs, schon als Gruppe besoldeter Staatsdiener gedeutet werden, unbeschadet der Rhetorik des Gottesgnadentums und des «monarchischen Prinzips». Die weitere Verwandtschaft sollte jedoch den Staatshaushalt möglichst nicht mehr belasten. So schrieb Heinrich Albert Zachariä 1841 mit Festigkeit: «Dass auch der Nachfolger das hausgesetzliche, observanz-mäßige, oder gültig stipulirte Vidualitium leisten müsse und dass dies in subsidium auch aus Landesmitteln geschehen müsse, unterliegt keinem Zweifel.»[23] Die liberalen Vertreter der konstitutionellen Monarchie neigten dazu, die Fragen von Apanagen, Aussteuern für Prinzessinnen und «Witthümern» in den Verfassungen oder parlamentarisch beschlossenen Gesetzen festzuschreiben, während die Vertreter des monarchischen Prinzips es vorzogen, darin entweder privatrechtliche Fragen zu sehen oder sie jedenfalls in das Innere der Dynastien zu verlagern, um sie als Materie der Hausgesetze dem Zugriff der Parlamente zu entziehen. Das hannoversche Hausgesetz etwa legte 1836 fest, verwitwete Königinnen und Kronprinzessinnen seien aus dem Staatshaushalt zu versorgen, während andere Witwen des Hauses «ihr Witthum aus ihrem Eingebrachten und dem Privatvermögen ihres Gemahls» beziehen sollten. Außerdem stünden diesen Witwen «der Genuss der Hälfte der Apanagen ihrer leiblichen Kinder zu, so lange diese minderjährig sind».[24]

Analog zur Rechtsstellung der (eingeheirateten) Königinwitwe war auch die Stellung ihrer Schwiegermutter, der Königinmutter, zu betrachten. Auch sie behielt nach dem Tod ihres Mannes ihren eingeschränkten eigenen Hofstaat samt Apanage, ihre Titulatur und ihren Rang, letzteren allerdings hinter der regierenden Königin. Gelegentlich entzog sie sich den damit verbundenen Pflichten durch Rückzug in ein Kloster oder Stift, sofern der regierende Herrscher dem zustimmte. Denkbar war auch ein Rangkonflikt, wenn die Rollen von Königin-mutter und Königinwitwe, wie es gelegentlich vorkommen mochte, nicht in einer Person zusammenfielen. In diesem Fall galt die Regel, dass die Mutter des regierenden Königs kraft direkter Abstammung vor der nicht blutsverwandten, also eingeheirateten Witwe rangierte.

III. Die Prinzessin

Wie die Königin, so standen auch ihre weiblichen Nachkommen, die Prinzessinnen, unter der Hoheit des Staates, speziell der Gerichtsbarkeit des Souveräns, sowie unter der väterlichen Gewalt des Königs. Man war sich einig, dass ihre Stellung nicht vom *ius civile*, sondern von den Fundamentalgesetzen, den Hausgesetzen der Dynastien, sowie von Naturrecht und göttlichem Recht bestimmt würden.[25] Prinzessinnen unterlagen dem Diktat der Staatsräson. Sie wurden als passende Dominosteine dynastischer Politik eingesetzt und hatten dem väterlichen Befehl zu gehorchen, der ihnen eröffnete, welchen politisch zweckmäßigen und standesgemäßen Gemahl man ihnen zugedacht hatte.[26]

Solange sie unverheiratet waren, erhielten sie ihren standesgemäßen Unterhalt aus den Einkünften der königlichen Familie. Der Nachfolger des Königs war hieran gebunden. Wurden sie verheiratet, erhielten sie eine meist im Wege des Staatsvertrages ausgehandelte Aussteuer. Hierzu wurde in manchen Ländern, in Preußen zum Beispiel auf gewohnheits-rechtlicher Grundlage,[27] dagegen nicht in Sachsen,[28] eine so genannte Fräuleinsteuer erhoben.[29] Das bedeutete, dass die Landstände zu diesem besonderen Anlass eine Sonderabgabe zu bewilligen hatten.

Die Verheiratung der Prinzessin war ein staats- und völkerrecht-licher Vorgang von großer Bedeutung. Aus der ursprünglich privat-rechtlichen Form (Verlobung, Heiratskontrakt, Heirat, Morgengabe) war durch die Herausbildung des frühmodernen Staates ein «Staats-akt» geworden, der nicht nur die Fragen der Ranggleichheit, die not-wendigen Konsense von Papst oder Kaiser, die territorialen Erban-sprüche und damit verbundenen «Prätensionen», sondern gelegentlich auch die Konversion zur Konfession des Ehemanns umfasste. Mehr und mehr verschwand dabei das kanonistische und gemeinrechtliche Regelwerk der Eheschließung, so dass am Ende Johann Jakob Moser sagen konnte, nicht das Privatrecht sei maßgebend, sondern die Regeln «*ex legibus divinis, naturalibus et positivis universalibus, ex legibus fundamentalibus, ex pactis denique dotalibus aestimanda sunt*».[30] Mit diesen Regeln waren auch mehr Möglichkeiten geschaffen, die bei Verlobungen und Eheschließungen normaler Sterblicher eintretenden Bindungen wieder aufzulösen. Regelmäßig wiederkehrende Fälle waren etwa Verlobungen unmündiger Kinder regierender Häuser, Auflösungen von Verlobungen unter Berufung auf eine völkerrechtliche «causa»,[31] Beseitigung von kanonischen Ehehindernissen durch Dispense, Standeserhöhungen zur Erreichung von Standesgleichheit, oder die Beibehaltung von königlichen Titeln, wenn die Prinzessin einen rangniedrigeren Adeligen heiratete. Die Eheschließung selbst wurde üblicherweise in feierlicher Form vollzogen, aber auch hier konnte auf Aufgebot, Feiern und sogar auf die geistliche Trauung verzichtet werden: «*Principes enim sunt supra omnes solennitates.*»[32]

Wie sehr «öffentlichrechtlich» die Eheschließung einer Prinzessin mit einem auswärtigen Souverän im Absolutismus geriet, zeigt sich beispielhaft 1660 am Zeremoniell der Vermählung der ältesten Tochter des spanischen Königs mit Ludwig XIV. von Frankreich. Diese Vermählung sollte den feierlichen Schlusspunkt eines völkerrechtlich ausgearbeiteten Friedensvertrags bilden. Die Braut war gewissermaßen das Siegel auf diesem Vertrag. Man wählte deshalb zur Schonung der wechselseitigen Empfindlichkeiten eine Insel in einem Grenzfluss im Baskenland, um die Übergabe der Prinzessin zu vollziehen. In dem dort aufgeschlagenen Zelt lagen zwei Teppiche, die im Zentimeterabstand voneinander entfernt die Grenzen der Territorien symbolisierten. Die beiden Familien blieben auf ihren Teppichen stehen, dann überschritt die Braut die Grenze in Richtung Frankreich; eine gemeinsame Feier gab es nicht.[33]

IV. Die Mätresse

Eingangs war gesagt worden, die Mätresse als staatsrechtlich bedeutsame Frau am Hofe sei ein auf die Zeit zwischen dem 16. und 18. Jahrhundert begrenztes Phänomen. Das hängt zum einen mit den «Staatsheiraten» zusammen, also mit der vom Absolutismus perfektionierten Verklammerung von dynastischen Heiraten (*matrimonia illustrium*) mit dem Netzwerk von Krieg und Politik.[34] Zum anderen wird das Ende der Institution durch das Auftreten bürgerlicher Mätressen und durch den Aufstieg des Bürgertums insgesamt eingeleitet. Die adelige Welt war nicht mehr unter sich. Die bürgerliche Moral wurde nun auch auf den König angewendet. Dass die letzte der bedeutenden Mätressen, die aus einem Bordell kommende, verschwenderische und im Volk verhasste Jeanne Du Barry, zunächst in ein Kloster verbannt wurde und dann 1793 unter der Guillotine starb, signalisiert auch das Ende einer ungefestigten Institution.

Eine Aufzählung der Mätressen europäischer Herrscher während des Absolutismus samt den damit verbundenen Skandalgeschichten erübrigt sich hier schon aus Raumgründen.[35] Was in unserem Zusammenhang interessiert, sind die Stufen der Legitimierung dieser Beziehungen. Der Herrscher, der die Beziehung suchte, um dem selbst geschaffenen, aber auch ihn immer diktatorischer beherrschenden Zeremoniell zu entfliehen und für den die illegitime Gefährtin die einzige Person war, mit der eine gewisse «Privatheit» möglich schien, sah sich einer dreifachen Front gegenüber. Er hatte zunächst gegen den Widerstand der Kirche zu kämpfen, die in der Mätresse das Symbol der Sünde und Verschwendung sah und den Verstoß gegen die Vorbildhaftigkeit des fürstlichen Lebens im Sinne der Fürstenspiegel geißelte.[36] Weiter standen die königliche Familie und der hohe Adel der Mätresse feindlich gegenüber, zumal wenn diese aus niederem Stand war und alle üblichen Karrierestufen rasch übersprungen hatte. Drittens war das in Armut lebende Volk, gegebenenfalls repräsentiert durch die Stände, der geborene Feind der Mätresse, teils aus Gründen der verinnerlichten Ehemoral, eher aber wegen der zum Staatsbankrott führenden Verschwendung. In der zweiten Hälfte des 18. Jahrhunderts kam dann noch in ganz Europa eine genuin bürgerliche Opposition hinzu, die sich zunehmend über die geschlossene und ungebildete Hofgesellschaft mokierte und eigene Maßstäbe des Reichtums und der Kultur entwickelte. Gegen diese Widerstände gab es für die Mätresse nur den prekären, weil jederzeit aufkündbaren Rückhalt beim Herrscher. Dieser hatte bei der schrittweisen Einführung der Mätresse in die Hofgesellschaft alle Vorsicht walten zu lassen. Dazu gehörte zunächst die über vermittelnde Figuren eingefädelte Präsentation bei Hofe, ein gelegentlich schwieriger Vorgang, wenn sich niemand finden wollte, der bereit war, eine aus der «Hefe des Volkes» kommende junge Frau als ranggleich zu akzeptieren.[37] Dieser ersten Stufe folgten Arrangements bei der Sitzordnung, neben dem König oder hinter der Königin, offizielle Ausfahrten in der Kutsche des Königs, weiter das Privileg, einen eigenen Tisch zu haben und dort mit Hofdamen sitzen zu dürfen, eigentlich ein Vorrecht der Königin, weiter einen Stuhl mit Rücken- und Armlehnen zu benutzen, ein Vorrecht von Prinzessinnen. War die Mätresse verheiratet, konnte sie zwar zur Ersten Hofdame oder, wie die zunächst noch verheiratete Marquise de Maintenon, zur «dame de la garderobe» ernannt werden, nicht aber zur Herzogin aufsteigen. Einen gewissen Ersatz boten Nobilitierungen bis zu dieser Grenze und der Erwerb von Landgütern, beides Signale des Aufstiegs innerhalb der Adelswelt.[38] Als Mademoiselle de Fontanges zur Herzogin erhoben wurde, empfing sie im Bett thronend das Défilé der Höflinge – «auch der König ist ganz offiziell hingegangen», berichtete die Marquise de Sévigné ihrer Tochter. Dass alle diese Fragen nicht in der Schwebe bleiben konnten, hing mit der Konstruktion des Hofes als geordnete Maschinerie zusammen. Für die Höflinge und die dazugehörige weibliche Hofwelt musste klar sein, wer an welcher Stelle stand. So konnte ein für die Mätresse veranstaltetes offizielles Fest anlässlich der Rangerhöhung das entscheidende Signal sein, aber auch das Tragen eines der königlichen Familie vorbehaltenen goldgewirkten Kleides.[39] Von nun an erhoben sich Prinzessinnen und Herzoginnen, wenn sich die Dame näherte. Sie war damit auch offizielle Empfängerin einer Apanage, nahm Bittschriften gegen Geld entgegen oder kassierte Provisionen für die Vermittlung von Ämtern. Sie bestimmte die Mode am Hofe, einschließlich der für den Rang maßgebenden Länge der Schleppen und

der Höhe der Frisuren. Als Diktatorin der Mode und Organisatorin der Festlichkeiten, als Förderin von Kunst und Kunsthandwerk wurde die Mätresse – gemeint ist hier der Prototyp der Pompadour – eine Art Kultusministerin sowie ein für die Luxusindustrie maßgeblicher Faktor;[40] entsprechende politische Konflikte mit dem Ministerrat stellten sich bei der Pompadour tatsächlich ein.

Die Unsicherheit der Basis, auf der die Mätresse agierte, teilte sich ihrer ganzen schwankenden Stellung mit. Wie auch immer es einzelnen von ihnen gelingen mochte, sich auf Messers Schneide zu bewegen und sowohl die Feindseligkeit der etablierten Kreise abzuwehren als auch die Unterstützung durch den Monarchen zu erhalten – diese Frauenkarrieren des Ancien Regime blieben immerhin lange nachwirkende Beispiele für die spezifisch weiblichen Möglichkeiten, die starre ständische Ordnung sozusagen im Handstreich umzukehren und die adelige Welt mit ihren eigenen Waffen zu schlagen. Dabei entstand der legendäre Typus der Mätresse, dessen schrittweise Institutionalisierung sich auch in der Titulatur ausdrückte. Die im Frankreich des 17. Jahrhunderts übliche Bezeichnung «maîtresse du roi» wandelte sich im 18. Jahrhundert zur «maîtresse déclarée» und schließlich zur «maîtresse en titre».[41] Das war unübersehbar eine Tendenz zu wachsender Publizierung und Anerkennung.

Doch mit dem Ende des Ancien Régime brach diese Linie ab. Das bürgerliche Zeitalter und die nun maßgebende öffentliche Meinung missbilligten das Mätressenwesen aus moralischen und politischen Gründen. George IV. von England erfuhr es ab 1820 mit Lady Conyngham, ebenso wie der Kurfürst von Hessen-Kassel mit der vom Volk abgelehnten «Gräfin Reichenbach», Ludwig I. von Bayern mit Lola Montez, Napoleon III. mit Harriet Howard, Edward VII. von England mit Alice Keppel und viele andere. Die bürgerliche Moral wollte an der Spitze «geordnete Verhältnisse», im Prinzip genau so wie es auch die Adelswelt und die Geistlichkeit vor 1789 gewollt hatten. Nun aber, im Zeichen der Verfassungsbewegung, des Liberalismus und Nationalismus, waren die Monarchen nicht mehr frei genug, das durchzusetzen, was ihnen angenehm erschien.

Natürlich waren die Königin, die Königinwitwe und die Königinmutter, die Prinzessin sowie die Mätresse nicht «die» Frauen schlechthin, sondern nur die herausragenden, in ein besonders enges Regelwerk gezwängten Repräsentantinnen des Ancien Régime. Erinnert sei deshalb an die Banalität, dass es im Rang unter ihnen und im ganzen Lande unzählige unbekannte Mägde gab, die in der Sommerhitze auf dem Feld arbeiteten und im Winter froren, Köchinnen, die schwitzend am Herd standen, Wäscherinnen, die im kalten Wasser die Wäsche schlugen, Zofen und «Dienstmädchen», die ihren Herrinnen dienten und das Haus versorgten, Handwerkerfrauen, die ein ganzes Haus mit Gesellen und Lehrlingen dirigierten, Kaufmannsfrauen, die kauften und verkauften, oder Pfarrersfrauen, die sich um die Armen kümmerten. Auch sie alle hatten in verkleinertem Maßstab ihre Probleme mit «Rang und Stand», waren eingebunden in soziale Netzwerke und wahrten ihre spezifische «Ehre».

7. Die Wunderinsel Barataria

Sancho Panza und die Kunst des Regierens

I.

Wer in der Nähe von Buenos Aires, nördlich von Mar del Plata, Urlaub machen will, kann zu dem in Mode gekommenen Küstenstädtchen und Seebad Villa Gesell reisen, den Boulevard Silvio Gesell entlangfahren, sich der Hochseefischerei oder den Badefreuden widmen oder Ateliers von Künstlern besuchen. Wo sich heute in der Saison tausende Touristen treffen, war noch in den dreißiger Jahren ein wüstenartiges Gelände, es gab Dünen und Sandstürme. Carlos Gesell, Miteigentümer einer Kinderwagenfabrik, kaufte diesen 1600 Meter breiten und zehn Kilometer langen Küstenstreifen. Durch hartnäckige Bemühungen, die in den dreißiger Jahren mit Experimenten zur Bepflanzung des Sandes mehrmals scheiterten und Carlos Gesell den Namen «Verrückter der Dünen» einbrachten, gelang es schließlich mit Strandhafer, die Dünen zu befestigen und anderen Pflanzen den Boden zu bereiten. Menschen siedelten sich in dieser kargen Kolonie an und unterwarfen sich den von Gesell erlassenen Verboten des Rauchens und des Glücksspiels sowie einem nur an Festtagen gelockerten Alkoholverbot. Das waren, alteuropäisch gesprochen, «Policeyordnungen» zur inneren Festigung eines autonomen Gemeinwesens, möglicherweise auch um eine Alternative zum florierenden Spielbetrieb des größeren Badeorts Mar del Plata zu bieten. Als Carlos Gesell 1977 starb, war aus seiner Siedlung längst ein normaler Touristenort geworden und ihr Gründer, eine Art eigenwilliger und sendungsbewusster Gouverneur eines öden Landstrichs, hatte seine ursprüngliche Mission aufgegeben. Der utopische Ansatz war vom realen Kapitalismus eingeholt und verschlungen worden.

Carlos Gesell war ein Sohn von (Johann) Silvio Gesell (1862–1930), einem autodidaktischen Finanztheoretiker und Sozialreformer, (Neo-) Physiokraten und Anarchisten[1]. Er selbst bevorzugte das Wort «Akrat». Er kämpfte für eine Abkoppelung der Währung von den wirtschaftlichen Zyklen und vom Goldstandard («Freigeld»), für ein Verschwinden des Zinses und für eine Sozialisierung des Bodens («Freiland»). Das «Freigeld» stellte er sich als umlaufgesicherte internationale Währung vor. Er bejahte Eigennutz und Wettbewerb, solidarische Hilfe, freie Verträge und freie Liebe, und er schrieb gegen Staat, Schulzwang, Impfzwang, Krieg und Kapitalismus. Sein Hauptwerk, begleitet von zahlreichen Broschüren, war *Die natürliche Wirtschaftsordnung durch Freiland und Freigeld* (1916). Es erlebte neun Auflagen. Gesell verband sozialdarwinistische und anarchistische Züge und Kritik an Marx mit Sozialutopien, in denen die vorgeschlagenen Lösungen experimentell erprobt werden sollten. Von 1887 bis 1892, von 1907 bis 1911 und nochmals 1924 bis 1927 lebte er in Argentinien. Dort kaufte er ein großes Grundstück und eine Insel am La Plata. Später wohnte er meist auf der Obstbaugenossenschaft Eden in Oranienburg bei Berlin, zu deren Gründern auch der «freiheitliche Sozialist» Franz Oppenheimer gehört hatte. 1922 veröffentlichte Gesell unter dem Pseudonym Juan Acratillo eine Broschüre *Der verblüffte Sozialdemokrat*, die in späteren Auflagen dann in *Der verblüffte Sozialist* oder *Marxist* umgetauft wurde, aber auch den Namen *Die Wunderinsel* bekam.[2] In der Sache war es eine Sozialutopie des Finanz- und Gesellschaftssystems. Der Text erschien gleichzeitig mit Ferdinando Pessoas fiktivem Gespräch *Banqueiro anarquista*, in dem ein mit dubiosen Mitteln reich gewordener «wissenschaftlicher Anarchist» erklärt, wie er die für die bürgerliche Gesellschaft fundamentale «Fiktion Geld» bezwungen und als radikaler Individualist sich selbst befreit habe.[3] Das ist nicht nur ein Abkömmling von Max Stirners *Der Einzige und sein Eigentum* (1845), sondern auch eine passende Parallelfigur für Silvio Gesell, der mit seinem «Freigeld» zur anarchistischen Befreiung von Staat und Kapitalismus ansetzte.[4]

Gesell beginnt seine *Wunderinsel* mit den bei Utopien üblichen Versteckspielen der Autorschaft und der Lagebestimmung von Barataria. Sie liege, sagt er augenzwinkernd, «auf dem gleichen Breitengrad wie Utopia und genau 360 Grad ostwestlich dieser Insel». «Barato» heiße «billig» und man bekomme dort für wenig Arbeit viel Ware. Die

Insel sei 1612 durch 500 spanische Familien kolonisiert, dann aber von der Außenwelt abgeschnitten und vergessen worden. Ihre Hauptstadt heiße Villapanza. Die Baratonen hätten zwar im ersten Jahrzehnt kommunistisch gewirtschaftet, seien aber dann zu einem privatwirtschaftlichen System übergegangen, bei dem die Währung zunächst durch Kartoffelvorräte in den Kellern, später aber (weil die Kartoffeln faulten) durch die erbsengroßen Nüsse eines Geldbaums (pinus moneta) gedeckt wurde. Durch den falschen Propheten Carlos Marquez (Karl Marx) verführt, seien die Baratonen dann wieder davon abgewichen und zu einer neuen Garantie der Währung durch Hohlmaße, der Lehre vom Mehrwert, übergegangen. Nun erzeugt die Angst vor Inflation eine Deflation, Spekulanten machen sich breit, Banken und Zinsen kehren zurück, der Kapitalismus siegt, der auch den Kommunismus in seinen Dienst nimmt. Endlich wird die Insel von Engländern entdeckt, die voll Anerkennung sagen, es sei alles auf Barataria wie zu Hause in England: Reichtum und Armut nebeneinander, Klassenkampf und Repression, nun müsse man den Goldstandard einführen. Am Ende setzt sich aber Diego Martinez wieder durch, «Karl Marx» gibt nach, das Zinsproblem ist gelöst, der Wohlstand kehrt zurück. Barataria ist die Wunderinsel, auf der es gesichertes Geld, keine Zinsen und keine Bodenspekulation gibt.

Die Insel Barataria hatte ihren Namen freilich von einem ganz anderen Vorbild, das der Spanisch sprechende Autor ohne Zweifel kannte, jener Insel nämlich, als deren Statthalter Sancho Panza im Zweiten Teil des *Don Quijote* von Miguel de Cervantes Saavedra (1547–1616) agiert. Dass Gesell, ohne Cervantes zu nennen, mit diesem berühmten Namen spielt, geht auch klar aus dem Namen der Hauptstadt «Villapanza» hervor. Bald wird deutlich, dass es sich in dieser «Panza-Stadt» darum handelt, weise Verordnungen zum Wohl des Volkes und Landes zu erlassen, nicht anders als Sancho Panza es tat, nachdem er durch den Umgang mit Don Quijote und dessen Lehrbriefe im Stil von Fürstenspiegeln auf sein Regentenamt vorbereitet worden war.

So haben wir drei sozialutopische «Inseln» vor uns, deren Gemeinsamkeiten kurz benannt seien, bevor wir uns Sancho Panza genauer zuwenden. Vater und Sohn Gesell waren je auf ihre Weise besessen von Ideen, die sie in die Praxis umsetzen wollen. Der eine kaufte sich u. a. eine Insel, lebte in der landreformerischen und vegetarischen Kommune «Eden», wurde in der Münchner Räterepublik für sieben Tage Minister («Volksbeauftragter») der Finanzen, dabei kurzzeitig verhaftet, aber nach überzeugendem Plädoyer in eigener Sache freigesprochen. Kurz nach seinem Tod kam es während der Weltwirtschaftskrise zu einigen Aktionen mit dem von ihm propagierten «Freigeld», die aber, dem geltenden Währungsrecht entsprechend, verboten wurden. Viele andere Gemeinden gaben solche Versuche daraufhin auf. Auch die 1995 in Argentinien während des Kapitalmangels entstandene Parallelwährung «Credito» verschwand wieder ab 2002/2003, sobald der Peso als Landeswährung wieder verfügbar war. Die bis heute – bei den Grünen oder bei Attac – virulenten Ideen Silvio Gesells mit ihrem antikapitalistischen und antistaatlichen Akzent gehören offenbar zu denjenigen halb anarchistischen, halb dirigistischen Utopien, die immer wieder neu entworfen, erprobt und von wirtschaftswissenschaftlichen Autoritäten unterstützt werden, ohne je eine reale Chance zu bekommen. Das gleiche lässt sich für die Obstbau-Kommune sagen, in der Gesell zeitweise lebte. Die Grundidee freilich, auf der Grundlage regionaler Solidarität eine Komplementärwährung einzuführen, die eine gewisse Unabhängigkeit von Bankkrediten schafft, hat sich immer wieder bewährt, etwa durch Gründung von Gutscheinringen, in Form von Notgeld, Regiogeld oder umlaufgesichertem Parallelgeld.[5]

Ähnlich erging es dem Versuch des Sohnes Carlos Gesell, eine Art Strand-Kommune zu errichten, die Natur durch intensive Kulturarbeit zu bändigen und auf dem Territorium als Gesetzgeber besonders «schützend» tätig zu werden. Dass dieser Schutz nur durch Repression gegenüber den Rauchern, Alkohol- und Spielfreunden erzeugt werden konnte, belegt das uralte Problem aller Utopien, mit «abweichendem Verhalten» fertig werden zu müssen, sei es durch sanftmütige Erziehung oder durch Zwang. Auch das Erfolgsmodell von Carlos Gesell wurde vom eigenen Erfolg verschlungen. Nicht anders erging es dem Urbild Sancho Panza. Er regierte nur in der kurzen Zeitspanne einer Woche, zwar durchaus erfolgreich, musste aber sein Regiment wieder aufgeben und in den Dienst seines Herrn zurückkehren. So durchdringen sich die literarischen Utopien samt ihren Parodien mit den realen Versuchen, die Utopien auf der Erde herzustellen. Alle sind gute Menschen, Silvio und Carlos Gesell ebenso wie der fiktive Sancho Panza. Sie wollen das Gute, strengen sich an, und am Ende war es vergebens. Freilich ist das «Scheitern» der Utopien nur sehr einseitig ein solches; denn Silvio Gesell wird, wie man sieht, in einigen Punkten seiner Theorien durchaus ernst genommen, Carlos Gesell hat aus dem Nichts tatsächlich einen florierenden Badeort geschaffen, und Cervantes führt uns durch Sancho Panza anschaulich vor, wie man weiser und unbestechlicher Richter und vernünftiger Gesetzgeber sein und sich ohne Groll wieder ins Privatleben zurückziehen kann.

II.

Die richterliche und gesetzgeberische Tätigkeit von Sancho Panza auf der Insel Barataria ist von spanischen Rechtshistorikern längst bemerkt und analysiert worden.[6] Erst neuerdings aber werden die europäischen Dimensionen der frühneuzeitlichen Normsetzung im Bereich der «Guten Policey» sichtbar.[7] In ihnen erhalten auch die gleichzeitigen portugiesischen und spanischen Bemühungen um ein «buen gobierno» oder «policia» ihren Platz. Johannes-Michael Scholz hat gezeigt, wie in Spanien frühmoderne Staatsbildung und Zentralisierung der Verwaltung mit örtlichen Autoritäten zusammenstießen, welche Materien von der «policia» erfasst wurden: Bekämpfung des Luxus, etwa durch Kleiderordnungen oder Importverbote, weiter des Müßiggangs, des Bettelns und der Vagabondage samt der Ausgrenzung der «Zigeuner», Förderung guter Sitten und Erhaltung des geordneten Familienlebens, Eindämmung der Spielleidenschaft, Erhaltung der ständischen Ordnung, Sorge für Sauberkeit, gutes Wasser, ordentliche Straßen, für Ärzte- und Hebammenwesen und vieles andere. Dabei hat er auch auf die Durchsetzungsdefizite oder die Auslagerung bestimmter Aufgaben an die Kirche hingewiesen. Im Vergleich zu den Anstrengungen aller anderen europäischen Obrigkeiten weicht Spanien nicht von der Generallinie ab, zeigt aber doch charakteristische Unterschiede. Die Generallinie lautet, dass die lokalen, regionalen und zentralen Autoritäten aller europäischen Länder seit ungefähr der Mitte des 15. Jahrhunderts begannen, durch Gebote oder Verbote regulierend einzugreifen. Im kirchlichen und weltlichen Bereich wuchs der Bedarf an Reformen (Reformationen). Städte, lokale Machthaber und Grundherren, Landesherren und monarchische Zentralen schalteten sich in diesen Regulierungsprozess ein, teils von den Untertanen und Ständen unterstützt, teils gegen deren Widerstand – je nach Materie und Interessenlage. Im 16. Jahrhundert tauchten die ersten, ganze Territorien erfassenden «Policey-Ordnungen» auf, in Deutschland sogar «Reichspolizeiordnungen», die wiederum als Muster auf die Territorien zurückwirkten. Man ist sich heute einig, dass die damit verbundene, sich rasch vermehrende Gesetzgebungstätigkeit weder einseitig obrigkeitlichem Reformwillen «von oben» («Sozialdisziplinierung») noch der Partizipation der Untertanen oder der Stände «von unten» zugeschrieben werden kann. Vielmehr geht man von einem Modell vielfacher Verflechtung ökonomischer, sozialer, kirchlicher und ideeller Interessen und Bestrebungen aus, die im Parallelogramm der Kräfte bestimmte Normierungen hervorbrachten, aber auch ihre Implementation fördern oder hindern konnten. Je mehr in diesem Prozess die Gesetzgebungsgewalt vom Absolutismus monopolisiert wurde, was bekanntlich nirgends modellhaft rein gelang, desto mehr erschien die Masse der Mandate, Gesetze oder Verordnungen als Produkt des «Polizeistaats», den man dann im 19. Jahrhundert als den Staat des Misstrauens gegenüber den Bürgern, der «Vielregiererei» und der Knebelung der ökonomischen Kräfte des Bürgertums kritisierte. Mit dem Ende des Ancien Régime, wie es sich in Europa um 1800 abzeichnete, verschwanden diese Normen entweder im politischen und wirtschaftlichen Liberalismus oder verwandelten sich, soweit sie unentbehrlich waren, in Administrativ- oder Verwaltungsrecht.

Hält man sich diesen epochalen Vorgang der europäischen Rechtsgeschichte bewusst, kann man umso leichter die vergnügliche Lektüre des *Don Quijote* fortsetzen. Bekanntlich gewinnt Don Quijote schon bei der ersten Begegnung mit Sancho Panza diesen als «Knappen» durch das Versprechen, er solle nur mit ihm ziehen, denn vielleicht könnte ihnen bald ein Abenteuer begegnen, bei dem «er in einem Schnapp ein Eiland gewinne, zu dessen Gubernator er ihn ernennen wolle» (I, 7).[8] Diese Hoffnung flackert nun ständig vor Sanchos Augen. Er tröstet sich über jedes Missgeschick hinweg, verspricht auch seiner Frau Reichtümer und Ehren, sobald er nur Statthalter der Insel sei. Und von Anfang an ist er auch kraft seines praktischen Sinnes und Selbstvertrauens der Meinung, er sei in der Lage, das Eiland zu gubernieren, «wie groß es auch sein mag». Gewiss ist er auch bequem und furchtsam, seiner Herkunft und Sitten bewusst, außerdem kennt er als Analphabet seine Defizite, die aber andererseits wieder durch unerschöpflichen Mutterwitz und Sprichwörtermanie, Schlagfertigkeit und Neigung zu Kalauern ausgeglichen werden.[9] Schließlich ist er trotz der klaren Einsicht, dass er einem Narren folgt, außerordentlich treu und bescheiden.

Konkreter wird die Hoffnung auf die Erlangung der Statthalterschaft einer Insel seit der Begegnung mit der schönen Jägerin, der Herzogin (II, 30). Von nun an dienen der «Löwenritter», wie sich Don Quijote inzwischen nennt, und Sancho Panza unfreiwillig der Unterhaltung des Landadels, eines Herzogspaars, «deren vollständigen Titel man bis heute nicht kennt». Sancho erhält eine Zusage, Statthalter einer Insel zu werden, die dem «Herzog» gehört und gerade nicht vergeben ist. Er agiert nun als «erwählter Gubernator», allerdings in der für ihn typischen Mischung von Selbstbescheidung und Stolz, Bauernschläue und pragmatischer Einschätzung der Lage. Bereits die Herzogin testet seine Fähigkeiten zum Amt und er antwortet mit der klassischen Formel, er werde die Guten belohnen, die Schlechten bestrafen und die Armen unterstützen (II, 33). Als die Sache immer sicherer zu werden scheint, schreibt Sancho an seine Frau Teresa, eine geborene Gutierrez, «Du bist eines Statthalters Frau», es dauere nur noch ein paar Tage, dann werde er Geld machen und sie beide würden reich. Unterzeichnet ist der Brief mit «Dein Gatte, der Gubernator, Sancho Panza» (II, 36).

Vom 42. Kapitel an scheint der Traum Wirklichkeit zu werden. Versprochen wird Sancho «ein tadelloses Eiland, wie es im Buche steht, rund und drall und über die Maßen fruchtbar und üppig, und wenn er sich geschickt anstellt, kann er dort mit den Reichtümern der Erde die des Himmels erlangen» (II, 42). Zugleich wird Sancho durch den Herzog in den elementaren Dingen unterwiesen, zunächst was die

Kleidung angeht. Er müsse aussehen, heißt es, halb als Gelehrter, halb als Hauptmann, «denn auf dem Eiland, das er von mir bekommt, werden die Wissenschaften so nötig gebraucht wie die Waffenkunst und die Waffenkunst so nötig wie die Wissenschaften» (II, 42). Letzteres ist offenkundig eine Anspielung auf die Redewendung «Rom als Mutter der Waffen und Gesetze», genauer auf die Vorrede zu den Institutionen Justinians vom 21. November 533: «Die kaiserliche Majestät muss nicht allein mit Waffen geschmückt, sondern auch mit Gesetzen gerüstet sein. Dann vermag sie zu jeder Zeit, im Krieg wie im Frieden, gut zu regieren.»[10] Entsprechend oft drückt sich das Herrscherlob der frühneuzeitlichen Fürstenspiegel in allegorischen Hinweisen auf die Vorbilder Solon und Justinian aus. Der Fürst, so heißt es, sei nicht nur *polemikos*, sondern auch *nomothetikos*, aber das Friedenswerk der Gesetzgebung verdiene den Vorrang vor dem Krieg.

Der ideale Herrscher ist jedoch am Ende des 16. Jahrhunderts nicht nur Gesetzgeber im Sinne der neuen Souveränitätsdoktrin, sondern ebenso auch Richter, wie er es während des ganzen Mittelalters gewesen war. Don Quijote als der intellektuell und standesmäßig Überlegene gibt hier Sancho eingehend Unterricht. Der gute Richter müsse gottesfürchtig sein, müsse sich selbst und seine eigenen Befangenheiten erkennen, milde und freundlich sein, die eigene Herkunft – sei sie auch niedrig – nicht vergessen und insgesamt auf dem Pfad der Tugend bleiben, denn nur die Tugend verleihe wahren Adel. Auch später betont Don Quijote, wie unwürdig es für eine Amtsperson sei, sich in adelige Rangstreitigkeiten einzumischen (II, 43). Weiter muss der Richter vor allem unparteiisch sein, niemals emotional entscheiden, auch nicht den Tränen schöner Frauen nachgeben, sondern sich stets nach der Billigkeit richten, aber letztlich, wie es schon das römische Recht (Digesten 48.19.42) lehrt, eher von Milde als von Strenge leiten lassen: «Solltest Du das Recht einmal beugen», sagt Don Quijote zu Sancho, «dann niemals unter dem Gewicht eines Geschenkes, sondern nur unter dem der Barmherzigkeit». Zu dieser Milde gehört auch der gute Rat, bei körperlichen Strafen, die schon schwer genug zu ertragen sind, nicht auch noch verbale Schmähungen hinzuzufügen.

Diesen generellen Bemerkungen zum Leitbild des guten Richters fügt Don Quijote aber noch andere an, die das gute Benehmen, die in der

Frühmoderne so wichtige Conduite, das würdige Auftreten betreffen
(II, 43). Alle Richter- und Regentenspiegel der Zeit enthalten solche
Vorschriften. Sancho soll, wenn er seine Frau ankommen lässt, darauf
achten, dass auch sie sich entsprechend verhält; im Übrigen gilt es auch
als würdig, sich als Höhergestellter der Verwandtschaft anzunehmen.
Der Richter soll eine sparsam bemessene Dienerschaft halten und auch
sie gut kleiden, früh aufstehen, Körperpflege betreiben, nicht ungepflegt
herumlaufen, aber sich auch nicht als Richter «in Flitter und Prunk
werfen oder wie ein Soldat anziehen», sondern die richtige Amtstracht,
«solange sie nur sauber und ordentlich ist» (II, 51). Dazu gehört weiter:
Keinen Knoblauch und keine Zwiebeln, mäßig bleiben im Essen und
Trinken, nicht mit beiden Backen kauen, sich gemessen, aber ohne
Ziererei bewegen und die Reitkunst beherrschen. Ein letzter Rat betrifft
die öffentliche Rede: Gegen ein gelegentlich gut eingeflochtenes Sprichwort sei nichts zu sagen, aber bei der ihm eigentümlichen Sprichwörtermanie solle sich Sancho beherrschen – eine für diesen fast übermensch-
liche Forderung. Alle diese Lehren Don Quijotes werden zum Überfluss
für den des Lesens und Schreibens unkundigen Sancho noch einmal
aufgeschrieben. Er soll sie sich vorlesen lassen (II, 43).

Nach diesen erzieherischen Vorarbeiten kann nun Sancho endlich zu
seiner Insel abreisen, und zwar «in Gelehrtentracht gekleidet», und er
ist dabei «so glücklich in seiner (des Esels) Gesellschaft, dass er nicht
mit dem Kaiser von Deutschland hätte tauschen mögen» (II, 44). Er
wird zum «Eiland Barataria» gebracht, «entweder weil das Dorf
Baratario» hieß oder «weil er das Gubernament so billig auf die Hand
bekommen hatte, bar und ohne langes Tarieren» (II, 45). Nach dem
Gottesdienst zur Amtseinführung mit der gesamten Bürgerschaft, der
Übergabe der Stadtschlüssel und der Einsetzung auf dem Richterstuhl
beginnt sofort die praktische Arbeit.[11] Sancho werden wahre oder fin-
gierte Fälle und Fangfragen vorgelegt, wie sie auch in zeitgenössischen
Schwanksammlungen vorkommen. Er erwirbt sich dabei rasch Anse-
hen, denn er beweist vorzügliche Beobachtungsgabe und Mutterwitz
(II, 45, 47). Auf einem Rundgang durch die Stadt, den er mit seinem
Anhang macht, er selbst «stolzierte mit seinem Amtsstab in ihrer
Mitte», sorgt er durch ambulante Gerichtsbarkeit für Ordnung. Immer
neue Fälle tauchen auf, Streitigkeiten in Spielhäusern, nebenbei auch

eine Anregung, diese ganz abzuschaffen, weiter ein Flüchtiger, der sich
verdächtig macht, aber sich eloquent aus der Schlinge zieht, zwei halbwüchsige Geschwister, die in Verkleidung die Stadt durchstreifen (II,
49). Auch später muss er noch einmal fiktive Probleme lösen, wobei er
der Regel Don Quijotes folgt, die auch in der juristischen Literatur zu
finden ist: «nämlich wenn es beim Richten Zweifel gebe, solle ich mich
immer für Barmherzigkeit und Gnade entscheiden» (II, 51). Alles in
allem ist es nichts Ernsthaftes, verglichen mit dem großen Vorsatz, den
Sancho bei Amtsantritt ausspricht, nämlich «das Eiland von allem
Unrat zu säubern, von Herumtreibern, Faulenzern und Stromern», und
«Den Bauern will ich helfen, den Hidalgos ihre Vorrechte lassen, die
Tugendhaften belohnen und vor allem Religion und Würde der Kir-

chenmänner achten» (II, 49). Im Grunde ist Sancho willig, seine richterliche und administrative Arbeit zu tun, aber er stellt die Bedingung, dass man ordentlich für seinen Esel sorge und ihn selbst nicht vernachlässige: «Gebt mir nur zu essen, dann kann es so viele Fälle und Fragen regnen, wie es will, ich knacke sie noch in der Luft.» (II, 51)

Doch Sancho Panza ist nicht nur Richter, der den «Stab der Gerechtigkeit» trägt, sondern auch neuzeitlicher Gesetzgeber.[12] Schon zuvor war er von Don Quijote in die Regeln der Gesetzgebung eingeführt worden: «Verordne nicht zu viele Erlasse, oder sieh wenigstens zu, dass es gute sind und man sie auch einhält und befolgt, denn Erlasse, die nicht eingehalten werden, verdienen ihren Namen nicht, sondern stehen dafür, dass der Fürst, der so viel Klugheit und Macht besaß, sie zu erlassen, nicht die Kraft hatte, sie durchzusetzen, und Gebote, die drohen, aber nicht angewandt werden, sind am Ende wie der Klotz, den man den Fröschen zum König gab: zu Anfang jagte er ihnen Angst ein, doch bald verachteten sie ihn und hüpften auf ihm herum» (II, 51), letzteres ein Konzentrat von Äsops Fabel.

In diesem Sinne geht Sancho nun vor, beantwortet den Brief Don Quijotes, berichtet von der Besichtigung der Märkte und seinen ordnenden Eingriffen, und verbringt dann den Nachmittag mit «ein paar Erlassen zum rechten Gubernieren dessen, was er für ein Eiland hielt» (II, 51). Er untersagt das Aufkaufen von Lebensmitteln, gibt eine Wein-Kennzeichnungsordnung samt Verfälschungsverbot,[13] er setzt im Interesse der Armen den Preis aller Fußbekleidung herab, besonders den der Schuhe, gibt eine Lohntaxe für die Dienstboten, weil deren Löhne «munter auf dem Weg des Eigennutzens galoppierten». Er verbietet das Absingen «liederlicher, geiler Lieder, ob bei Tag oder bei Nacht», desgleichen den Vortrag gereimter Wundergeschichten durch Blinde «wenn er nicht einen unumstößlichen Beweis der Wahrheit erbringe, da ihm die meisten dieser Blindenlieder falsche Wunder zu besingen schienen und somit den wahren schadeten», er setzt einen Armenvogt ein, mit der Aufgabe zu untersuchen, ob es wahre oder vorgebliche Arme sind. «Kurzum, er entwarf so treffliche Erlasse, dass man sie in dem Ort bis zum heutigen Tag noch einhält, wo sie den Namen tragen: ‹Die Verordnungen des großen Gubernators Sancho Pansa›». (II, 51) Wie die hier mitgeteilte Forschungsliteratur zeigt, bewegte sich Sancho Panza mitten im weiten Feld obrigkeitlicher Regulierungen, wie sie überall von Städten und Landesherren vorgenommen wurden. Sie alle wurden legitimiert durch die gängigen Topoi der «guten Policey», die ihrerseits vom aristotelischen, über die Scholastik vermittelten Ideal des «guten Lebens» getragen waren. Spanien und die südamerikanischen Territorien verfolgen hier keinen Sonderweg, sondern es zeigen sich allenfalls solche Abweichungen, die mit den speziellen Verfassungsbedingungen im 16. und frühen 17. Jahrhundert sowie mit der besonders dominanten Stellung der Kirche zusammenhängen.

Sancho Panza ist nach einer Woche angestrengter Tätigkeit erschöpft «vom Richten, Beurteilen, vom Erlassen der Gebote und Dekrete» (II, 53). Die Adelsgesellschaft, die sich seiner zu ihrem Amüsement bedient, führt ein rasches Ende herbei. Es wird ein Überfall der Feinde der Insel inszeniert, Sancho wird noch einmal gepeinigt und verhöhnt, man spielt einen Sieg über die Feinde. Aber der Statthalter will nicht mehr. Er zieht seine alten Kleider an, geht zum Stall, sattelt den Esel und hält eine Abschiedsrede: «Zur Seite, liebe Herren, entlasst mich in meine frühere Freiheit, damit ich mein altes Leben suche, das mich von dem Tod hier auferstehen lassen soll. Ich bin nicht zum Gubernator geboren und um Eiländer oder Städte gegen angreifende Feinde zu verteidigen. Besser verstehe ich mich aufs Ackern und Hacken, aufs Beschneiden von Rebholz und Setzen von Stecklingen als aufs Dekreterlassen und Provinzen- und Königreichverteidigen.» (II, 53) Er zieht sich zurück, voller Würde, Selbstachtung und Bescheidenheit. Zwar verlangt der Haushofmeister noch zum Schein Rechenschaft «über die zehn Tage, da Ihr das Gubernament innehattet. Danach zieht mit Gott und in Frieden» (II, 53), was an die Pflicht im italienischen Syndikatsprozess erinnert, jährlich schriftlich Rechenschaft abzulegen,[14] aber Sancho lehnt das ab. Er sei arm gekommen und gehe wieder ebenso arm. «Der Ansicht schlossen sich alle an». (II, 53)

Die verworrene Geschichte von der Wunderinsel Barataria mit ihren Ausprägungen in Literatur, Nationalökonomie, «Freigeld»-Versuchen in der Weltwirtschaftskrise und realer Stadtgründung am argentinischen Sandstrand zeigt, wie Literatur, politische Utopie, fiktive und reale Gesetzgebung auf «Inseln», in einzelnen Gemeinden oder auf privatem Grund einander durchdringen können. «Reformgesetzgebung», wenn eine adelige Gesellschaft um des Juxes willen einen Narren mit Herrscherqualitäten machen lässt, was er will, kann in partiell närrischen reformgeneigten Kreisen zu kleinen örtlichen Erfolgen führen. Reformgesetzgeber auf privatem Grund wie Carlos Gesell schließlich zerstören ihr eigenes Werk, wenn sie ihr Werk für den allgemeinen touristischen Zugang öffnen. Alle Pläne funktionieren nur unter zwei Bedingungen. Die eine lautet: Scharfe Inklusion und Exklusion, also ein Experiment auf einer fernen «Insel», die ein geschlossenes System ohne externe Irritationen darstellt.[15] Die andere Bedingung lautet: Der Mensch ist gut, also wird er in einem Experiment unter den Bedingungen der Isolation auch Gutes produzieren. Diese zweite Bedingung aber bedeutet die Austreibung des alten Adam, sei es durch Erziehung oder durch Gewalt. Auf beiden Wegen ist diese Austreibung bisher nicht gelungen.

III.

Sancho Panza, so will uns scheinen, ist ein wackerer Politiker. Es war nicht sein Lebensplan, in die Politik zu gehen, aber seit er das Ziel ins Auge gefasst hatte, zum Statthalter aufzusteigen, hat er es mit Ausdauer verfolgt. Am Ende war er «oben» und begann zu regieren. Und er machte es ganz gut, wenn man dem Urteil seiner Umwelt folgt. Aber gehörte dieser Narr, der einem Narren diente, nicht einer politischen Klasse an, die sich einbildet, die Welt zu regieren, während hinter ihrem Rücken ganz andere Personen die Fäden ziehen? Die jüngste Finanzkrise legt solche Fragen nahe. Nicht nur die gefoppten braven Bürger müssen mit ihren Mitteln zu Hilfe eilen, wenn der imaginäre Feind sich nähert, auch die Regierungen geben sich – wie Sancho Panza – die größte Mühe, das Unheil vom Gemeinwesen abzuwehren. Am Ende scheint die Krise abgewehrt und der erschöpfte Regierungschef zieht sich klugerweise zurück, bevor man ihn absetzt. Aber hat sich wirklich etwas verändert? Kaum sind die Wolken dabei sich aufzulösen, beginnen die Spekulationen aufs Neue, die Börsen schöpfen Atem, das Spiel hebt erneut an. In der nächsten Krise werden neue

Regierungschefs bereitstehen und an die Solidarität der einfachen Bürger appellieren, die Defizite gemeinsam zu tragen. Diejenigen, die alles inszeniert und ihre Schäfchen ins Trockene gebracht haben, sehen keinen Anlass, es nicht noch einmal zu versuchen.

Noch eine Bemerkung zu Silvio Gesell und seinem Traum von der Abschaffung des Kapitalismus bei gleichzeitiger Erhaltung privater Interessenverfolgung: Auf dem Hintergrund einer geplatzten Spekulationsblase und dreister Bonuszahlungen aus den gerade zur Rettung der Banken überwiesenen Staatsmitteln drängt sich die Frage auf, ob es nicht sinnvoll wäre, die gefährliche Idee einer uferlosen Geldvermehrung ohne Ankoppelung an das reale Wirtschaftswachstum durch die ebenso närrisch erscheinende Idee des zinslosen Geldes zu ersetzen. Viele scheinen das zu glauben, etwa die viel beachtete Autorin Margrit Kennedy. Indem sie auf funktionierende «Regionalwährungen» hinweist, gewinnen diese Hoffnungen auch an Plausibilität. Doch beruhen die «Regionalwährungen» auf begrenztem solidarischem Verzicht und auf Netzwerken, deren Kapital «Vertrauen» heißt. Daran scheitert ihre Übertragbarkeit auf größere, notwendig ins Anonyme führende Räume. Außerdem wird man nicht an der Frage vorbeikommen, worin das Motiv liegen könnte, Geld in größerem Umfang zu erwerben und altruistisch zu verleihen, wenn es nicht «arbeiten», also keinen Zins abwerfen und dem Geldgeber nutzen soll. Schon die Einrichtung einer dauerhaften Stiftung, die von ihren Zinserträgen lebt, würde daran scheitern. Schließlich spricht alle historische Erfahrung gegen Zinsverbote, sowohl im christlichen Abendland wie im Islam. Stets wurden entweder funktional gleichwertige Ersatzkonstruktionen zur Verfügung gestellt, um den Zins durch die Hintertür doch wieder einzuführen, oder man benutzte Zwischenhändler, deren Religion kein Zinsverbot enthielt.[16] In jedem Fall ist der Zins, gesetzlich beschränkt oder nicht, das uralte Antriebsmittel für den Geldverkehr, der den Warenverkehr entlastend und anfeuernd begleitet. Anzunehmen, die Weltwirtschaft könne kollektiv zur Naturalwirtschaft zurückkehren, grenzt an Absurdität. Es bleibt nichts anderes übrig, als der Abkoppelung des Geld- vom Warenverkehr international, europarechtlich und national Schranken zu setzen. Alles andere würde zu Don Quijotes Kampf gegen die Windmühlen führen.

8. Corpus Iuris Civilis par cœur

I.

Zu den rühmenden Epitheta gelehrter Juristen des Mittelalters und der Frühen Neuzeit, vor allem in Nachrufen, gehört die Behauptung, einzelne von ihnen seien in der Lage gewesen, das *Corpus Iuris Civilis*, vielleicht sogar noch zusätzlich das *Corpus Iuris Canonici*, «auswendig» zu wissen.[1] Bei Rabelais, zwar Mediziner, aber immerhin mit Tiraquellus befreundet, ermahnt Gargantua seinen Sohn Pantagruel in seinem berühmten, gigantischen und absurden Erziehungsprogramm: «Du droit civil, je veux que tu saiche par cueur les beaux textes, et me les confère avecques philosophie ... Somme, que je voy un abysme de science.» (Vom bürgerlichen Recht möchte ich, dass Du diese schönen Texte auswendig kennst und sie mir mit philosophischem Geschmack mitteilst ... In Summa, mache Dich zu einem Abgrund des Wissens.)[2]

Es mag sich mit diesen Behauptungen und Ermahnungen (saiche par cœur) verhalten wie mit den Zahlenangaben bei sagenhaften männermordenden Schlachten oder bei den Altersangaben der Patriarchen im Alten Testament. Die große Zahl bedeutet dann «viel» oder «sehr alt». Man kann sie aber auch in vorsichtiger Weise ernst nehmen und so lesen, dass einzelne Professoren das römische Recht, oder genauer: die Digesten, tatsächlich weitgehend auswendig wussten oder jedenfalls in der Lage waren, den Inhalt der einzelnen Bücher und ihrer Titel auf Anhieb wiederzugeben. Letzteres ist ziemlich wahrscheinlich, denn diese Professoren lasen die Texte viele Jahre lang und kommentierten sie eingehend. Ihr Leben bestand sozusagen in deren Aneignung und Nutzung.[3] Außerdem gehörte, anders als heute, das Auswendiglernen zu den wichtigsten Kulturtechniken. Man lernte von Kindesbeinen an Psalmen und Kirchenlieder auswendig, erlernte die alten Sprachen, memorierte die eigene Abstammung und die Großfamilie «bis ins siebente Glied», war informiert über Lehenrechte, Dorfrechte, Grenzverläufe und Zinslasten. In der mittelalterlichen und frühmodernen Welt, in der Handschriften und Bücher selten und wertvoll waren, kam es entscheidend darauf an, das lebenswichtige Orientierungswissen im «Kopf» zu behalten.[4] Diese Tradition hat sich in Ausläufern bis in das 20. Jahrhundert gehalten, ist dann aber angesichts der Einrichtung einer perfekten Aktenwelt und immer leichter werdender Verfügbarkeit riesiger Mengen gedruckter Literatur in den Wogen der Enzyklopädien, Wörterbücher, Bibliographien, und zuletzt durch die Recherchemöglichkeiten in Datenbanken und im Internet, untergegangen. Nur ein paar aufrechte Pädagogen, Entwicklungspsychologen und Hirnphysiologen sowie einige gebildete ältere Melancholiker beklagen heute noch, dass die meisten Kinder über kein längeres Gedicht mehr verfügen, sondern die Speicherkapazitäten ihrer Gehirne für Computerspiele, Action-TVs und permanente Beschallung über die Ohrstöpsel freigeräumt haben. Fernsehanstalten, Unterhaltungs- und Computerindustrie sind intensiv an der Besetzung dieses Terrains interessiert.

Auch ohne diesen kulturkritischen Ton kann man davon ausgehen, dass Lehrende und Lernende im Studium der Rechte zwischen etwa dem 13. und dem 18. Jahrhundert über eine erheblich größere Menge an memoriertem Wissen als heute verfügten und dass sie von früh an darauf eingestellt waren, solches Wissen zu erwerben. Schreiben mit Gänsekiel, Tintenhörnchen und dem nicht überall verfügbaren Papier – vom teuren Schreibstoff des Pergaments ganz abgesehen – war mühsam. Wir sehen zwar auf den Abbildungen mittelalterlicher juristischer Vorlesungen die Schüler überwiegend schreiben, aber das mag auch damit zusammenhängen, dass Schreibende sinnfälliger darstellbar sind als solche, die mit offenen oder geschlossenen Augen zuhören und memorieren.

Die Menge dessen, was im juristischen Studium bis in das 18. Jahrhundert vorgetragen wurde, war erheblich: Gelesen wurde *ordinarie* der Codex und das Digestum vetus, *extraordinarie* das Infortiatum, das Digestum novum und Teile des Volumen.[5] Wie heute dauerte das Studium vier Jahre, wobei das Pensum für Professoren und Studenten deutlich höher war als in der Gegenwart. Das änderte sich auch in der

Debatte um den italienischen oder französischen Rechtsstil (*mos italicus, mos gallicus*) nicht prinzipiell.[6] Vielmehr stand auch noch der Studienanfänger des 17. und 18. Jahrhunderts vor dem alten Problem, wie er den auf ihn einstürmenden neuen Stoff bewältigen könne, sei es auf der Grundlage eines gedruckten mehrbändigen *Corpus Iuris*, sei es mit Hilfe kommentierender Bücher oder (unter Diktat) selbstgeschriebener oder von anderen ausgeliehener Hefte, sei es mit Hilfe von Kurzfassungen, Definitionensammlungen und allerlei Grundrissen. Nahte die Zeit des Examens, musste alles noch einmal memoriert und «eingepaukt» werden. Hier tummelten sich schon früh Repetitoren, die sich die Examensangst zunutze machten, indem sie gegen Geld die Vermittlung der Fähigkeit versprachen, die gängigen Fragen «auf Anhieb» beantworten zu können. Mnemotechnik war in diesem Kontext kein «Angriff auf die Schrift», sondern nicht mehr als ein Notbehelf, gerade mit Hilfe des Alphabets die Masse der Schrift im Umriss verfügbar zu halten.

Zu den beliebten Fragen im Examen gehörten offenbar jene, die auf eine grobe Wissensprüfung zielten. Weiß der Kandidat, so mochte der Prüfer denken, welche Materie in welchem Buch und unter welchem Titel der Digesten, der Institutionen oder des Codex geregelt ist? Verfügt er nicht nur über inselhaftes Detailwissen, sondern auch über den «Überblick»? Kann er sagen, wo das Schuldrecht, Familienrecht, Erbrecht und Strafrecht geregelt sind, wo es um Codizille, Testamente, Legate und Fideicommisse geht? Wo steht die Emancipatio, wo die Ehescheidung und die Herausgabe des Heiratsguts (*dos*), wo die Fälschungsverbote (*lex Cornelia de falsis*) oder der «Seewurf» (*lex Rhodia de iactu*), wo befindet sich die «ungerechtfertigte Bereicherung», wo ist von den Vierfüßern die Rede, wo vom Eigentumserwerb durch Bearbeitung, etwa bei der Skizze eines Künstlers auf wertlosem Material (*tabula picta*), wo von den Bestandteilen der Ölpresse, wo von den Sachmängeln, den Irrtümern, wo von Vormundschaft, von entlaufenen Sklaven, ungeborenen Kindern, Scheinschwangerschaften und Konkubinen, vom Eid, von Erbbegräbnissen, heiligen Sachen, Glücksspielen, wo von den Mäusen, die einen zur Reinigung gegebenen Mantel zernagen?

II.

Man sieht förmlich den in Schweiß gebadeten Examenskandidaten, der in seiner Not, alles dies in sein armes Hirn zu bringen, zum rettenden Strohhalm greift. Das Faktenwissen explodierte geradezu, und die neue Kunst des Buchdrucks bot sich an, entsprechende Hilfsmittel zu vervielfältigen. Wenn es richtig ist, dass zwischen 1450 und 1700 etwa 900 Schriften zur Gedächtniskunst erschienen sind,[7] dann zeigt dies nicht nur eine «Mode», sondern auch einen «Markt» für derartige Produkte.[8] Hinter dem «Markt» stehen Bedürfnisse, die man benennen kann: Das uferlose Wissen sollte gebändigt und verfügbar gemacht werden. Die Welt sollte geordnet erscheinen, so dass man sie studieren und verstehen konnte. Dazu brauchte man ein «System», einen Ariadnefaden. In der juristischen Welt wuchsen mit den seit der Erfindung des Buchdrucks verfügbaren Büchermassen die Ängste, dies alles nicht mehr *lege artis* beherrschen zu können. Auf dem Boden der Angst aber, wir wissen es von den heutigen Repetitorien, sprießen die Versprechen, man könne mit einem Leitfaden rasch und sicher ans Ziel gelangen.

Wurde dem angstgepeinigten Kandidaten des 17. Jahrhunderts also 1673 ein *Memoriale iuris civilis* des Lüneburger Theologen Johannes Buno angeboten, das versprach, alle Bücher und Titel der Digesten durch Embleme und Bilder derart vor Augen zu stellen, dass man sich sowohl den Inhalt als auch ihre Bezifferung dem Gedächtnis einprägen und behalten könne,[9] dann war er wohl bereit, den Kaufpreis zu bezahlen. Ein Jahr zuvor hatte Buno auch ein *Memoriale* für die Institutionen vorgelegt. Neben diese mnemotechnischen Bücher von Buno traten 1695 gleich zwei in Leiden verlegte Tafelwerke, die wiederum Erleichterung versprachen. Das erste kündete von der *großen und bewundernswerten, auf vielerlei Arten bereits bewährten Kunst, durch welche die Titel der Pandekten und deren Hauptinhalte durch emblematische Figuren in kürzester Zeit aufs angenehmste dem Gedächtnis eingeprägt, festgehalten und bequem gebraucht werden können.* Es handelt sich um ein 1695 in Leiden bei Jordanus Luchtman erschienenes Buch im Oktavformat.[10] Die in ihm enthaltenen 432 kleinen gestochenen Bildchen auf 64 Seiten sind im Uhrzeigersinn geordnet und mit Zahlen von 1–10 versehen. Gibt es mehr als zehn Titel in einem Buch, dann beginnt die Zählung von neuem. Die Titel werden in Zehnergruppen zusammengefasst und jede dieser Zehnergruppen bekommt eine der Ordnung der Vokale und Diphthonge folgende bildliche Darstellung, also nach der Folge A, E, I, O, U, AU, EU, IU, OU und AS. Das mit R. C. gezeichnete Vorwort erläutert die Methode der Aufschlüsselung.

Im Fall dieser *Ars magna* kennt man den Illustrator. Es war Romeyn de Hooghe (1645–1708), ein «Gebrauchsgrafiker», der in der Zeit des Generalstatthalters der Niederlande, Wilhelms III. von Oranien, des späteren Königs von Großbritannien (1650–1702), zahlreiche politische Arbeiten lieferte.[11] Diese sind vielfach beachtet worden.[12] Man hat darauf hingewiesen, dass er auch studierter Jurist war und 1689 in Harderwijk den juristischen Doktor erworben hatte.[13] Ob er sich seinerseits wieder auf eine Vorlage stützte, ist viel erörtert worden, jüngst erst in dem in Osnabrück geschriebenen Buch von Andreas Bauer *Libri Pandectorum. Das römische Recht im Bild des 17. Jahrhunderts* (2005). Bauer beschäftigt sich aber vor allem mit einem weiteren Beispiel, und zwar mit der Serie von Schablonen für glasierte Kacheln des Majolika-Herstellers Sybrant Feytema aus Harlingen, die zur Herstellung einer kompletten Illustration der *Keyserlyke Rechten*, also der Pandekten gedacht war, welche aber wohl nie zustande kam. Die unbenutzten Schablonen sind erhalten, fertiggestellt wurden offenbar nur sieben fertige Kacheln, die sich heute im Museum Princessehof in Leeuwarden befinden.[14] Johannes E. Spruit hat ihnen 1989 ein elegantes Büchlein gewidmet.[15] Folgt man Bauers gründlichen Studien, dann ist es wahrscheinlich, dass die der *Ars magna* zugrunde liegende memorative Verbildlichung von dem Leidener Theologen Johannes Möller (1641–1710) stammte. Auf ihn geht ein ähnliches Memorier-Werk für die Bibel zurück, der *Erklärungsschlüssel der biblischen Figuren über die 4 Evangelien*, Leiden 1681, Neudruck 1713. Wie in der *Ars Magna* gab es hier je zehn Merkbilder, geordnet im Uhrzeigersinn. Dazu sollten Merkverse gesungen werden. Die von Möller dazu gezeichneten Entwürfe wurden anschließend von de Hooghe künstlerisch verbessert.

Ein fast unbekanntes und bislang noch unpubliziertes Beispiel ist unlängst aus dem Privatbesitz des Frankfurter Historikers Armin Wolf aufgetaucht. Es handelt sich um vier von fünf Kupferstichen (ca. 43 × 40 cm), die vermutlich der ersten (Leiden 1695) oder zweiten Auflage (Leiden 1728) unter dem Titel *Introductio mnemonica in titulos pandectarum: quinque tabulae nulla neque auctoris loci temporisque impressionis mentione adiecta* beigelegt waren.[16] Jedes der Blätter stellt jeweils zehn Bücher der Digesten in zehn Rechtecken dar. Die Führungslinie geht von links unten im Uhrzeigersinn schneckenartig nach innen. In jedem dieser Rechtecke finden sich wiederum zehn kleinere Bilder für die einzelnen Titel. Überschreitet die Zahl der Titel die zehn, dann liegen die Titel aufklappbar übereinander im Kästchen. Die kleinen, auf die Niederlande deutenden Szenen sind außerordentlich fein gestochen, die Darstellung naturalistisch.

Wenden wir uns nun einem vierten, bislang ebenfalls unpublizierten Beispiel zu. Wieder handelt es sich um fünf große Kupferstichblätter (21 × 30 cm). Sie sind 1998 von der Württembergischen Landesbibliothek erworben worden.[17] Es handelt sich um die Illustrationen zu dem genannten Werk von Johannes Buno, das der Memorierung der Digesten diente (1673). Von Buch 1, Titel 1 der Digesten an ergibt sich eine durchkomponierte Folge. Fünf Tafeln für fünfzig Bücher ergaben wieder zehn Bücher pro Tafel. Die schon genannte Schwierigkeit, dass die Zahl der einzelnen Titel pro Buch ungleich ist, löst der Künstler dadurch, dass er die Bilder für die Libri größer oder kleiner gestaltet, je nach Umfang. Im Durchschnitt sind es etwa sieben Titel, aber es gibt auch Bücher, die nur aus einem Titel bestehen (Lib. 30–33), während andere wieder bis zu 33 Titel aufweisen (Lib. 43). Insgesamt waren also auf den fünf Tafeln, etwa von der Größe eines heutigen DIN A4-Blattes, 432 Digestentitel bildlich umzusetzen. Das erforderte äußerste Ökonomie der Bilderfindung, ein gedrängtes Nebeneinander, aber eben auch Transparenz und Folgerichtigkeit, kurz: ein einfaches, periodisch wiederkehrendes «System». Man kann sich die Entstehung dieser Tafeln so vorstellen, dass ein Jurist mit dem *Corpus Iuris* in den Händen neben dem Künstler saß und diesem die Stichworte vorgab; dessen Fähigkeiten erweisen sich daran, dass es ihm gelang, die Stichworte des Juristen in Bildchen zu pressen, die noch unter der Lupe

Details der Kleidung und der Gestik, der Werkzeuge, Häuser, Tiere usw. erkennen lassen. Die Kleidung der Figuren entspricht der zeitgenössischen des späten 17. Jahrhunderts der Niederlande. Mit wenigen Attributen werden arm und reich, Kinder und Erwachsene, Richter und streitende Parteien deutlich gemacht. Kläger knien stets (D. 5.3, 5.4, 5.5, 5.6; D. 6.3), Schwörende stehen und erheben die rechte Hand, *Ususfructus* wird an Früchten eines Baums gezeigt (D. 7.1.), Altersstufen durch eine Treppe (D. 1.7), die *Emancipatio* durch am Boden liegende Fußfesseln (D. 4.5), der Vertragsschluss durch den Handschlag (D. 2.14), das auf einem Wagen zu transportierende bewegliche Gut durch eine Wagenachse (D. 11.1; 14.3; 15.2; 18.4), Waren durch verschnürte Ballen (D. 18.1, 18.3, 18.5), die Frist durch eine Sonne (D. 18.2). Es ist die Welt der Niederlande, nicht nur wegen der Tracht, wegen der Warenballen und der Fässer, wegen des Hausrats mit Kannen, Tiegeln und zinnernen Tellern, der strohgedeckten Häuser und der Gärten mit Apfelbäumen, sondern vor allem wegen der vielen nautischen Beispiele. Die Fragen des Gütertransports zur See (D. 14.1), der von einem blasenden *Boreas* verursachte Schiffbruch, der zum «Seewurf» führt (D. 14.2), die Angel und das Treibnetz, der Walfisch, der das zweite Buch der Digesten enthält, und viele andere Details zeigen es.

Worin bestand nun aber das «System», in das diese Fülle des rechtlich geordneten Lebens eingeordnet werden konnte? Es musste einen einfachen Leitfaden geben, der es erlaubte, die 432 Digestentitel ohne größeren Aufwand aneinanderzureihen. Die aus der Antike stammenden Anweisungen zur Mnemotechnik, kanonisiert erstmals in Quintilians Institutionis Oratoriae Libri XII,[18] gingen durchweg davon aus, man müsse der Erinnerung geordnete Haltepunkte verschaffen, mit deren Hilfe sich jeweils eine neue Erinnerungsbrücke bilden könne. Das konnte das Innere eines Hauses sein, ein vertrauter Weg mit «Wegmarken», aber auch eine Zahlen- oder Buchstabenfolge. Quintilian empfahl, man solle «gewisse Grenzpunkte (*termini*) ansetzen, damit der Zusammenhang (*contextus*) der Worte, der das Schwierigste ist, hintereinander immer wieder unser Denken herstellt, die Abschnitte dann aber die sich aus dem Gegenstand selbst ergebende Abfolge darstellen». Wenn der schwache Kopf versage, fährt er fort, dann solle man versuchen, die Merkzeichen in Beziehung zum Text zu bringen, also einen Anker zeichnen, «wenn von einem Schiff, einen Speer, wenn von einem Gefecht die Rede ist. Denn die Wirkung von Kennzeichen macht viel aus, und aus der Erinnerung an das Eine stellt sich die an das Andere ein.» (XI, 2, 29/30) Das alles solle man mündlich memorieren, aber nicht zu laut, man solle es häufig wiederholen und generell auf gute Gesundheit, geregelte Verdauung und auf einen von anderen Gedanken freien Kopf achten. Letztlich aber, sagt Quintilian, brauche man Übung und Fleiß, man solle früh anfangen, erst mit Reimen, dann mit rhythmisierter Sprache, dann mit Reden, «und zuletzt auch solches, was weniger rhythmisch gebunden und dem Gebrauch des Alltags ferner liegend ist, wie etwa die Sprache der Jurisprudenz» (XI. 2.41).

Auf diese Weise vorbereitet, können wir nun betrachten, wie sich der Erfinder der Tafeln das geschwinde Erlernen der Bücher und Titel der Digesten vorgestellt hat. Sein wesentliches Hilfsmittel war das Alphabet.[19] Er verwendete es in doppelter Weise. Zuerst benannte er sämtliche Bücher der Digesten mit Buchstaben, und zwar die ersten zwanzig Bücher von *Arca* (Kiste), *Ballena* (Walfisch), *Cadus* (Krug), *Damma* (Ziege) und so weiter bis zu *Saccus* (Sack), *Tabula* (Bild) und *Vagina* (Scheide). Von Buch 21 an beginnt das Alphabet von neuem: *Acerra* (Weihrauchfass), *Betula* (Birke), *Centaur* (Kentaur) bis *Jesus* (Buch 30), *Lectus* (Bett) bis *Velum* (Segel). Die dritte Folge des Alphabets setzt dann mit Buch 41 *Armilla* (Armband) ein und endet bei Buch 50 mit *Juga* (Joche).

So kann man sich in drei Durchgängen durch das Alphabet zunächst die Ordnung der Bücher einprägen. Man denke für die ersten zehn Bücher an Kiste, Walfisch, Krug, Ziege, Schüssel, Sichel, Kappe, Angel, Treibnetz, Tür. Weiter denke man an Stein, Kiepe, Reuse, Kanne, Mohn, Rahmen, Radius, Bild, Scheide, um die nächsten zehn Bücher zu behalten. Und so weiter, bis mit dem J für Joch das 50. Buch der Digesten erreicht ist.

Hat der Studierende sich auf diese Weise die Bücher eingeprägt, kann er zu den einzelnen Titeln voranschreiten. Dazu kehrt er wieder zu Buch 1 zurück und beginnt mit *Arca* (Kiste). Im Rahmen dieser fliegt nun zuerst ein Adler *(aquila)*, dann folgt *Balbus* (der Stotterer), dann *Celsus.* So geht es mit *Declaratio, Ebriosus, Familia, Gradus,*

Hircus, Imperator, Jus, Lorica, Militia, Nummus, Opilio, Portus weiter, bis die zweiundzwanzig Titel des ersten Buchs der Digesten erläutert sind.[20] Bei den einzelnen Titeln finden sich, wegen des Mangels an Raum stark abgekürzt, Stichworte zu den Überschriften. In der Kombination von Illustration und Stichwort funktioniert das Merkzeichen, indem es den Schlüsselreiz zur Rekonstruktion des kompletten Titels auslöst. Auch die Umgebung anderer Titel mag mithelfen, das richtige Stichwort zu finden.

Gehen wir einige Beispiele durch:

1. D. 1.3 bestimmt, was Gesetze sind, was Senatsbeschlüsse und was das Gewohnheitsrecht. Da es der dritte Titel ist, muss das Stichwort mit einem C beginnen. Der Zeichner schreibt Cels. und deutet auf den Juristen Celsus d. J., der im 3. Titel mehrfach vorkommt, vor allem mit dem berühmten Satz *«Scire leges non hoc est verba earum tenere, sed vim et potestatem»* (D. 1.3.17). Gleichzeitig bedeutet *celsus* «hoch erhaben». Man sieht also einen Celsus, hoch auf einer Art Schiedsrichterstuhl sitzend, der zwei Gesetzestafeln hält (tenet).

2. Ein zweites Beispiel aus Buch 1 ist Titel 5 «Über den Status der Personen». Es geht um Freie und Sklaven, Freigelassene, ehelich und nichtehelich Geborene, Kinder im Mutterleib, Monstra, Geisteskranke, nicht dagegen um Betrunkene. Dennoch zeigt der Zeichner um des Buchstabens E willen einen *Ebriosus*, der seinen Verstand verloren hat – eine Kanne liegt am Boden –, hinter ihm eine am Galgen hängende Frau, wohl eine Anspielung auf die dort niedergelegte Vorschrift, einer Schwangeren solange den Aufschub der Hinrichtung zu gestatten, bis sie das Kind geboren hat (D. 1.5.18).

3. Weiter: Unter dem Stichwort *Fam(ilia)* geht es im sechsten Titel des ersten Buchs um den Status der Personen, ob sie eigenen oder fremden Rechts sind. Das Bild zeigt einen im Zentrum stehenden Mann, um den herum sich Personen verschiedenen Status sammeln.

4. Der siebte Titel handelt von Adoptionen und Entlassung aus der Hausgewalt, also um ein Aufrücken nach Graden. Das Bild verwendet deshalb auch den Buchstaben G für *Gradus* und zeigt den Fall der Adoption mit dem rechten Arm, den der *Emancipatio* mit dem linken Arm. Der eine wird aufgenommen, der andere entlassen.

5. In Titel 8 werden Einteilung und Arten der Sachen erklärt *(De divisione rerum et qualitate)*. Da Tiere als Sachen gelten und ein Wort mit H gesucht wird, zeigt das Bild einen *Hirc(us)* = Ziegenbock und auf der anderen Seite des Gatters *Haed(us)* = Zicklein. Die *divisio rerum* wird durch das Gatter symbolisiert, das Böcke und Zicklein trennt.

6. Titel 9 behandelt die Stellung der Senatoren. Da wir ein Wort mit I brauchen, bietet sich Imperator an. Wir sehen die Senatoren im Halbkreis um einen lorbeerbekränzten, übermenschlich großen Kaiser versammelt.

7. Machen wir noch einen Sprung zu Buch 1, Titel 11, also zum L, dann sitzt hier ein Bewaffneter in der *Loric(a)*, dem Panzerhemd, auf einem Thron, ein Schreiben in der einen, ein Szepter in der anderen Hand. Es ist der *Praefectus praetorio*. Der Richterstab liegt am Boden, was wohl bedeutet, dass keine Berufung gegen seine Entscheidungen möglich ist. (D. 1.11).

8. Sehr anschaulich ist auch der nächste Titel über das Amt des Stadtpräfekten (D. 1.12), der für Ruhe und Ordnung zu sorgen und die Kriminalität zu unterdrücken hat. Unter dem mit M beginnenden Stichwort *Militia* sehen wir mit Speeren bewaffnete Soldaten im Mauerring einer Stadt.

9. Beim 14. Titel, der dem Amt des Praetors gewidmet ist (aber nur rudimentäre Angaben macht), braucht man ein Wort mit O: *Opilio*, der Hirt. Also zeichnet der Künstler einen auf dem Sessel des Prätors sitzenden Hirten, kenntlich an Tasche und Hirtenstab, der einer Herde Schafe gebietet.

10. Nehmen wir aus dem zweiten Buch der Digesten noch den Titel 11, in dem die Frage behandelt wird, was zu geschehen habe, wenn ein vor Gericht Geladener nicht erscheint. Da der Buchstabe L an der Reihe ist, wählt der Zeichner das Wort *Linter* (Kahn) und zeichnet zwei, die davonrudern, während ein dritter darüber mit ausgebreiteten Armen sein Bedauern ausdrückt.

11. Der folgende Titel (D. 2.12) betrifft Feiertage, Vertagungen und Ähnliches, vor allem die Verhinderungen für Landleute und Weinbau-

ern, wenn sie während der Ernte vor Gericht erscheinen müssen. Der Buchstabe M wird hier umgesetzt in *messio* (Mähen). Wir sehen einen Schnitter mit Sichel im Ährenfeld.

12. Wenden wir uns dem dritten Buch der Digesten zu. Weil es das dritte ist, muss der dritte Buchstabe im Alphabet dienen, also C = *Cadus* (Krug).

13. Dann beginnt die Folge wieder mit A, hier *Alliga* (Fessel). Ein Mann ist an eine Säule gebunden und hält ein Schriftstück in der Hand, auf das er hinweist. Es geht um das Auftreten vor dem Prätor *(De postulando)*. Das Bild spielt darauf an, dass bestimmte Leute gar nicht vor dem Prätor erscheinen dürfen, sie sind «gebunden» (D. 3.1.3), sei es wegen Jugendlichkeit, wegen Taubheit, oder seien es Frauen, die nicht in fremder Sache auftreten dürfen.

14. Es folgt der Titel D. 3.2, der die Ehrlosigkeit betrifft; Der Künstler wählt *Barbar* und zeigt einen Wüterich, der alles zerbricht, ein zerbrochenes Schwert liegt am Boden. Das könnte Ehrlosigkeit wegen Ausstoßes aus dem Militärdienst bedeuten, gilt aber in weiterem Sinn auch für Schauspieler und Deklamatoren, Wettkämpfer gegen Geld, Kuppler, Vorbestrafte und andere. Interessanterweise werden damals die Schiedsrichter (gr. *brabeutai*) von der Ehrlosigkeit ausgenommen, weil sie ein vom Kaiser verliehenes Amt innehaben (so Celsus), ein nicht unbedeutendes Beneficium.

15. Werfen wir noch rasch einen Blick auf D. 3.5. Hier brauchen wir ein E und der Gegenstand ist die Geschäftsführung. Das passende Wort für Geschäfte ist *Empor(ium)* = Handelsplatz, hier als niederländischer Stapelplatz, mit Warenballen und Fässern, im Hintergrund die Stadt.

16. Im vierten Buch der Digesten (vierter Buchstabe ist ein D = *Dama* = Ziege) werden recht unterschiedliche Fragen behandelt. Dem Memorierenden werden Gedankensprünge zugemutet. D. 4.1 behandelt die Wiedereinsetzung in den vorigen Stand *(restitutio in integrum)*. Es muss also unter dem Buchstaben A etwas zurückbewegt werden. Wir sehen hier einen Mann der eine Achse *(Axis)* trägt. Die Achse symbolisiert die Dinge, die auf einen Wagen geladen werden können, also bewegliche Sachen. Indem also der Mann die Achse trägt, zeigt er eine Bewegung, in diesem Fall zurück zum Ausgangspunkt.

17. Im zweiten Titel des vierten Buchs geht es um die Gültigkeit von Handlungen, die unter Gewaltandrohung und somit aufgrund von Furcht vollzogen wurden. Dazu passt das neulateinische Stichwort Bombe *(bomba)*. Einer bedroht einen hinter einem Tisch stehenden Mann mit angelegtem Gewehr. Der hebt die Hand, um das Gewehr beiseitezuschieben und gibt mit der anderen Hand ein Papier, also ein klarer Fall von *«quod metus causa gestum erit»*.

18. Weiter geht es mit C. Das Wort *Collusio*, das geheime, betrügerische Einverständnis, soll die Überschrift des dritten Titels *«de dolo malo»* illustrieren. Dies geschieht durch zwei Kartenspieler am Tisch, der eine groß, der andere kleiner (unterlegener). Auf letzteren ist jedoch die Spitze des Schwerts gerichtet, das für das schützende Eingreifen des Prätors steht.

19. Gehen wir weiter zum vierten Titel, also wieder zu D. Hier bietet sich *Dilapidarius*, der Verschwender, an. Drei junge Männer sitzen am Tisch, einer verstreut Geld auf den Boden, die beiden anderen (klein gezeichneten, also minderjährigen, weil sie noch nicht 25 Jahre alt sind) trinken, spielen und werfen das Geld mit vollen Händen hinaus, eine hübsche holländische Genreszene.

20. Im fünften Titel (D. 4.5), bei dem wir ein E zur Illustration brauchen, bietet sich *Emancipatio* an. Auf dem Boden liegen abgehauene

126

Köpfe, Hände und Rümpfe sowie Fuß- oder Handfesseln. Die Köpfe führen zum Titel «*de capite minutis*», also zu denjenigen, die eine *Status permutatio* erfahren, sei es durch Verlust der Freiheit, des Bürgerrechts oder des Status in der Familie (D. 4.6.11).

21. Wenn wir innerhalb des 4. Buchs noch einen Sprung zum 9. Titel machen, also zum Buchstaben I, dann sehen wir einen *Ignavus*, einen Feigling. An einem Tisch voller Gegenstände steht ein Mann und weist mit einer Armgeste auf diese Gegenstände hin. Er ist Schiffer (*nauta*), Gast- oder Stallwirt *(caupo, stabularius)*[21] und gibt mit dieser Geste die ihm anvertrauten Sachen zurück.

22. Im fünften Buch der Digesten geht es zunächst um die Gerichtsstände, also um die Frage, vor welchem Gericht man zu erscheinen hat. Unter dem Buchstaben A *(alienus)* erscheint ein Mann vor den Schranken des mit sieben Personen besetzten Gerichts.

23. Unter B geht es um *Bulla*, also eine Urkunde. In den Digesten (5.2) ist das pflichtwidrige Testament geregelt, hier gezeigt durch eine Urkunde, die anstelle einer ordentlichen Unterschrift einen Schmierfleck trägt.

24. Das folgende C bedeutet *Caduc(us)* – zum Fallen geneigt. Man sieht ein zum Fallen geneigtes, abgestütztes Haus. Davor kniet ein

Kläger, der den Fall abwenden möchte. Er klagte aus einem Recht auf die Erbschaft (*de hereditate petitione*) und möchte die streitbefangene Erbschaftssache, die hängt, also schief ist, aus ihrem ungeklärten Status befreien.

25. Unter dem Wort *Dimidium* (Hälfte) sehen wir eine Klägerin, die ein Dokument, wohl ein Testament, hochhält, um die Hälfte eines Hauses zu bekommen. Geklagt wird also auf einen Erbschaftsteil *(pars hereditatis petatur)*.

III.

Wir haben bisher nur 14 Abbildungen gesehen und nicht einmal die erste Tafel erschöpft, geschweige denn alle fünf Tafeln. Dennoch kann man hier abbrechen. Das «System» ist geklärt. Die Details könnten nun Titel für Titel ausbuchstabiert werden. Neues zur Mnemotechnik oder gar zum Inhalt der Digesten würde dadurch zwar nicht zutage treten. Aber man könnte beobachten, wie der Künstler den Worten des Juristen eine spezifische niederländische Deutung des ausgehenden 17. Jahrhunderts gab. Das könnte, wie schon angedeutet, anhand der Kleidung, der Häuser und Städte, Schiffe und Boote, Waffen oder Möbel belegt werden. Auf den Illustrationen von Johannes Buno, auf den aufklappbaren Bildchen der *Introductio mnemonica* von 1695, auf den Kacheln aus Harlingen oder auf den Kupferstichen von Romeyn de Hooghe für die *Ars Magna* war es nicht anders. Auch wenn die Gestik um ihrer Erkennbarkeit willen ritualisiert ist, so gewinnt man doch insgesamt ein Bild jener Zeit, in der das römische Recht als «heute geltendes Recht» verstanden und gebraucht wurde, ungeachtet vieler Abweichungen, die im *ius patrium* der niederländischen Provinzen oder der eigenen Stadt enthalten waren. Die Vorrangregeln zwischen dem partikularen und dem als universal vorgestellten gemeinen Recht sind von Klaus Luig mit großem Scharfsinn und in Auseinandersetzung mit Conring, Trusen und Wiegand behandelt worden.[22] Es war eine Frage, die in allen europäischen Ländern auftauchte, in denen es eine Rezeption gegeben hat. Das heimische Statutar- und Gesetzesrecht, aber auch die aufgezeichnete und anerkannte Gewohnheit (*consuetudo probata*) rangierten vor dem römischen Recht. Und aus dem römischen Recht durfte man anerkanntermaßen «obsolete» und für die Gegenwart unbrauchbare Teile ausscheiden.

Doch spielen die komplizierten Fragen, wie man sich das Aufeinandertreffen einer einheimischen älteren Gesetzgebung, samt hohem Anteil an Gewohnheitsrecht, mit dem durch die Lehre vermittelten römischen Recht sowie mit dem immer aktiver werdenden Gesetzgebungsstaat der Neuzeit denken sollte, für unseren Studenten, der sich vor dem Examen im römischen Recht fürchtete, keine Rolle. Noch war er nicht Professor oder Richter, der sich mit diesen Fragen von Amts wegen zu befassen hatte. Für ihn galt es erst einmal, im Meer des römischen Rechts Orientierung zu gewinnen. War er durch fleißiges Memorieren in der Lage, die 50 Bücher Digesten und die in diesen enthaltenen 432 Titel inhaltlich zu fassen, dann war die erste Stufe des Studiums erklommen. Je weiter er dann im Zyklus der Digestenvorlesungen vorankam, desto mehr füllten sich die einzelnen Titel mit Anschauung.

In diesem Sinne mögen sich der Keramikunternehmer Feytema aus Harlingen, der Verleger Jordanus Luchtman und der Künstler Romeyn de Hooghe sowie die unbekannten Künstler der *Introductio mnemonica* oder unserer Tafeln vorgestellt haben, dass der Anfänger sich eine erste Übersicht und der Examenskandidat sich dann am Ende noch eine Vergewisserung verschaffen konnten. Aber wir wissen nicht, ob die erhofften Erlöse durch den Verkauf erzielt wurden. Immerhin darf die relative Seltenheit der radierten Platten als Hinweis dafür gelten, dass den mnemotechnischen Versuchen kein wirklicher Erfolg beschieden war. Auch die entsprechenden Serien Delfter Kacheln scheinen, wie der gute Erhaltungszustand der Schablonen zeigt, kein wirkliches Massenprodukt geworden zu sein.[23] Vielleicht war auch die Prüfungspraxis, die auf rasche Kombination von Digestentitel und Inhalt zielte, nicht ganz so stupide, wie die Prüfungskandidaten annahmen oder kolportierten. Auf diese Weise könnten alle diese Versuche populärer Mnemotechnik bald vergessen worden sein. Erst im 20. Jahrhundert haben sie wieder die Aufmerksamkeit der Rechtshistoriker, vor allem in den Niederlanden, auf sich gezogen.[24]

9. Schneidermeister Goethe u. a. gegen Syndicus Dr. Textor

Ein Prozess vor dem Reichskammergericht aus dem Jahre 1695

Die Geschichte spielt in Altdorf bei Nürnberg und in Heidelberg, vor allem aber in Frankfurt.[1] Sie berührt die Geschichte der Rechtsfakultäten, die Zerstörung Heidelbergs im Pfälzischen Erbfolgekrieg sowie Nürnberger und Frankfurter Stadtgeschichte. Ihre Hauptperson ist Johann Wolfgang Textor d. Ä. (1638–1701), ein angesehener Jurist des 17. Jahrhunderts. Wir würden uns seiner in der Masse frühneuzeitlicher Juristen aber kaum noch erinnern, wäre er nicht Ur-Urgroßvater von Goethe.

Mit Johann Wolfgang Textor d. Ä. verbindet sich nicht nur ein stattliches juristisches Œuvre, sondern auch ein kurioser Prozess aus den Jahren 1695 bis 1701. Er betrifft seine zweite – umgehend gescheiterte – Ehe und Aufsehen erregende Streitigkeiten um unbezahlte Rechnungen. Der Vorgang liest sich wie ein Libretto zu einer Opera buffa. Die Standardfiguren der Commedia dell'arte, die Colombina, der Pierrot, der Scapino, der verliebte alte Mann und sein munteres junges Weibchen sind ebenso vertreten wie die Juristen, welche Heiraten oder Ehescheidungen begleiten und als Richter schließlich entscheiden.[2] Exemplarisch läuft diese Gattung mit Gaetano Donizettis *Don Pasquale* von 1843 aus. Auch dort prüft der von Eheunglück geplagte Alte die von seiner Frau aufgehäuften unbezahlten Rechnungen (3. Akt, 1. Szene). Dass der betroffene Jurist dann in eigener Sache prozessiert, kommt sowohl im Leben wie auf der Opern- oder Komödienbühne vor. Es ist stets riskant und ein Verstoß gegen die Juristenweisheit, man solle möglichst niemals in eigener Sache Prozesse führen, da auch die klügsten Köpfe in Gefahr sind, betriebsblind zu werden, ihre Emotionen einzumischen und Fehler zu machen, die sie bei Mandanten professionell vermeiden würden.

Die Geschichte zeigt aber auch, welche Leckereien, Kleider und Galanteriewaren junge Frauen der Frankfurter Oberschicht vor dreihundert Jahren einkauften, welche Handelshäuser sich dafür anboten und ihnen Kredit gaben. Unter diesen Lieferanten befand sich der in Frankfurt sesshaft gewordene Schneidermeister Friedrich Georg Göth(g)e (Goethé, Goethe), der sich auf Damenmode spezialisiert hatte. Er und Johann Wolfgang Textor gerieten 1695 bis 1701 auf unerfreuliche Weise aneinander. Die Geschichte war ärgerlich, aber doch wohl nicht so gravierend, dass sie nicht wieder hätte vergessen werden können. In «Dichtung und Wahrheit» wird sie jedenfalls nicht mehr erwähnt.[3]

I.

Johann Wolfgang Textor wurde 1638 in Neuenstein (Hohenlohe) geboren. Sein Vater, der Kanzleidirektor Wolfgang Textor und dessen Schwiegervater, Landsekretarius und Rat Christian Enslin, standen in gräflich-hohenlohischen Diensten. Da ihr Landesherr Graf Crato von Hohenlohe unvermählt verstorben war, rückte dessen Bruder Wolfgang Julius Graf von Hohenlohe und Gleichen nach, ein in französischen und habsburgischen Diensten bewährter Militär, der am Ende Feldmarschall und Kriegsrat wurde, aber ebenfalls kinderlos starb, so dass die Linie Hohenlohe-Öhringen zum Zug kam. Mit anderen Worten: Die Textors, latinisierte «Weber», waren schon seit der Wende zum 17. Jahrhundert studierte und reputierliche Leute.

Als Wolfgang Textor 1650 starb, ging sein zwölfjähriger Sohn Johann Wolfgang zunächst weiter zur Schule, begann aber 1653 als Fünfzehnjähriger mit dem Jurastudium in Jena. Von da wechselte er nach Straßburg. Eine Praktikantenzeit am Reichskammergericht in Speyer schloss sich an. Anschließend kehrte der junge Textor wieder zurück nach Neuenstein, wo er bis 1666 als Nachfolger seines Vaters als Kanzleidirektor amtierte. Ohne diesen Dienst zu unterbrechen, betrieb er weiter seine Promotion in Straßburg, die er am 9. April 1663 abschloss.[4] Er war also von nun an berechtigt, auch Vorlesungen zu halten. Kurz darauf, am 20. April 1663, heiratete er die Pfarrerstochter Anna Margaretha Priester aus Crailsheim, deren Vater damals Dekan in Feuchtwangen war. Der frischgebackene Dozent und Ehemann, der zunächst seinen Dienst in Neuenstein fortsetzte, strebte an die Universität. 1666 erreichte ihn ein Ruf auf eine Professur der Institutionen an die nürnbergische Universität Altdorf.

Dieses reichsstädtische Gymnasium, 1575 gegründet, 1581 zur Akademie und 1622 zur Universität aufgestiegen, war durch den Zustrom von Glaubensflüchtlingen aus Frankreich rasch zu einem Zentrum gelehrter Jurisprudenz aufgestiegen. Von Anfang an bestanden enge Verbindungen zum französischen und niederländischen Späthumanismus.[5] Neben den Berühmtheiten Hubert Giphanius, Petrus Wesenbeck, Hugo Donellus und Scipio Gentili lehrte dort ein junger Professor für Geschichte und Politik, Arnold Clapmarius (1574–1604), dem wohl der Ruhm zukommt, um 1600 die ersten Vorlesungen und Disputationen an deutschen Universitäten über *ius publicum* (öffentliches Recht) abgehalten zu haben.[6] Er verwendete dazu, unter dem Einfluss des großen niederländischen Humanisten Justus Lipsius (1547–1606), vor allem Texte von Tacitus, mit deren Hilfe er aktuelle Verfassungsfragen des Reichs erörterte.[7]

Da auch Textors Studienorte Jena und Straßburg zu den Gründungsorten des Universitätsfachs Öffentliches Recht gehörten, richtete sich sein Interesse wohl schon früh auf Fragen der Reichsverfassung, des Fürstenrechts und des Völkerrechts. Dennoch war er zunächst verpflichtet, die *Institutionen* vorzutragen, also das «amtliche Kurzlehrbuch» des römischen Rechts, wie es 533 n. Chr. durch Kaiser Justinian in Konstantinopel in Kraft gesetzt worden war.[8] Kaum in Altdorf angekommen, hatte er am 5. November 1666 an der glänzenden juristischen Promotion des zwanzigjährigen Jung-Genies Gottfried Wilhelm Leibniz mitzuwirken,[9] und er selbst begann, eigene Disputationen und Dissertationen zu betreuen, etwa 1669 eine Gruppe von sieben Disputanten aus Nürnberg, Altdorf, Speyer, Naumburg und Stendal über den *Jüngsten Reichsabschied* von 1654.[10] In diesem Dokument, einem «Reichsgrundgesetz», wurde Vieles geregelt, unter anderem aber auch die Höhe der Appellationssumme, die zur Appellation an das Reichskammergericht erreicht werden musste, um Bagatellsachen von dort fernzuhalten. In Textors Leben sollte diese prozessuale Nebensache noch eine Rolle spielen.

Bei anderen Altdorfer Publikationen wirkte Textor immer wieder durch kurze Beiträge oder als Gegenpart an der Diskussion (sog. *Respondens*) mit, auch als er Altdorf schon längst verlassen hatte. Ebenso setzte er die Veröffentlichungen ursprünglich Altdorfer Arbeiten in der Heidelberger und Frankfurter Zeit fort. Die Altdorfer und Heidelberger Disputationen haben sich erhalten und finden sich in den Universitätsbibliotheken von Tübingen, Wolfenbüttel, München, Frankfurt, vereinzelt auch in Edinburgh, vor allem aber in der Dissertationensammlung des Frankfurter Max-Planck-Instituts für europäische Rechtsgeschichte.[11]

Textors erste ganz selbständige Arbeit war eine Abhandlung über die Staatsräson des heutigen Deutschland, ein *Tractatus Juris Publici de vera et varia Ratione Status Germaniae Modernae*.[12] Dieses Buch steht in auffälliger Parallele zur der gleichzeitig erschienenen und enorm erfolgreichen Schrift des jungen Heidelberger Professors Samuel Pufendorf *De Statu Imperii Germanici*, einer unter dem Pseudonym «Severinus de Monzambano» erschienenen, ziemlich respektlosen Analyse der Reichsverfassung.[13] Textor und Pufendorf legten mit diesen Büchern ihre Erstlingswerke vor, und beide nahmen Bezug auf die Abhandlung über die Staatsräson Deutschlands des pseudonymen «Hippolithus a Lapide» von 1646, die wegen ihres scharf antihabsburgischen Charakters größtes Aufsehen erregt hatte.[14] Beide kamen auch zu einer ähnlichen Einschätzung der politischen Zustände im Reich. Sie lehnten die These von Jean Bodin und von Hippolithus a Lapide ab, das Reich sei eine Aristokratie, wobei allerdings der eine (Textor) mit der herrschenden Meinung eine Mischverfassung zwischen Aristokratie und Monarchie annahm, zwischen den Reichsständen und dem Kaiser also auf diese Weise vermittelte, während der andere (Pufendorf) diese so genannte «status-mixtus-Lehre» als Geschwätz abtat und stattdessen dafür die berühmt-berüchtigte Formel verwendete, die Staatsform des Reichs sei eben irregulär und gleiche einem «Monstrum». Im Ergebnis waren sie aber nicht weit voneinander entfernt. Beide sahen sie das Reich als ein auf dem Immerwährenden Reichstag zu Regensburg repräsentiertes «föderativ» verbundenes System von Einzelstaaten. Letztere waren seit dem Westfälischen Frieden von 1648 in ihrer Souveränität nur noch minimal beschränkt. Pufendorf und Textor stimmten auch darin überein, dass sie die Reichsverfassung für krank und degeneriert hielten, weil sie keine wirkliche Politik erlaube und gegen ausländische Einmischungen keinen Schutz biete. Im Inneren herrsche Streit und Misstrauen, die Reichsverteidigung sei zu langsam und zu lässig, einen wirklichen Reichspatriotismus gebe es nicht mehr, die Reichsjustiz funktioniere nur schleppend, Reichssteuern würden kaum gezahlt. Schließlich waren sich Textor und Pufendorf auch über die möglichen Auswege aus diesem Zustand einig. Von dem radikalen Vorschlag des Hippolithus a Lapide, das Haus Habsburg aus dem Reich auszuschließen, hielten sie nichts. Es komme vielmehr, sagten sie, auf Herstellung von innerer Einigkeit, speziell auf Überwindung der Religionsstreitigkeiten, auf Reformen der Verwaltung und des Heerwesens, auf die Verbesserung der Rechtspflege und des Steuerwesens an.

Der junge Professor bewährte sich. Nach der Institutionenprofessur bekam er diejenige für die Pandekten, was auch mit einer Erhöhung des Salärs verbunden war. Die Stadt Nürnberg machte ihn zu ihrem Ratskonsulenten, also Rechtsberater. Die damals zwar geschwächte, aber immer noch bedeutende Stellung Nürnbergs im Reichsverband – es bewahrte seit 1424 die Reichsinsignien auf – führte Textor zur Rechtspraxis und zum Reichsverfassungsrecht. Das bedeutete Mitwirkung an der Gutachtentätigkeit der Fakultät in laufenden Prozessen, aber auch die Heranziehung zu Fragen des öffentlichen Rechts, für die sich Textor durch einen Sammelband zum Jüngsten Reichsabschied von 1654 qualifiziert hatte.[15]

Dennoch scheint ihm Altdorf zu eng geworden zu sein. Er folgte jedenfalls 1673 einem Ruf des Kurfürsten Karl Ludwig von der Pfalz (1617–1680) nach Heidelberg. Der Landesherr, der Sohn des unglücklichen «Winterkönigs» und in Den Haag aufgewachsen, rastlos um den Wiederaufbau seines Landes bemüht,[16] kümmerte sich auch besonders um die 1652 wieder eröffnete Universität. Textor wurde dort Primarius, außerdem Assessor am Hof- und Ehegericht, an dem er 1688 zum Vizepräsidenten aufstieg. Zweimal war er Dekan (1676/77 und 1688/90). Wie in der Zeit in Altdorf und Nürnberg blieb er der Neigung zum öffentlichen Recht treu, und zwar sowohl dem Reichsverfassungsrecht wie dem relativ neuen Fach des Völkerrechts. Das zwischen Oktober 1675 und März 1676 privat diktierte Manuskript eines *Collegium Iuris Publici* im Umfang von über 400 Seiten, heute im Freien Deutschen Hochstift in Frankfurt,[17] diente als Grundlage seiner Vorlesungen. In 19 Kapiteln behandelt es das gesamte Reichsverfassungsrecht, beginnend mit einer generellen Übersicht über das öffentliche Recht, über Ursprung und Qualität des «Staates», über die Reichskreise, den Kaiser nach Wahl und Krönung und seine Rechtsstellung, über die Kaiserin, den Römischen König und das Reichsvikariat, über die Reichsstände, die geistlichen und weltlichen Rechte der Territorialherren, die Kurfürsten, Fürsten, die Reichsstädte, den Reichsadel, den Reichstag, die Landtage, die Fundamentalgesetzes des Reichs, die Reichsjustiz und die Justiz in den Territorien. All dies wird von Hinweisen auf die Autoritäten seiner Zeit begleitet.

Textors bald darauf in Basel erschienenes Lehrbuch *Synopsis Iuris Gentium* entwickelte in Anlehnung an Hugo Grotius auf der Basis des Naturrechts die wichtigsten Maximen des Kriegsvölkerrechts, der Friedensschlüsse und der Neutralität.[18] Es dokumentierte nicht nur die breite Rezeption von Grotius auf deutschen Hochschulen, sondern auch die Modifikationen, die nach dem Westfälischen Frieden von 1648 einzuarbeiten waren. So kritisierte er an Grotius die nicht genügend klare Trennung von Naturrecht und Völkerrecht.[19] Noch eine Generation nach seinem Erscheinen gehörte dieses Buch zu den regelmäßig zitierten Werken, weil es Grotius in modernisierter Form bot. Auch sein berühmter Heidelberger Kollege Heinrich von Cocceji (1644–1719), der 1680 eine Professur für Lehn- und Pandektenrecht übernommen hatte, aber vor allem an Staats- und Völkerrecht interessiert war,[20] legte im Völkerrecht Grotius zugrunde und variierte ihn zeitgemäß.[21] Ein hübsches Stammbuchblatt eines unbekannten Studenten vom Juli 1682 zeigt übrigens auf Vorder- und Rückseite je einen Eintrag von Textor und Cocceji.[22]

Einen Gesamteindruck von der Tätigkeit Textors in Heidelberg gewinnt man aber erst, wenn man sieht, dass er offenbar ständig im Gericht tätig war und aus diesem heraus Entscheidungen veröffentlichte.[23] Daneben wurde er in den Erbstreitigkeiten der Kurpfalz nach dem Aussterben der Linie Pfalz-Simmern als Gutachter herangezogen;[24] sein Gegengutachter war der ab 1686 in Straßburg tätige städti-

sche Rat Johann Schilter (1632–1705), der 1699 Ordinarius der dortigen Fakultät wurde. Die von beiden traktierten Rechtsfragen lagen auf dem Überschneidungsgebiet des privatrechtlichen Erbrechts mit dem dynastischen Prinzip der nun überall durch «Hausgesetze» eingeführten Unteilbarkeit des Landes. Weitere Gutachten aus den Jahren 1684 betrafen erbrechtliche Prozesse zwischen Kurbrandenburg und Kurpfalz sowie Prozessrechtsfragen.[25]

So hätte das Leben Textors als Hochschullehrer, Richter und Gutachter sowie als Familienvater weitergehen können. Aber schon ein Jahr nach seinem Amtsantritt in Heidelberg kündigte sich Unheil an. 1674 begann die erste Zerstörung der Pfalz durch französische Truppen mit der Niederbrennung von Dörfern an der Bergstraße und bei Philippsburg, erreichte aber schon 1676 und 1677 «tout le pays situé entre le Rhin et la Sarre, et toute la vallée de la Sarre jusqu'à la Moselle»[26]. Die eigentliche Katastrophe des Landes setzte dann nach dem Tod des tüchtigen Landesherrn Karl Ludwig 1680 ein. Als sein schwacher Nachfolger 1685 starb, begann der Pfälzische Erbfolgekrieg, in dem sich die Linien Pfalz-Neuburg, Pfalz-Veldenz, aber vor allem das mächtige Frankreich gegenüberstanden, letzteres gestützt auf die Tatsache, dass Karl Ludwigs Tochter Elisabeth Charlotte, genannt Lieselotte von der Pfalz (1652–1722), 1671 den Bruder Ludwigs XIV., Herzog Philipp I. von Orléans, geheiratet hatte. Der Krieg endete bekanntlich mit einer fast totalen Verwüstung der Pfalz. An eine Fortsetzung der Heidelberger Tätigkeit von Textor war nicht mehr zu denken. Die Stadt war zerstört, die Gehaltszahlungen blieben aus.

Textor gab deshalb seine kurpfälzischen Ämter auf und wechselte 1691 nach Frankfurt, wo er Syndicus und Konsulent wurde. Hier wirkte er im Dienst des Rates, publizierte aber auch weiter, speziell zum öffentlichen Recht[27]. Die Beziehungen nach Altdorf und Heidelberg rissen nicht ab, wie seine Publikationen und die Neuauflagen älterer Arbeiten belegen. Nun begann aber eine private Pechsträhne.

II.

Textors Ehefrau, die Crailsheimer Pfarrerstochter Anna Margaretha Priester – sie hatte ihn 1663 als 23jährige geheiratet – verstarb 1691 oder 1692. Aus dieser ersten Ehe stammten zwei Söhne und zwei Töchter. Von ihnen hat der Sohn Christoph Heinrich Textor (1666–1716) das besondere Interesse der Genealogen auf sich gezogen, denn dessen Sohn wiederum, Johann Wolfgang Textor d. J. (1693–1771), wurde Goethes Großvater. Er war Reichs-, Stadt- und Gerichtsschultheiß zu Frankfurt am Main und Kaiserlicher Rat. Seiner Ehe mit der in Wetzlar geborenen Anna Margaretha Lindheimer, Tochter des aus Frankfurt stammenden Kammergerichtsprokurators Lindheimer, entstammte Catharina Elisabeth Textor (1731–1808), Goethes Mutter, genannt Frau Rat oder Frau Aja.[28]

Der Syndicus und Konsulent Johann Wolfgang Textor d. Ä, um zu ihm zurückzukehren, wollte nach dem Tod seiner Frau nicht alleine leben, zumal er noch halbwüchsige Kinder im Haus hatte. So heiratete er nochmals, und zwar am 8. Juni 1693 die achtzehnjährige Maria Sibylla Fleischbein aus einer Familie des Frankfurter Stadtpatriziats. Die Trauung fand *privatim* statt und wurde von dem Theologen Dr. Arcularius vorgenommen. Brauteltern waren der Jurist und spätere Ratsherr Philipp Nicolaus Fleischbein (1637–1698) und seine Frau Anna Catharina. Der Vater, Mitglied der Patriziergesellschaft Frauenstein, wurde nacheinander Ratsherr, jüngerer Bürgermeister und Schöffe, wie es auch sein Vater und Großvater schon gewesen waren.[29] Fleischbein gehörte zur obersten städtischen Führungsschicht. Sein Onkel wurde 1665 nobilitiert und fügte dem Namen ein «von Kleeberg» an. Der Trauung *privatim* schloss sich eine Hochzeitsfeier an, wohl im Hause Fleischbein. Von der Hochzeitsfeier haben sich noch einige Rechnungen erhalten. Brautvater Fleischbein und Ehemann Textor teilten sich die Kosten. Einen Ehevertrag gab es nicht.

Die Braut war 18 Jahre alt, der Bräutigam 55 Jahre, nach damaliger Lebenserwartung fast ein Greis, und in der Tat hatte er nur noch acht Jahre zu leben. Das ungleiche Paar, beide lutherischer Konfession, scheint aber von Anfang an Schwierigkeiten miteinander gehabt zu haben. 1694 wurde die Scheidung eingeleitet und am 16. September 1695 durchgeführt. Die Ehe hatte also nur etwa acht Monate gedauert, nämlich von Juni 1693 bis Januar 1694. Diese Episode wurde weder in den genealogischen Aufzeichnungen der Familien Textor und Fleischbein noch in der Lersner'schen Chronik erwähnt.[30] Sie war wohl für beide Seiten kein Ruhmesblatt, auch Kinder gab es nicht, so dass man sie einfach unter den Tisch fallen lassen konnte.

Als Grund dafür, dass die junge Frau aus Haus und Ehe «entwichen» war, wie Textor später vorbrachte, waren *friguscula* angegeben, also Zwistigkeiten. Sie führten normalerweise nur zu zeitweiliger Trennung.[31] Möglicherweise war diese beim «Prediger-Ministerium» vorgebrachte Begründung auch nur eine verhüllende Mitteilung, dass die Ehe nicht vollzogen worden war, denn im protestantischen Eherecht genügten *friguscula* allenfalls für eine Trennung von Tisch und Bett, nicht aber für eine Lösung des Ehebandes. Für letzteres hätten es gravierende Gründe sein müssen, etwa schwere Misshandlungen (*Saevitien*), hinterhältige Nachstellung (*Insidien*), Giftbeibringung (*Venefizien*), oder auch Sodomie, Blutschande und natürlich Ehebruch.[32] Im Laufe des 17. Jahrhunderts mehrten sich dann aber bei Theologen und Juristen die Stimmen, die auch böswilliges Verlassen (*Desertion*) und beharrliche Verweigerung der ehelichen Pflichten zu den echten Scheidungsgründen zählten. So mag man sich auf das erwähnte mildere Wort *friguscula* geeinigt haben, um die Ehescheidung zu begründen.[33] Angesichts des Altersunterschieds der Eheleute schien das plausibel. Auch die Rücksicht auf das hohe Ansehen beider Parteien in der Stadt mochte es nahelegen, zusätzliche Schwierigkeiten zu vermeiden.

Keinesfalls ausreichend für eine reguläre Ehescheidung war jedenfalls der Zorn, der den früheren Rechtsprofessor und nunmehrigen Herrn Syndicus wegen unbezahlter Rechnungen der Ehefrau erfasst hatte. Dem Ansinnen des Ehemanns, allein deshalb die Scheidung zu beantragen und die Bezahlung der Rechnungen zu verweigern, hätten schon die im Frankfurter «Prediger-Ministerium» zusammenwirkenden Pfarrer mit Sicherheit widersprochen und auf gütliche Einigung hingewirkt. Bei einem nicht heilbaren Zerwürfnis der Eheleute hatte der Senior dem Rat der Stadt zu berichten und einen Vorschlag für die Entscheidung zu machen. Die zentrale Frage lautete, ob es sich nur um eine Scheidung von Tisch und Bett oder um eine Auflösung des ehelichen Bandes handeln solle.[34] Die Entscheidung lag beim Rat. Er war in dieser Funktion geistliches Gericht. Alle praktischen, insbesondere familienrechtlichen und vermögensrechtlichen Folgen ergaben sich hieraus. So war es in Frankfurt, solange diese Angelegenheiten vom «Sendenamt» behandelt wurden, einer Ratsdeputation für Kirchenangelegenheiten, so aber auch nach 1728, als in Frankfurt anstelle von Scholarchat (Schulangelegenheiten) und Sendenamt ein festes Konsistorium eingerichtet wurde. Dieses entschied dann als «Gericht», bestehend aus vier Ratsherren, dem Senior, zwei Ältesten aus dem Predigerministerium und zwei gottesfürchtigen und rechtsgelehrten Personen.[35]

Das Predigerministerium bestand 1694 aus 13 lutherischen Predigern. Senior war seit 1686, als Nachfolger von Philipp Jakob Spener, der frühere Gießener Professor für Logik und Metaphysik Dr. Johann Daniel Arcularius (1650–1710),[36] der, wie erwähnt, die Eheleute Textor-Fleischbein auch kurz zuvor getraut hatte. Er musste nun notgedrungen den Bericht schreiben und vorschlagen, das Eheband aufzulösen.

Es ist unschwer vorstellbar, welches Aufsehen es in den ratsfähigen Familien der Stadt erregen musste, nicht nur dass Syndicus Dr. Textor von seiner jungen Frau mit einer Begründung geschieden wurde, über die jedermann den Kopf schütteln konnte, sondern dass er nun auch noch in einen beschämenden Zivilprozess vor dem Schöffengericht verwickelt wurde, denn eine Gruppe von Kaufleuten und Handwerkern klagte auf Bezahlung von Rechnungen, die vorgelegt wurden, nachdem die junge Frau das Haus verlassen hatte. Dieser Prozess, der uns aus der Distanz amüsieren mag, der aber vor allem auch wirtschafts- und kulturgeschichtlich reizvoll erscheint, bedeutete für den Betroffenen vermutlich den Zusammenbruch seines sozialen Umfelds.

III.

Das Schöffengericht war angesichts der Klage von fünfzehn Gläubigern gegen den Chefjuristen der Stadt nicht zu beneiden. War schon der mehrfach im Schöffengerichtsbuch erwähnte Scheidungsprozess unangenehm genug,[37] so musste die Klage von fünfzehn angesehenen Kaufleuten und Handwerkern noch mehr Aufsehen erregen, zumal im Hause Fleischbein bei den Eltern der jungen Frau. Wie sollte sich der Vater Fleischbein dazu stellen, dass zur Ehescheidung nun noch ein Prozess um nicht bezahlte Rechnungen zu kommen drohte? Zuständig war das Gericht, in dem er seit 1692 als Schöffe amtierte.

Schwiegersohn und Schwiegervater waren erfahrene Juristen und fast gleichaltrig. Textor argumentierte, seine Frau habe ihn böswillig verlassen. Ihre Schulden, sagte er, gingen ihn nichts an, denn es seien Luxusausgaben gewesen, die den normalen Haushaltsbedarf klar überstiegen. Außerdem habe er von allem nichts gewusst. Die Lieferanten standen dagegen auf dem Standpunkt, dass die Ausgaben bei noch bestehender Ehe getätigt worden waren, dass es keineswegs Luxusausgaben, sondern standesgemäßer Aufwand gewesen sei, zudem übrigens auch Lieferungen für ihn, Textor selbst, für den Herrn Sohn und für das Fräulein Tochter. Von Nichtwissen könne also keine Rede sein.

Das mochte, gerade angesichts der Gelehrsamkeit des Syndicus Textor, ein schwieriger Fall werden. Der Rat entschloss sich daher, das Problem nach außen zu verlagern, nämlich durch eine Anfrage an die Juristenfakultät Leipzig. Ein solches Verfahren war weithin üblich.[38] Im Fall von Textor und seinen Gläubigern hatte es den Vorteil, dass der stadtinterne Knoten durch eine externe Autorität gelöst werden konnte, ohne dass es innerstädtische Schuldzuweisungen gab. Das lag im Interesse von Textor und Fleischbein, zumal der Rat der Stadt vielleicht hoffen konnte, das Leipziger Spruchkollegium werde dem ehemaligen Kollegen Textor nicht weh tun.

Und in der Tat. Die Leipziger Fakultät antwortete am 15. März 1695 und wies die Klagen ab. Die Entscheidung wurde verlesen und die Prozessparteien erhielten Abschriften.[39]

Textor war also tatsächlich mit seinen Behauptungen durchgedrungen, seine «entwichene» Ehefrau sei für diese Ausgaben verantwortlich, ja es seien luxuriöse Ausgaben gewesen, die den normalen Haushaltsbedarf überstiegen, und er habe zudem von allem nichts gewusst. Das klingt abenteuerlich; denn zur Zeit jener Ausgaben war das Ehepaar noch nicht geschieden, zudem gehörten die Bestellungen, wie man leicht sehen konnte, durchweg zur Normalität eines großbürgerlichen Hauses jener Zeit, und schließlich gehörten auch Waren dazu, die den Hausherren direkt angingen oder, wie die Mieder von Frau und Tochter, sogar in seiner Anwesenheit angemessen wurden.

Die Kläger nahmen diese Entscheidung deshalb auch nicht hin. Sie appellierten umgehend, nämlich schon eine Woche später, am 23. März 1695, an das Reichskammergericht in Wetzlar. Zunächst wurde die Appellation eingereicht, aber für die Begründung im Detail ließ man sich über acht Monate Zeit. Am 2. Dezember 1695 nahm der Wetzlarer Notar Johann Theodor Velbius unter Hinzuziehung von zwei Zeugen die ausführliche Begründung entgegen.

Die Appellation nach Wetzlar war für die Gläubiger die letzte Chance, an ihr Geld zu kommen. Das Reichskammergericht lag für die Frankfurter sozusagen vor der Haustür. Erst am 15. Mai 1693 war es mit großen Feierlichkeiten im Wetzlarer Rathaus am Fischmarkt «endlich einstweilen» eröffnet worden, «zur höchsten Freude der durch den Speyerischen Brand sehr verarmten Gerichtspersonen und aller nach Recht seufzender Partheyen, nicht ohne Gemüthsbewegung, mit vielen Solennitäten».[40]

Hier begann also der neue Rechtsstreit, aus dem die Reichskammergerichtsakte Nr. 1483 entstand. Sie liegt heute im Frankfurter Institut für Stadtgeschichte,[41] denn nach dem Ende des Reichskammergerichts 1806 waren die Akten nach den Herkunftsorten der Prozesse verteilt worden.[42] Die dicke Akte enthält alle wesentlichen Informationen, insbesondere auch die Rechnungen der Gläubiger oder «Creditoren».

Im Namen der Creditoren klagte Johann Christoph Firnhaber als derjenige, der die größte Summe (400 fl.) forderte. Er klagte aber auf die Summe der Forderungen aller Gläubiger (1971 fl.). Die Kläger verbanden also ihre Klagen (subjektive Klagehäufung), hatten aber nur vergleichbare Forderungen, keinen einheitlichen Streitgegenstand. Jede einzelne Rechnung konnte für sich belegt oder bestritten werden.

Vertreten wurden die Appellanten durch den Advokaten Dr. Johann Ulrich von Gülchen (1663/64–1730),[43] als dessen Stellvertreter der Kaiserliche Rat und Advokat Dr. Johann Philipp von Pulian (1660/65–1734) bereitstand. Die Gegenseite war vertreten durch Dr. Johann Ulrich Zeller (1644–1713), der ebenfalls Procurator in Speyer gewesen und mit dem Gericht nach Wetzlar umgezogen war.

Die Creditoren verklagten mit Textor zwar einen gemeinsamen Schuldner, aber ihre Forderungen gingen auf unterschiedliche Verträge zurück, die sich auf den Kauf von Sachen oder auf Dienstleistungen bezogen. Es konnte also die oben erwähnte Frage entstehen, ob es zulässig war, die Außenstände aller Kläger zu addieren, «um die Appellationssumme zu erreichen».[44] Fragt man sich, wie hoch diese Appellationssumme war, dann stellt man fest, dass sie mit dem Jüngsten Reichsabschied von 1654 auf 400 Reichstaler erhöht worden war.[45] Exakt diese Summe klagte nun Johann Christoph Firnhaber persönlich ein, so dass es auf die viel erörterten Fragen, ob man Forderungen aus unterschiedlichen Rechtsgründen addieren, ob man Zinsen hinzurechnen dürfe, um die Appellationssumme zu erreichen,[46] jedenfalls für Firnhaber nicht mehr ankam, wohl aber für seine Mitgläubiger. Denn der Wetzlarer Advokat Textors, Dr. Johann Ulrich Zeller, der 1644 bis 1713 als Prokurator am Reichskammergericht tätig war, wandte sich gegen diese Zusammenrechnung der Forderungen. Wäre es ihm gelungen, die anderen 14 Gläubiger von der Appellation auszuschließen, wäre dies nicht nur ein prozessrechtliches Vorgeplänkel, sondern ein großer Erfolg für Textor gewesen. Das Gericht hätte allerdings auch entscheiden können, dass – wenn nur einer der «Streitgenossen» die Appellationssumme erreiche – auch die anderen davon profitierten, die Klage also als Einheit behandelt werden würde.

Die fünfzehn «Textorischen Creditoren» verstanden sich jedenfalls als miteinander durch einen Streitgegenstand verbunden. Sie präsentierten ihre Forderungen am 2. Dezember 1695 durch ihren gemeinschaftlich gewählten Anwalt Dr. von Gülchen. Eine Woche später, am 10. Dezember, wurde eine Übersicht über alle von ihnen beanspruchten Summen nachgereicht:

Namen	Gulden (fl.)/Kreuzer (Kr.)/Pfennige (Pf.)	Reichstaler (Rtlr.)/Kreuzer (Kr.)
1) Joseph D'Angelo	23 fl. 55 Kr.	15 Rtlr. 85 Kr.
2) Antony Brentano	6 fl. 45 Kr.	4 Rtlr. 45 Kr.
3) Matheus Guaita	33 fl. 18 Kr.	22 Rtlr. 18 Kr.
4) Franz Meermann	34 fl. 16 Kr.	22 Rtlr. 16 Kr.
5) J. Christoph Firnhaber	600 fl.	468 Rtlr.
6) Franz Dubois & Schwartz	48 fl. 29 Kr.	32 Rtlr. 29 Kr.
7) Conrad Schleicher	65 fl. 45 Kr.	43 Rtlr. 75 Kr.
8) H. Abraham Varrentrapp	51 fl. 27 Kr.	34 Rtlr. 27 Kr.
9) Winckelmann	37 fl. 42 Kr.	25 Rtlr. 12 Kr.
10) Hermann Jacob Firnhaber	77 fl. 50 Kr.	51 Rtlr. 80 Kr.
11) Johann Philipp Jacobi	62 fl. 38 Kr.	41 Rtlr. 68 Kr.
12) Joseph Martinengo	404 fl. 55 Kr.	269 Rtlr. 85 Kr.
13) Philipp Jacob Creyß	403 fl. 8 Kr. 3 Pf.	268 Rtlr. 68 Kr. 3 Pf.
14) Johann Paul Gabler	35 fl. 36 Kr.	23 Rtlr. 66 Kr.
15) Friedrich Göthge	87 fl. 09 Kr.	58 Rtlr. 09 Kr.
Summa	1971 fl. 26 Kr. 3 Pf.	1314 Rtlr. 64 Kr. 3 Pf.

1. An der Spitze der Liste steht der Südfrüchte- und Spezereihändler Giuseppe (Joseph) d'Angelo. Er war vom Comer See nach Frankfurt eingewandert und hatte nun sein Geschäft in der Ziegelgasse. Er war ein angesehener Mann, zwar noch ohne Bürgerrecht, aber als Beisasse den Vollbürgern weitgehend gleichgestellt. Seine beiden Töchter heirateten entsprechend, die eine den wohlhabenden Tabakfabrikanten Bolongaro, die andere in erster Ehe ebenfalls einen Tabakfabrikanten, den Schweden Raphael (Ravold) Forsboom aus Norrköping, und in zweiter Ehe den Weinhändler Josef Florentin. Die Fa. Spezereiwaren d'Angelo existierte bis etwa 1860 in der Kalbächergasse.

Im ausgehenden 17. Jahrhundert hatte es Spannungen mit den örtlichen Händlern gegeben, weil die italienischen Händler, etwa die Bellino, Brentano oder Guaita, über familiären Zusammenhalt und gute Organisation den Direktbezug von Waren aus Italien in der Hand hatten. Der Rat versuchte zu schlichten und die einheimischen Händler durch Beschränkungen des Direktverkaufs italienischer Händler zu schützen, so etwa 1683, aber das Publikum schätzte gerade diesen Direktverkauf. Die Importe der begehrten Gewürze und des Zuckers, von Rosinen, Mandeln und Feigen, kandierten Früchten, Olivenöl, Baumwolle, Indigo und anderem blieben deshalb wesentlich in italienischer Hand.[47]

Die Rechnung, die Giuseppe d'Angelo dem Herrn Syndicus präsentierte und die so auch in die Akte des Reichskammergerichts kam, betraf für 1693 «2 par gantz seidene Mayländische Hantschuhe, 3 ½ Lot rothe feine Corallen, 1 Pfund weiße Candit Zucker» und, geliefert zur Feier des Jahreswechsels 1693/1694, noch 200 Stück Austern, alles in allem eine Summe von 23 fl. 55 Kr, was 15 Rtlr. 85 Kr. entsprach. Ob auch der Herr Rat Textor, kurz vor der Aufdeckung der bargeldlosen Einkäufe seiner Frau, von diesen Austern gegessen hat, wissen wir nicht.

2. Auch der wohlhabende Feinkosthändler Antony Brentano hatte Austern geliefert, 150 Stück im Wert von 6 fl. 45 Kr, und zwar schon für den Weihnachtsabend 1693. Auch sie hatte die Familie Textor wohl noch gemeinsam verzehrt.

Brentano stammte aus Azzano und hatte nun sein Lager im Nürnberger Hof. Dort stapelten sich Hutzucker, Heringe, Kabeljau, Stockfische, Lachs, Rindszungen, Edamer und Parmesankäse, Zwetschgen und Tabak. Als Brentano 1703 starb, notierte der Nachlassverwalter 1537 Pfd. Kaffeebohnen, 67 Pfd. Tee, 65 Pfd. Terra Tuffuli (*tartufi*, Trüffeln), ferner 1 Fäßlein Terra Tuffuli in Baumöl, Kandiszucker, holländischen und spanischen Tabak, Baumwolle, Papier, spanische Seife, Käse, spanische und Rheinweine.[48] Bemerkenswert ist dabei der in Frankfurt erst ab 1689 sich ausbreitende Kaffee, der in konzessionierten Kaffeehäusern, zusammen mit Tee und Schokolade, ausgeschenkt wurde. Die Konzession kostete 2000 fl. jährlich. Verglichen damit war also die Rechnung für Austern eine Kleinigkeit, aber verzichten wollte man darauf offenbar auch nicht.

3. Etwas gewichtiger war die aus vielen kleinen Summen addierte Rechnung des Spezereihändlers Matheus Guaita, der aus dem Dorf Codonia oberhalb von Menaggio am Comer See stammte. Sein Geschäft, das er mit seinem Bruder Innocentio seit 1665 führte, befand sich ebenfalls im Nürnberger Hof.[49] Als Einkäufer nahmen die Guaitas die Waren von etwa 200 italienischen Kleinhändlern ab, als Verkäufer lieferten sie *en gros* und *en détail*. Sie führten neben den italienischen Südfrüchten auch «hiesige, rheingauer, neapolitanische und spanische Weine, Rüböl und Baumöl, Butter und Käse, ostindischen Zucker, Kakao, Tabak, Farbhölzer, seidene Bänder, Fischbein, Handschuhe, Strümpfe, Spitzen, Nähseide, Schuhschnallen»[50]. Die einheimischen Würzkrämer und Zuckerbäcker betrachteten diese breite Palette von Produkten mit Misstrauen und veranlassten gelegentlich auch Durchsuchungen nach verbotenen Waren, etwa Branntwein.[51]

Die im Prozess in wunderlicher Schreibweise eingereichte Rechnung, «Ihre Exzellenz Herren Dochtor Tecsder [Dr. Textor], Herren Sinicus [Syndicus] der freien Reichsstadt Franckfort am Main soll vor abgefolgte Wahren durch dessen Frau Liebste und Jungfer Töchter wie auch durch ihre Mächt [Mägde] als folget u. acort. [und accordiert]», führte vor allem Leckereien und Zutaten für Weihnachts- und Osterbäckerei an (Mandeln, Rosinen, Kandiszucker, Canari-Zucker, italienische Kastanien, Haselnüsse, Zwetschgen, Pomeranzen, Zitronen, Zitronat, Abeldessinae [Apfelsinen], Parmesankäse), weiter auch Tee, spanische Seife, aalähnliche Fische, Lampreten oder «Brücken», *summa summarum* 33 fl. 18 Kr. Alle diese Waren wurden in kleinen Portionen zwischen Oktober 1693 und Ostern 1694 auf Kredit gekauft. Auch dieser Betrag war noch bescheiden. Doch muss dieser Verkauf *en détail* Gewinn gebracht haben. Das wohlsortierte Geschäft der Guaita florierte. Mattheus Guaita gab 1695 sein Vermögen bescheiden mit 11 000 Rtlrn. an, wobei man dieser Bescheidenheit wohl nicht ganz trauen kann; denn als sein Bruder 1744 starb, betrug dessen Vermögen, das unter zwei Töchter und sechs Söhne aufgeteilt wurde, 80 000 fl.

4. Als vierter Gläubiger trat der aus Antwerpen stammende Zucker-bäcker Franz Meermann auf. Er war als reformierter Flüchtling zunächst in der niederländischen Kolonie in Frankenthal angekommen, wechselte aber 1661 nach Frankfurt und heiratete die Witwe eines Landsmanns, Peter de Marcency.[52] Er fügte sich damit in die starke Gruppe flämischer Zuckerbäcker ein, deren Häuser schon als Manufakturen geführt wurden, die aber auch mit den Materialien weit über Frankfurt hinaus handelten, etwa mit Ingwer, Pfeffer, Senf und Stärke, verschiedenen Sorten Kaffee, Tee, Schokolade, Konfekt, Mandeln, Pistazien, Ölen und Tabak, Gewürzen aller Art, aber auch mit Nudeln, Senf, Essig, Branntwein (Frucht, Anis, Wacholder), Farben wie Indigo, Blauholz, Crapp, Cochenille, Grünspan, Vitriol, Weinstein, Schwefel und Baumwolle.[53] Auch die Brüder Meermann wurden reich, Franz etwa hinterließ jedem seiner vier Kinder eine Summe von 50 000 fl.

Die dem Gericht 1695 vorgelegte Rechnung zeigt, was die Damen Textor oder deren Mägde 1693 im Namen des «Sinticus Dextor», wie er hier genannt wurde, aus dem Magazin auf der Neukräm 18 abgeholt hatten: Mehrmals pfundweise Marzipan, Zimtmandeln, Pomeranzen, Printen (Lebkuchen), Konfekt, Gerstenzucker, Zichorie, aus Zucker oder Marzipan geformte Buchstaben, Zitronat, «weiß Obst», Sirupkuchen und so fort, auch hier eine Summe von 34 fl 16 Kr.

5. Johann Christoph Firnhaber, der bei der Klage vor dem Reichskammergericht als Sprecher der Gläubiger fungierte, war die dominierende Figur, sehr wohlhabend, aber mit einer Forderung von 468 Reichstalern auch der zweitgrößte Gläubiger. Die Firnhabers stammten aus Wertheim am Main und waren ab 1678 in Frankfurt ansässig.[54] Die Brüder Johann Christoph und Hermann Jakob Firnhaber (d. Ä.) betrieben das größte Seidengeschäft mit Sitz «in der goldenen Leiter» auf der

Neukräm. 1689 erhoben sie mit anderen Protest gegen den Rat, als dieser alle französischen Waren erfassen und bannen wollte, denn ein solcher Bann wäre außerordentlich geschäftsschädigend gerade für ein Unternehmen gewesen, das auf Kleiderstoffe aus dem Seidenzentrum Lyon und dem Modezentrum Paris spezialisiert war.[55] Zur Zeit des Prozesses im Jahre 1695 arbeiteten die Brüder noch zusammen; später trennten sie sich, wobei der ältere beim Seidenhandel blieb, während der jüngere den Akzent stärker auf den Import französischer Luxusmöbel legte. Johann Christoph d. Ä. führte sein Geschäft noch bis zu seinem Tod 1723 weiter. Der jüngere Bruder, Hermann Jakob, verheiratet mit «der Tochter des reichen Gasthalters Johann Bernhard Vollmar zur goldenen Gans auf der Zeil»,[56] der hier als Gläubiger Nr. 10 erscheinen wird, war ebenfalls bemerkenswert reich. Als seine Frau 1751 starb, wurde ein Vermögen von 600 000 bis 700 000 fl. verteilt. Der Sohn dieses Paars, Hermann Jakob d. J., konnte es sich leisten, als Rentner auf seinem Weingut in Flörsheim zu leben.

Die von Johann Christoph Firnhaber 1695 vorgelegte Rechnung über 468 Reichstaler ist außerordentlich detailliert. Sie verzeichnet neben den Daten aus dem Jahr 1693 und aus dem Januar 1694 jeweils auch die Abholerinnen, «die Magt», «die Frauen», «M. Friedrich», «die Frau Doktorin», «die Jungfer Fleischbein» (die jüngere Schwester der Ehefrau Textor), «die Jungfer Tochter» (Textors Tochter aus erster Ehe). Abgeholt wurden Luxusstoffe aller Art, weiß broschierter Flor, Seidenbänder aller Art, Nesselspitze und andere Spitzen, Seidenstoffe in blau, rosa und schwarz, goldene und silberne Leibgürtel, Samtstoffe in allen Farben, Taft, Flanell, viele Lot «silberner Hahnenkamm», Litzen, Knöpfe, weiße Federn für die Frisuren (Fontangen), mit Gold gestickte Taschen, silberne Schnürchen, silberne und goldene Borten und Fransen und so fort. Firnhaber addiert dies alles zu 468 Reichstalern, macht sich aber «ohne Präjudiz» erbötig, einen aus dem Haus Textor eingelieferten gebrauchten Rock mit 68 Talern anzurechnen, so dass vor Gericht runde 400 Taler geltend gemacht wurden, eben die oben erwähnte Appellationssumme.

6. Im Vergleich zu den Firnhabers war die Lieferung der Firma Du Bois & Schwartz eher gering an Umfang. Ludwig Dubois und sein Teilhaber betrieben eine auf französische Stoffe spezialisierte Seiden-

und Galanteriewarenhandlung, die sich später Ludwig Du Bois & Jakob Marell nannte und ihren Sitz «Im roten Männchen» hatte. Weil sie als Großhändler auch Pelze verkauft hatten, gab es 1687 Ärger mit den Frankfurter Kürschnern.

Nun, 1695, präsentierten sie eine Rechnung in Höhe von 32 Reichstalern und 29 Kreuzern. Die «Frau Liebste», wie ausdrücklich vermerkt wird, habe silberne Fransen und Borten, gekrauste Leinwand (Crespon de Casra), «fassoniert [gemusterten] Flor» und 4 Stück «non-pareilles» [französische Seidenbänder] abgeholt. Als «Frau Liebste» war Maria Sibylla 1694 also noch verheiratete Textor – ein nicht unwichtiges Detail der Rechnung.

7. Der folgende Gläubiger war der erst seit 1692 in Frankfurt niedergelassene Leinwandhändler Johann Conrad Schleicher, reformierter Konfession.[57] Er handelte mit sächsischem und schlesischem Leinen, Zwilch, Barchent, Baumwolle (Kattun, Zitz), aber auch mit Strickwaren. Zusammen mit seinem Bruder Kaspar hatte Schleicher seinen Laden in der Höllgasse.[58] Ihr Wohnhaus «Zur Wolkenburg» lag an der Ecke der Höllgasse zum Krautmarkt.[59]

Die dem Gericht 1695 übergebene Rechnung über insgesamt 43 Reichstaler, 75 Kreuzer betraf, der Spezialisierung entsprechend, weniger Luxus- als Gebrauchsmaterialien. Aufgezählt werden Stoffe für Nachtröcke, Nachthauben, Brustlatz für den kleinen Sohn, Vorhangstoff, Strümpfe und einen Hut samt Hutschnur. Die Rechnung ist deshalb auch juristisch von Interesse, weil sie angibt, für welche Personen die einzelnen Stücke gedacht waren. Die Frau Doktor (Textor) und die Jungfer Textor ließen sich je einen Nachtrock mit Seidenwatte überziehen, aber auch einen Nachtrock für den Ehemann selbst und für ein Patenkind. Auch die «große Magd» bekam einen Nachtrock und ein Paar Strümpfe, der Brustlatz war für den kleinen Sohn, ein weiterer Nachtrock und ein Paar feine blaue «Mannsstrümpf» für den großen Sohn, dem auch der Hut zugedacht war. Mit anderen Worten: Die ganze Familie einschließlich des Hausherrn wurde mit Stoffen und Strickwaren des täglichen Bedarfs versorgt, so dass in diesem Fall Textors Argument, er sei nicht zur Zahlung verpflichtet, ins Leere ging.

8. Nicht anders war es im Fall des Modehändlers Heinrich Abraham Varrentrapp, der 1680 aus Hattingen nach Frankfurt eingewan-

dert war. Er handelte nicht nur mit französischen Stoffen, sondern auch mit Hüten und Pelzwaren. Letzteres führte 1687 auch bei ihm zu Beschwerden der Kürschner.[60] Ebenso gehörte er zu den Frankfurter Kaufleuten, die in einer Eingabe gegen das kaiserliche Import- und Verkaufsverbot französischer Waren vom 23. September 1689 protestierten. Der Frankfurter Rat wollte offenbar weder den Kaiser noch die einheimischen Kaufleute verärgern und verschleppte die Sache bis 1690. Als die Einkäufe der Maria Sibylla Textor 1693 getätigt wurden, war sie offenbar schon wieder beigelegt; denn auf der für die Jahre 1693/1694 präsentierten Rechnung werden Taft, gestreiftes Seidenzeug, rot gestreifter Crespon, französischer Serge [feines Wolltuch], Carmoisin Samt und Carmoisin Crespon mit weißen Streifen aufgezählt, also durchweg französische Ware. Der Rechnungsbetrag belief sich auf 34 Rtlr. 27 Kr.

9. Wie im Falle des Leinwandhändlers Schleicher betont auch der Modewarenhändler Winckelmann, auf der Herbstmesse 1693 habe «die Frau Doctorin in Beisein der einen Jungfer Tochter und vor beide Jungfer Tochter» eingekauft, auch hier offenbar, um dem Schuldner den Ausweg zu versperren, die Waren seien nur für die frühere Ehefrau bestimmt gewesen. Gegenstand des Kaufs waren «5/4 Stab weiss Flor, 6 Stab ponso (Ponceau) und weiß gestreifter Crepon [Wollstoff], 5 Lot silberne Campanio, ¼ Elle weiß pikierter Doppeltaft, nochmals 5 Stab gestreifter ponso Crepon, 3 Lot silberne Borten, 1 Dutzend silberne Cam(i)sohl Knöpf [Weste für Männer, Oberteil für Frauen], 1 Elle braunen Damast», zusammen im Wert von 37 fl. 42 Kr.

10. Der bereits genannte Hermann Jacob Firnhaber d. J.[61], Bruder und Compagnon des Seidenhändlers, präsentierte eine Rechnung von insgesamt 51,80 Reichstalern. Alle Lieferungen betrafen das Jahr 1693. Gleich an erster Stelle erschien eine Lieferung von 4¼ Stab schwarzen englischen Damast «vor Ihro Exc. Selbsten zu einem Camisol», gleichsam zur Unterstreichung der These, dass der Herr Syndicus selbst von den Lieferungen gewusst haben müsse. Es folgen 6 Ellen «Glanz Schelzer», «ferner kam für die Frau Doctorin» goldene Fransen und Futtertaft, die Magd hatte eine extra feine Florhaube abgeholt, weiter «empfing die Frau Doctorin selbsten» weitere goldene Fransen, weiß pikierten Doppeltaft, extra feine goldene Fransen, roten

Ponceau mit schwarz gestreiftem Band, nochmals Fransen, silberne Gallonen [Borten], 1½ Lot *point d'Espagne* [Metallspitzen] und zur Herbstmesse nochmals eine Florhaube.

Man darf annehmen, dass alle diese Dinge, soweit sie noch unverarbeitet waren, von den für das Haus Textor tätigen Schneidern angefordert und an diese weitergereicht wurden. Die Frau Doctorin gab Anweisungen, ließ bei den Lieferanten anschreiben, bestellte neben den Schneidern die Putzmacherinnen, Sticker, Perückenmacher und Friseure. Textors Töchter waren, wie man aus den Rechnungen sieht, munter dabei, und auch die Söhne bekamen dieses und jenes Kleidungsstück. Der Herr Syndicus, so scheint es, kümmerte sich kaum um diesen Betrieb, es sei denn, dass er sich gelegentlich für ein neues Camisol Maß nehmen ließ.

11. Das für die vielfältigen Schneiderarbeiten nötige Zubehör holte man im Ladengeschäft von Johann Philipp Jacobi. Er führte, wie man später sagte, Kurzwaren, also Näh- und Stecknadeln, abgepackt in kleinen Briefchen im Einheitsformat,[62] Bänder aller Art, Schnüre, Garn, verschiedene Borten, «goldene Schlänglein», aber auch baumwollene weiße und carmesinrote Strümpfe, seidene Strümpfe, «flammierte Strümpf» und «weiße Zwirns Strümpf». Da breite und schwere Goldborten dabei waren, belief sich die Rechnung, ausgestellt auf «Ihro Excelenz Herr Doctor Tetzler allhier», schließlich auf 62 fl. 38 Kr.

Er habe alle diese Waren, so hieß es unmissverständlich «durch die seinigen abholen» lassen.

12. Der Gläubiger mit der höchsten Forderung war der aus Venedig stammende Gold- und Silberdrahtzieher Joseph Martinengo. Seine Familie war schon seit 1623 in Frankfurt ansässig[63] und lieferte für das Haus Textor, weit über das ehemalige Handwerk hinaus, niederländische und venezianische Spitzen (Cant) und holländische Tuche, etwa feines Nesseltuch. Von der ursprünglichen Forderung für diese Lieferungen in Höhe von 475 Rtlr. 75 Kr. waren in den Jahren 1693 und 1694 Abschlagszahlungen in Höhe von 206 Reichstalern geleistet worden, so dass nur noch 269 Reichstaler, 85 Kreuzer offenstanden.

13. Die Rechnung des Modewarenhändlers Philipp Jacob Creyß an «Ihro Excell. Herr Johann Wolfgang Texter. Stadt. Syndicus allhier» erstreckte sich auf Lieferungen von Ostern 1693 bis Ende Februar 1694,

und sie spezifizierte auch «vor Frau und Tochter», «vor die Jungfer Tochter» und nochmals «vor Frau und Tochter». Damit war klar, dass auch Textors Tochter Empfängerin der Waren war.

Was Creyß verkaufte, waren feine Tuche, rote und grüne Samte, gestreifter Creppon, gemusterter Doppeltaft, Seidenstoffe, Fransen, Litzen und Borten (Gallonen), Goldfäden, Nonpareilles, silberne «Hahnenkämme» und anderes Zubehör für modische und repräsentative Kleidung. Nimmt man hinzu, was im gleichen Zeitraum auch bei den beiden Händlern Firnhaber, bei Dubois, Schleicher, Varrentrapp, Winkelmann, Martinengo gekauft wurde und vergleicht man die Daten für das Jahr 1693, dann sieht man, dass die Mägde und gelegentlich auch die Damen jede Woche in Modegeschäften unterwegs waren und zu Hause mit den Schneidern, Stickern und Putzmacherinnen unentwegt beraten haben müssen, um alles dies zu verarbeiten und anzuprobieren. Dass der Hausherr davon nichts gewusst haben soll, ist wenig wahrscheinlich.

14. Nehmen wir noch die allein in den drei Monaten Januar bis 1. April 1694 vom Schumacher Johann Paul Gabler gelieferten 19 Paar Schuhe hinzu, dann gewinnt man noch einen zusätzlichen Eindruck. Allein 13 Paar gingen an Frau Textor. Verlangt und geliefert wurden vor allem durch Stickerei oder Borten «gebremde» (verzierte) Schuhe, so am 15. Januar für die beiden Töchter Textor je ein Paar, für den Jungen Textor Pantoffel sowie für Frau Textor zwei Paar verzierte Schuhe. Für alles zusammen, «was ich dem Herr Doctor Däckster vor seine Fraue und Kinder gearbeitet habe», berechnete der Schuhmacher 35 Gulden, 36 Kreuzer.

15. Der von der Familie Textor bevorzugte Schneider war Friedrich Göthge.[64] Er unterschrieb seine Rechnung in dieser Weise, nannte sich aber auch, wohl in Erinnerung an seine Zeit in Lyon, Goethé. Er war 1657 geboren in Kannawurf, einem Flecken im Landkreis Sömmerda im nördlichen Thüringen.[65] Nach einer Schneiderlehre in Frankfurt und Wanderzeit in Lyon hatte er sich in Frankfurt niedergelassen und 1686 das Bürgerrecht erhalten. Im folgenden Jahr heiratete er Anna Elisabeth Lutz (1667–1700), die Tochter eines Meisters. Dieser Ehe entstammten fünf Kinder. Nachdem seine Frau 1700 gestorben war, heiratete er 1705 zum zweiten Mal, nun die Witwe Cornelia Schellhorn, geb. Walther

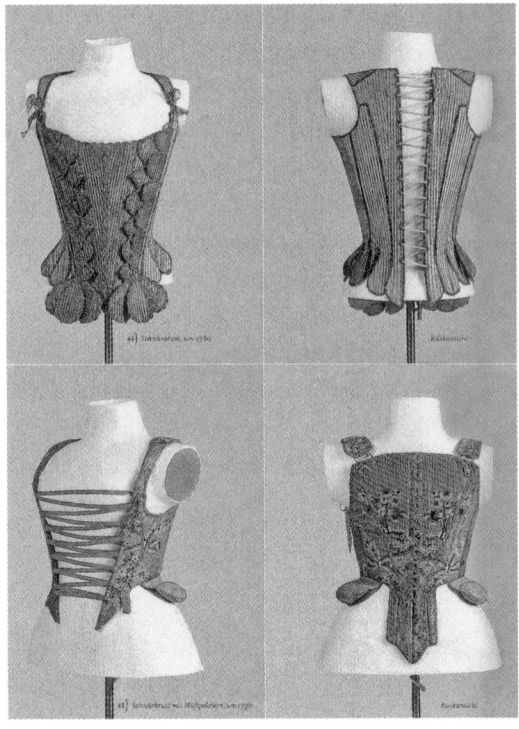

(1668–1754), eine Frankfurterin und Eigentümerin des Gasthofs «Zum Weidenhof» auf der Zeil. Dieser Ehe entstammten nochmals drei Kinder, darunter als drittes Johann Caspar Goethe (1710–1782), Goethes Vater. Als Friedrich Georg Goethe am 13. Februar 1730 starb und auf dem Peterskirchhof begraben wurde, betrug sein Vermögen stattliche 90 461 Gulden. Es wird gesagt, er sei ein «artiger, aber hochmütiger Kerl gewesen, der die Musik wohl verstanden, aber über seinen Hochmut von Sinnen gekommen».[66]

Seine Jahresrechnung für 1694 war überschrieben «Vor Ihre Excellenz Herrn Doctor Textor seiner Frau Liebste an Arbeit gemacht», und sie beginnt gleich mit einer Schnürbrust mit grünem Samt überzogen «vor die Frau Liebste». Dazu verwendete er ein Pfund Fischbein. Ein weiteres Stück dieser Art war mit *incarnat* (fleischfarbener) gesteppter Seide gefüttert. Auch hierzu wurde ein Pfund Fischbein verwendet. Weiter wurden geschneidert: Röcke und damastene und leinene Unterröcke, Leibchen, Seidenkleider, Brusttücher mit goldenen Spitzen, auch eine Jacke für die Magd. Für die beiden Töchter gab es reich verzierte Kleider, Unterröcke aus Damast und Leinwand, «Bruststücke» aus weißem Taft und mit Silber garniert, weiter auch für diese mit rotem Crepon überzogene Schnürbrüste, rote und schwarze Kleider. Die Rechnung belief sich insgesamt auf 58 Reichstaler, 9 Kreuzer oder 87 Gulden, 9 Kreuzer.

IV.

Die in den Schriftsätzen der Rechtsanwälte verhandelten Sach- und Rechtsfragen lassen sich, dem Vorgehen von Dölemeyer folgend, in zwei miteinander verbundene Hauptfragen zusammenfassen, wenn man die bereits erörterte Frage der Ehescheidung beiseitelässt.

Es geht zunächst um die Reichweite der Befugnis einer verheirateten Frau, Geschäfte zu tätigen, die ihren Mann rechtlich verpflichteten. In dieser Frage und der allmählichen Verschiebung der Antworten zeigt sich die Entstehung einer begrenzten häuslichen Autonomie der Frauen. Erschien eine solche Autonomie zunächst bei der unbegrenzten Herrschaftsmacht des Familienvaters gar nicht möglich, so setzte sich doch im gemeinen Recht des späten Mittelalters und der Neuzeit schrittweise die Einsicht durch, dass für die Frau wenigstens eine stillschweigende Vertretung ihres Mannes in Geschäften des täglichen Bedarfs angenommen werden müsse. Auch die alleinstehende Händlerin oder die Witwe eines Handwerkers, die den Betrieb nach dem Tod ihres Mannes eine Zeitlang fortführen durfte, waren geschäftsfähig, ebenso die Ehefrau für ihr Sondergut. So bildete sich eine stabile herrschende Ansicht unter Juristen, die Ehefrau könne Anschaffungen für den Haushalt machen und den Mann direkt verpflichten, diese aus eigenen oder gemeinschaftlichen Mitteln auch zu bezahlen. Nur in gravierenden Fällen von Verschwendung könne der immer noch materiell und rechtlich dominierende Hausvater ihr dieses Recht entziehen. Begrenzt war diese häusliche Autonomie der Ehefrau also auf die gewöhnliche Haushaltsführung, die sich ihrerseits im Rahmen des Standesgemäßen zu halten hatte. Das betraf Nahrung und Kleidung für das ganze Haus, die Alltagsgeschäfte für Küche und Keller, die Bestellungen bei Schneidern und Schustern, insgesamt diejenigen Dinge, die zur Verwaltung des «ganzen Hauses» gehörten. Das Bamberger Landrecht von 1769 erklärte, «gleichwie gewisse häusliche Geschäfte dem Weib allerdings aufliegen, als da sind die standesgemäße Bekleidung ihr selbsten und der Töchter, Besorgung des weiblichen Hausgesindes, Kuchen, weißer Zeuge und dergleichen, also ist der Mann schuldig dasjenige was das Weib dießfalls handelt und wandelt, zu tragen und zu bezahlen». Auch das Allgemeine Landrecht für die preußischen Staaten von 1794 sah Kreditgeschäfte der Frau «zu gewöhnlichen Haushaltsgeschäften» als verbindlich an: «So muß der Mann dergleichen Schuld als die seinige anerkennen.»[67] Die Ehefrau sei selbständig, schrieb noch am Ende des 19. Jahrhunderts ein angesehener Autor, «wenn sie innerhalb des eigenthümlichen häuslichen Wirkungskreises oder bei Verhinderung des Ehemannes in dessen Vertretung handelt».[68] Seit der Mitte des 19. Jahrhunderts hatte sich für diese pragmatische Regelung, die aber die Stellung des Hausvaters nicht prinzipiell antastete, das Wort «Schlüsselgewalt» (der Ehefrau) eingebürgert.[69]

Freilich – was bedeuteten «gewöhnliche» Haushaltsgeschäfte für unterschiedliche Haushalte? Die zutiefst vom Unterschied der Stände und dem Gedanken unerschütterbarer Ungleichheit durchdrungene Gesellschaft der Frühen Neuzeit achtete auf Unterschiede. Was beim Frankfurter Stadtadel als normaler Aufwand galt, wäre schon beim Handwerker und erst recht in der städtischen Unterschicht Verschwendung gewesen. Im Hause Textor, das dem Stadtadel nahestand, lebte man zwar nicht verschwenderisch, aber doch offenbar großzügig. Wenn Antony Brentano 1693 zum Weihnachtsabend 150 Austern lieferte und Giuseppe d'Angelo am 4. Januar 1694 noch einmal 200 Austern, dann müssen das Abendessen in größerem Kreis gewesen sein. Auch die Zutaten für Bäckereien an Weihnachten und Ostern 1693/94, die von Matheus Guaita und Franz Meermann geliefert wurden, können kaum «heimliche Luxusausgaben» gewesen sein, wie Textors Anwalt Zeller vortrug. So reichlich sie auch bemessen sein mochten, für einen Haushalt dieses Zuschnitts gehörten sie zur Normalität. Man lud ein und wurde eingeladen, die Kriegsnöte lagen hinter der Familie, die junge Ehefrau und ihre jungen Schwägerinnen sowie der Sohn Textor waren davon unberührt. Man aß reichlich, die Mägde und die Kammerjungfer nahmen daran teil, und man kleidete sich nach neuester Mode.

Die Ausgaben für modische Kleidung kamen dem, was man «Luxus» nennen konnte, schon näher. Was die Hausfrau und ihre Mägde von den Kaufleuten Firnhaber, Du Bois, Schleicher, Varrentrapp, Winckelmann und Creyß holten oder holen ließen, war schon für die wenigen Monate nach der Eheschließung erstaunlich viel. Aber «heimlich» können diese Anschaffungen nicht gewesen sein, denn die Lieferungen der Firmen sowie des Schneiders Goethe und des Schusters Gabler kamen ins Haus, es wurde beraten, angemessen und anprobiert. Von Heimlichkeit konnte also kaum die Rede sein.

Auch der Umfang dessen, was verbraucht wurde, überstieg die von Stand und allgemeiner Meinung gesetzten Grenzen nicht auffällig. Dr. von Gülchen sagte später als Entgegnung auf den Vorwurf des Luxus, es werde sich «nichts finden, dass contra pudorem et contra modum sey».[70] Auch die Kosten von insgesamt 19 Paar Schuhen für die Hausfrau, die Töchter und Pantoffeln für den Sohn blieben in diesem Rahmen. Der Anwalt der Kläger schrieb mit drastischen Worten, es sei unerhört, dass sich ein vornehmer Mann und Jurist «über solche Sachen Butter, Käß, Nadlen, Hütt, Schuh verklagen lassen» und sich unter dem Vorwand des «Luxus» vor der Zahlungspflicht «absolviren» wolle.[71] Und was die Ausgaben für teure Stoffe an Modeartikel anging, so gab er zu bedenken, man befinde sich in einer Reichsstadt, in vornehmen Kreisen, die Frau sei «in der besten Glut ihres aufgehenden Alters» gewesen, habe einen der vornehmsten Männer geheiratet, der deutlich älter war und bei dem sie vielleicht auch nicht auf Kinder hoffen durfte. Sie habe auch von ihm keine passende vornehme Kleidung bekommen, der Haushalt sei vernachlässigt gewesen, die Familie von den Franzosen «frisch verjaget», und sie habe große erwachsene Töchter vorgefunden. Was also, so das Argument, hätte sie anders machen sollen als nach und nach den Hausstand und damit auch den Kleiderbestand wieder Schritt für Schritt aufzubauen?

Auch dem Hausherrn, so möchte man ergänzen, müsste die modischere Erscheinung von Frau und Kindern aufgefallen sein, wenn er überhaupt Augen für seine neu sich formierende Familie hatte. Zumindest bei der Anmessung der Mieder durch Schneidermeister Goethe war er, schon des Anstands wegen, gegenwärtig.

V.

Textor obsiegte 1695, wie gesagt, vor dem Schöffengericht durch eine von diesem übernommene Entscheidung des Spruchkollegiums der Leipziger Juristenfakultät. Der 1695 begonnene Appellationsprozess vor dem Reichskammergericht kam nicht an sein Ende. Die Energie der Kläger war offenbar erloschen. Zwischen 1698 und 1700 scheint nichts weiter passiert zu sein; denn die Akten in Wetzlar wurden mit dem Vermerk geschlossen «Annis 1698 99 et 1700 nihil actu – Completum 10. May 1701». Am 27. Dezember 1701 starb dann Johann Wolfgang Textor d. Ä. – offenbar ohne etwas bezahlt zu haben. Vielleicht hatte er sich aber zur Begleichung derjenigen Rechnungen bereitgefunden, die entweder eindeutig ihn selbst und seine Kinder betrafen, während er bezüglich der Ausgaben seiner Frau hart blieb. Das würde erklären, dass die Kläger die Sache aufgaben, sei es weil sie die Anwaltskosten und andere Gebühren scheuten, sei es weil sie ihre beste Kundschaft, die städtische Oberschicht, nicht verärgern wollten. Theoretisch hätten die Kläger die Klage nun gegen die Erben von Textor richten können, aber sie taten es nicht.

Soweit wir wissen, machte lediglich der inzwischen verwitwete Friedrich Georg Goethe am 26. August 1702 noch einen Vorstoß, um bei den Erben an sein Geld zu kommen. Da dies misslang, wandte er sich in einer Bittschrift an Schultheiß und Schöffen der Stadt Frankfurt und überschrieb sie: «In jure et facto wohlfundirte Remonstration – Confutation – Inhaesiv- und BittSchrift/Meister Friedrich Goethe, Burgers und Schneiders/contra Hrn. Dr. Johann Wolfgang Textor seel. Hinterlassene sämptliche Erben».[72] Verärgert konstatierte er, «Die specifizierte Kleider» seien «In Herrn D. Textor seel. Behausung und [...] in dessen Gegenwart den Jungfer Töchtern angemessen» worden. «Wie will man nun auß weiß schwartz machen und sagen, es gehe dieser außzug die Erben nichts an, sondern dero StieffFrauMutter [...].» Da die Beklagten die Kleider bereits getragen («eines aus Damast. mit güldener Litzkordel und Borten reich garniert», «eines rotgestreift, eine Nachtrobe wattiert, alles bereits getragen»), sei auch mit einer Rückgabe der Kleider nicht geholfen. Aber auch diese Bittschrift scheint nicht geholfen zu haben, wenig verwunderlich, wenn man bedenkt, dass sie sich an jene Schöffen richtete, die zugunsten Textors entschieden hatten.

So ärgerlich die Sache für Schneidermeister Goethe war, er konnte sie bald vergessen. Denn seine 1705 geschlossene zweite Ehe mit der Witwe Cornelia Schellhorn, Eigentümerin des Gasthofs «Zum Weidenhof» auf der Zeil, bescherte ihm eine neue Existenz, Wohlhabenheit und drei weitere Kinder. Sein jüngster Sohn, Johann Caspar Goethe (1710–1782), seit 1742 mit dem Titel Wirklicher Kaiserlicher Rat versehen, konnte offenbar, ohne dass jener alten Prozesshändel weiter gedacht wurde, die siebzehnjährige Catharina Elisabeth Textor (1731–1808) heiraten. Als sie am 28. August 1749 ihr erstes Kind zur Welt brachte, das bei der Geburt fast gestorben wäre, begann eine neue Geschichte.

10. Die Verfassung des Reichsmarktfleckens Kuhschnappel

«Ich muß besorgen, ich habe mir selber ein oder ein paar Beine unter-
gestellt, da ich der gelehrten und statistischen Welt von der reichs-
städtischen Verfassung des Reichsmarktfleckens Kuhschnappel, der
eigentlich eine kleine Reichsstadt ist und eine große war, nichts vor-
mappieret habe, keinen Conspectus, keinen Grundriß, gar nichts.
Gleichwohl kann ich hier mitten im Schusse des Kapitels unmöglich
einhalten, sondern ich muß warten, bis wir alle unten am Ende ste-
hen, wo ich die statistische Krambude bequemer aufschlage.» [1]

Mit diesen Worten wird der Leser des *Siebenkäs* [2] von Jean Paul
auf eine dem zweiten Kapitel angehängte Beilage verwiesen. Dort
breitet der Dichter als gelehrter Ironiker aus, was es mit Kuhschnappel, dem Ort des Ehedramas von Lenette, geb. Egelkraut und Firmian Stanislaus Siebenkäs, [3] Armenadvokaten in Kuhschnappel, auf
sich habe.

Anders als Bayreuth mit Eremitage und Fantaisie, [4] als Vaduz, Bern,
Ulm, Nürnberg, Augsburg, Berneck, Gefrees, Hof und viele andere
Orte des Romans, die auf der Landkarte stehen, ist der Reichsmarkt-
flecken Kuhschnappel auf eine vertrackte Weise real und irreal zugleich.
Ungefähr zwischen Stuttgart und Ulm müsste er zu finden sein, aber
Jean Paul sagt selbst: «Verständige Leser suchen ohnehin meine Städte
und Länder selten auf der Karte.» [5] Wie «Krehwinkel», die «Reichsfes-
tung Ziebingen», das «Reichsstädtchen Diebsfehra», die Fürstentümer
«Haarhaar» und «Flachsenfingen», «Haßlau» und «Hohenfließ», die
Dörfer «Hukelum» und «Elterlein» oder die Stadt «Pestitz» ist Kuhschnappel ein fiktiver Ort, aber weder Utopia noch antike Maskierung
wie Wielands «Abdera», [6] sondern zugleich komische und furchtbare
Erfindung aus dem realen Stoff des späten 18. Jahrhunderts. Als Inkarnation kleinstädtischer Muffigkeit und Spießigkeit, in welchem sich
Adelsstolz und geistige Beschränktheit, Selbstzufriedenheit und Welt-
unerfahrenheit die Waage halten, ist es ein «Kleinstädtchen, das nur

Krämer- und Juristenseelen samt einiger darangehängter hoher Obrigkeit beleben».[7] Es steht für die enge Welt der schwäbisch-fränkischen Reichsstädte um 1785, in einem weiteren Sinn aber für das Heilige Römische Reich (H. R. R.) in seiner Spätphase, ja für die politischen Zustände Deutschlands insgesamt. Von der Vergangenheit sind nur noch die Titel und Perücken, zerfallene Stadttore, das vornehme Getue, die Topfguckerei und der Geiz übrig geblieben, außerdem natürlich die antiquierte Verfassung: Jean Paul führt sie uns mit der ernsthaften Miene eines Göttinger Staatswissenschaftlers vor und verspricht einen «guten Abriss von der kuhschnappelischen Regierungsform».[8]

Kuhschnappel ist – nach Titulatur und Hochmut gleichermaßen – eine «Aristokratie», noch ausgeprägter als etwa Bern, dessen starres Kastenwesen damals alles andere übertraf, was in Nürnberg, Ulm, Augsburg oder Frankfurt im 18. Jahrhundert, «diesem kleinstädtischen Jahrhundert»,[9] anzutreffen war. Es ist freie Reichsstadt, sitzt «in Schwaben auf der Städtebank von 31 Städten als die 32ste»,[10] gilt also als autonomes Gemeinwesen im Reichsverband, selbstverantwortlich insbesondere für alle seine Schwächen, für den materiellen Verfall, für die geistige Unfreiheit und die politische Unterdrückung seiner Bürger. Es vereinigt Katholiken, Lutheraner und einen Juden in seinen Mauern und beachtet insoweit die «reichsmäßige Parität»,[11] die verfassungsrechtliche Gleichheit der großen Konfessionen, die sich mit der Unterdrückung von Minderheiten durchaus vertrug.

Zieht man Jean Pauls wichtigste Angaben über die kuhschnappelische Regierung heran und vergleicht sie, wie er selbst vorschlägt, mit derjenigen von Bern vor 1798, so zeigen sich tatsächlich weitreichende Analogien. Der Große Rat hatte 70 (Kuhschnappel) bzw. 200 Mitglieder, mit fallweiser Ergänzung auf 299 (Bern). Der Kleine Rat bestand aus 13 (Kuhschnappel) bzw. 27 Mitgliedern (Bern). In Kuhschnappel gab es einen Schultheiß, einen Seckelmeister für die Finanzen, zwei Venner (Bannerherren), einen Heimlicher («Volkstribun») und weitere acht Ratsherren. In Bern war alles etwas umfangreicher: zwei alternierend amtierende Schultheiße, zwei Seckelmeister, vier Venner, zwei Heimlicher und weitere 17 Ratsherren. Unterhalb der Ratsebene finden sich in Bern und Kuhschnappel zahlreiche «Kammern» und Einzelämter, so die für Siebenkäs alias Leibgeber so verhängnisvoll wirkende

Erbschaftskammer mit einem Großweibel an der Spitze, weiter die Holzkammer, die für die Luxuskontrolle zuständige Reformationskammer, zwei gerichtliche Appellationskammern, die Fleischtaxe-Kommission, «die ein einziger Metzgermeister, aber ein guter alter Mann, verwaltet»,[12] schließlich das Amt des Auktionsproklamators, das Jean Paul im Roman dem Haarkünstler Merbitzer anvertraut hat.

Wenn man die noch offenen Fragen der Verfassung von Kuhschnappel mit einem Blick auf Bern ergänzen darf – da die bernische Verfassung ja nur eine «mit dem Storchschnabel» vergrößerte Kopie sein soll –, so wird man annehmen dürfen, dass auch in Kuhschnappel der Große und Kleine Rat nur aus Mitgliedern ratsfähiger Patrizierfamilien bestand. Die Wahl erfolgte durch die sog. «Sechzehner» (Zunftmeister), die sich auf die vier Quartiere der Stadt verteilten. Die Sechzehner wurden von den Vennern, den Bannerträgern der vier vornehmsten Zünfte (Bäcker, Schmiede, Metzger, Gerber) ernannt. Sechzehner und Venner bildeten zusammen den Kleinen Rat und besetzten die dortigen Ämter. Den Vennern als den Schlüsselfiguren des Ganzen kam auch das Vorschlagsrecht für die Wahl des Schultheißen zu, kurzum: Die regimentsfähigen Geschlechter, von denen es beispielsweise in Bern um 1785 insgesamt 69 gab, hatten sich hinter einem *Numerus clausus* verschanzt, sie machten die Politik und die Pfründenverteilung unter sich aus, wählten, bestätigten und ernannten sich gegenseitig in ihren auf Lebenszeit angelegten Ämtern, von denen allein die Innehabung des Ratsherrenbaretts («Baretli») auf 30–40 000 bernische Pfund geschätzt wurde.[13]

Die einfachen Bürger waren politisch entmachtet und litten ebenso unter der «geistigen Fruchtsperre», unter den «alten Gedanken-Einfuhr- und Nachrichten-Ausfuhrverboten», wie es im *Siebenkäs* heißt, unter Zensur, Schulaufsicht und geistlicher Kontrolle also, wie unter dem Gewicht der Bürokratie, die sich im Bern dieser Zeit als Ensemble von 1014 (eintausendvierzehn) städtischen Ämtern bzw. Titeln darstellte. Ebenso bedrückend war die Steuerlast, die durch den Verfall der Wirtschaft nur noch schwerer wurde. Die Wirtschaft wiederum krankte am Konservatismus der Zünfte und am erstarrten Merkantilsystem. Armut, beengte Verhältnisse und Auswanderung waren die Folge.

Was Jean Paul hier auf wenigen Seiten satirisch zusammendrängt, sind nicht nur gelehrte Bocksprünge, «die das systematisch geordnete Wissen auseinander treiben und ad absurdum führen»,[14] sondern es bildet auch eine vernichtende Kritik der Stadtverfassungen am Ende des 18. Jahrhunderts.[15] Kuhschnappel ist keine Idylle, wahrlich kein «himmlisches Jerusalem der Freiheit», sondern ein Ort der Qual. Überwindung der Vorurteile, aufrechter Gang, künstlerisches Fühlen und Gestalten müssen den widrigen häuslichen und städtischen Verhältnissen unter äußersten Anstrengungen abgerungen werden. Eheliche Dornenstücke, kirchliche Bigotterie, Einsamkeit des unverstandenen Schriftstellers und staatsbürgerliche Ohnmacht des Armenadvokaten aufgrund der Verfassungszustände fügen sich hier zu einem Ensemble privater und öffentlicher Martern zusammen, und Jean Paul lässt keinen Zweifel daran, dass er die – juristisch nur dürftig getarnten – Rechtsbrüche, Lügen und Gemeinheiten der Obrigkeit für die eigentliche Quelle des Übels hält. Siebenkäsens Ehe wäre vielleicht unter besseren ökonomischen Bedingungen zu retten gewesen, obwohl die augsburgisch-kuhschnappelischen Vorurteile Lenettens unwandelbar fortbestanden, auch die allgemeine Frömmelei hätte Siebenkäs wohl nicht weiter gestört, aber dass sich das offenbare, von oben verübte Unrecht gegen sein gutes Recht durchsetzte, nahm ihm den Lebensmut. Hier half nur noch die Flucht in die Komödie des Scheintods sowie die Auswanderung in die bayreuthische «Fantaisie». Zu reformieren war die kuhschnappelische Welt für Siebenkäs nicht mehr.

Als die Französische Revolution ausbrach, gerieten die alten Stadtverfassungen unter Legitimationsdruck. Die Monopolisierung der politischen Macht bei den Patriziern wurde immer problematischer, das Bürgertum drängte auf Mitbestimmung. Von Ulm und Nürnberg sagt Jean Paul mit dem geheuchelten Bedauern des Satirikers, ihnen sei die rein aristokratische Verfassung «während der Revolutions-Witterung» teilweise abhandengekommen. Kurz nach der Niederschrift des *Siebenkäs* stürzte das alte Regiment in Bern (1798); an seiner Stelle entstand die Helvetische Republik. 1803 mussten sich die dortigen Patrizier einem vermittelnden Spruch Napoleons unterwerfen. Was sie dabei verloren, konnten sie erst auf dem Wiener Kongress wieder zurückholen, um dann für ein paar Jahre das Ancien Régime zu restau-

rieren: «Die alte Heimlichkeit, der alte Titelprunk, die alte Glanz-
sucht, die alte Willkür der vor Jahrzehnten erloschenen Regierung trat
wieder hervor.»[16] Nicht zufällig hatte auch der Namensgeber der
Epoche der Restauration, Carl Ludwig von Haller (1768–1854), bis
1798 in bernischen Diensten gestanden.

Jean Pauls Kuhschnappel hingegen überstand die Revolutionswir-
ren, soweit diese überhaupt nach Schwaben drangen, unbeschadet.
Nicht nur das aristokratische Regiment und die damit verbundenen
Missstände blieben erhalten – es gab weiterhin fast so viele Patrizier-
Drohnen wie Bürger-Arbeiterbienen. Auch den Zusammenbruch des
Heiligen Römischen Reiches Deutscher Nation, der sich zwischen der
ersten (1795) und der zweiten Auflage des *Siebenkäs* (1817) ereignete,
bemerkte man im Ort nicht. Nach wie vor nannte es sich *Reichsmarktflecken*. Jean Paul, der es inzwischen besucht haben wollte und
komisch-ernsthaft speziell auf die historisch-statistischen Verbesse-
rungen der zweiten Auflage hinwies, unterstrich noch einmal, nichts
habe sich gebessert, ja Kuhschnappel-Deutschland setze neben der
geistigen Unterdrückung auch seinen «Blut- oder lebendigen Men-
schenzehent für Frankreich» ebenso fort wie die Schweiz.

Jean Pauls bittere Vorschläge, die niederen Stände der Bauern und
Bürger als überflüssige Zeichen der Ungleichheit durch Ausbeutung zu
vernichten oder zur Auswanderung nach Amerika zu drängen, den ver-
bleibenden Rest aber durch eine umfassende Nobilitierung auf Adels-
rang zu heben und damit alle Gleichheitsprobleme zu lösen, zeigen den
politisch hochsensiblen, an den versteinerten Verhältnissen leidenden
Satiriker. Von einem unpolitischen Jean Paul kann keine Rede sein, freilich auch nicht von der Präfiguration eines Klassenkämpfers.[17] Er denkt
bürgerlich und humanitär, hofft auf einsichtige, aufgeklärte Reformen
und konstitutionelle Herrschaft, auf Grundrechte und Rechtsstaat,
Gleichheit und Verbesserung der Lage des einfachen Volkes. Dies waren
verbreitete Hoffnungen, und insofern ist es wenig überzeugend, Jean
Paul zum eigenständigen politischen Denker zu stilisieren. Seine Einzig-
artigkeit liegt auf einem anderen Feld: in der reich instrumentierten,
von Bildern überquellenden Sprache, im närrischen Witz, im Scharf-
blick des Menschenkenners, in der Weichheit des träumenden Herzens
und in seiner tiefen Humanität. Schwer begreiflich, dass er so wenig

gelesen wird, zumal von einem Publikum, das inzwischen die Schwierigkeiten von Proust und Joyce, Musil, Broch und Arno Schmidt kennengelernt hat. Insbesondere der *Siebenkäs*, «der allein schon genügt,
seinem Verfasser den Rang eines der größten Prosaschreiber der deutschen Literatur zu sichern» (Günter de Bruyn) und den der große Jurist
Paul Johann Anselm Feuerbach «eine zweite Bibel für gute und einen
Nieswurz für schlechte Advokaten» genannt hat,[18] müsste Juristinnen
und Juristen gefallen, vielleicht gerade solchen, die sich – frisch verheiratet – anschicken, in einer Kleinstadt eine Anwaltskanzlei zu eröffnen.
Deshalb sei Jean Paul, der im Jahr 1763, im Gründungsjahr der
C. H. Beck'schen Verlagsbuchhandlung, geborene unausschöpfliche
Dichter wieder einmal empfohlen; denn noch immer steht er, wie Ludwig Börne 1825 im Frankfurter Museum prophetisch formulierte,[19]
«geduldig an der Pforte des zwanzigsten Jahrhunderts und wartet
lächelnd, bis sein schleichend Volk ihm nachkomme».

11. Advocatus pauperum

Die Geschichte des Armenadvokaten Firmian Stanislaus Siebenkäs im Reichsmarktflecken Kuhschnappel genügt allein schon, wie soeben gesagt, «seinem Verfasser den Rang eines der größten Prosaschreiber der deutschen Literatur zu sichern» (Günter de Bruyn). Jean Pauls Roman von 1795 ist zwar berühmt, aber wenig bekannt, und zwar in solchem Maße, dass sogar ein Leitartikel der Frankfurter Allgemeinen Zeitung, der dem Fernseh-Analphabetismus gewidmet war, mit der Frage überschrieben war: «Wer liest den *Siebenkäs?*»[1] Ja, wer liest ihn? Immer wieder ist er empfohlen worden, von Paul Johann Anselm von Feuerbach, von Ludwig Börne und vielen anderen[2]. Geholfen hat es nicht viel. Den meisten ist er zu kraus, die Handlung scheint zu unübersichtlich und zu unwahrscheinlich, vor allem aber wird er als «zu gelehrt» empfunden.

In der Tat war Jean Paul ein *poeta doctus*. Sein Zettelkasten bildete für ihn – wie bei Arno Schmidt oder Niklas Luhmann – den eigentlichen Gedankenvorrat, den Fuchsbau der Zitate und Anspielungen, den legendären Komposthaufen, der immer wieder umgegraben werden muss, damit ihm Schönes und Nahrhaftes entsprießen kann[3]. Auch im *Siebenkäs* wird dieser Schatz genutzt, und es sind vor allem die Juridica, die hier eine Rolle spielen. Es ist ein Juristenroman, freilich auch der Roman einer Ehe und eine Satire auf eine freie deutsche Reichskleinstadt am Ende des 18. Jahrhunderts. Das juristische Material wird dabei äußerst kunstvoll eingesetzt. Jean Paul zieht den Leser mit hintergründiger Ironie auf die Seite der Wissenden, tischt die entlegensten Wissensbrocken als Selbstverständlichkeiten auf, lässt seine Protagonisten damit spielen, zitiert aus der *Lex Salica* und dem preußischen Allgemeinen Landrecht,[4] macht gelehrte Fußnoten – und treibt mit all diesen wunderlichen Bocksprüngen eine herzergreifende Geschichte voran.

Hauptperson ist der Jurist Hoseas Heinrich Leibgeber, der mit seinem Herzensfreund, ja nahezu Doppelgänger, Firmian Stanislaus

Siebenkäs die Namen getauscht hat. Er (nennen wir ihn jetzt, wie es üblich ist, Siebenkäs[5]) hat ab 1774 in Leipzig Rechtswissenschaft studiert, ist dann in seine Stadt Kuhschnappel[6] zurückgekehrt und praktiziert nun als Advokat (*advocatus pauperum*). Auf dem Bücherbrett stehen Augustin Leysers «schweinlederne Meditationen»,[7] ebenso, wie sich später zeigt, Quistorps «Peinliches Recht». Ernähren kann er sich damit allerdings nicht. Er führt zur Zeit seiner Eheschließung sieben Prozesse, ist aber herzensgut und solidarisch mit den Armen, die noch weniger haben als ihr Anwalt, weshalb er ihnen die Gebühren weitgehend erlässt. Das wenige, was er verdient, kommt von Rezensionen, die er für den Schulrat Stiefel und dessen «Kuhschnappelischen Anzeiger und Götterboten» schreibt. Dass das nicht viel sein kann, weiß jeder, der heute versuchen wollte, damit seinen Lebensunterhalt zu verdienen.

Der Roman spielt im Reichsmarktflecken Kuhschnappel, über dessen Verfassung – das Vorbild derjenigen von Bern – viel zu sagen wäre.[8] Kuhschnappel ist eine spießbürgerliche, von Kleinstadtgewohnheiten und verlogener Moral geprägte, manchmal geradezu höllische Idylle. Es geht eng zu, jeder schaut dem anderen in den Kochtopf, jeder kontrolliert des anderen Sitten, und doch ist gerade in diesen Beziehungen besonders viel Unreinheit und Unrecht zu entdecken. Von den Stadttoren gibt es nur noch «unpalmyrische Ruinen». Von früherer Pracht sind im Grunde nur die Bürokratie, das Titelwesen und der durch nichts begründete Hochmut geblieben.

Die Handlung des Buches dreht sich um die Verwahrung von Mündelgeldern durch den Vormund des Leibgebers alias Siebenkäs, den Herrn von Blaise, der das Amt des Heimlichers (Volkstribun) ausübt. Der Vormund lässt das Mündel erst für verschollen erklären und bürdet ihm dann, als es wieder aufgetaucht ist, die Beweislast für seine wegen der Namensvertauschung unsicher gewordene Identität auf. Der Vormund hat seinerzeit die Unbedenklichkeit der Namensvertauschung schriftlich versichert, allerdings mit einer sympathetischen, spurlos wieder verschwindenden Tinte. Siebenkäs ist also in Beweisnot. Er lässt in Leipzig einen jungen «noch nicht immatrikulierten» Notar Zeugenaussagen zusammentragen, dass er früher Leibgeber geheißen habe.

Den Prozess verliert er am Ende genau wegen dieses Versehens; denn, sagt der Autor, «Es kann wenig Menschen geben, die nicht wissen, dass in Sachsen nur ein Instrument gilt, das ein immatrikulierter Notar gemacht, und dass mithin die Beweiskraft eines Dokumentes in einem fremden Lande nicht stärker sein kann, als sie in dem war, worin man es fertigte. Firmian verlor zwar den Prozeß und für jetzt die Erbschaft; aber sie bleibt ihm doch unter jedem Rechtsstreite unversehrt da stehen. Nichts sichert wohl ein Vermögen besser vor Dieben und Klienten und Advokaten, als wenn es ein Depositum oder ein Streitgegenstand (objectum litis) geworden; niemand darf es mehr angreifen, weil die Summe in den Akten deutlich spezifizieret ist (es müßten denn die Akten selber noch eher als ihr Gegenstand abhanden kommen); so freuet sich der Hausvater, wenn der Kornwurm den Kornschober gänzlich übersponnen und weiß papillotieret hat, weil dann die übrigen Körner, die der Spinner nicht ausgekernet hat, vor allen anderen Kornwürmern ganz gedecket sind. – Niemals ist ein Prozeß leichter zu gewinnen, als wenn man ihn verloren hat; denn man appelliert. – Nach der Abtretung der in- und außergerichtlichen Kosten und nach der Ablösung der Akten bieten die Gesetze das beneficium appellationis [Wohltat der Berufung an einen höheren Richter] jedem an, wiewohl bei dieser Benefizkomödie und Rechtswohltat noch andere, außergerichtliche Wohltaten nötig sind, um von der gerichtlichen Gebrauch zu machen.» So war also die «mit dem Prozesse plombierte Erbschaftsmasse» unerreichbar. Aber so weit ist es in den ersten Kapiteln noch nicht. Zunächst beleidigt der ergrimmte Freund Leibgeber den Vormund, sichert sich aber auch Hinweise auf L.15 § 38 de injur. (Scherzerklärung), durch den Satz «zur Verteidigung seines Rechts kann man stets injurieren» sowie durch die Behauptung ab, er habe keinen strafrechtlichen *injurandi animus*. Ja, er schreibt noch an den Kachelofen, der «zur Gestalt der Göttin Themis ausgearbeitet» war, einen beleidigenden Spruch, der erst beim Anheizen des Ofens zutage treten sollte. Um gar keine Gefahr zu laufen, entfernt sich Leibgeber allerdings von Kuhschnappel «Jahr und Tag», um erst wiederzukommen, «wenn die Verbalinjurien ordentlich verjährt sind».

Der Vormund also ergaunert «auf tausend Holzwegen des Rechtens» das Mündelvermögen, eine korrupte kuhschnappelische Erbschaftskammer segnet dies ab,[9] und Siebenkäs kommt ins materielle und ins eheliche Unglück, aus dem er auf kuriose Weise erlöst wird. So erklärt sich die Abfolge der «Blumen-, Frucht- und Dornenstücke». Wie die Hauptgeschichte verläuft, muss nicht nacherzählt werden, weniger aus Platzgründen als aus Widerwillen, ein mit höchstem Kunstverstand gewebtes Gebilde in einen einzigen Handlungsfaden aufzulösen, zumal es auf die Aktionen bei Jean Paul kaum ankommt. Immerhin darf doch gesagt werden, dass der Einfall, sich scheintot zu stellen und begraben zu lassen, um nicht nur der Witwe, sondern auch der Bayreuther Geliebten Natalie auf diese Weise eine Rente zukommen zu lassen, ausgelöst wurde durch Jean Pauls Kenntnisnahme von § 29 des Reglements für die königlich preußische allgemeine Witwenverpflegungsanstalt vom 28. 12. 1775: «Der Vater darf für seine ledige Tochter, der Bruder für die Schwester etc., jede ledige oder verheiratete Mannsperson für die ledige Weibsperson eine Pension versichern lassen, ja sie kann sich selber eine Mannsperson wählen, auf deren Tod die Versicherung gestellt wird. – Beide werden als Eheleute angesehen, und sie behält wie eine wahre Witwe bei der Heirat die Hälfte.»

Was wenigstens durch Beispiele angedeutet werden kann, ist die Fülle der eingearbeiteten juristischen Lesefrüchte. Das beginnt schon beim Hochzeitsessen, auf dem die beiden Advokaten Siebenkäs und

Leibgeber die reichspoliceyrechtlichen Trinkverbote dadurch beiseite-
räumen, dass sie (in rechtlich sehr bedenklicher Weise) erläutern, «es
sei, wie sie sich von den Universitäten her erinnerten, das Recht eines
Deutschen, sich voll zu trinken, gar sehr beschnitten durch Kaiser und
Reich, und die Reichsabschiede von 1512, 1531 und 1577 gestatteten
keine Trunkenheit; aber sie verhielten auch nicht, dass Kuhschnappel
wie jeder Reichsstand das Recht besitze, Reichsgesetze, insofern es
Privatgesetze sind, auf seinem eignen Gebiet zu verwerfen». An anderer Stelle geht es um die Verschollenheitsfristen, bei denen sich der Rat
von Kuhschnappel, Jean Paul zufolge, an die vorrevolutionäre Regelung in Frankreich (10 Jahre), nicht an diejenige Böhmens (31 Jahre)
gehalten habe, was er – so heißt es – «dem juristischen Leser nicht zu
sagen» brauche. Die Juristensatire entfaltet sich nebenbei auch daran,
wie man als Advokat Fristgesuche zu begründen habe. Angesichts
der großen Frage, was «Recht» ist, so Jean Paul, hält der Jurist «von
Zeit zu Zeit um Fristen an – er kann die Frage nie auflösen – ja er
würde, wenn's die Richter und die Klienten wollten, seine ganze Lebenszeit mit der schriftlichen Beantwortung einer solchen Rechtsfrage
zusetzen».

Und weiter: Firmian und Lenette Siebenkäs wohnen zur Miete
beim Friseur Merbitzer. Weitere Mieter sind ein Schuster und ein
Buchbinder mit ihren Familien. Vermieter und Mieter bilden eine Gesellschaft des bürgerlichen Rechts und kaufen eine «schöne dürre
Kuh». Siebenkäs fertigt in einem «römisch-juristischen Aktus» einen
Partagetraktat in Form eines «authentischen Instruments» (mit vier
vidimierten Kopien). Darin werden alternierende Melkrechte und die
Teilung der Unterhaltskosten geregelt sowie vereinbart, «dass die Alliierten besagtes Maststück nicht nur den Tag vor Michaelis, den
28. Sept. 1785, totschlagen, sondern auch jedes Viertel desselben wieder in vier Viertel nach dem Ackergesetz (lex agraria) für die vier Teilhaber zerhacken sollten und dürften» – wie es denn zur Freude der
Hausgenossen auch geschieht.

Besonderen Genuss gewähren Jean Pauls Aberrationen, Extrablätt-
chen, Exkurse, Tischreden und Briefe. Hier entfaltet sich sein kobold-
artiger Witz zu wahren Feuerwerken. So schreibt Leibgeber aus Bayreuth
einen Brief, der eine satirische Rede des Stammvaters der Menschheit an

Eva enthält. Dort behauptet Adam in ironischer Prahlerei, er habe als Erstgeschaffener (Protoplast) und Inbegriff aller künftigen Menschen «alle Wissenschaften innen, die Universal- wie die Gelehrtenhistorie, die verschiedenen peinlichen und andern Rechte und die alten toten Sprachen» usw., und Eva solle bedenken, wenn sie ihn betrachte, «hier in diesem Manne und Protoplastiker sitzen nun alle Fakultäten und Männer – alle philosophischen Schulen und alle Näh- und Spinnschulen ohne Zank – die besten altfürstlichen Häuser, wiewohl noch nicht rein aus dem gemeinen Schiffvolk ausgeklaubt – die ganze freie Reichsritterschaft, aber freilich noch unter ihre Zinsbauern und Häusler und Kossäten verpackt – Nonnenklöster mit Mönchklöstern legiert – alle Kasernen und Landesdeputierte, der Domkapitel nicht zu gedenken, die aus ihren Dompröbsten, Dechanten, Senioren, Subsenioren und Domherren bestehen! Welch' ein Mann und Enak! wirst du dazu setzen. Du hast recht, Gute! das bin ich, ordentlich der Hecktaler des Menschen-Münzkabinetts, der Gerichtshof aller Gerichte, noch dazu ganz besetzt, ohne Abgang eines einzigen Beisitzers, das lebendige corpus juris aller Zivilisten, Kanonisten, Kriminalisten, Feudalisten und Publizisten: hab ich nicht Meusels gelehrtes Deutschland und Jöchers Gelehrten-Lexikon vollständig in mir mit Jöchern und Meuseln selber, der Supplementbände nicht zu erwähnen?»

Hauptthema des Buches aber ist die siebenkäsische Ehe. Je schwieriger sie wird, desto mehr greifen Rechthaben und Rechtbehalten samt juristischen Metaphern Platz. So gibt es dort Beweise durch Augenschein, «Haupteide und Schlußfiguren», Beweistermine streichen «ohne Nutzen» vorbei, es wird gefragt, ob Juristen zu den torturfreien Menschen zählen, der Schulrat wirkt als «Austrägalgericht» zwischen den Eheleuten, nach einem Streit beantragt Siebenkäs erneute «Einsicht der Akten» oder es wird dem schlichtenden Schulrat die «Berichterstattung aus den Akten des häuslichen Inhibitiv-(Verbiet-)Prozesses eingereicht». Es geht um das Verbieten der vormittäglichen Hausarbeit («sie fegte und wischte am Morgen, er mochte pfeifen, wie er wollte»), da Siebenkäs bei diesem Lärm nicht schreiben kann. Als alles nicht hilft, flucht er: «Himmel! Kreuz! Wetter! Das bürgerliche Recht, die römischen Pandekten lassen nicht einmal einen Kupferschmied in eine Gasse ziehen, worin ein Professor arbeitet – und meine Frau will härter sein als ein alter Jurist? ja will der Kupferschmied selber sein?» Obgleich der Schulrat mit seinem großen Einfluss auf Lenette den Wunsch von Siebenkäs nach ungestörter Schreibzeit unterstützt, setzt sie wieder ihren Wunsch durch, die Hausarbeit am Vormittag zu machen «wie andere Weiber». Siebenkäs ist entnervt: «Es ist dumm, dass ein Advokat nicht so taub[10] sein soll wie ein Richter; als Tauber wär ich torturfrei ...»

Als sich das Ehepaar nicht über die wichtige Frage einigen kann, ob die abendliche Kerze beim dicken oder dünnen Ende anzuzünden sei (Siebenkäs argumentiert naturwissenschaftlich-praktisch, Lenette mit der Tradition), «mußte in diesem Kerzenstreit eine Konkordienformel die Parität festsetzen, dass er seine Lichter unten, sie ihre oben ansteckte. Jetzo aber bei der Simultankerze, die schon oben dick war, ließ er sich das Interim des falschen Leuchtens gefallen.»

Die Parität wird übrigens immer wieder zitiert, etwa so: «Nach der reichsmäßigen Parität des Reichsmarktfleckens gingen an dem katholischen Feste auch Protestanten von Stand spazieren», oder: er, Jean Paul, habe von einem Wiener von Geburt über dem Essen folgendes vorgelogen bekommen: «Es hätten sich nämlich in den ansehnlichen Reichsstädten, worin die Nivellierwage des Religionsfriedens ein schönes Gleichgewicht der Papisten und Lutheristen festgestellt, von lutherischer Seite geregt und beschwert, dass, ob darin gleich Nachtwächter und Zensores, d. i. transzendente Nachtwächter, Wirte und Bücherverleiher in gleicher Zahl vorhanden wären, doch stets ein zahlreicheres papistisches Personale gehangen würde, so dass recht klar, es sei nun mit oder ohne Jesuiten, ein so wichtiger und hoher Posten im Staate, als der Galgen sei, gar nicht nach jener reichsgesetzlichen Parität wie das Reichs-Kammergericht, sondern mit einiger Parteilichkeit für Katholiken besetzt worden. – Ich wollte neulich im Dezember der Literaturzeitung öffentlich gegen die Sage aufstehen; aber das Reich wollte die Einrückgebühren nicht auf sich nehmen.»

Überhaupt die Streitigkeiten von Firmian und Lenette: wenn sie mit weiblichen Halbbeweisen anrückt und seinen ganzen Beweis mehr mit Lungenkraft als mit Logik unterdrückt, heißt es, «die Weiber wissen wenigstens so viel aus der schweizerischen Jurisprudenz, dass vier halbe oder ungültige Zeugen einen ganzen oder gültigen überwiegen».[11]

Gegen Ende werden die *Juridica* seltener. Der Prozess ist ebenso in den Hintergrund gerückt wie die Ehestreitigkeiten. Siebenkäs macht zwar noch sein Testament, und zwar ein so satirisch-bedrohliches für seinen Vormund und für den «Senatus populusque Kuhschnappeliensis», dass der Landschreiber vor Schreck aus dem Fenster springt, aber der satirische Ton weicht insgesamt einem elegischen. Firmian wird, nachdem er seinen Tod überstanden hat, Inspektor in Vaduz. Lenette heiratet nach angemessener Trauerzeit den Schulrat Stiefel, ist kurze Zeit glücklich, stirbt aber im ersten Kindbett. Die etwas blass geratene Erlösungsfigur, das edle Fräulein Natalie, ist an die Stelle von Lenette getreten. Aber die Handlung spielt, wie gesagt, in diesem Meisterwerk der deutschen Literatur keine bedeutende Rolle. Entscheidend sind der ironisch gebrochene, liebevolle Ton, das Feuerwerk der Sprach- und Bilderspiele, die Osmose von Kleinstadt-Mikroskopie und vergeistigter Weltsicht. Die Jurisprudenz kommt in diesem Kosmos zwar vor, aber sie dominiert nicht. Sie ist – je nach Benutzer – eine Anleitung zur Peinigung der Mitmenschen oder ein freundlich gehandhabtes Mittel zur guten Ordnung menschlicher Verhältnisse.

12. Das Advokaten-Testament von Colmar

I.

Anekdoten und Witze wandern bekanntlich. Sie erzählen sich gut, und je öfter sie erzählt werden, desto mehr lösen sie sich von ihren Ursprüngen oder Erfindern ab, verändern ihre Gestalt und ihre Bedeutung. Fragt man, wer etwas von einem anderen übernommen habe, gerät man leicht in einen Irrgarten. Eine gute Anekdote wird nicht mit Quellennachweisen befrachtet. Sie wird frisch erzählt, als sei sie eben erfunden. Gleichwohl verführt die historische Neugier zu einem Versuch, das Knäuel zu entwirren. Bei der folgenden Spurensuche geht es um einen kleinen Text von Johann Peter Hebel (1760–1826), den dieser 1819 im *Rheinländischen Hausfreund* veröffentlicht hat.

Das Advokaten-Testament
Ein Advokat, der am Ende seines Lebens fast eine Unruhe des
Gewissens darüber empfand, dass ihn sein Beruf so reich ge-
macht hatte, stiftete sein ganzes Vermögen in das Narren- oder
Tollhaus. Aus Achtung für so manchen verständigen und recht-
lichen geneigten Leser, der aus rechter Überzeugung und Pflicht
in einen Prozeß verwickelt sein kann, will der Hausfreund nicht
verraten, was der Advokat für eine Beruhigung darin gefunden
habe. Auch kann sich der Advokat geirrt haben, aber er meinte
wenigstens, es sei billig.

Die Frage nach Hebels Quelle leitet zunächst, den Hebel-Exegeten folgend, nach Berlin. Dann springt die Anekdote nach London, um von da ins Elsass nach Colmar zurückzuführen. Um der Übersichtlichkeit willen wird die Geschichte chronologisch vorgeführt.

II.

Im Herbst 1681 war die Freie Reichsstadt Straßburg von Ludwig XIV. mit militärischer Gewalt annektiert worden. Neun Monate später, am 19. April 1682, wurde in Straßburg Pierre Basque als Sohn des Kaufmanns André Basque und seiner Frau Marie Calippe geboren.[1] Er studierte in Straßburg Rechtswissenschaft und wurde dort 1702 Advokat. Als solcher ging er anschließend an den Conseil Souverain d'Alsace nach Colmar, kehrte aber vier Jahre später wieder nach Straßburg zurück. Dort war er zunächst Sekretär des Bischofs, des Kardinals Armand Gaston de Rohan Soubise, ab 1714 Steuereinnehmer der königlichen Güter in Colmar. Diesen Posten hatte er bis 1717 inne. Dann entschloss er sich, wieder Advokat zu werden, was er bis 1753 blieb. Nebenbei war er Bailli, Verwaltungsbeamter im Dienst des Kardinals Rohan und Polizeipräsident (*maréchaussée*) des Oberelsass. 1729 wurde er Präsident der Anwaltskammer (*bâtonnier*), wobei er Schwierigkeiten deshalb bekam, weil er das Amt des Polizeipräsidenten nicht aufgeben wollte. Schließlich wählte man ihn in den Magistrat von Colmar, wo er zwei Jahrzehnte als «Stettmeister» amtierte. 1738 war er beauftragt, den 1744 vollendeten Neubau des «Nouvel Hôpital» (heute Place du 2 Février) zu überwachen, der an die Stelle der durch Blitzschlag eingeäscherten alten Gebäude treten sollte. Nachdem er noch 1747 die Oberaufsicht über Felder und Wälder von Colmar übernommen hatte, bat er 1753, seine Ämter niederlegen zu dürfen. 1764 starb er hochbetagt als Junggeselle und wurde in der Augustinerkirche beigesetzt. Zu Beginn des 19. Jahrhunderts benannte man das alte «Goldgässlein» in «Rue Basque» um.

Sein sorgfältig formuliertes und ausführliches Testament von 1764 enthielt die Bestimmung, die Universalerben seines Vermögens von 125 180 Livres seien «Les Pauvres de l'hôpital Bourgeois», insbesondere seien jedem katholischen Waisenkind, das sich gut führe und in Colmar heirate, eine Summe von 300 Livres auszuzahlen, «pour l'aider à s'établir».[2] Die Stadt erfüllte das Testament, das Vermögen wurde mit 5 Prozent Zinsen angelegt und zum Andenken an den Stifter ließ man zwei Marmortafeln herstellen, eine für die Augusti-

nerkirche, eine für die Kirche im Bürgerhospital.[3] Im Laufe der Revolution tauschte man das Geld gegen Assignaten aus, die bald nichts mehr wert waren. 1817 waren noch 10 800 Francs übrig. Das Kapital wuchs zwar im 19. Jahrhundert wieder langsam an und erreichte 1889 die stattliche Summe von 114 700 Mark (143 375 Francs). In den wirtschaftlichen Krisen des 20. Jahrhunderts ging es dann aber verloren.

III.

Drei Jahre nach Tod und Testament des Pierre Basque, also 1767, erschien in Berlin der erste Teil eines *Vade Mecum für lustige Leute, enthaltend eine Sammlung angenehmer Scherze, witziger Einfälle und spaßhafter kurzer Historien aus den besten Schriftstellern zusammengetragen.* Insgesamt erschienen zwischen 1767 und 1792 bei August Mylius zehn Teile.[4] Hinter der Sammlung stand der als Schriftsteller, Buchhändler und Verleger unermüdlich in Berlin tätige Friedrich Nicolai (1733–1811). Im ersten Teil findet sich unter Nr. 158:

Der Advocat.
Ein Advocat machte auf seinem Krankenbette ein Testament, und verschrieb sein ganzes Vermögen lauter Narren und unsin-

*nigen Leuten: «Denn», sagte er, «von solchen habe ich es be-
kommen, und solchen will ich es auch wiedergeben».*[5]

Wie die Anekdote dorthin gelangt ist, muss noch offen bleiben. Aber
es scheint doch eine Spur zu geben. Sucht man einen Colmarer Zeitgenossen von Pierre Basque, der auch literarische Verbindungen nach
Berlin hatte, dann stößt man unweigerlich auf den Dichter Gottlieb
Conrad Pfeffel (1736–1809),[6] der mit Friedrich Nicolai im Briefwechsel stand,[7] allerdings nicht mit Hebel. Pfeffel war in Colmar geboren,
sein Vater Johann Konrad Pfeffel, war Jurisconsulte du Roi in Paris
und später «Stettmeister» wie Basque. Sein Sohn Gottlieb Conrad
hatte ein Jurastudium in Halle wegen einer Augenkrankheit abbrechen müssen und wirkte danach, trotz seiner inzwischen eingetretenen
Blindheit, als Autor von Fabeln und Gedichten sowie «feuilletonis-
tischen» Gelegenheitsarbeiten, aber auch als aufgeklärter Kritiker des
Absolutismus und erwarb die Beinamen «Gellert des Elsaß, blinder
Phädrus, deutscher Lafontaine».[8] Er übersetzte viel aus dem Französischen und er war 1773 Gründer einer fortschrittlichen Erziehungs-
anstalt, der «École Militaire».[9] Als Pierre Basque 1764 starb, war der
Jurist und Dichter Pfeffel 28 Jahre alt und wohnte wieder in Colmar.
Dass er den zu den Honoratioren gehörenden Anwalt Basque gekannt
oder jedenfalls von ihm gewusst hat, darf man als sicher annehmen.
Da Pfeffel literarischen Ruhm suchte und sich in humorvollen Texten
entfaltete, könnte es für ihn nahegelegen haben, die Nachricht von der
großherzigen Stiftung des Anwalts für das «Hospital» etwas zu verändern, um ihr eine heitere, juristenkritische Bedeutung zu verleihen.
Dass er sie dabei anonymisierte und vor allem auf den Hinweis «Colmar» verzichtete, war ein Gebot lokaler Rücksicht. Wenn diese Vermutung richtig ist, dann hat Hebel seinen Text aus dem *Vade Mecum*
geschöpft, wohl ohne den eigentlichen Urheber Pfeffel zu erkennen.

IV.

Das *Vade Mecum für lustige Leute* könnte noch am Ende des 18. Jahrhunderts nach England gekommen sein, und zwar durch Rudolf Erich Raspe (1736–1794).[10] Dieser stammte aus Hannover. Er hatte Rechtswissenschaft in Göttingen studiert, arbeitete 1762–1766 als Bibliothekar und Autor in Hannover und wurde 1767 Kurator am Museum Fridericianum in Kassel und Lehrer am Collegium Carolinum. Außerdem publizierte er als Geologe. Da ihn ältere und neue Schulden drückten und das Gehalt nicht pünktlich kam, vergriff er sich an Wertobjekten aus den landesherrlichen Beständen. Als die Verhaftung drohte, floh er 1775 auf abenteuerliche Weise nach England.[11] Dort schlug er sich mit vielfältigen literarischen Arbeiten durch, arbeitete an Forsters Reisebericht *Voyage round the world* mit (1777), übersetzte Lessings *Nathan* (1781), lieferte aber auch Stücke für das *Vade Mecum für lustige Leute*, darunter anonym zunächst drei «Lügengeschichten»[12] des ihm noch persönlich bekannten Baron von Münchhausen,[13] die er dann in weiteren Textstufen anreicherte.[14] 1786 brachte er in London *Baron Munchhausen's Narrative of His Marvellous Travels and Campaigns in Russia* heraus.[15] Aus diesem Material formte der Göttinger Dichter Gottfried August Bürger, der das Buch über einen englischen Studenten bekam, seinen *Münchhausen*, den er anonym und fiktiv ebenfalls in London erscheinen ließ,[16] übrigens zur erheblichen Verärgerung des Urbilds. 1794 ist Raspe nach einem bemerkenswerten Leben in Muckross bei Killarney (Nordirland) gestorben. Er könnte also durchaus derjenige gewesen sein, der die Geschichte *Der Advocat* aus dem ersten Band des *Vade Mecum* nach England transportierte, von wo sie dann in die Anekdotensammlungen geriet.

V.

Zunächst wanderte die Anekdote jedoch in Deutschland weiter. Da das *Vade Mecum* offenbar Erfolg versprach, wenn man es berufsspezifisch ausbeutete, erschien 1796 noch einmal ein spezielles *Juristisches*

Vade Mecum für lustige Leute, enthaltend eine Sammlung juristischer Scherze, witziger Einfälle und sonderbarer Gesetze, Gewohnheiten und Rechtshändel, aus den besten Schriftstellern zusammengetragen. Vierter Theil, Frankfurt und Leipzig 1796. Dort findet man unter «VII. Testamente, Vermächtnisse und dergleichen» ohne weiteren Beleg den Text:

> *«Ein Advokat vermachte sein Vermögen lauter Narren und unsinnigen Leuten. Und das von Rechtswegen, hiess es in dem Testament: denn von Solchen habe ich es, und Solche müssen es also auch wiederbekommen».*[17]

Das ist eine gekürzte Paraphrase des älteren Textes ohne substantielle Veränderung. Im gleichen Jahr 1796 ist die Geschichte dann auch in den Kurfürstlich-Badischen Landkalender aufgenommen worden.[18]

VI.

Johann Peter Hebel, der 1819 noch einmal seinen *Rheinländischen Hausfreund* zu füllen hatte,[19] griff also entweder auf das *Vade Mecum* von 1767 zurück – es befand sich nachweislich in seinem Besitz – oder auf das *Juristische Vade Mecum* (1796) oder auf den badischen Landkalender von 1796. Ihm standen also drei fast gleich lautende Quellen zur Verfügung. Was er daraus durch feine Ironisierung und Öffnung der Pointe machte, wurde bereits eingangs zitiert. Es ist, mit einem Wort, eine ironische Kostbarkeit. Die Oberfläche sieht einfach aus: Der Advokat, der sein Vermögen dem Narren- oder Tollhaus vermacht, sagt indirekt, was er von seinen Klienten hält, denen er dieses Vermögen verdankt. Wer prozessiert, ist ein Narr. Was von Narren erworben wurde, soll auch wieder Narren in Form einer Rückerstattung zugutekommen. So kann der Advokat die «Unruhe des Gewissens» beschwichtigen, die er «fast» darüber empfand, will heißen: ganz war sein Gewissen noch nicht von Hornhaut überzogen.

Natürlich wäre es etwas grob, würde Hebel die Sentenz, dass wer einen Prozess führt, als Narr zu gelten habe, direkt aussprechen, vor allem gegenüber denjenigen seiner Leser, die trotz ihrer Verständigkeit und rechtlichen Gesinnung in einen Prozess verwickelt wurden. Nicht alle, die Prozesse führen, sind Narren, das ist zuzugeben. Und Hebel nimmt die versteckte Sentenz noch weiter zurück, und zwar so, wie es dem Hebel-Leser Kafka gefallen haben mag: «Auch kann sich der Advokat geirrt haben; aber er meinte wenigstens, es sei billig», also angemessen oder gerecht. Mit dem Irrtum des Advokaten ist zu rechnen, gewiss. Aber Hebel lässt durchblicken (obwohl er augenzwinkernd sagt, er wolle es «nicht verraten»), dass er dem Advokaten völlig recht gibt. Ein Advokat, der ein Leben lang seine Klienten bei Prozessen beobachtet hat, wird schon seine Gründe haben, wenn er die Mehrzahl der Prozessführenden für Tollhäusler hält. Auch der moderne Leser, der die deutsche Prozessfreudigkeit, den perfekten Ausbau der Rechtswege und die Zahlen der Anwälte und Richter betrachtet, wird das Advokaten-Testament so unangemessen nicht finden.

Der etwas schlichte Advokatenscherz der drei genannten Quellen ist bei Hebel zur subtilen, den Leser zum Nachdenken anstoßenden Juristenkritik geworden, die der redlichen Prozesspartei ihr Recht lässt, aber doch dem Testator zustimmt, obwohl zum Schein alles in der Schwebe bleibt. Und diese Umformungsleistung geschieht mit knappsten Mitteln. Aus zwei Zeilen sind nur fünf geworden, aber die literarische Qualität hat sich vervielfacht.

VII.

In englischen und amerikanischen Universitätsbibliotheken gibt es gelegentlich eine Abteilung «Juristenanekdoten und Juristenscherze», bestückt meist mit Werken aus dem späten 19. Jahrhundert.[20] Man amüsierte sich über witzige Aussprüche, originelle Zitate, kuriose Rechtsfälle oder gelehrten Unsinn. Man war unter sich, jede Anspielung wurde verstanden. Unter diesen Werken findet sich eine 1882 in London erstmals erschienene Anekdotensammlung *Curiosities of Law and Lawyers* unter dem Autorennamen James Croake,[21] in der die Anekdote in einem anderen Zustand erscheint und auf verblüffende Weise ergänzt wird:

Lawyer's Bequest to a Lunatic Hospital
A French advocate of Colmar by his will bequeathed 100 000
francs to the hospital for lunatics of that town. «I have acqui-
red this money», said he in his will, «among those who spend
their lives in litigation. It is then only a restitution.» [22]

Der Autor James Croake, der in Wirklichkeit James Paterson hieß und
von 1823 bis 1894 lebte, war schottischer Barrister und juristischer
Schriftsteller. Er schrieb über Pressefreiheit, über das Recht des öffentlichen Gottesdienstes, über die Unterschiede zwischen schottischem
und englischem Recht[23] sowie über Arbeitsrecht.[24] Woher er sein Material für seine Sammlung von Anekdoten über Juristen nahm, sagt er
nicht. Es könnte immerhin das von Raspe bediente *Manual for merry
people* gewesen sein. Dort stand freilich die Anekdote, wie im *Vade
Mecum*, ohne einen Hinweis auf «Colmar» und ohne Nennung der
Summe von 100 000 fr. Also muss James Croake 1882 eine andere
Quelle gehabt haben, aber welche?

VIII.

Die Anekdotensammlung von Croake war 1882 erschienen. Neun
Jahre später, 1891, gab es im elsässischen Städtchen Colmar in der
Leserbriefecke des Journal de Colmar eine kleine Notiz. In der Zeitung *L'Intermédiaire des chercheurs et des curieux* vom Dezember
1891 stand zu lesen: «Non moins lucide était cet avocat de Colmar,
mort en 1826, qui légua 74 000 francs à l'hôpital des fous, pour la
raison, disait-il, qu'il avait gagné cette somme avec les plaideurs et que
ce n'était que restitution (in «Nouvelle revue» du 1 novembre). Quel
est son nom?» Sollte damit ein neuer, bisher unbekannter, 1826 ver-
storbener Colmarer Advokat auftauchen?

Wenige Tage später, am Sonntag, den 20. Dezember 1891 meldete
sich die Colmarer Zeitung – Elsässischer Anzeiger – «Affiches alsaci-
ennes – Journal de Colmar» mit folgenden Worten:

«‹L'Intermédiaire des chercheurs et curieux› demande quel est
l'avocat de Colmar, cité dans la ‹Nouvelle revue› du 1er novembre qui,

en 1826, légua 74 000 francs à l'hôpital des fous pour la raison, disait-il, qu'il avait gagné cette somme avec les plaideurs et que ce n'était que restitution. Nous transmettrons volontiers la réponse à l'Intermédiaire des curieux.»

Und wiederum eine Woche später, am Sonntag den 27. Dezember 1891 erklärte das Journal de Colmar, die ganze Geschichte sei «vraisemblablement une des plaisanteries dont les anciens maîtres du barreau colmarien ne se privaient pas, plaisanterie qui, à force d'avoir été répétée, aura fini par acquérir l'apparence de la réalité.»

Das Ganze also nicht mehr als ein Scherz älterer Juristen, die ihn so lange wiederholen, bis er die Festigkeit eines «Faktums» gewonnen habe? Der angeblich 1826 verstorbene Anwalt wurde nicht ermittelt. Auch die Summe von 74 000 Francs blieb unbewiesen. Der Text der kleinen Meldungen aus den Colmarer Zeitungen entspricht völlig dem Text aus Croakes neun Jahre zuvor erschienener Anekdotensammlung. Las man in Colmar englische Juristenanekdoten? Das wohl kaum, aber umgekehrt las man in England den großen *Larousse*, das 1865 bis 1876 in fünfzehn Quartbänden erschienene *Grand dictionnaire universel du 19ème siècle*, zu dem 1878 noch zwei Supplementbände hinzukamen. Dort stand unter dem Lemma *avocat*: «Un avocat de Colmar a légué cent mille francs à l'hospice des fous de cette ville. Je les ai gagnés, a-t-il dit dans son testament, avec ceux qui passent toute leur vie à plaider; ce n'est donc qu'une restitution.»[25] Nun hatte man also eine denkbare und sehr plausible Quelle der Anekdote, den *Larousse*, jenes legendäre monströse Sammelwerk von 20 000 Seiten, das solide Information mit angehängten Anekdoten garnierte, aber auch eine rationale und republikanische Botschaft vermittelte.

Der *Larousse* wiederum, das legt der Gleichklang der Texte nahe, hatte die Anekdote wohl weder von Johann Peter Hebel noch aus dessen Quellen des *Vade Mecum für lustige Leute*, denn dort war niemals von Colmar die Rede.

So blieb auch die in Colmar 1891 und 1892 geführte Debatte um die Herkunft der Anekdote in Vermutungen stecken. Man versuchte sich zu erinnern, ob es einen solchen Advokaten gegeben habe, fand ihn aber nicht. Wiederum im *Journal de Colmar* schrieb der Jurist Emest de Neyremand,[26] jener fabelhafte Advokat, von dem der *La-*

rousse berichte, habe niemals in Colmar gelebt. Colmar sei bekannt für den Maler Schongauer, den Dichter Pfeffel, den General Rapp, den Admiral Bruat und für seine Gänseleberpastete. Aber von einem solchen Advokaten wisse man nichts. Das sei ihm von älteren Mitgliedern der Anwaltschaft versichert worden. Was der *Larousse* berichte, sei falsch, und auch nicht wahrscheinlich, denn Anwälte seien damals eher arm gewesen.

Und der Colmarer Kunstsammler Edmond Fleischhauer[27] assistierte: Der Advokat, der 1826 angeblich 74 000 Francs (im *Larousse* waren es 100 000 gewesen) hinterlassen habe, «n'a jamais existé», es habe nie ein Irrenhaus in Colmar gegeben, man habe vielmehr derartige Kranke anderswohin transferiert. Das Hospital von Colmar verwalte allerdings eine Stiftung des Advokaten Basque von 1764. An diesen Stifter erinnerten noch zwei Straßen, die beide auf das Hospital hinführten, die Rue Basque und die Petite Rue Basque. Im Übrigen sei die Bevölkerung damals spottlustig gewesen, ja «cet atavisme gaulois fleurissait principalement parmi les gens à attache juridique». Eines schönen Tages habe eben ein witziger Kopf, der zum Ulk neigte, jenen Advokaten von 1826 erfunden, und dies sei eine Legende geworden. Also Scherze unter älteren Colmarer Anwälten, Erfindungen, die nach mehrfacher Wiederholung sich zu Tatsachen verfestigten. Einzige wirklich nachweisbare Tatsache sei die Existenz des ehrbaren Advokaten Pierre Basque, eines reichen Junggesellen, streitbar gegen die Jesuiten, der die Waisenkinder großherzig bedacht habe.

IX.

Damit sind wir an den Ausgangspunkt Colmar und zu dem Stifter Pierre Basque zurückgekehrt. Seine Stiftung ist, wie gesagt, in den Inflationen verschwunden. Aber man kann heute das im Testament bedachte Hospital sowie die beiden genannten Grabplatten besichtigen, die für ihn 1764 geschaffen wurden.[28] Man kann schließlich durch die Rue Pierre Basque oder durch die Rue Pfeffel gehen und die krummen Wege bedenken, die von Basques Colmarer Testament nach Berlin, London, Karlsruhe und wieder zurück nach Colmar führten.

13. Brotlose Kunst

I.

In Johann Peter Hebels Kalender *Der Rheinländische Hausfreund oder Neuer Calender auf das Schaltjahr 1808, mit lehrreichen Nachrichten und lustigen Erzählungen* erschien unter anderem der Beitrag *Brotlose Kunst.* Er ist dreigeteilt. Zunächst wird über eine Nadelfabrik in Aachen berichtet. Die dortige wöchentliche Produktion von Nähnadeln «geht durch Maschinen, und die meisten Arbeiter sind Kinder von 8–10 Jahren». Das ist die Überleitung zur Geschichte eines «Mägdleins», das einen kleinen Nebenverdienst dadurch findet, dass es für einen Besucher ein Haar durchsticht und eine «artige Schleife» daraus formt. Es erhält dafür ein «artiges Geschenk», und Hebel lobt diesen Nebenverdienst und belegt damit, dass es sich nicht um eine brotlose Kunst gehandelt habe. Dies ist wiederum die Überleitung für einen dritten Teil, in dem es nun wirklich um eine «brotlose Kunst» geht. Hebel fährt so fort:

«Aber während ehrliche Eltern und Kinder allerorten etwas Nützliches arbeiten und ihr Brot mit Ehren verdienen, und mit gutem Gewissen essen, zog zu seiner Zeit ein Tagdieb durch die Welt, der sich in der Kunst geübt hatte, in einer ziemlich großen Entfernung durch ein Nadelöhr kleine Linsen zu werfen. Das war eine brotlose Kunst. Doch es lief auch nicht ganz leer ab. Denn als der Linsenschütz unter anderm nach Rom kam, ließ er sich auch vor dem Papst sehen, der sonst ein großer Freund von seltsamen Künsten war, hoffte ein hübsches Stück Geld von ihm zu bekommen, und machte schon ein paar wunderliche Augen, als der Schatzmeister des Heiligen Vaters mit einem Säcklein auf ihn zuging, und bückte sich entsetzlich tief, als ihm der Schatzmeister das ganze Säcklein anbot. Allein was war darin? Ein halber Becher Linsen, die ihm der weise Papst, zur Belohnung und Aufmunterung seines Fleißes, übermachen ließ, damit er sich in seiner

Kunst noch ferner üben und immer größere Fortschritte darin machen könnte.» Während der erste Teil der Geschichte auf nachweisbaren Quellen beruht, von denen nur nicht klar ist, welche die nähere ist,[1] hat man für den zweiten Teil noch keine direkte Vorlage ermittelt. Eine Vorstufe bildet ein Brief Hebels an den Oberstallmeister Maximilian Freiherrn Geyer von Geyersberg vom 20. Mai 1804, in dem die Geschichte schon fast so steht wie im Kalender. Eine Quellenangabe fehlt aber: «Es gibt Künste in der Welt, denen man ihren Nutzen nicht wohl abmerken kann. Ein Italiener brachte es durch Übung so weit, dass er eine Linse aus beträchtlicher Entfernung durch eine Öffnung werfen konnte, die nicht viel größer als die Linse selbst war. Mit dieser Linse ließ er sich, ich weiß nicht bei welchem Papst, mit der Hoffnung einer guten Belohnung sehen. Allein der Heilige Vater, der mehr das Nützliche als das Kuriose lieben mochte, ließ ihm zur Aufmunterung seines Talents ein ganzes Meßlein Linsen verabfolgen, damit er seine Kunst in größerem Umfange üben und anwenden könnte.»[2] Im Kalender von 1808 wird dann der «Italiener» zum «Tagdieb», die Szene vor dem Papst belebt sich, der kunstfertige Mensch bekommt den ironischen Beinamen «Linsenschütz» und er wird belächelt, weil er sich «entsetzlich tief» bücken muss,[3] um schließlich gedemütigt von dannen zu gehen. Erst von da an war die Geschichte «populär» und man kann sich vorstellen, dass etwa Ludwig Tieck sich bei Hebel bedient hat, als er 1826 in der Erzählung *Dichterleben*, die Marlowes Ermordung schildert, den emphatischen Satz sagen ließ: «Lieben, dichten muß jeder Mensch in der Jugend; wer aber einen Beruf daraus macht, der ist ärmer daran, als jener, der sich mühte, Linsen durch ein Nadelöhr zu werfen. Alle Nützlichkeit bleibt freilich immer eine sehr zweideutige Tugend ...».[4] Zwei Jahre später, in der Fassung seines Romans *William Lovell* von 1828, fällt der Seufzer: «O Mortimer, Linsen durch ein Nadelöhr zu werfen, ist dagegen eine geistreiche Beschäftigung – und wie viele Menschen vergähnen auf dieser Erde nicht so ihr Leben?»

Aber so einfach ist die Sache nicht von Hebel ableitbar. Die Geschichte hatte offenbar unabhängig von Hebels Text und vor ihm den Rang einer sprichwörtlichen Wendung. Schon vor 1808 sprach man davon, mit einem Scheffel Erbsen belohnt zu werden – also ironisch abgespeist zu werden. Ebenso gibt es Belege für die Wendung, «Linsen durch ein Nadelöhr werfen» im Sinne einer überspezialisierten, «sinnlosen» Kunst. Zum Beispiel schreibt zwei Jahre vor Hebel, also 1806, der Wiener Gitarrenvirtuose Simon Molitor (1766–1848) in der Vorrede zu seiner *Grande Sonate pour Guitarre seule* a-moll, op. 7, er habe seine «Schreibart» dem Klavier angepasst, anders als «gewisse französische Professoren dieses Instruments», an deren Produkten sich «Meister und Schüler so mühsam plagen, wie jener Kunstliebhaber, der sich jahrelang mühte, eine Linse durch ein Nadelöhr zu werfen, und es darinn wirklich zu einer bewundernswürdigen Fertigkeit gebracht haben soll».[5] Ein zweiter Beleg für jene Sprichwörtlichkeit aus der Zeit vor Hebel findet sich in der Vorrede, die Gottfried August Bürger 1789 dem ersten Teil seiner Gedichte mitgegeben hat. Dort verteidigte er die Sonette, die «Klinggedichte», welche als reine Kunstübung in der jüngeren Zeit «aus dem Gebrauch und fast ganz in Vergessenheit» geraten seien. «Wenn bessere Dichter oder Kunstrichter ihrer ja noch erwähnten, so geschah es mit einer Art Geringschätzung, womit man etwa von der Kunst sprechen möchte, Hirsenkörner durch ein Nadelöhr zu werfen.» Bürger besteht demgegenüber auf dem artistischen Standpunkt und belegt seine Überzeugung, das Sonett habe sein eigenes Recht als wohllautende kleine Form, nur gut müsse es eben sein. Einen dritten Beleg gibt es bei Johann Karl August Musaeus (1735–1787), der 1782 bis 1787 die *Volksmärchen der Deutschen* veröffentlichte, darunter *Der Schatzgräber*. Dort hütet eine strenge und geizige Mutter ihre schöne Lucine und schirmt sie gegen junge Männer ab: «Mutter Ilse hätte einen körperlichen Eid darauf getan, dass es ein Mädchenspäher künstlicher würde anstellen müssen, sich in das Herz ihrer Tochter zu stehlen, als eine Linse durch ein Nadelöhr zu werfen.»

Nicht nur die Anekdote war also verbreitet, es gibt auch eine von Johann Peter Hebel unabhängige philosophische Traditionslinie, die in die Antike zurückweist. Hierfür finden sich wiederum zwei Beispiele, nämlich Hegel und Nietzsche. So spricht Hegel in den Vorlesungen über die Ästhetik über den «Zweck der Kunst» und beginnt mit der geläufigen Vorstellung, Zweck der Kunst sei die Nachahmung der Natur. Er kritisiert dies mit dem Argument, pure Nachahmung könne nur zu einem «relativen Misslingen des Nachbildens» führen, weshalb rein technische Nachahmung auch emotional enttäusche. «Denn dieser abstrakt nachbildende Wetteifer ist dem Kunststück jenes gleichzuachten, der sich, ohne zu fehlen, Linsen durch eine kleine Öffnung zu werfen eingelernt hatte. Er ließ sich vor Alexander mit dieser Geschicklichkeit sehen, Alexander aber beschenkte ihn zum Lohn für diese Kunst ohne Nutzen und Gehalt mit einem Scheffel Linsen.»[6]

Auf derselben Traditionslinie bewegt sich Friedrich Nietzsche 1873; denn auch er überspringt gewissermaßen Hebel.[7] Er hielt bekanntlich rein «antiquarische» Tätigkeiten für ein Zeichen von denkerischer Schwäche[8] und lehnte deshalb auch Klagen der Altertumswissenschaftler über verlorene philosophische Werke der Antike ab. Dabei zitierte er Johann Georg Hamanns (1730–1788) *Sokratische Denkwürdigkeiten*, die 1759 in Amsterdam erschienen waren:[9] «Hatte der Künstler, welcher mit einer Linse durch ein Nadelöhr traf, nicht an einem Scheffel Linsen genug zur Übung seiner erworbenen Geschicklichkeit? Diese Frage möchte man an alle Gelehrte thun, welche die Werke der Alten nicht klüger als jener die Linsen zu gebrauchen wissen.» Man solle nicht lamentieren über verlorene Werke der Antike, sagt Hamann. Ein Scheffel Linsen, um sich zu üben, reiche aus. Wir verfügten über genug qualitätvolle antike Texte; hätten wir mehr, wir müssten sie wegwerfen. Nietzsche stimmt ihm zu: Das Erbe der Griechen genüge, «um die allgemeine Lehre festzustellen, dass die Griechen die Philosophie rechtfertigen». Von Hegel also zu Alexander d. Gr., von Nietzsche – ohne Lektüre Hebels – zurück zu Hamann, dem verschroben-tiefsinnigen Grübler.

Von Hamann einen weiteren Schritt zurück zu Gottfried Wilhelm Leibniz. Dieser schrieb in den Jahren 1701 bis 1704 seine *Nouveaux essais sur l'enttendement humain*, die erstmals 1765 in Amsterdam und Leipzig gedruckt wurden. In Auseinandersetzung mit John Locke sagt er in § 58: «Aber es gibt gewisse Vollkommenheiten, welche größere Unvollkommenheiten nach sich ziehen. Wenn sich jemand z. B. sein ganzes Leben damit beschäftigte, Erbsen gegen Nadeln zu werfen, um zu lernen, ihre Öhre nicht zu verfehlen, nach dem Vorbilde dessen, dem Alexander der Große zur Belohnung einen ganzen Scheffel Erbsen geben ließ, so würde dieser Mensch zu einer gewissen Vollkommenheit gelangen, die aber sehr winzig ist und mit so vielen anderen sehr nötigen Vollkommenheiten, die er würde versäumt haben, nicht in Vergleich gestellt werden kann.»[10] Hier ist es also die Abwägung verschiedener «Vollkommenheiten», bei der die hochspezialisierte «winzige» Leistung gegen eine auf den allgemeinen Nutzen bezogene Tätigkeit abfällt.

Auf der Suche nach einer greifbaren Quelle, aus der Hebel geschöpft haben könnte, gerät man also in unsicheres Gelände. Einmal sind es Erbsen, dann Linsen, dann wieder Hirse, einmal ist es Geringschätzung solcher Künste generell, dann eine Kritik an rein mechanischer nachahmender Kunst, ein andermal eher ein besonnenes Abwägen von Nutzen verschiedener Art. Mit dem Hinweis auf Alexander den Großen haben wir auch die Spur in die Antike.[11]

Sie läuft nach rückwärts über François de La Mothe Le Vayer (1583–1672) und sein Werk *De l'instruction de Monseigneur Le Dauphin* (Paris 1653), der von Kichererbsen spricht,[12] zu den Essais von Michel de Montaigne, die 1580 erstmals und 1588 schon in fünfter Auflage erschienen waren und dann von Johann Daniel Tietz[13] 1753/54 als *Herrn von Montaignes Versuche* ins Deutsche übertragen worden waren.[14] Dort steht Montaignes Betrachtung über «eitle Spitzfindigkeiten».[15] Er tadelt Nichtigkeiten und leere Künste, Dummheit und Unwissenheit. Ein Beispiel für nutzlose Kunst führt er folgendermaßen ein: «Je trouve bonne l'opinion de celuy à qui on présenta un homme appris à jetter de la main un grain de mil avec telle industrie que, sans faillir, il le passoit toujours dans le trou d'une esguille, et luy demanda l'on, après, quelque present pour loyer d'une si rare suffisance: surquoy il ordonna, bien plaisamment, et justement à mon advis, qu'on fit donner à cet ouvrier deux ou trois minots de mil, affin qu'un si bel art ne demeurast sans exercice.» In den Worten von Tietz: «Ich billige die Meynung desjenigen, der als man ihm einen Menschen zuführte, welcher ein Hirsekorn allezeit, ohne zu fehlen, durch ein Nadelöhr werfen konnte, und ihm hernach um eine Belohnung für eine so seltene Geschicklichkeit ansprach, sehr artig, und eben nach meinem Sinne, befahl, dass man diesem Künstler zween bis drei Scheffel Hirsen geben sollte, damit eine so schöne Kunst ja nicht ohne Uebung bliebe.»

Der französische Herausgeber der für die deutsche Übersetzung be-
nutzten Ausgabe, Pierre Coste, nennt den Namen «desjenigen», nämlich Alexander den Großen.[16] Die Geschichte werde, sagt er, nur durch
Marcus Fabius Quintilian *Institutionis Oratoriae Libri XII* über-
liefert, jenes berühmte Werk über die Rednerkunst aus dem ersten
nachchristlichen Jahrhundert. Ob Montaigne die Anekdote direkt bei
Quintilian entnommen hat, wissen wir nicht; dass er von «Hirse»
spricht und – entgegen seiner sonstigen Gewohnheit – keine Quelle
nennt, steht dem eher entgegen. Möglich ist es freilich, denn Ausgaben
des Quintilian gab es schon seit 1470. Wahrscheinlicher ist aber die
Vermittlerfunktion des Florentiners Pietro del Riccio Baldi (1474 bis
1507)[17] mit seinem Werk *De honesta disciplina*, das erstmals 1504 erschien und von dem es zahlreiche französische Neuauflagen gab, die
Montaigne hätte nutzen können.[18] In Buch 15, Kapitel 2 steht die Anekdote, eng an Quintilian angelehnt,[19] unter der Überschrift *Nobile
exemplum de Alexandre Macedone contra inutiles labores et nimis
curiosam sedulitatem*, sinngemäß: *Ein feines Exempel von Alexander
dem Mazedonier gegen unnütze Mühen und übertriebene Emsigkeit.*
Der Text bewegt sich also ganz im Zusammenhang der «brotlosen
Kunst».

Bei Quintilian geht es (II, 20) um die Einordnung der Rhetorik in
den Kanon der Künste. Ist sie ein wertfreies Instrument oder eine
Tugend? Um zu illustrieren, was eine nutzlose Kunst (*mataiotechnía*)
ist, verweist er auf einen «der Kichererbsen-Körner (*grana ciceris*) in
einem bestimmten Abstand durch ein Nadelöhr (*in acum*) fallen ließ
und sie in einem Zug, und ohne dass etwas danebenfiel, einfädelte».[20]
Als das Alexander sah, fährt Quintilian fort, soll er ihm einen Scheffel
von dieser Frucht geschenkt haben, eine Belohnung, die dieser Mühe
doch wirklich wert war.[21] Auch Riccio hatte von Kichererbsen und
einem Nadelöhr gesprochen, aber hinzugefügt, der kunstreiche «ille»,
von dem Quintilian spricht, sei ein Soldat aus Alexanders Heer gewesen.

Somit sind wir, von Hebels Text ausgehend, in mehreren Sprüngen
von Hegel und Nietzsche, und von dort zu Hamann, von Leibniz zu
La Mothe Le Vayer und zu Montaigne, und von da zu Pietro Riccio,
Quintilian und Alexander dem Großen gelangt. Es handelt sich also

um eine mehrfach abgewandelte Wanderanekdote, die allerdings so knapp geformt ist, dass sie ihre zentrale Aussage behält, auch wenn Erbsen, Linsen, Hirse und Kichererbsen durcheinandergehen. Weitere Varianten kommen durch James Boswell (1740–1795) hinein, der in seinem *Leben des Samuel Johnson* (1791) von einem *barley-corn* (Gerstenkorn) spricht,[22] die Geschichte Joseph Addison zuschreibt, sie aber in Wirklichkeit von Addisons Freund Richard Steele (1672–1729)[23] aus dessen *Spectator* übernommen hat. Dort ist von «a grain of corn» die Rede, also wohl von Weizen. Ein anderer Übersetzer Quintilians, Harold Edgeworth Butler (1878–1951) macht aus dessen «grana ciceris» «vetch-seeds», also Wickensamen.[24] Damit bringt uns die Überlieferung sieben verschiedene Arten von Körnern. Auch dass Alexander bei Hebel durch den Papst ersetzt wird, mag durch ein einfaches Versehen zu erklären sein, wenn ungenau von «Alexander» berichtet wurde und einmal der große Mazedonier darunter verstanden wurde, ein andermal der kunstfreudige Papst Alexander VI. (1431–1503). Denkbar ist aber auch eine dem kirchlichen Milieu Hebels näherliegende Ersetzung der antiken Bezugnahme durch einen Papst, «ich weiß nicht bei welchem».[25]

II.

Natürlich verändern solche Geschichten im Prozess der mündlichen und schriftlichen Überlieferung ihre Details. Sie werden auf die Pointe hin erzählt, und dazu dient, was plausibel scheint oder den Spaß vergrößert. Es lohnt sich, noch etwas genauer zu betrachten, welche Körner eigentlich geworfen werden, und in welche Öffnung. In Quintilians Bericht von Alexander sind es *grana ciceris* (Kichererbsen), die aus einem Abstand durch ein Nadelöhr geworfen werden sollen (*ex spatio distante missa in acum*). Das klingt unwahrscheinlich, denn Kichererbsen sind deutlich größer als jedes durchschnittliche Nadelöhr. Dennoch wurde das Nadelöhr, trotz seiner offensichtlichen technischen Unmöglichkeit, als Metapher für extreme Schwierigkeit akzeptiert. Andere meinten, die Kichererbse sei auf die Spitze der Nadel gesetzt worden, so Pierre Bayle unter Berufung auf Gabriel Naudé.[26]

Weil auch dies nicht sehr wahrscheinlich wirkt, kam der Gedanke auf, statt *in acum* könne es *in orcam* heißen, die Kichererbsen würden also in eine *orca*, eine Amphore mit engem Hals geworfen.[27] Montaigne verwandelte die Kichererbsen dann in Hirsekörner. Das brachte seinen barocken Übersetzer zu der Bemerkung, Montaigne habe sich «entweder zu viel auf sein Gedächtniß verlassen, oder nicht aus der wahren Quelle geschöpft ..., weil er Hirsen an statt der Erbsen setzt.» Möglicherweise fand Montaigne aber auch Hirse plausibler, weil ihm aufgefallen war, dass die größeren Kichererbsen kaum durch ein Nadelöhr gehen konnten. Hebel wählt Linsen statt Erbsen, Gerste, Wickensamen oder Hirse. Und er bleibt beim überlieferten «Nadelöhr». Letzteres ist nun durch die Konjektur von Michael Winterbottom im Anschluss an den humanistischen Drucker und Korrektor Jodocus Badius (1462–1535) durch die Amphore ersetzt worden.[28] Also kein Nadelöhr?

Auffällig ist die Parallelität mit dem berühmten Nadelöhr der Bibel[29] und des Koran.[30] Dass eher ein «Kamel» durch ein «Nadelöhr» als ein Reicher in das Himmelreich eingehe, ist ein hartes Wort Jesu, vor dem auch die Jünger erschrecken. Über das merkwürdige Bild ist viel gerätselt worden, freilich mehr über das Kamel; denn obwohl im Vorderen Orient ein wohlbekanntes Nutztier, wurde es doch schon seit den ersten nachchristlichen Jahrhunderten als seltsam empfunden, gerade dieses Tier durch ein Nadelöhr gehen zu lassen. Deshalb erklärte man das *kámelos* (hebr. *gamal*) als fehlgeschriebenes «*kámilos*» (Schiffstau). Das Bild des Schiffstaus, das eher durch ein Nadelöhr geht als ein Reicher ins Himmelreich, war plausibler. Auch ein nicht mehr existierendes schmales Tor in Jerusalem könnte «Nadelöhr» geheißen haben. Aber die herrschende Meinung unter den heutigen Neutestamentlern scheint jedenfalls dahin zu gehen, doch die Lesart «Kamel» für richtig zu halten. Auch an der Buchstäblichkeit des «Nadelöhrs» wird nicht gezweifelt. Inwood etwa meint, man solle nicht unnötige Emendationen bemühen. In der Antike habe man auch große Nadeln für Zelte und Segel benutzt, vielleicht groß genug, um doch eine Erbse durchzulassen. Eine Erbse in eine Amphora zu werfen, «sounds too easy».[31]

Geworfen werden also Kichererbsen oder Erbsen (Quintilian, Riccio, Leibniz), Hirsekörner (Montaigne, G. A. Bürger), Gerste oder Weizen

(Boswell, Steele), Wickensamen (Butler) oder Linsen (Hamann, Hebel, Hegel, Nietzsche), sei es durch ein «Nadelöhr», «durch eine kleine Öffnung» (Hegel) oder in eine enghalsige Amphora, und wenn es ein Nadelöhr ist, sind Kamel oder Schiffstau für die Metapher geeignet, weil sie zu groß sind, um dort eingefädelt zu werden. Hülsenfrüchte oder Körnerfrüchte aber wirken ungeeignet, weil das Kunststück so nicht funktioniert haben kann. Gleichwohl funktioniert die Pointe «brotlose Kunst», weil der Leser voraussetzt, es sei eben durch höchste Kunstfertigkeit doch möglich gewesen, sich eine solche Fertigkeit anzueignen.

Hör- und Schreibfehler reihen sich aneinander, die Anekdote wird durch die Jahrhunderte transportiert, sie wandelt sich, aber der Kern bleibt: Ein Höherstehender demütigt einen Kleinkünstler, der mit seiner Geschicklichkeit etwas zu verdienen hofft. Die Hörer oder Leser werden belehrt, solche durch lange Übung erworbene Zielgenauigkeit sei nicht nur «nutzlos», was höhere Werte anbelange, sondern auch «brotlos» in ökonomischer Hinsicht. Man solle sich also, recht verstanden, mit solcherlei Torheiten nicht abgeben.[32]

III.

Unter dem strengen Blick von Alexander, Quintilian, Riccio, La Mothe Le Vayer, Montaigne, Hamann, Leibniz, Steele, Boswell, Hebel, Hegel und Nietzsche, die allesamt gewisse brotlose Künste oder mechanische «zweckfreie» Fertigkeiten der Lächerlichkeit preisgeben wollen, Montaigne sogar das Schachspiel, wagt man kaum noch, brotlose Künste zu preisen. Gewiss sind manche Tätigkeiten, die in das seit 1955 geführte Guinness-Buch der Rekorde eingetragen werden, absurd und gigantomanisch. Es geht dabei um irgendeinen «Rekord» im Dauertanzen oder Dauerküssen, um den größten Kuchen der Welt, um das längste Singen einer Einzelperson (24 Stunden), schnellstes Verpacken eines Buchs in Geschenkpapier (33 Sekunden), 170 Smarties in 3 Minuten mit Stäbchen zu essen, möglichst viele Eier in einer Hand zu halten (9) oder «most socks worn on one foot» (58).

Aber die so genannten brotlosen Künste entspringen dem Spieltrieb, dem alle Künste angehören. Linsen, Erbsen oder Hirsekörner oder Fußbälle durch eine enge Öffnung zu schießen, Teller und Ringe zu jonglieren, Bodenturnen, Eislauf und Ballett, schwindelfrei übers Hochseil zu laufen, Ringe aus Tabakrauch zu formen,[33] Chopin zu spielen und vieles andere erfordert «artistisches» Training, Konzentration, Verzicht auf bequemere Lebensweise und Üben, Üben, Üben. Wer hier Spitzenleistungen erreichen will, muss viele positive Eigenschaften mitbringen, Eigenschaften, die vielleicht nützlicher zu verwenden wären, aber nach welchem Maßstab? Der Lyriker etwa ist ein solcher Kleinkünstler.[34] Seine Tätigkeit scheint entbehrlich. Haben wir nicht genug Gedichte in unserer Sprache? Nach Marktprinzipien scheint es doch unsinnig, den Produzenten solcher kleiner Texte noch mit Stipendien und Stadtschreiberstellen hinterherzulaufen. Der Kichererbsen-, Hirse- oder Linsenschütz und die Dichter oder Maler haben vieles gemeinsam. Sie üben ihre Künste, entblößen ihr Herz, zeigen etwas vor, worüber das Publikum den Kopf schüttelt, und die Mächtigen stoßen sich in die Rippen und erteilen dem Künstler eine kleine Lehre, statt ihn zu belohnen.

Erst recht mag die Suche nach den verborgenen Quellen von Texten als brotlose Kunst erscheinen, als «vain subtlety» (Inwood). In das Dickicht der Zitate einzusteigen, heißt den Windungen der Transportwege kluger Wendungen oder erzählenswerter Geschichten zu folgen, wie sie aus der Gegenwart rückwärts in immer tiefere historische Schichten führen. Man erfährt dabei, dass die Klassiker gelesen und exzerpiert, in Sammlungen (Anthologien, Rosarien, Catenae) erscheinen, ab- und zugeschliffen werden, alte Pointen verlieren und neue hinzugewinnen und oft nach langem Schlummer wieder in neuer Beleuchtung hervortreten. Diesen Windungen zu folgen, ist allerdings eine brotlose Kunst. Aber es ist nicht nur Selbstgenügsamkeit gelehrten Spiels. Es ist eine Erforschung derjenigen Sedimentschichten geistiger Produktion, die Europa ausmachen. Der immer wieder sich erneuernde Strom von Geschichten aus dem Alten Testament und dem Gilgamesch, von Homer und Hesiod, Herodot, Vergil, Cicero und Tacitus, Neuem Testament und Koran, Dante, Petrarca und Boccaccio, Shakespeare und Goethe, Joyce, Nabokov oder Borges, dieser Strom wälzt sich weiter, man kann ihn studieren, um zu verstehen, wie das geistige Europa seine Gestalt gewinnt, indem es sich aus dem disparaten Vorrat immer wieder bedient und daraus Neues formt.

Der Suchprozess in solchen Netzwerken von Texten kann nicht geradlinig verlaufen. Da niemand alle einigermaßen relevanten Texte kennt, ist viel Zufall im Spiel. Die Fährtensucher schnuppern hier und da, legen Zettelkästen oder Dateien an, kombinieren dies und das, sie verfahren «nicht-linear», folgen eher ihrer Intuition und geraten eben deshalb auch in viele Sackgassen. Das detektivische Verfahren verläuft hier kaum anders als in den experimentellen Naturwissenschaften, bei denen Zufall und Intuition oft eine größere Rolle spielen als das zielgerichtete «lineare» Suchen.[35] Das treffende Bild für das Wandern von Gedanken, Metaphern, Anekdoten und anderem Erzählgut ist nicht der sich verzweigende Baum, der von unten nach oben wächst und ein Ziel zu haben scheint, sondern eher das chaotisch wuchernde Netzwerk. Es hat kein «Ziel», aber die in ihm wirkenden Synapsen, die produktive Verwandlung von Impulsen, die dabei entstehenden Missverständnisse, die ihrerseits wieder eigene Kräfte entfalten und Neues generieren, sie sind der eigentliche Gegenstand einer Kulturgeschichte des menschlichen Denkens und der künstlerischen Aneignung der Welt. Solche Netzwerke zu erkunden mag brotlos sein, aber es spricht viel dafür, dass sie aus den eigentlich dauerhaftesten Fäden gesponnen werden. Vielleicht sind sie es, welche die Existenz des Menschen als geistiges Wesen geschichtlich zusammenhalten.

14. Der fromme Rat

I.

Im Herbst des Jahres 1814 war der Kalender *Rheinländischer Haus-freund* für das Jahr 1815 gedruckt, aber noch nicht ausgeliefert.[1] Er war von der Zensur gebilligt worden und sollte demnächst erscheinen. Nun aber entstand Unruhe. Sie wurde ausgelöst von einem kurzen Text *Der fromme Rat*, dem eine Abbildung beigegeben war, die von Hebel selbst beschrieben wird.

Der fromme Rat
Die Erzählung zu nebenstehender Abbildung braucht nicht viel Worte, sonst verdirbt mans. Nämlich: «Ein 18jähriger Jüngling ging noch unerfahren, katholisch und fromm zum erstenmal aus der Eltern Haus auf die Wanderschaft. In der ersten großen Stadt auf der Brücke blieb er stehen und wollte rechts und links ein wenig umschauen, weil er fürchtete es möchten ihm nimmer viel solcher Brücken kommen, an welche unten und oben solche Städte angebaut seien, wie diese. Als er aber rechts umschaute, kam daher von einer Seite ein Pater und trug das hochwürdige Gut, vor welchem ein jeder Katholik niederkniet, der demütig ist und es recht meint. Als er aber links umschaute kam von der ändern Seite der Brücke auch ein Pater und trug auch das hoch-würdige Gut, vor welchem jeder Katholik niederkniet, der de-mütig ist und es recht meint, und beide waren ihm schon ganz nahe, und beide waren im Begriff, an ihm vorbei zu gehen im nämlichen Augenblick, der eine links von daher, der andere rechts von dort her. Da wusste sich der arme Mensch nicht zu helfen, vor welchem hochwürdigen Gut er niederknien, und welches er mit Gebet und Liebe grüßen soll, und es war ihm auch schwer zu raten. Als er aber den einen Pater mit Beküm-

*mernis anschaute, und ihn gleichsam mit Augen fragte und bat,
was er tun sollte, lächelte der Pater, wie ein Engel, freundlich
die fromme Seele an, und hob die Hand und den Zeigefinger
gegen den hohen und sonnenreichen Himmel hinauf. Nämlich
vor dem dort oben soll er niederknieen und ihn anbeten. Das
weiß der Hausfreund zu loben und hochzuachten, obwohl er
noch nie einen Rosenkranz gebetet hat, sonst schrieb er den
lutherischen Kalender nicht.»*

Dem heutigen Leser wird es kaum verständlich erscheinen, dass diese
so schlichte Erzählung samt ihrer menschenfreundlichen, «vernünftigen» Pointe zum Protest des Generalvikars des Bistums Konstanz, des
Direktors der Kirchenbehörde und des päpstlichen Nuntius in Luzern,
zum Vertriebsverbot des Kalenders und zum Rücktritt des Autors Johann Peter Hebel von der Redaktion des Kalenders führte. Natürlich
gab es nach dem Sturz Napoleons und während des Wiener Kongresses Wichtigeres zu bedenken als diese Kleinigkeit im Großherzogtum
Baden. Der Großherzog selbst hielt sich in Wien auf. Die Nachrichten

aus Karlsruhe erreichten ihn wohl nicht ungefiltert. Er vernahm vielleicht kaum mehr als eine unbedeutende Verstimmung zwischen der evangelischen und katholischen Seite seines erst ein Jahrzehnt zuvor enorm vergrößerten und noch keineswegs konsolidierten Landes.[2]

Wo lagen die Schwierigkeiten? Die Oberfläche der Geschichte ergibt zunächst nur, dass die komische Verwirrung, in die der fromme Jüngling stürzte, durch den Hinweis gelöst wird, man solle nicht die Vertreter der Kirche und ihre Symbole anbeten, sondern Gott im «hohen und sonnenreichen» Himmel. Ein zugleich frommer und liberaler Katholik könnte der Lesart zustimmen, wohl auch damals schon, sicher aber heute. Doch das ist zu einfach gedacht und enthält auch zu viel von unserem heutigen Denken. Die badische Landeskirche hatte damals noch nicht den Gegensatz von Lutheranern und Reformierten überwunden, sie war noch nicht «uniert», das sollte erst 1821 geschehen.[3] Und zwischen Evangelischen und Katholiken dachte man keineswegs «ökumenisch». Vielmehr erwachte der konfessionelle Gegensatz, der durch die beiderseitigen Aufklärungstheologien mindestens gemildert schien, gerade jetzt wieder. Die gesamte katholische Welt erhob sich in Europa, nachdem der mit dem Papsttum rigoros verfahrende Napoleon besiegt war. Es war die Zeit der Restauration, deren Programm lautete: Überwindung der Irrtümer der Aufklärung, Abrechnung mit dem Atheismus der Französischen Revolution samt der Bedrückung des Klerus und der Zerstörung der Kirchen.

Der erste Grund, der gegen den zitierten Text sprechen mochte, war ihr letzter Satz. Der Rheinländische Hausfreund hatte seinen überkonfessionellen Namen gerade deswegen erhalten, weil er kein «lutherischer» Kalender mehr sein sollte. Hebel hatte diesen Namenswechsel angeregt und mitgetragen.[4] Wenn er nun, in der angespannten Atmosphäre von 1815 den Kalender nebenbei wieder einen «lutherischen» nannte, war dies mindestens ungeschickt, aller Versicherung zum Trotz, dass er die wahre Frömmigkeit aller Konfessionen hochachte.

Der zweite Grund ist die für orthodoxe katholische Theologen deutlich durchschimmernde Aufklärungstheologie, der nun gerade der Kampf angesagt wurde. Die liturgischen Regeln der Kirche, so lautete die Botschaft der Miniatur, sind nur geeignet, das schlichte und fromme Gemüt zu verwirren. Hebel sagt klar: Wer «demütig ist und es recht meint», wird diese liturgischen Regeln zwar erfüllen, dabei aber nicht vergessen, dass es Äußerlichkeiten sind. Die Liturgie hat für ihn keinen Eigenwert, ihr Vollzug ist nicht «notwendig», sondern ist – wenn es zu solchen Paradoxien kommt – der wahren Frömmigkeit eher hinderlich. Nicht die Erfüllung von Förmlichkeiten entscheidet, sondern, gut lutherisch, der Glaube, der sich auch in der freien Natur und ohne priesterliche Vermittlung äußern kann.[5] Umgekehrt hat es Katholiken gegeben, welche die Geschichte gerade deswegen ärgerlich fanden, weil sie ihnen von protestantischer Seite unterstellte, Katholiken seien so beschränkt, dass sie nicht zwischen dem himmlischen Vater und seinen irdischen Vertretern unterscheiden könnten. So las man es jedenfalls im sich aufgeklärt gebenden Ministerium in Karlsruhe, als man die Verbotsverfügung damit begründete, dass die Geschichte «ein solches Mährlein der düstern Vorzeit wieder aufwärme, welches dem Geist der Zeit so wenig anpasse».[6]

Damit aber gerät man in das Zentrum der theologisch-dogmatischen Frage. Das hochwürdige Gut verkörpert Gott in Realpräsenz.[7] Indem es aus zwei verschiedenen Richtungen auftaucht, verdoppelt sich gewissermaßen Gott. Hebels Text wäre damit entweder eine Blasphemie oder eine süffisant protestantische Geschichte, in der ein dem reformierten Denken nahe stehender Theologe über Dilemmata spottet, in die nur diejenigen geraten können, die an die Gegenwart Gottes im Allerheiligsten glauben.[8] Dann wäre Hebels Behauptung, er wolle seine Hochachtung vor der Frömmigkeit des Katholiken ausdrücken, mit Ironie versetzt. Dafür könnte das Schmunzeln über den gänzlich unerfahrenen Jüngling sprechen, den die große Stadt mit ihren Brücken verwirrt und über den zum Himmel deutenden Priester, der gewissermaßen als Krypto-Protestant den Jüngling von der strengen Befolgung der Regeln dispensiert und dabei «wie ein Engel» lächelt. Hebels eigentümliche Mischung von irenischer Frömmigkeit, einer fast pantheistisch anmutenden Verehrung Gottes in der Natur und Distanz zur Schultheologie war nun gerade nicht, was die kirchliche Orthodoxie jener Jahre hören wollte. War es nicht eine Art protestantischen Missionsversuchs, wenn man dem katholischen, auf das Wunder der Wandlung festgelegten Volk an einem erfundenen Fall erklärte, auf die Einhaltung des Ritus komme es nicht an?

Wie man es auch verstehen mochte, die Erzählung eines führenden evangelischen Theologen der badischen Landeskirche[9] relativierte auf eine schwer greifbare Weise das Regelwerk der katholischen Kirche. Den «frommen Seelen» wird der direkte Kontakt mit Gott empfohlen, in freier Natur, unter hohem Himmel. Das war, um es zu wiederholen, «Aufklärungstheologie». Die konfessionellen Unterschiede solle man, so Hebels Meinung, ehren und nicht verwischen,[10] aber die alten Spannungen und gegenseitigen Herabwürdigungen erschienen im Licht der Vernunft als Relikte früherer Zeiten. Alle theologischen internen Streitigkeiten sowie der interkonfessionelle Hader sollten durch den Hinweis auf Gott selbst, der alle Menschen liebt, relativiert werden.[11]

II.

Nun war diese einfache und humane Theologie weit verbreitet, auch innerhalb des Katholizismus, etwa bei Johann Michael von Sailer (1751–1832) und Ignaz Heinrich Freiherr von Wessenberg (1774–1860). Es ist deshalb nicht ohne weiteres nachvollziehbar, dass die Kalendergeschichte zu solch harscher Reaktion führte. Deshalb empfiehlt sich ein Blick auf die kirchenpolitischen Probleme im Vorfeld sowie im Zusammenhang des Wiener Kongresses. Der 1799 gewählte und seit 1800 amtierende Pius VII. (1742–1823) war der erste Papst der kirchlichen Restauration. Er konnte, gestützt auf seinen sehr fähigen Diplomaten Kardinal Ercole Consalvi (1757–1824), 1801 das Konkordat mit Frankreich abschließen. Intendiert war eine «Rechristianisierung» Frankreichs, die nun in der Phase der Beruhigung möglich schien. Aber der Friede mit der Kirche war trügerisch. Napoleon bestellte den Papst in demütigender Weise zur Kaiserkrönung von 1804, ließ 1806 den Konflikt eskalieren, besetzte 1808 den Kirchenstaat, löste ihn 1809 auf und verbannte den Papst nach Savona, wo er – ohne Kirchenverwaltung – bis 1812 bleiben musste. 1810 wurden die Kurienkardinäle nach Paris befohlen, aber dann in der Provinz interniert, weil sie sich der Nichtigerklärung von Napoleons erster Ehe widersetzten, Consalvi etwa in Reims. Um den vielfältigen Streitigkeiten ein Ende zu machen, erpresste Napoleon noch am 25. Januar 1813 eine Konvention, die aber vom Papst gleich widerrufen wurde.[12]

Mit der militärischen und politischen Niederlage Napoleons atmete die Kirche wieder auf.[13] Pius VII. kehrte am 24. Mai 1814 nach Rom zurück, Consalvi stellte die alte Kirchenverwaltung wieder her, entfernte alle von den Franzosen eingesetzten Personen und reorganisierte mit einem *motu proprio* vom 6. Juli 1816 den Kirchenstaat. Die Folgen waren rasch sichtbar. Heiligen- und Marienverehrung, Wallfahrten und Bruderschaften lebten wieder auf, die Restauration hielt ihren Einzug.[14]

Hebels Kalender auf das Jahr 1815 erschien also exakt zu dem Zeitpunkt, an dem sich die politische Wende in Europa, und speziell in der Lage des Vatikans, vollzog. Der Großherzog von Baden befand sich im Herbst 1814 auf dem Wiener Kongress. Nun protestierte vermutlich der Direktor der katholischen Sektion im Karlsruher Innenministerium, ein Stuttgarter Bürger schrieb empört an das bischöfliche Kommissariat in Luzern. Dieses wiederum informierte das bischöfliche Generalvikariat in Konstanz, das sich am 18. Januar 1815 – als der Kalender ohne die inkriminierte Geschichte erschienen war – noch einmal an das Innenministerium wandte und gegen die «höchst unwürdige und gehässige Art» protestierte, mit der das Heilige Abendmahl ins Gespött gezogen worden sei. Man habe nun «zu unserem wahren Trost» unter der Hand erfahren, dass der Kalender bereits großen Teils konfisziert und sein Verkauf eingestellt worden sei. Aber im Namen der christlichen Toleranz bitte man um strengste Aufmerksamkeit, damit «derart spöttische Erzählungen» nicht mehr in den Kalender eingerückt würden.[15] Das Ministerium antwortete entsprechend am 26. Januar 1815. An seinen Freund Hitzig schrieb der offensichtlich sehr gut informierte Hebel am 6. Februar 1815, es habe «der päpstl. Nuntius Testaferrata in Lucern scharfe Einsicht genommen, und das Vikariat in Constanz ein zum Todlachen grobes und unverständiges Schreiben deswegen anher erlassen»,[16] und zwei Tage später an Sophie Haufe, es habe sich «der Päbstliche Nuntius in Luzern, Sua Eszellenza il Signiore di Testa ferrata gar höchlich erbost, und das Bischöfliche Vikariat in Constanz veranlasst, dem längst getödeten Kindlein auch noch einen tödlichen Stich zu geben».[17]

Ob der Großherzog daraufhin seinen Minister angewiesen hatte, die Geschichte aus dem Kalender herauszunehmen, um die katholische Seite rasch zu beruhigen, ist nicht nachweisbar, aber auch nicht wahrscheinlich. Hebel jedenfalls hielt die Affäre für eine Intrige seiner «Gegner». Einer davon scheint der Karlsruher Polizeipräsident Wilhelm Karl Freiherr von Haynau (1779–1856) gewesen zu sein, der angeblich, «auf Antrieb einiger Obscuranten»[18] das Verbot betrieben hatte. Ein anderer war möglicherweise der Rastatter Hofbuchdrucker Johann Jakob Sprinzing, der den konkurrierenden «Rastatter hinkenden Boten» herausgab und «bei der katholischen Landbevölkerung sich den Anschein gab, als ob er das Privilegium hätte, alle katholischen Ortschaften mit seinem hinkenden Boten zu versehen … und wo er jene falsche Meinung nicht erwecken konnte, begnügte er sich damit auszusprengen, der in Karlsruhe verlegte Kalender sei nur für Protestanten, der seine aber für Katholiken eingerichtet».[19] Ein dritter war der Direktor der katholischen Kirchenbehörde Johann Anton Guignard (1765–1818),[20] der die Sache bei der Regierung anzeigte. Deren Verbot erging am 26. September 1814, unterzeichnet von dem seit 1813 amtierenden Innenminister Karl Christian Freiherr von Berckheim (1774–1849).[21] Die Evangelische und die Katholische Kirchensektion wurde davon mit der bereits angesprochenen Bemerkung unterrichtet, «dass die unter dem Titel ‹Der fromme Rath mit einem Kupferstich› darin enthaltene Stelle ein solches Mährlein der düstern Vorzeit wieder aufwärme, welches dem Geist der Zeit so wenig anpasse, dass man, ehe der Kalender davon gereinigt sey, den Debit nicht verstatten könne». Den Druckern, die sich vergeblich dagegen wehrten, blieb nichts übrig als nachzugeben und den Umdruck vorzunehmen, um dann am 17. Oktober 1814 die Genehmigung für den Vertrieb zu erhalten.

Hebel selbst war sicher: «Niemand kann mich anfechten, auch den Herausgeber nicht einmal, da der K.(alender) die Zensur passiert hatte. Nur um der Sache und des unklugen Verfahrens willen ärgert sich jedermann, Katholiken wie Protestanten. Mehrere wollen es publik machen. Ich rate nicht dazu und wehre es nicht ab. Die Sache ist von den Gegnern an den G.-H. (Großherzog) in Wien berichtet. Vermutlich um vorzubauen. Sie hätten es iedoch nicht nötig. Es ist aber die Frage, wer jetzt die Kosten zahlen muß.»[22]

Es ging nicht nur um den Umdruck von zweimal 40 000 Blatt, was dem Lyzeum in Karlsruhe Kosten von 300 Gulden verursachte.[23] Die Sache hatte auch eine polizeiliche Seite; denn die gesamte Auflage des Kalenders wurde beschlagnahmt, der Vertrieb wurde bei 20 Thalern Strafe verboten und «wer einen ausgiebt, wer ein Exemplar hat, und sehen lässt, muß sagen, von wem er es bekommen hat.»[24] So machte Hebel in Briefen an seine Freunde Kölle, Schneegans, Fecht und Haufe seinem Ärger Luft und meinte insbesondere, man hätte den ganzen Skandal vermeiden können, wenn man still gehandelt hätte. Er wäre bereit gewesen, die zum Anstoß gewordene Geschichte herauszunehmen. Aber nun, da alles öffentlich geworden war, konnte die Konsequenz nur lauten, das Amt niederzulegen. «Und doch um auch ein wenig zu trotzen und jenen Herrn einigen Unwillens des Publikums aufzuladen, schreibe ich jetzt keinen (Kalender) mehr», schrieb er am 8. Oktober 1814 an Gustave Fecht,[25] und am 25 Oktober an seinen Freund und Mitarbeiter Kölle: «Nicht wa(h)r lieber Adjunkt, wir legen iezt die Feder nieder, u. es reut uns nicht die Freude, die wir Jahre lang gegeben u. selber mitgenoßen».[26] Da er gerade auch zum Mitglied der evangelischen Ministerialsektion ernannt worden war, konnte er leichteren Herzens zum Kalender sagen «in Zukunft schreib ihn wer will.»[27] Aber er hegte doch auch kleine Rachgelüste gegen «jene Herrn». An Gustave Fecht schrieb er im Dezember: «Mit der Calendergeschichte ist es ganz still, und will schon ein wenig Gras darüber wachsen. Aber ich iäte unaufhörlich. So bald ich Zeit habe, in den Weihnachtsferien, schreib ich eine Vorstellung an das Ministerium mit der Bitte, die ganze Geschichte in ein pa(a)r Journalen öffentlich bekannt machen zu dürfen, weil die Sache in ganz Deutschland bekannt geworden ist und Sensation erregt hat, und in den Augen derienigen, welche nicht ganz davon unterrichtet sind, leicht ein falscher Schein auf mich fallen könnte. Ich will es schon fein machen, und sehen, was sie mir antworten. Umsonst haben sie es nicht gethan.»[28]

Mit dem Kalender war es im Wesentlichen vorbei.[29] Hebel meinte zwar im März 1815, «wenn, wie ich hoffe, diese Verhältnisse sich ändern und das Zörnlein sich legen wird, so möchte ich zu erst wieder an die Pächter des hiesigen Cal. denken, die eigentl. den Schaden haben»,[30] aber in die Position des Redakteurs rückte er nicht mehr ein, zumal er nun neue Aufgaben hatte. Zum Jahrgang 1818 lieferte er nur einen Text, 1819 nahm er den Faden zwar wieder auf, entschuldigte sich bei seinen Lesern für die Unterbrechung, ohne auf die Zensurangelegenheit einzugehen, und lieferte *Die Wachtel, Das Advokaten-Testament, Einer Edelfrau schlaflose Nacht, Mahomed, Missverstand, Die Ohrfeige* und andere viel gelesene und interpretierte Geschichten. Doch der eigentliche Bruch war 1815 eingetreten, wegen einer Geschichte, die man leicht und «vernünftig», aber eben auch schwer nehmen konnte. Weil für Hebel, wie Kölle rückblickend schrieb, die sittliche Seite der Religion «unendlich mehr wert» war als die dogmatische, konnte er «die Redaktion des Rheinländischen Hausfreundes nicht charakteristischer schließen, als er es tat, wegen der zwei Monstranzen.»[31]

III.

Blickt man auf die kirchliche Seite des Falls, dann zeigen sich verschiedene Paradoxien. Denn es ist schwer nachvollziehbar, dass sich das Konstanzer Generalvikariat dem Protest des päpstlichen Nuntius in Luzern, Fabrizio Sceberras Testaferrata (1757–1843) angeschlossen haben soll, denn zwischen Ignaz Heinrich Freiherr von Wessenberg, der seit 1800 als Generalvikar und Bistumsverweser wirkte und 1814 Koadjutor geworden war, und dem Nuntius bestanden große Spannungen. 1813 hatte Wessenberg Weisungen des Nuntius abgelehnt, was zu seiner Suspension als Generalvikar führte. Zur Zeit des Kalenderverbots befand sich Wessenberg auf Weisung des ehemaligen Erzbischofs von Mainz, Großherzogs von Frankfurt und nunmehrigen Erzbischofs von Regensburg, Karl Theodor von Dalberg, in Wien auf dem Kongress, in unmittelbarer Nähe des badischen Großherzogs. So mag man sich mündlich verständigt haben, den politisch unbedeutenden Stein des Anstoßes beiseitezuräumen. Die kleine Kalendergeschichte wurde möglicherweise «geopfert» – wenn überhaupt über sie gesprochen wurde. Wessenberg verfolgte größere nationalkirchliche Pläne. Wahrscheinlicher ist, dass das «zum Todlachen grobe und unverständige Schreiben» (Hebel) vom 25. Januar 1815 nicht von Wessenberg, sondern von «den Herren» im Generalvikariat stammte. Denn da Wessenberg mit Testaferrata im Unfrieden lebte, Hebel aber schätzte, hätte es eher nahegelegen, den Protest des Nuntius zu übergehen, die Sache herunterzuspielen und Hebel zu schützen. Dafür spricht, dass die Spannungen Wessenbergs mit dem Vatikan sich weiter fortsetzten. 1817 lehnte der Vatikan Wessenbergs Wahl als Bischof von Rottenburg ab. 1821 wurde dann sogar das Bistum Konstanz aufgelöst, um Wessenberg endlich auszuschalten.[32] Im folgenden Jahr verhinderte der Vatikan seine Wahl als Erzbischof von Freiburg. Das war das Ende seiner kirchlichen Laufbahn. Von nun an war er Privatmann und Mitglied der Ersten Kammer.

Auch Hebel war als Repräsentant der badischen Landeskirche in die Erste Kammer berufen worden. Beide Männer begegneten sich dort und begannen, Briefe zu wechseln. In keinem ihrer Briefe kamen sie auf die Geschichte *Der fromme Rat* von 1815 zurück. Wessenberg, der sich nach seinem Rückzug aus der Öffentlichkeit der Dichtung widmete,[33] suchte den Rat Hebels, man tauschte sich über Projekte aus, die ihnen gemeinsam am Herzen lagen, etwa die Schaffung örtlicher Rüge- und Sittengerichte, die Errichtung von Priester- und Lehrerseminaren sowie einer Pensionskasse für Geistliche und hilfsbedürftige Witwen, besonders aber einer Taubstummen- und einer Blindenanstalt.[34] Letztere kamen zustande. Sollten sie sich je über die Geschichte *Der fromme Rat* unterhalten haben, dann konnte Hebel wohl nachvollziehen, dass sich Wessenberg auf dem Wiener Kongress in der Frage des Rheinländischen Hausfreunds an wichtigeren Gesichtspunkten orientieren musste. Wollte man in der Frage einer deutschen Nationalkirche vorankommen, war Rücksicht zu nehmen auf Empfindlichkeiten des Vatikans, wie sie der päpstliche Nuntius formuliert hatte.

Möglicherweise war Hebel nach 1819 auch insofern verständnisvoller für eine diskret verfahrende Zensur, als er selbst nun «durch launige Ironie des Schicksals»[35] Mitglied des Oberzensurkollegiums geworden war. Der von kirchenpolitischen Zwängen befreite Privatmann Wessenberg dagegen setzte sich in der badischen Debatte um das Pressgesetz vom 28. Dezember 1831, die vor allem von Karl Theodor Welcker und Karl von Rotteck vorangetrieben wurde,[36] für dieses liberale Gesetz ein. Solche Differenzen störten jedoch nicht. Was Wessenberg und Hebel zusammenführte, schien in den späteren Jahren wichtiger, nämlich die Verbundenheit mit den Ideen der Aufklärung, die irenische Haltung, die Überwindung konfessioneller Streitigkeiten. Was Wessenberg wollte, die Verwendung des Deutschen in der Liturgie, die Verbesserung der Pfarrerausbildung, eine deutsche Nationalkirche, verbunden mit der Anerkennung der staatsbürgerlichen Pflichten des Klerus,[37] konnte Hebel ohne weiteres akzeptieren. Wessenberg vertrat eine biblische Frömmigkeit, auch er hegte ein gewisses Misstrauen gegen die wissenschaftliche Theologie und plädierte für aufgeklärte Vernunfteinsichten. Auch seine Theologie wies also zahlreiche Verbindungspunkte zu derjenigen Hebels auf. Den «frommen Rat», die Ehrfurcht vor Gott wichtiger zu nehmen als liturgische Vorschriften, könnte Wessenberg selbst gegeben haben.

15. Des Kaisers neue Kleider

I.

Wie schwierig es ist, unter freiheitlichen und rechtsstaatlichen Bedingungen historische Wahrheiten zu vertreten, erfuhr der Kopenhagener Rechtshistoriker Ditlev Tamm, als er 1984 sein Werk *Retsopgøret efter besættelsen* veröffentlichte.[1] Es war für die dänische Gesellschaft, die sich mit Recht als «open society» versteht,[2] keine leichte Aufgabe, sich von liebgewordenen Klischees über die eigene nationale Vergangenheit verabschieden zu müssen. Das ist natürlich kein dänisches Spezifikum. Auch andere Gesellschaften, die freie Medien, Grundrechtsschutz und vollen gerichtlichen Schutz praktizieren, lösen sich nur zögernd von nationalen Mythen oder Opferrollen, die oft tief im allgemeinen Bildungskanon verankert sind und als historische Wahrheiten gelten. Wer sie als Historiker anzweifelt, muss wissen, dass es ein Risiko gibt.

Deutlich schwieriger ist es aber, seine eigene Meinung zu vertreten, wenn das politische System autoritär oder gar totalitär ist und die öffentliche Meinung von Staats wegen lenkt oder unterdrückt. Für solche Systeme gibt es gerade im 20. Jahrhundert reiches Anschauungsmaterial.[3] Es waren und sind die Staaten mit Einparteienherrschaft, mit umfassender ideologischer Indoktrinierung von Jugend auf, mit Zensur, gelenkter Presse, Hörfunk und Fernsehen (neuerdings auch mit Internetkontrolle), mit Erziehungsprogrammen für die gesamte Bevölkerung sowie Geheimdiensten mit unbegrenzten Eingriffsmöglichkeiten. Diese über die ganze Welt verbreiteten Systeme sind nach ihrer Ideologie und ihren Führungscliquen, nach historischem Umfeld und gesellschaftlichen Rahmenbedingungen sehr unterschiedlich, aber in allen bildet sich eine offizielle Staatssprache, ein «New speak» heraus, deren Beachtung obligatorisch und deren Nichtbeachtung gefährlich ist.[4] Die Systeme verlangen Konformität der Sprache in der Hoffnung auf Konformität der Gedanken. Wer die Sprache in der Hand hat und in der Lage ist, unerwünschte Informationen zu eliminieren, so meint man, beherrscht das Land. Von den Schwierigkeiten, in Zeiten der Unterdrückung die Wahrheit zu sagen,[5] soll im Folgenden die Rede sein.

Eine der berühmtesten Parabeln für die Durchbrechung von kollektiv auferlegter offizieller Staatssprache ist Hans Christian Andersens Geschichte *Des Kaisers neue Kleider* (*Keiserens nye Klaeder*) von 1837. Andersen, der in Dänemark und in der ganzen Welt verehrte Dichter, hat viel mehr geschrieben als man gemeinhin weiß,[6] aber seine Unsterblichkeit gewann er durch seine Märchen, von denen die besten eher Parabeln genannt werden sollten. Es handelt sich um kurze, in raffiniert schlichter Sprache dargebotene Modellerzählungen, in denen beispielhaft etwas von der Welt sichtbar gemacht wird. In *Des Kaisers neue Kleider* tauchen an einem fiktiven Kaiserhof zwei Betrüger auf, welche die Herstellung luxuriöser Textilien versprechen. Sie fabulieren von ihrem Produkt und sichern sich vor der Entdeckung des Betrugs dadurch, dass sie eine Art «moralischer Sehsperre» installieren. Jeder, der nichts sieht, wo buchstäblich nichts ist, soll an seiner Intelligenz und seiner Befähigung für sein Amt zweifeln. So absurd es klingen mag, es funktioniert! Niemand will für dumm oder unfähig gehalten werden. Da sich aber alle irgendwelcher Schwächen bewusst sind, fühlen sich auch alle verunsichert. Sie sind bestrebt, die Aufdeckung dieser Schwächen zu verhindern. Nur ein unschuldiges Kind kann diese «Sehsperre» unterlaufen. Die erste frappierende Paradoxie lautet also, dass die Betrüger, indem sie eine makellose Persönlichkeit für die Sichtbarkeit ihrer Produkte fordern, gerade dadurch zu Fall kommen, dass ein «makelloses» Kind, das den Verständigungs-Code der Erwachsenen noch nicht beherrscht, sie entlarven und zu Fall bringen kann.

Diese Parabel ist ohne Zweifel ein für vielfältige Deutungen offenes Kunstwerk und kann durch spätere Interpreten aus ihrem zeitgeschichtlichen Kontext, der dänischen Monarchie und ihren europäischen Pendants von 1837, herausgelöst und spielerisch als «dänischer» Anfangs- und Endpunkt zur Beschreibung bestimmter Probleme verwendet werden.

In autoritären politischen Systemen regiert die Angst. Innerhalb der regierenden Clique betrachten sich alle mit Misstrauen, denn ihre Mitglieder sind potentielle Königsmörder. Außerhalb der Clique misstraut man dem Volk. Von dort kommende Kritik ist generell unerwünscht. Sie bedroht wie ein Spaltpilz das Gefüge der Macht. Wer unter solchen Bedingungen Karriere machen will, muss sich bemühen, gewisse Eigenschaften glaubwürdig vorzuführen. Er braucht nicht nur Durchsetzungsfähigkeit und Geschmeidigkeit – die werden anderswo auch verlangt –, sondern auch die Bereitschaft, offenbaren Unsinn mit fester Stimme und ohne verräterisches Zucken der Mundwinkel vorzutragen. In politischen Systemen, in denen man willkürlich verhaftet werden und in Lagern verschwinden kann, mag es ratsam erscheinen, dem öffentlich verkündeten Unsinn zu folgen, sei es um das eigene Leben zu retten, sei es um in der Hierarchie weiter aufzusteigen.

Einer fängt damit an, etwas zu behaupten, was dem gesunden Menschenverstand widerspricht. Der nächste wägt sein Risiko ab, entweder offen zu widersprechen (wozu ihn sein Gefühl drängt) oder in Misskredit und schlimmeres Unglück zu geraten. Dass im öffentlichen Widerspruch zur «normalen» Wahrnehmung ein Risiko steckt, wird in *Des Kaisers neue Kleider* schon durch die Drohung vermittelt, dass, wer nicht mitmacht, als unfähig dastehen werde. Das macht selbst alte, ehrenwerte und charakterstarke Minister schwach. Im Dilemma, der eigenen vertrauten Wahrnehmung zu folgen und zu protestieren oder die schiefe Ebene der Lüge und der Konformität zu betreten, entscheidet sich der Ehrenwerte nach kurzem Zögern für die schiefe Ebene.

Der zweite folgt ihm. Für ihn ist die Autorität des Ministers maßgebend. Und der zweite zieht einen dritten nach sich. Es gibt «Mitnahmeeffekte». Je mehr honorige Leute dem betrügerischen Unsinn folgen, desto größer wird der Sog. «Die Fachleute werden schon Bescheid wissen» murmelt man, bevor man seinem Herzen einen Stoß gibt. Eine Meinung zu haben, ist ein größeres Risiko als der Meinung eines Fachmannes zu folgen. So knüpft sich das Netz der Lüge von selbst, nachdem der erste Knoten geschürzt ist, einige Autoritäten die Bahn betreten haben und andere mitziehen.

Dass der Wahn um sich greift, hängt auch mit der Komplexität der

Welt und dem generell begrenzten Wissen des Einzelnen zusammen. Niemand weiß überall Bescheid. Ständig verlassen wir uns auf erlerntes, vertrautes, von Fachleuten vermitteltes Wissen. Es würde unsere Kräfte übersteigen, alles wissen zu wollen und alles zu überprüfen.[7] So tappen wir im Halbwissen weiter und erleichtern diesen Gang durch «Vertrauen».[8] Unter den Bedingungen politischer Repression verschärft sich dies. Kritische Gegeninformation ist ein knappes Gut. Sie wird permanent vorenthalten oder verfälscht. Dem Einzelnen, der meist schon mit der Bewältigung des Alltags genug zu tun hat, ist kaum zuzumuten, die Gegenrecherchen gegen die öffentlichen Lügen in Angriff zu nehmen. Es würde Zeit und Kraft kosten und vor allem das Risiko der Verfolgung erhöhen.

Das so entstehende Gespinst von öffentlich verbreiteten Lügen bezieht die Herrschenden selbst mit ein. Auch ihre Informationen sind (trotz ständiger Zulieferung durch die Geheimdienste) in verblüffender Weise beschränkt. Denn entweder produzieren diese Geheimdienste die Lügen selbst; dann werden sie sich hüten, dies ihren Machthabern mitzuteilen. Oder sie sind selbst Opfer der extern entstandenen Fehlinformation, der sie sich – als Agenturen des Opportunismus und der Skrupellosigkeit par excellence – rasch anpassen. So war der Sicherheits-Dienst (SD) des Nationalsozialismus besser informiert als Hitler selbst. Erich Mielkes Reich der Staatssicherheit (Stasi) war schlauer als das Politbüro. Die rumänische Securitate führte selbst den Diktator am Narrenseil.[9] Für Geheimdienstchefs muss es rational erscheinen, nicht alles Wissen preiszugeben, um ein Erpressungspotential zu behalten oder um sich für den Fall der Fälle gegen Angriffe zu verteidigen. Dossiers über die wichtigsten Konkurrenten im Machtkampf, vor allem mit Informationen über deren private Schwächen, sind insofern von unschätzbarem Wert.

Geheimdienste sind aber gleichzeitig auch strukturell dumm. Ihre Wahrnehmung ist schon vorweg durch Verschwörungstheorien gemindert. Sie ersticken auch oft an der Überfülle der Informationen, zu deren analytischer Aufschließung sie durch ihr habituelles Misstrauen gegenüber kritischem Denken nicht fähig sind.[10] Schließlich ist zu bedenken, dass das Personal der Geheimdienste möglicherweise negativ vorsortiert ist: Beruflich Gescheiterte, Geheimniskrämer, Leute mit pathologischem Jagdfieber gegenüber Abweichlern, Speichellecker und natürlich Opportunisten aller Art.

Wie auch immer, die Herrschenden selbst werden Opfer der in ihrem Namen verkündeten Lügen. Selbst wenn sie außer ihrem Machtinstinkt über die Fähigkeiten zu Kritik und Selbstkritik verfügen, unterliegen sie dem gleichen Abwägungszwang wie ihre Untertanen. Sie müssen entscheiden, wo für sie das größere Risiko liegt: Es scheint leichter zu sein, der öffentlichen Meinung oder dem Votum der Vertrauensleute und Minister zu folgen als das Risiko einzugehen, das im Bruch der Konvention besteht. Der Kaiser selbst fällt auf den Betrug herein oder er unterstützt ihn, obwohl er ihn durchschaut. Jedenfalls gibt er seinen «allerhöchsten Beifall» («det har mit allerhøieste Bifald»). Niemand wagt mehr, die öffentliche Nacktheit als solche zu bezeichnen. Freilich ist Andersens Kaiser kein Zyniker oder Machiavellist, sondern eine liebenswürdige gestörte Persönlichkeit mit einem Kleidertick. Er erkennt, sozusagen im Augenwinkel, dass das Lügengebäude zusammengebrochen ist, aber er meint, dies nun durchstehen zu müssen: «nu maa jeg holde Processionen du». Ein rasches schamvolles Bedecken der Nacktheit wäre in seinen Augen noch schmachvoller gewesen als so zu tun als habe man nichts gehört.

Eine Erweiterung dieser Bemerkungen auf offene demokratische Systeme mit funktionierenden kritischen Medien, mit autonomen wissenschaftlichen Institutionen und freiem Zugang zu allen Informationen sei erlaubt: Auch diese Systeme sind vor der Entstehung öffentlicher Wahngebilde keineswegs sicher. Auch hier gibt es strukturelles Nichtwissen, auch hier entsteht *mainstream* durch fachlich ausgewiesene Autoritäten, durch Suggestion des «Richtigen» – gegen allen Augenschein. Dass der Augenschein trügerisch ist, gehört zu den Erkenntnissen der Wissenschaftsgeschichte und zu den Basissätzen wissenschaftlicher Selbstkritik.[11] Auch eine der «Wahr-Nehmung» (dem für wahr Halten) widersprechende These kann richtig sein. Als das ptolemäische Weltbild durch den Heliozentrismus ersetzt wurde (Nikolaus Kopernikus, Tycho Brahe, Johannes Kepler), lernte man, dem Augenschein von «Sonnenaufgang» und «Sonnenuntergang» zu misstrauen. Jedermann weiß, dass die Sonne weder auf- noch untergeht, aber der Sprachgebrauch bleibt «ptolemäisch». Auch in freien

Gesellschaften verbreitet sich also Unsinn über ganz ähnliche Mechanismen: Niemand kann alles wissen, und so werden Autoritäten anstelle von Beweisen genannt. Die Beweise zu führen, wäre auch meist zu teuer, zu schwierig oder wegen des fehlenden Fachwissens gar nicht möglich.

Die Unterschiede zwischen freien und unfreien Gesellschaften bestehen darin, dass die für öffentliche Lügen zerstörerischen Gegenkräfte sich in Freiheit viel rascher entwickeln und wirksam werden können. Die Lügengespinste zerfallen tendenziell viel eher. Der Wechsel der jeweiligen «Wahrheiten» vollzieht sich mit dem schnellen Themenwechsel der öffentlichen Debatte. Das Verfallsdatum der Lügen ist kürzer. Aber auch diese Gesellschaften brauchen das Wort, das die Lüge benennt, öffentlich macht und sie der Haltlosigkeit und Lächerlichkeit preisgibt.

II.

In jedem System, das politische Unterdrückung benötigt, um sich an der Macht zu halten, gibt es Lücken. Totalität im Wortsinn ist nicht erreichbar. Unterdrückung weckt Gegenkräfte, Nachdenken und Kritik, ja aktiven Widerstand. Viele werden erst durch Unterdrückung politisiert. Ihnen «gehen die Augen auf». Zudem gibt es immer ideologische Inseln für Resistenz – etwa persönlichen Glauben, tradierte Erziehungsmuster mit festen Regeln («so etwas tut man nicht»), schließlich funktionierende Netzwerke der Solidarität, die für das Regime unerreichbar sind, in kirchlichen Kreisen, in der Arbeiterbewegung oder beim Adel.

Insofern kann keine Diktatur auf Dauer bestehen. Ihre Lebenserwartung übersteigt selten zwei bis drei Generationen. Wenn Diktaturen besonders alt werden (Sowjetunion, Nordkorea, Kuba, Simbabwe), lässt sich das aus geschichtlicher Unvertrautheit mit Freiheit und Demokratie, aus weltpolitischen Konstellationen oder damit erklären, dass diese Systeme «nur» autoritär, aber nicht totalitär sind und von maßgeblichen Teilen der Gesellschaft getragen werden, wie dies etwa in Franco-Spanien der Fall war.

In Andersens Text geht es aber nicht um den schleichenden Verfall einer Diktatur, sondern um den plötzlichen Zusammenbruch des schönen Scheins durch einen Erkenntnisakt. Der Zwischenruf eines unschuldigen Kindes «Aber er hat ja gar nichts an» («Men han har jo ikke noget paa») lässt den Kaiser nackt dastehen. Sein Vater schließt sich seinem Kind sofort an und erhebt seine Stimme im Ton eines alttestamentarischen Propheten: «Herr Gott, höre die Stimme der Unschuld!» Woher diese Kraft des schwächsten Mitglieds der Gesellschaft? Die Kraft kommt aus dem Nichtwissen. Wer keine Gefahr wahrnehmen kann, wird irrtümlich leicht für tapfer gehalten. Das Kind kann nicht nur das Risiko seines Ausrufs nicht einschätzen, es kennt gar kein Risiko. Die Unschuld umhüllt es mit einem Schutzmantel.

Unschuld in diesem Sinn meint Unvertrautheit mit den Codes der Erwachsenen. Kinder kennen noch nicht die «Sklavensprache» (Brecht), verstehen nicht das warnende Hochziehen der Augenbrauen, den heimlichen Tritt auf den Fuß bei gefährlichen Gesprächen. Insofern ist das unschuldige Kind «taktlos», frei, offen für alle Anregungen und Einfälle. Korrektive, etwa böse Erfahrungen, stehen ihm noch nicht zur Verfügung. Es vertraut der Welt, zumal in Begleitung schützender Eltern. Dass «man» bestimmte Dinge nicht sagen soll, wird das Kind erst schrittweise lernen.

Gewiss belehren uns heute die Studien über frühkindliche Entwicklung, dass Andersens «Unschuld» als reine Projektionsfläche ebenso künstlerische Erfindung wie traditionelles Klischee ist: Kinder sind reinen Herzens. Dass Kinder in ihren Träumen Belastungen verarbeiten, sogar im Traum bitterlich weinen können, dass sie auch listige, aggressive und eitle Seiten haben, dass es eine unbewusste frühkindliche Sexualitätsphase gibt, ja dass Kinder gelegentlich lustvoll kleine Tiere ermorden, scheint der postulierten «Unschuld» entgegenzustehen. Aber für Andersens Parabel spielt diese Seite der kindlichen Psyche keine Rolle. Er braucht den Spiegel frühkindlicher Erkenntnis, um das Lügengebäude des Hofes, das auf den Lügen der Betrüger beruht, einstürzen zu lassen. «Kinder» könnten deshalb für Andersen auch alle Erwachsenen sein, die reinen Herzens die Wahrheit aussprechen, vielleicht weil sie über die Torheit von Heiligen verfügen, vielleicht aus emotionaler Überwältigung angesichts von Unrecht. Auch solche mehr oder weniger unbewusst handelnden Helden der Unschuld können Sand im Getriebe von Diktaturen sein, selbst wenn sie als Individuen scheinbar folgenlos zermahlen werden. Langfristig und massenhaft zerstören sie die Maschinerie.

III.

Andersens Parabel ist eine äußerlich sanft-heitere, in Wirklichkeit bittere Satire auf die Entourage von Monarchen und auf diesen selbst. Zugleich ist sie ein Lobpreis auf die Kraft der Unschuld von Kindern im Vergleich zu der verlogenen Erwachsenenwelt. Schließlich ist sie auch erkenntnistheoretisch interessant. Denn indem das Kind seinen federleichten und zugleich folgenschweren Satz ausspricht, verändert es die Welt. Vergleicht man die Welt, konkret die Stellung des Kaisers vor und nach diesem Satz, dann ist sie radikal anders geworden. Zwar geht die Prozession weiter, stur geradeaus, weil der Monarch und seine Funktionäre nicht in der Lage sind, die Spur zu verlassen. Aber die Wahrnehmung der Menge hat sich plötzlich verändert. Das Erhabene ist ins Lächerliche umgeschlagen.[12] Das Systemvertrauen, die Aura der Unantastbarkeit und Unfehlbarkeit des Herrschers sind zusammengebrochen. Vielleicht ist aber auch die jahrzehntelang geschürte Angst des Volkes verflogen. Monarch und Regierung erscheinen dem Volk plötzlich lächerlich. Bekanntlich fürchten Diktatoren aller Art das Gelächter und den «politischen Witz», diese letzte, kleinste und am meisten subversive Waffe der Schwachen.[13] Joseph Goebbels beispielsweise verbot 1939 das Kabarett und nahm sich in seinem Tagebuch vor: «Der politische Witz wird ausgerottet. Und zwar mit Stumpf und Stiel».[14]

Worte können also die Welt verändern. Genauer gesagt: Sie gehen über das Verständnis der Hörer dieser Worte in deren Bewusstsein ein und hinterlassen dort nicht nur ihre neurophysiologischen Spuren, sondern motivieren möglicherweise auch zu Taten. Insofern sollte es keinen Prioritätsstreit zwischen Realität und Sprache geben. Das Reich der Ideen und das Reich der Tatsachen sind nicht getrennt. Sprache hängt von der Realität ab und sie verändert die Realität, indem sie diese «benennt». Mit der Benennung wird die Realität zugleich interpretiert und sie wird zum Teil der Kommunikation mit anderen Subjekten. Wir haben in unserer Lebenserfahrung unzählige Beispiele dafür, dass Worte auch Taten sind (*words are also deeths*).[15] Es sind Sprechakte im Sinne John L. Austins.[16] Sie können die Welt verändern, menschliche Beziehungen heilen oder zerstören. Nur durch Worte kann die Welt der Vergangenheit überhaupt erfasst und bewertet werden. Indem wir um die vermeintlich «richtige» Deutung ringen, erschaffen wir die Vergangenheit als geistiges Konstrukt. Reinhart Koselleck sagte ganz apodiktisch und zutreffend: «Was immer über die Geschichte festgestellt oder ausgesagt wird: Es bleibt zurückgebunden an die sprachliche Vermittlung».[17]

Wenn Worte «auch Taten» sind, wie Wittgenstein sagt, dann will er darauf aufmerksam machen, dass Worte faktische Folgen haben können. Dieser Gedanke ist freilich konventionell, denn jeder weiß, dass ein unbedachtes Wort, etwa eine Indiskretion, die Wirkung eines Keulenschlages haben kann. In dieser Sicht bleiben die Welten der Fakten und der Worte noch getrennt. Worte haben hier Wirkungen auf die faktische Welt, «als wären sie» Tatsachen. Der Gedanke kann und sollte jedoch radikalisiert werden, und zwar durch Reduktion auf die Aussage «Worte sind Taten». «Sprechakte» sind Handlungen in der Welt, sie treffen in Situationen normaler Kommunikation auf andere Ohren, werden verstanden (wie auch immer), gespeichert und erinnert (wie auch immer) und wirken – soweit sie in der bestimmten historischen Situation ihren *kairos* gefunden haben. Sie verändern die Wahrnehmung, so dass man auf der Ebene der Wahrnehmung sagen könnte, der Kaiser sei bis zu dem Satz des Kindes mit exzellenten Stoffen bekleidet, nach dem Satz sei er aber tatsächlich nackt gewesen. Eine solche Formulierung setzt voraus, dass die Welt so «ist», wie sie wahrgenommen wird. Die Individuen verständigen sich durch die Sprache (einschließlich der Zeichen und Gesten). Jeder einzelne mag eine unterschiedliche Wahrnehmung haben, aber erstaunlicherweise stehen solche Unterschiedlichkeiten den Abläufen des täglichen Lebens nicht im Wege. Wir verständigen uns über die allermeisten Wahrnehmungen problemlos, wir diskutieren über Unterschiede nur, wenn sie artikuliert werden, und setzen im Übrigen stillschweigend voraus, dass alle oder die weitaus meisten Individuen ähnliche Wahrnehmungen haben. Obwohl also Wahrnehmungen, Erinnerungen und deren Re-Formulierung erhebliche Differenzen aufweisen, funktioniert der Alltag relativ problemlos. Von den unzähligen Gemeinsamkeiten der Wahrnehmung ausgehend, sprechen wir pragmatisch von «Tatsachen», wenn es gar keine vernünftigen Zweifel gibt, dass die Individuen ausnahmslos zu denselben Ergebnissen kommen: Sie sehen einen Gegenstand auf einem Tisch liegen und sagen, ohne zu zögern, «dies ist eine Pfeife» («c'est une pipe»). Sehen sie ein bestimmtes Gemälde von René Magritte, dann können sie sagen: Dieses Bild stellt eine Pfeife dar, aber es ist keine Pfeife («ce n'est pas une pipe») oder sie deuten auf den abgebildeten Gegenstand und sagen alltagssprachlich doppeldeutig: Das ist eine Pfeife.

Gewiss kann man die traditionelle platonische Gegenposition einnehmen, die Wahrnehmungen der Individuen für trügerisch erklären und auf einem «hinter den Fakten» verborgenen «Wesen» der Dinge beharren. Der Erkenntnisvorgang müsste demnach den trügerischen Schein des Äußeren durchstoßen, um zum «Wesen» vorzudringen. Entsprechend würde dann der Historiker von einer ideellen historischen «Wahrheit» sprechen, der man sich nur langfristig über *trial and error* annähern kann. Ungeachtet aller Zeitbedingtheiten der Geschichtsbetrachtung müsse es also eine letztlich «richtige» Ansicht über die Vergangenheit geben. Indem sich kritische Historiker im Meinungsaustausch untereinander bemühen, diese Wahrheit herauszufiltern, nähern sie sich ihr schrittweise an, ohne sie je zu erreichen. Das ist gewissermaßen eine Kombination von Platonismus und wissenschaftlichem Fortschrittsglauben. Sie hat zur Konsequenz, dass die Welt nicht als sprachlich konstituiert angesehen wird, sondern dass es einen Dualismus von harten «Tatsachen» und den verschiedenen «Meinungen» darüber gibt. Das führt zu einer Dichotomie von Wortforschung und Sachforschung, von Ideengeschichte und Realgeschichte – eine Dichotomie, die gerade in den letzten Jahrzehnten zunehmend an Überzeugungskraft verloren hat.

Erheblich plausibler erscheint es, sich von dem Trugbild der «Tatsachen» (*facta bruta*) zu trennen und zu akzeptieren, dass es eine Verständigung über das was «ist» und «war», nur über die Sprache geben kann. Indem wir einen historischen Sachverhalt formulieren, erschaffen wir ihn als selbst verantwortete Abbreviatur von Informationen und Interpretationen. Er existiert nur als Sprache und kann nur durch sie vermittelt werden. Geschichtsschreibung bietet also nie einen direkten Zugang zu einer «hinter» der Sprache existierenden Realität. Sie ist sprachliche Aneignung von (nur) sprachlich vermittelbaren Botschaften. Wird über Vergangenes nicht mehr gesprochen, verschwindet es. Zurück bleiben unbegriffene Steine und unverstandene Zeichen. Erst durch ihre sprachliche Benennung werden sie kommunizierbar.

Diese Position hat nicht zur Folge, wie vermutet worden ist, «dass die geschichtlichen Ereignisse nur als Sprache existieren sollen».[18] Niemand wird vernünftigerweise annehmen, eine Menschheitsgeschichte mit Friedens- und Kriegszeiten, mit individuellen Konflikten, Gerichtsurteilen, Hinrichtungen und Gefängnissen habe es nie «wirklich» gegeben oder existiere «nur als Sprache». Für die Masse der Ereignisse, für die «Evidenz» vorliegt oder auf die sich stabile Mehrheitsmeinungen geeinigt haben, äußert niemand Zweifel oder stellt Ermittlungen an. Das sind sog. Fakten. Für zweifelhafte Vorgänge oder sagenhafte Persönlichkeiten aber, für unsicher datierte Bauwerke, für eventuell gefälschte Urkunden und vieles andere, dürfte es eine heilsame Erinnerung bedeuten, sich stets präsent zu halten, wie unzuverlässig Überlieferungen und wie krumm die Wege menschlicher Erinnerung sind, wie sehr oft Vorurteile oder politische Absichten die Überlieferung beeinflussen. Und es gilt prinzipiell: Die so genannten «Quellen», die der Historiker benutzt (Texte, Bilder, archäologische Befunde), sprudeln nicht von selbst. Sie sind zunächst stumm. Der Interpret liest den Text und interpretiert ihn, er «liest» die Bilder und übersetzt sie in Sprache, er «liest» ebenso einen archäologischen Befund und deutet ihn. Alle diese Tätigkeiten sind Sprechakte.[19]

Die hier vertretene Position ebnet den traditionellen Unterschied zwischen Ideengeschichte und Realgeschichte ein. Es erscheint viel reizvoller, in den geschichtlichen Abläufen gerade die enge Verflechtung von Denken und Tun zu studieren; denn der *homo sapiens* hat wohl immer zugleich gedacht und gehandelt, hat seine Handlungen zuvor und danach reflektiert. Aus Gedanken sind Handlungen und aus Handlungen sind Gedanken entstanden. Der Historiker sollte dieses eng verflochtene Netzwerk von Denken und Tun, Tun und Denken nicht künstlich wieder in Tatsachen und Ideen auseinanderreißen.

IV.

Kehrt man nach diesen notgedrungen etwas abstrakten Bemerkungen zu Hans Christian Andersen zurück, dann bestätigt sich erneut das hohe künstlerische Niveau dieses Textes. Er ist vielfältig interpretierbar.[20] Medientheoretische, psychoanalytische und viele andere Interpretationsrichtungen sind an ihm durchgespielt worden. Für die Rechts- und Verfassungsgeschichte ist er primär ironische Reflexion über einen Gaunertrick, dem eine höfische Gesellschaft und eine ganze Staatsadministration zum Opfer fallen, eine Parabel über Dreistigkeit einerseits, leichte Verführbarkeit ehrenwerter und angesehener Mitglieder der Gesellschaft andererseits, vor allem aber Parabel über die schwindende Legitimation der traditionellen «legitimen» Monarchien Europas, die schon durch den Zwischenruf eines unschuldigen Kindes ihren öffentlichen Kredit verlieren können. Der Text Andersens sagt aber auch viel über die Kraft der Unschuld. Wer die eingeübten und gesellschaftlich anerkannten Codes der Verständigung nicht kennt oder (trotz Kenntnis) missachtet, kann zum belächelten Sonderling oder zum Helden werden, wenn letzterer mit klaren Worten ein ganzes Herrschaftssystem zum Einsturz bringt. Dass die Menschen im Osten Deutschlands sich 1989 gegenseitig Mut machten, um in Sprechchören zu rufen «Wir sind das Volk», war eine solche Durchbrechung der hermetisch geschlossenen Sprache und der Verhaltensnormen der Staatspartei. Der Mut der Menschen war größer als der des Kindes bei Andersen, denn die Menschen wussten damals sehr wohl, welches Risiko sie eingingen, wenn sie mit einfachen Worten feststellten, nun habe die Unterdrückung ein Ende und die verfassungsgebende Gewalt kehre wieder in die Hände des Volkes zurück.

Andersens Geschichte ist aber schließlich auch ein Text, an dem gezeigt werden kann, dass die Unterscheidung von Tun und Sprechen

fiktiv ist und in der Geschichtsschreibung eher Schaden anrichtet als Nutzen bringt, weil sie getrennte Sphären suggeriert. Das unschuldige Kind hat mit seinem Ausruf «Men han har jo ikke noget paa» nicht nur gesprochen, sondern zugleich gehandelt. Auf die Intention zu handeln kommt es dabei nicht an. Einer sagte es dem anderen weiter und in kürzester Zeit war innerhalb der Volksmenge eine kritische Masse erreicht, die den Kaiser der Lächerlichkeit preisgab. Worte sind Taten und in bestimmten Konstellationen wirken sie als subversive geschichtsmächtige Maulwürfe.

16. Helden und Heldengesänge – Nationalepen und Verfassungen im 19. Jahrhundert

«Lusitanien hatte seinen Viriatus, Rom seinen Caesar, Karthago seinen Hannibal, Griechenland seinen Alexander, Kastilien seinen Grafen Fernän Gonzalez, Valencia seinen Cid, und die Lektüre ihrer tapferen Taten kann die hervorragendsten Geister unterhalten, belehren, ergötzen und erstaunen.»

(Cervantes, *Don Quijote von der Mancha*, Teil I, Kapitel 49)

«In diesem Sinne muss jede Nation, wenn sie für irgend etwas gelten will, eine Epopöe besitzen.» (Goethe, *Dichtung und Wahrheit*, 2. Teil, 7. Buch)

I.

Die staatsrechtliche Identität einer Nation findet seit dem ausgehenden 18. Jahrhundert regelmäßig ihren Ausdruck im Text einer «Verfassung». Jeder Neuanfang nach Revolutionen schien nur dann Dauerhaftigkeit zu gewähren, wenn er öffentlich in einer neuen Verfassung präsentiert und in einem entsprechenden Zeremoniell abgesichert wurde. Auch Militärregime und Diktaturen aller Art bedienen sich weltweit bis heute der positiven Aura einer «Verfassung», auch wenn sie dort den Führungsanspruch einer Partei festschreiben, Gewaltenteilung und eine Kontrolle ihrer Macht durch unabhängige Gerichte ablehnen.

Die werbende Kraft einer Verfassung wurde und wird auf diese Weise immer von neuem eingesetzt. Sie soll etwa nach einem Bürgerkrieg eine Brücke der Versöhnung bilden und wohltätiges Vergessen empfehlen (*Charte constitutionnelle* 1814) oder soll dokumentieren, dass die Monarchie dem liberalen Zeitgeist in gewissen Punkten nachgibt (Bayern und Baden 1818, Württemberg 1819), sie soll die Errungenschaften einer Revolution durch Festschreibung sichern oder aber, gerade umgekehrt, die vorrevolutionären Zustände feierlich wieder erstellen. Im 19. Jahrhundert findet sich all dies nebeneinander und hintereinander. Vor allem aber wurden Verfassungen als Siegel der Nationbildung verwendet. Die jungen europäischen Nationen, die aus dem Zerfall des Osmanischen und des Habsburgischen Reiches entstanden sind, gaben sich selbst in einer Art Urzeugung neue Verfassungen oder nahmen sie als oktroyierte Verfassungen aus der Hand von Monarchen entgegen. Ebenso dokumentierten die im 19. Jahrhundert entstandenen Staaten Südamerikas ihre neue Souveränität in Verfassungen. Im 20. Jahrhundert verhielt es sich entsprechend im Prozess der Auflösung des britischen, französischen, niederländischen und belgischen Kolonialbesitzes. Sobald sich die regelmäßig entstehenden Wirren einer Staatsgründung zu klären begannen, strebten die maßgebenden Kräfte nach einer Verfassung. Sie sollte den neuen Status besiegeln, zugleich aber programmatisch in die Zukunft weisen.

Bis heute fließen die wesentlichen Inhalte solcher Verfassungen aus den historischen Hauptquellen der amerikanischen und französischen Verfassungen des ausgehenden 18. Jahrhunderts. Sie berufen sich durchweg auf das souveräne Volk als Legitimationsgrund, errichten die wesentlichen Institutionen der Regierungsform, der Legislative, Exekutive und Judikative, garantieren Distanzen zwischen Staat und Gesellschaft, versprechen demokratische Verfahren, Rechts- und Sozialstaat. Handelt es sich um Diktaturen, dann gibt es jedenfalls offiziell keine Distanz zwischen Staat und Gesellschaft, sondern es gilt die Einheit von Staatsführung und (wahrem) Volkswillen. Dennoch verzichten Diktaturen meist nicht auf feierliche Proklamation von Rechten und Pflichten.[1]

Die neuen Verfassungen, stets in der Nationalsprache abgefasst, formulierten die neuen Werte, etwa in den Präambeln und Grundrechtskatalogen, in den Amtseiden und in den Bestimmungen über Landesfarben und Nationalhymnen.[2] Sie waren, im Sinne von Rudolf Smend, zentrale Mittel der «Integration» in einer meist prekären Lage des Übergangs. Sie suchten zu bündeln, was an vorrechtlichen Gemeinsamkeiten zur Verfügung stand oder jedenfalls durch und mithilfe der Verfassung wachsen sollte. Die Formulierungen waren pathosgeladen, gerade weil die Topoi, die beschworen wurden – der Nationalgeist, die Gemeinsamkeit, der friedliche Ausgleich, die nun in das wichtigste Dokument gelangende Nationalsprache, der Rechtsstaat, die Demokratie – in der Wirklichkeit noch nicht oder nur schwach vorhanden waren. Insofern enthielten sie einen normativen, werbenden Überschuss, der aber sprachlich oft dadurch kaschiert wurde, dass deskriptive Behauptungen statt normativer Forderungen verwendet wurden.

Zu den genannten vorrechtlichen Gemeinsamkeiten gehören, als Elemente des «Nationalgeistes», typischerweise alle Vorräte der kollektiven kulturellen Erinnerung, die dazu genützt werden können, die nun aus der Taufe gehobene neue Nation als uralt (möglichst vorchristlich) und immerwährend, von Heldengeschichten überstrahlt, unberührt von bisheriger «Fremdherrschaft» darzustellen.[3] So dachten etwa die Finnen und Esten, die Litauer und Polen, Rumänen und Bulgaren, Tschechen und Slowaken, Serben und Albaner, Griechen und Türken, aber auch Iren und Schotten, Italiener, Spanier und Deutsche. Alle aktivierten im Zeitalter des Nationalismus ihre jeweiligen «Lieux de mémoire» (Pierre Nora),[4] errichteten Denkmäler und Weihestätten, suchten nach den frühesten archäologischen und sprachlichen Spuren ihrer Kultur, schrieben Wörterbücher und Grammatiken, sammelten die ältesten Zeugnisse von Sagen, Heldenliedern und Märchen, rekonstruierten die Götterwelt ihrer Vorfahren und entwickelten nationale Mythologien.[5] Alle historischen Fächer einschließlich der Rechtsgeschichte zeigen Spuren jener Anstrengungen, zur Gründung oder Befestigung der Nation beizutragen. Aus der Distanz sieht man, wie gewaltsam gelegentlich die Quellen interpretiert wurden, um eine geradlinige Entwicklung zu suggerieren, oder um den Quellen ein «System» zu unterlegen, das in ihnen angeblich geschlummert hatte. Dies alles ist ein weites Feld für die heutige und künftige Wissenschaftsgeschichte. Sie kann zeigen – selbstverständlich auch sie wiederum nur innerhalb der Parameter ihrer eigenen Zeit –, wie die kollektive Gestimmtheit einer werdenden oder um eine neue Gestalt ringenden «Nation» sich ihre Instrumente schafft und wie sie «wissenschaftliche» Aussagen hervorbringt oder nutzt. Am Ende schaute aus dem Spiegel diejenige Heldennation, die man sehen wollte. Sie brach zu neuen Ufern auf, war aber uralt. Sie war nun «frei», wie man sich auch die Vorfahren vorstellte. Sie bestand gewissermaßen aus «edlen Wilden» im Naturzustand, die dann unter Fremdherrschaft gerieten und einen Niedergang erlebten. Nun stieg die erneuerte Nation wieder auf, erinnerte sich ihrer Mythen und ihrer Sprache. In der Verfassungsbewegung kam also beides zusammen, stützte und legitimierte sich gegenseitig: das ganz Neue, die befreite Nation, und das ganz Alte, das schon immer da war und nun der Vergessenheit entrissen wurde.

II.

Um deutlich zu machen, wie sehr die Erschaffung von Nationalepen und Nationalhelden eine Projektion zeitgenössischer Wünsche ist, sei mit der krassen Fälschung der Gesänge des Ossian um 1760 begonnen. Obwohl eine philologische Kapazität wie Samuel Johnson die Fälschung des Schotten James Macpherson (1736–1796) in dessen *Fragments of Ancient Poetry collected in the Highlands of Scotland* (1760) umgehend erkannte und ihn zur Vorlage der Manuskripte aufforderte, begeisterten die aus Bruchstücken alter gälischer Texte frei komponierten Gesänge ganz Europa. Ein «Homer des Nordens» war entdeckt, alle Schwächen und Zweifel wurden übersehen, Literatur und bildende Künste bemächtigten sich des Stoffs.[6] Für das Königreich Schottland, das seit 1707 im *Act of Union* mit England verbunden war, sich aber gerade 1746 in der Schlacht bei Culloden ein letztes Mal gegen England aufgebäumt hatte, war die Erfindung eines solchen Sängers eine nationale Tat und zugleich willkommenes Material für die im «Sturm und Drang» beginnende Epoche der europäischen nationalromantischen Literaturen. Dass um 1787/89 auch in England der aus dem Frühmittelalter stammende *Beowulf* entdeckt wurde, der die dänisch-schwedischen Ursprünge der englischen Siedlungsgeschichte zu beleuchten schien, war nicht nur Zufall, sondern Ergebnis einer an den «Ursprüngen» interessierten Suche, die natürlich auch und erst recht an unverfälschtem Material Interesse hatte.

Von *Ossian* geht der Weg zu den Volksliedersammlungen Herders, Arnims und Brentanos, zu den Kinder- und Hausmärchen der Gebrüder Grimm, zu Jakob Grimms *Deutsche Mythologie* (1835)[7] und deren folgenreicher, bis heute irritierender Entfaltung im Kosmos der Musik

Richard Wagners. Am Anfang steht der seit dem Humanismus gefei-
erte Germane Arminius, Hermann der Cherusker, nun gegen Napoleon aktualisiert in Heinrich von Kleists *Hermannschlacht* und am
Ende materialisiert in Ernst von Bandels monumentalem Denkmal am
Teutoburger Wald. In vorgeschichtliche Zeit zurückreichend wird der
Siegfried-Mythos im 1755 aufgefundenen Nibelungenlied fassbar.[8] An
der Pforte der französischen und deutschen Nationalgeschichte stehen
dann der fränkische König Karl/Charlemagne und sein Gefährte Roland. Roland wiederum personifizierte sich in zahlreichen Statuen als
Schützer von Markt und Marktrecht,[9] als deren Letzten man das rie-
sige Hamburger Bismarck-Denkmal von Hugo Lederer und Johann
Emil Schaudt von 1906 ansehen darf: Hier vereinte sich Bismarck als
nationaler Siegfried mit Roland, auf den Freihafen blickend, zu seinen
Füßen die germanischen Stämme.[10] Auch an das Siegesdenkmal auf
dem Niederwald bei Rüdesheim (1883), an das Barbarossa-Denkmal
für Wilhelm I. auf dem Kyffhäuser – «der Weißbart auf des Rotbarts
Throne» (1896)[11] – und an das Völkerschlachtdenkmal bei Leipzig
(1913) sei aus dieser geradezu denkmalsüchtigen Zeit erinnert.[12] Sie
beschwören die Abwehr von Feinden und die Wiederkehr eines bärti-
gen Heldenkaisers, der eine geeinte Nation in die Schlacht führt – freilich nur dann, wenn er genügend Pferde beisammenhat.[13] Dagegen hat
die «Germania» selbst, entweder als blonde träumende Schönheit mit
ihrer Freundin Italia[14] oder aber als Brünnhilde mit Brustpanzer und
Kaiserkrone, den Sprung zum Nationalsymbol nicht wirklich ge-
schafft. Sie blieb, von den Nazarenern bis zum Ersten Weltkrieg, ohne
ausgeprägten Charakter, insbesondere im Vergleich mit der französischen Marianne, die trotz wechselnder Gesichtszüge fast Zeitlosigkeit
gewonnen hat.[15]

Das Bild wird noch dadurch bunter, dass jeder der deutschen
«Stämme», wie sie die Präambel der Weimarer Verfassung 1919 noch
unbefangen nennt, seine eigenen «landsmannschaftlichen» Helden
und Mythen entwickelte und ihnen entsprechende Denkmäler widmete.[16] Geht man über die engen «deutschen» Grenzen hinaus, dann
findet sich das «serbo-kroatische Heldenlied»[17], für die Friesen die
(gefälschte) *Ura-Linda-Chronik* («Himmlers Bibel»),[18] in der Schweiz
die legendären Figuren von Wilhelm Tell und Arnold Winkelried,[19] in

Tirol den realen Andreas Hofer. Der «Heldenplatz» in Wien passt freilich nur dem Namen nach in die Reihe von Ursprungsmythen und
Freiheitskämpfen.[20]

Schon dieser kursorische Durchgang zeigt, wie zerklüftet die deutsche historische Landschaft des 19. Jahrhunderts ist. Die «verspätete
Nation» suchte ihre Leitfiguren in der Literatur der mythischen Vorzeit sowie im Früh- und Hochmittelalter und verwandelte ständig die
eine in die andere. Bismarck vereinigte schließlich in einer Person Siegfried, Arminius und Roland sowie den aus dem Kyffhäuser hervortre-
tenden Barbarossa, er wurde im Ganzen zu einer den Krieg nicht
scheuenden Erlöserfigur, die mit Eisen und Blut leistete, was andere
nicht zuwege brachten, nämlich die ersehnte Überwindung der angeblich chronischen deutschen Zerrissenheit und die Einigung der deutschen «Stämme» in einem Nationalstaat.[21] Letzterer erschien wichtiger als eine «Verfassung». Was sich 1871 Verfassung nannte, war denn
auch ein pragmatisches und elastisches Organisationsstatut für eine
konstitutionelle Monarchie, die nicht auf der Volkssouveränität, sondern auf einem «Fürstenbund» ruhte.

So verwirrend diese Vielfalt von Leitfiguren in Deutschland sein
mochte, so einheitlich sind doch die mit allen Evokationen einer glor-
reichen Vergangenheit transportierten politischen Visionen. Erhofft
wurden die Überwindung der dynastischen Zersplitterung und «Klein-
staaterei», die Schließung der Lücken im «Rechtsstaat» sowie die
Lösung der «Sozialen Frage». Der pädagogische Auftrag lautete, die
Bilder früherer Heldentaten der kommenden Generation tief einzuprä-
gen, um sie politisch zu ertüchtigen. Mitten in der Industriellen Revolution, die nun auch Deutschland intensiv erfasste, blieben die Heroen
der Vergangenheit also Trost und Mahnung zugleich. Man maß die
Politiker der Gegenwart an den in allen Schulen und in unzähligen
Abbildungen vermittelten «Deutschen Heldensagen», trauerte um den
hinterrücks gemeuchelten Siegfried, empfand die Varusschlacht als
Menetekel für ausländische Übergriffe[22] und erhoffte einen modernen
Arminius, der in Bismarck dann auch erschien. All dies zielte mehrheitlich auf eine konstitutionelle Monarchie, die nach den Erfahrungen von 1848/49 nur kleindeutsch, also preußisch sein konnte. Dass
diese Monarchie «konstitutionell» sein müsse, war selbstverständlich,

seit auch Preußen 1851 Verfassungsstaat geworden war. Insofern enthielt das Ziel der nationalen Einheit deren verfasste Struktur.

III.

Wenn die These richtig ist, dass gerade «verspätete Nationen» oder werdende Nationalstaaten in der Phase ihrer Selbstfindung spezielle Neigungen zum Kult mythischer Helden aufweisen, dann müsste man im 19. Jahrhundert vor allem am Rand des russischen Imperiums, des Osmanischen Reichs und der Habsburger Monarchie fündig werden. In der Tat tauchen in Finnland und Estland Phänomene auf, die dem Ossian vergleichbar sind und für die Nationalkultur den Gründungsmythos liefern.

In Finnland fügt der Arzt Elias Lönnrot (1802–1884) aus den hingebungsvoll gesammelten mündlichen Überlieferungen aus vorchristlicher

Zeit[23] das Nationalepos *Kalevala* zusammen (erste Fassung 1835, zweite Fassung 1849). Er sammelt auf mühsamen Reisen, verdichtet, ordnet und ergänzt, bis am Ende ein gewaltiges Epos in 50 Gesängen und 22 795 Versen vorliegt. Das war nicht nur eine künstlerische Großtat des historistischen 19. Jahrhunderts, sondern auch der entscheidende Schritt für die Selbstfindung der finnischen Nation, bevor sie sich auch politisch befreite.[24] Dass Finnland seit 1809 im Zarenreich eine weitreichende Autonomie genoss, war verfassungsgeschichtlich eine Zwischenstufe zur nationalen Souveränität. Ohne dieses Epos und die mit ihm und durch es wirkende finnische Nationalromantik wären die schwierigen und schmerzlichen Ereignisse der Jahre 1917–1919,[25] die mit der republikanischen Verfassung von 1919 endeten, nicht möglich gewesen. Gewiss sind dies spekulative «kausale» Bögen, aber alle Kenner der finnischen Kulturgeschichte versichern, dass das Epos *Kalevala* aus diesem letztlich auch politisch relevanten Selbstfindungsprozess der Nation nicht hinweggedacht werden kann.[26] Der 28. Februar, an dem das Werk 1835 erschien, ist heute Nationalfeiertag.

Auch in Estland war es ein Arzt, der 1850 bis 1861, dem Vorbild Lönnrots folgend, den estnischen Mythos des *Kalevipoeg* schuf. Es gibt viele Unterschiede zwischen *Kalevala* und *Kalevipoeg*, was Quellen und Verarbeitung angeht, aber gewiss ist auch hier, dass *Kalevipoeg* bewusst als imaginärer Orientierungspunkt der «nationalen Wiedergeburt» des estnischen Volks angelegt war. In diesem Sinn ist das Werk von Friedrich Reinhold Kreutzwald (1803–1882) ein «heiliger Text» geworden.[27] Die Entstehungszeit des Werks ist zugleich die der estnischen weltlichen Schriftsprache. Wie in Finnland geht die Geburt der Kulturnation der Erringung der staatlichen Souveränität voran. Auch hier bietet das Ende des Zarenreichs die Chance, den Traum des Nationalstaats zu verwirklichen.[28]

Im ehemaligen Böhmen begann die Wiederentdeckung der eigenen Sprache, Literatur und Kultur der Tschechen in der Mitte des 18. Jahrhunderts, damals und noch lange danach über das Medium des Deutschen. Pioniere waren der Begründer der tschechischen Hochsprache Josef Dobrovský (1753–1829) und der schon tschechisch publizierende und nationalistische Josef Jungmann (1773–1847).[29] Als Václav Hanka (1791–1861) im Jahr 1818 die so genannten Königinhofer Handschriften mit dem Epos *Jaroslav* vorstellte, angeblich aus dem 13. Jahrhundert stammend, glaubte man, auch hier ein Heldenepos in Parallele zu Homer und Ossian in der Hand zu haben. Es war eine Fälschung, was man freilich aus Nationalstolz lange nicht wahrhaben wollte. Aber Fälschungen und der hartnäckige Glaube an sie zeigen noch deutlicher als echte Dokumente, wie stark der Wunsch war, die eigene Nation als uralte Kulturnation zu begreifen und an ein frühes Goldenes Zeitalter zu erinnern. Auf die Dauer als wirkmächtiger erwiesen sich dann die Sagenkönigin Libussa und die von Smetana besungene *Moldau*. Alle diese Bestrebungen bereiteten die zweite Phase der Nationbildung (1820–1860) vor und mündeten schließlich in die Gründung der Tschechoslowakischen Republik von 1918 mit ihrer provisorischen Verfassung sowie mit der endgültigen Verfassung von 1920.[30]

Die Bulgaren, bis ins 19. Jahrhundert zum Osmanischen Reich gehörig, verfügten wie alle anderen Völker über Volksmärchen und Volkshelden, aber keine der dort überlieferten Figuren stieg zum bulgarischen Nationalhelden empor. Vielmehr verdichtete sich die Nationalgeschichte in dem 1762 geschriebenen und erst 1844 gedruckten Buch des Mönchs Paisij Hilendarski *Slavisch-bulgarische Geschichte*, das sehr populär war und geradezu als nationales Heiligtum angesehen wurde, weil es die Geschichte vor der osmanischen Eroberung am Ende des 14. Jahrhunderts zur eigentlichen Nationalgeschichte erhob.[31] Im ausgehenden 19. Jahrhundert erstand dann in Wasil Iwanow Kuntschew (1837–1873) der heute «gültige» Nationalheld, genannt Wassil Lewski, der «Apostel der Freiheit». Auf ihn konzentriert sich heute die nationale bulgarische Erinnerungskultur, vom Gedenktag am 18. Februar bis hin zum Fußballclub Lewski («Löwen») in Sofia, der aber wohl hinter ZSKA Sofia zurücksteht. Auch hier findet sich also wieder das Schema eines Goldenen Zeitalters, dem Verfall und Verdunkelung folgen, bis sich endlich die nationale «Wiedergeburt» ereignet, frei von bedrückender Fremdherrschaft, im Fall von Lewski durch dessen Hinrichtung von besonderer Gloriole umgeben.[32]

Als letztes und besonders spätes Beispiel sei Albanien erwähnt.[33] Erst 1878 sah die albanische Elite eine Chance, die Herrschaft des durch den russisch-türkischen Krieg geschwächten Osmanischen Reichs abzuwerfen. In der «Liga von Prizren» (1876) entstand die

Nationalbewegung «Rilindja», innerhalb derer Sami Frashëri (1850–1904), türkisch Şemsettin Sami, ein albanisches Alphabet schrieb. Seine Brüder Abdyl (1839–1892) und Naim Frashëri (1846–1900) spielten in der Rilindja eine noch größere Rolle, vor allem weil Letzterer die Wiederentdeckung des albanischen Nationalhelden Skanderbeg (Gijergi Kastrioti, 1405–1468) in Gang setzte. Skanderbeg, der als Geisel am Hof des Sultans aufwuchs, fiel 1443 vom osmanischen Herrscher ab, kehrte wieder zum Christentum zurück und widersetzte sich bis zu seinem Tod den Osmanen. Heute stehen Reiterstatuen von ihm in Tirana, Pristina, Skopje und andernorts auf Skanderbeg-Plätzen, es gibt Romane, etwa von Ismail Kadare, und Filme über ihn. Sein Helm und Schwert werden in Wien aufbewahrt.[34] Durch ihn gelang den Albanern der historische Sprung vom heldenhaften Kampf des 15. Jahrhunderts in die «Wiedergeburt» der Nation im späten 19. Jahrhundert. Nach dem Ende der kommunistischen Herrschaft bietet sich Skanderbeg sogar als Symbol an für die freiheitliche Verfassung der alten, letztlich unbesiegbaren Illyrer.

IV.

Der kurze Durchgang durch einen kleinen Teil der Heldengeschichten im Kontext der Nationbildung des 19. Jahrhunderts wirft mancherlei Fragen auf. So sucht man nach Erklärungen, warum die großen westeuropäischen Nationen (England, Frankreich, Spanien, Portugal) zwar ebenfalls ihre Nationalhelden und Nationalepen haben, etwa William the Conqueror, Chaucers *Canterbury Tales*, den Kelten Vercingetorix, Charlemagne samt Roland und Johanna von Orléans in Frankreich, El Cid und Isabella von Kastilien samt Kolumbus in Spanien oder Luís de Camões mit den *Lusiaden* von 1572 in Portugal, dass aber nur mühsam und letztlich vergeblich eine Verbindung zur Konstruktion des Nationalstaats hergestellt werden kann. England, Frankreich, Spanien und Portugal waren bereits in der Frühen Neuzeit Nationalstaaten, auch sie haben die Schübe des Nationalismus im 19. Jahrhundert erlebt, aber sie brauchten ihn nicht zur Abschüttelung von «Fremdherrschaft». Italien, was die Staatsform angeht «verspätete

Nation» wie Deutschland, bedurfte angesichts seiner überreichen römischen Tradition und der seit dem 14. Jahrhundert blühenden Nationalliteratur mit Dante, Petrarca und Boccaccio keiner «Erfindung» von Heldengestalten der Frühzeit. Auch Garibaldi und Cavour, so sehr sie verehrt und mit Denkmälern, Straßen und Plätzen geehrt wurden, passen nicht recht in den hier verfolgten Gedankengang.[35] Ebenso muss man eingestehen, dass auch kleinere Nationen wie Polen und Ungarn, die vom Zarenreich bzw. der Habsburger Monarchie beherrscht waren und sich wie vergleichbare Nationen davon befreiten, ohne Heldenmythos auskamen. Man mag für Ungarn den hl. Stephan reklamieren und im 19. Jahrhundert Sándor Petöfy (1823–1849) als Nationaldichter; in der Tat belebte sich das Andenken an Petöfy im Aufstand von 1956, und der Mythos der Stefanskrone gewinnt momentan in eher problematischer Weise wieder seinen politischen Werbeeffekt. Ähnlich kann man in Polen auf den Freiheitskampf und auf die geistige Rolle von Adam Mickiewicz (1798–1855) hinweisen. Aber eine Verdichtung der nationalen Wiedergeburt, verbunden mit der Entdeckung uralter Texte und Heldengesänge, gab es dort nicht. Polen war seit dem Spätmittelalter eine kirchlich geeinte, kulturell und sprachlich reiche Nation. Einer Vergewisserung in ungesicherten vorgeschichtlichen Zeiten, gar unter Zuhilfenahme von Fälschungen, war hier entbehrlich. Mit anderen Worten: Eine weitreichende These, die auf alle Fälle von Nationbildung im 19. Jahrhundert «passt», ist nicht zu finden. Dennoch illustrieren die Beispiele der genannten kleinen Nationen, aber auch Deutschlands auf nachdrückliche Weise, wie philologische Entdeckungen oder Fälschungen einerseits, historistische Restaurierungen der Bilder realer Personen andererseits als Antriebs- und Ausdrucksmittel dienen können, wenn es um Selbstvergewisserung einer Nation im Aufbruch geht. Es handelt sich, wie Guy P. Marchal treffend sagt, um «Gebrauchsgeschichte». Die alte Kulturnation Deutschland war im 19. Jahrhundert vor 1870 von Hoffnung und Sorge getrieben, ob die nationale Einigung gelingen könne, und als sie gelungen war, schlug das Glück des Gelingens in parvenühaftes Auftreten um. Nationalromantik und entstehende Literaturwissenschaft lieferten ihre Beiträge zur erneuten Verehrung Hermann des Cheruskers, zur Pflege der Germanenmythologie und der künstlerischen Verarbeitung des Nibelungenlieds, die allesamt in einer Heldengestalt mündeten.[36] Dass auch die ältere deutsche Rechtsgeschichte daran einen kräftigen Anteil hat, etwa durch Felix Dahn, Heinrich Brunner, Karl von Amira, Otto von Gierke, Walther Merk, Claudius von Schwerin, Herbert Meyer, Karl August Eckhardt und andere, ist bekannt, aber ein anderes und weitläufiges Thema.[37]

17. Der *Mordfall Heinze* und die *Lex Heinze*

I.

«Nach Berlin war der Großvater gelangt», schreibt Joachim Fest in seinen Erinnerungen, «als 1890 der aufsehenerregende Mord des Ehepaars
Heinze an einem vermögenden Hausbesitzer, nach einer anderen Ver-
sion allerdings an einem Fräulein von der Inneren Mission oder, nach
der wahrscheinlichsten Überlieferung, an einer Prostituierten verübt
worden war. Da die Heinzes, deren Untat von meinem Großvater und
vielen anderen oft mit den Morden Jack the Rippers verglichen wurde,
im anschließenden Prozeß aussagten, sie hätten den Mord vor allem
begangen, um auf die schreiende Wohnungsnot in Berlin aufmerksam
zu machen, hatten sich zwei und später drei Gruppen wohlhabender
Familien zu philanthropischen Siedlungsgesellschaften zusammenge-
tan. ... Mein Großvater hat den Heinzes die Berufung auf das Elend der
Slums oder die Hinterhofschrecken im Wedding nie abgenommen.
Denn er glaubte, dass das barmherzige Motiv erlogen war, weil seine
Lebenskenntnis ihm sagte, dass die Robin Hoods dieser Welt durchweg
der Literatur, fast niemals der Wirklichkeit entstammen. Infolgedessen
war er bemüht, alles über Gotthilf Heinze, den er öfters ‹Gotthilf den
Schlitzer› nannte, zu erfahren, und forschte sogar nach Hintermännern,
Geheimbünden sowie vor allem nach jener wüsten, womöglich rothaa-
rigen Schönheit, von der in manchen, wenn auch windigen Quellen die
Rede war: dem ‹Engel aus dem Gully›, wie er sie einmal, Jahre später,
mir gegenüber genannt hat. Nie ist mir ganz klar geworden, ob sie das
prostituierte Opfer oder eine Komplizin der Mörder gewesen war. Er
glaube an die Komplizin, sagte mein Großvater und knurrte: ‹Bezeich-
nend! Die Ehefrau zieht er in den Mord hinein, die Geliebte bleibt im
Hintergrund und hält sich fürs Vergnügen bereit›.»[1]

Noch in diesem durch die Erinnerung verfremdeten und in nahezu
allen Details falschen Bericht[2] zittert nach, welche Aufregung der Pro-

zess vor dem Schwurgericht Berlin in den Jahren 1891/1892 verursachte. Der Prozess wäre aber als Dutzendgeschichte aus dem Zuhältermilieu längst vergessen, wenn aus ihm nicht eine Art Kulturkampf der wilhelminischen Zeit entstanden wäre, der Kampf um die *Lex Heinze*. In ihm trafen nicht nur das «persönliche Regiment» des Kaisers, die ihn bedienende Ministerialbürokratie und der Reichstag aufeinander, sondern auch die Erwartungen des bürgerlichen und höfischen Publikums gegenüber der Kunst und die irritierende Entwicklung der modernen Kunst und Literatur in den beiden Jahrzehnten vor und nach 1900. Der «Mord-Prozess» wurde «der unfreiwillige Taufpate der Lex Heinze».[3] Der Name Heinze hängte sich fast zufällig an die Gesetzesvorlage. Er war durch die Presse zum Kürzel für «Unsittlichkeit» im weitesten Sinn geworden, für den «Sumpf» der Großstadt mit ihren die Sinne reizenden Angeboten, den unanständigen Theateraufführungen und Variétés, den schlimmen Bildern von nackten Frauen, den Bordellen und dem Straßenstrich im Berliner *Quartier latin* zwischen Chausseestraße, Invaliden- und Gartenstraße.

Die eigentliche Kriminalgeschichte ist rasch erzählt. Am 27. September 1887 wurde in der Parkanlage an der Berliner Elisabethkirche – Ecke Strelitzer Straße in der so genannten Rosenthaler Vorstadt, jetzt Berlin-Mitte – zwischen 3.30 Uhr und 5 Uhr ein Nachtwächter Braun ermordet. Viele Indizien deuteten auf ein Ehepaar, (Anna Johanna Sophie) Dorothea Heinze, geborene Will, Prostituierte, nebenbei auch «Vigilantin» der Polizei, und (Gotthilf Rudolf) Hermann Heinze, ihr fünfzehn Jahre jüngerer Zuhälter, ehemals Töpfergeselle von Beruf. Beide waren erheblich vorbestraft, nicht nur wegen sittenpolizeilicher Vergehen, sondern auch wegen Diebstahls, Hehlerei, Hausfriedensbruchs etc. Nun sollten sie – oder mehrere Männer? – einen Einbruch in die Sakristei der Elisabethkirche versucht haben und dabei von Braun überrascht worden sein. Die Täter warfen ihm Schnupftabak ins Gesicht und überwältigten ihn mit Schlägen und Stichen, strangulierten ihn und hängten ihn an einem Baum auf. Dann schissen sie noch daneben, dem alten Aberglauben huldigend, dass dies vor Entdeckung schütze.

Verschiedene Personen wurden verdächtigt, die Ermittlungen zogen sich fast vier Jahre hin, die Zeugenaussagen erhellten ein Milieu von Arbeitslosigkeit, Prostitution, Gewalt, Kleinkriminalität, Alkohol und schlechten Wohnverhältnissen, überwacht von einer Polizei, die zahlreiche Spitzel bezahlte, um an Informationen zu kommen. Es kamen Sachen zur Sprache, «die für zarte Frauenohren nicht geeignet sind», wie der Vorsitzende des Gerichts, Landgerichtsdirektor Rieck, sich zeittypisch ausdrückte. Der Ring belastender Indizien zog sich um das Ehepaar Heinze immer enger zusammen. Andere Verdächtige kamen nicht wirklich ins Visier der Staatsanwaltschaft oder verloren sich wieder von dort, vor allem Zuhälterkollegen von Heinze, bei denen Nachtwächter Braun verhasst war, weil er häufig Prostituierte in Haft nahm. Ein blutiges, zerrissenes (und später verbranntes) Hemd, ein blutiger Schlips, eine Schnupftabakdose, am Tatort verstreuter Schnupftabak sowie ein verlorener Manschettenknopf spielten Nebenrollen. Ein Mann namens Just sollte in Chicago vernommen werden, aber es kam nichts dabei heraus. Das Ehepaar blieb in Untersuchungshaft, zwar untereinander völlig zerstritten, aber stets beide ihre Unschuld betonend. Die Verteidiger Dr. Coßmann und Dr. Ballien gaben sich alle Mühe, die Unsicherheiten eines solchen Indizienprozesses zu betonen. In der aufgeputschten Stimmung «gegen das Laster» wurden sie in der Presse beschuldigt, den Angeklagten zu nahe zu stehen; es gab sogar ein anwaltliches Ehrengerichtsverfahren, das diesen Vorwurf freilich nicht bestätigte.[4] Hunderte von Zuhörern lauschten. Die Presse berichtete ausführlich und in Tönen höchsten Abscheus.

Neun Monate später wurde die Verhandlung fortgesetzt. Nun beantragte der Staatsanwalt Dr. Unger den Ausschluss der Öffentlichkeit mit folgender Begründung: «Der Prozeß ist erwachsen auf dem sumpfigen Boden der großstädtischen Prostitution und die vorige Verhandlung hat, wie bekannt, eine solche Fülle von Unfläthigkeiten und Obscönitäten, eine solche Menge von die Scham und das Sittlichkeitsgefühl verletzenden Momenten zu Tage gefördert, dass die Oeffentlichkeit für die ganze Dauer der Verhandlungen auszuschließen ist, weil die Sittlichkeit sonst sehr gefährdet werden würde.»[5] Das Gericht folgte diesem Antrag und ließ Tribünen und Zuhörerraum räumen. Wieder wurden die Angeklagten, die Zeugen und die Kriminalkommissare gehört, ebenso ehemalige Mitgefangene des angeklagten Ehepaars.

Ein gewisser Willy Kohl, vorbestraft und vielleicht geisteskrank, kam als Mittäter ins Spiel – auch dies eine Sackgasse.

Am Ende hatten die Geschworenen zu entscheiden, ob nach ihrer Überzeugung das Ehepaar Heinze am 27. September 1887 einen Einbruchsdiebstahl versucht und, als es dabei gestört wurde, gemeinsam und mit Anderen vorsätzlich einen Menschen getötet hatte. Die Geschworenen erkannten auf «Körperverletzung mit Todesfolge». Der Staatsanwalt beantragte gegen Heinze 15 Jahre, gegen seine Frau 10 Jahre Zuchthaus, zusätzlich Ehrverlust und Polizeiaufsicht. Das Gericht folgte dem Antrag. Die Angeklagten wurden in Haftanstalten verlegt.

«Als Frau Heinze aus dem Zuchthause kam», schrieb der Gerichtsreporter Hugo Friedlaender 1908, «gelang es ihr sehr bald, wiederum einen sehr netten jungen Mann als Beschützer zu gewinnen. Dieser wurde jedoch nach sehr kurzer Zeit wegen Zuhälterei, sie selbst wegen Anstiftung hierzu, bestraft. Sie soll sich jetzt eines anständigen Lebenswandels befleißigen. Der Ehemann Heinze ist im Sommer 1907 aus dem Zuchthause zu Sonnenburg entlassen worden. Aus Anlaß seiner musterhaften Führung hat er durch Fürsprache eine sehr gute Anstellung in einem großen industriellen Etablissement und die Erlaubnis erhalten, einen anderen Namen führen zu dürfen. Ob er inzwischen von seiner Frau geschieden ist, konnte ich nicht erfahren. Er hat Herrn Rechtsanwalt Dr. Coßmann besucht und diesem versichert, er habe zu seiner Gattin keinerlei Beziehungen mehr. Er lebe vollständig zurückgezogen und erinnere sich mit Schaudern seiner Vergangenheit. Sein leichtsinniger Lebenswandel sei an dem großen Unglück schuld. 15 Jahre habe er unschuldig im Zuchthause gesessen, der Ermordung des Nachtwächters Braun stehe er vollständig fern.»[6]

II.

«Die Verhandlungen des Prozesses riefen eine ungeheure Sensation hervor. Ein sorgfältig verborgenes Stück aus dem Leben und Geschehen Berlins lag plötzlich im vollen Licht der Öffentlichkeit. Die Zeitungen schwelgten in seitenlangen Milieu- und Sittenschilderungen, die bürgerlichen Sittlichkeitsvereine zeterten über die moralische Verderbnis der niederen Klassen, jeder, der Wert darauf legte, für einen wohlanständigen Bürger zu gelten, zitterte vor Empörung und vergaß dabei ganz, dass er selbst in der gleichen Gegend ein «flottes» Studentenleben geführt hatte; vergaß, dass dieses flotte Leben erst die materielle Grundlage für die Prostituierten im ‹Quartier latin› geschaffen hatte. Die Empörung der Sittlichkeitsvereine kannte keine Grenzen. Abscheuliche Zustände, Sittenverderbnis – die staatserhaltenden Kreise wussten auch sofort, wer die Schuld hieran trug: Die moderne Kultur, die fortschrittlichen Künstler, die gottlosen Sozialdemokraten und alles, was nicht unbedingt zu den Befürwortern des christlich-germanischen-kaiserlichen Kapitalismus gehörte.»[7]

Aus den Zeitungen erfuhr auch der junge, seit 1888 regierende Wilhelm II. von den schrecklichen Zuständen in seiner Reichshauptstadt. Die aufgebauschte Berichterstattung, ein unerfahrener, zu forschen Vorstößen geneigter und selbstgewisser Monarch sowie eine gehorsame Ministerialbürokratie kamen zusammen. Der am 22. Oktober 1891 an die Regierung herausgegangene kaiserliche Erlass begann mit den Worten: «Die beklagenswerten Erscheinungen, welche das Strafverfahren gegen die Eheleute Heinze hat zu Tage treten lassen, beunruhigen mein landesväterliches Herz.»[8] Konkret gefordert wurden die Bekämpfung der Prostitution und presserechtliche Maßnahmen gegen die Gerichtsreportagen. Die Regierung lieferte schon Anfang des Jahres 1892 den verlangten Gesetzentwurf. Durch ihn sollten zunächst die Strafen gegen Prostitution und Zuhältertum verschärft werden – angesichts der Realität von angeblich sechzigtausend Berliner Prostituierten,[9] umgeben von einem Kranz interessierter Amüsierbetriebe für bürgerliches Publikum eher ein Schlag ins Wasser. Daneben sollten aber auch Presse und «unsittliche» Unterhaltungsliteratur in die Schranken gewiesen werden. Die Regierung wünschte eine Ausweitung des § 184 Strafgesetzbuch (StGB), der den Verkauf, die Verteilung und Verbreitung unzüchtiger Schriften und Abbildungen mit Strafe bedrohte.[10] «Unzüchtig» waren sie dann, wie das Reichsgericht sagte, wenn sie «das Scham- und Sittlichkeitsgefühl in geschlechtlicher Beziehung gröblich verletzten».[11] Nun sollte auch das «Feilhalten» solcher Schriften und Abbildungen bestraft werden, ebenso das öffentliche Ausstellen von Dingen, die «ohne

unzüchtig zu sein, durch gröbliche Verletzung des Scham- und Sittlich-
keitsgefühls» Ärgernis zu erregen geeignet schienen. Der Straftatbestand wurde also präventiv ausgedehnt («Feilhalten») und über das
schon kaum konkretisierbare Merkmal «unzüchtig» in einen vagen sozialen Beurteilungsspielraum hinein erweitert. Auch das nicht-unzüch-
tige, aber doch Anstoß erregende Objekt sollte verschwinden. Das betraf den schwierigen, kaum zu fassenden Übergangsbereich von Kunst
zu Nicht-Kunst, und zwar nicht nur in qualitativer Hinsicht, sondern
auch zwischen Kunstwerk und der nunmehr unbegrenzten Vervielfältigung durch Kunstpostkarten oder großformatige Fotografien. Das An-
stößige im Zeitalter seiner technischen Reproduzierbarkeit, wie man
Walter Benjamin variieren könnte, warf also ganz neue Probleme auf,
und zwar zu einer Zeit, die keine Verfassungsgarantie der Kunstfreiheit
kannte. Es musste von der Definitionsmacht der Polizei und der Staatsanwaltschaft sowie des Richters abhängen, wann ein Text oder eine
tausendfach gedruckte Abbildung, ein Marmorbild hinter der Glas-
scheibe einer Galerie, eine Äußerung auf der Bühne das kollektive
Scham- und Sittlichkeitsgefühl «gröblich» verletzten.

Der erste Anlauf zur Verschärfung des Strafrechts blieb in der
Reichstagssession von 1891 liegen. 1892 folgten die zweite und die
dritte Lesung. Aber dann wurde der Reichstag 1893 wegen der Ableh-
nung einer Heeresverstärkung aufgelöst. Der erste Anlauf war also
vergeblich. Aber die bürgerlichen und vor allem kirchlichen Kreise, die
sich gegen die Unmoral der modernen Welt stemmten, gaben nicht auf.
1895 legte das Zentrum einen erheblich erweiterten Entwurf für einen
neuen § 184 StGB vor. Nun sollte möglichst alles Unzüchtige, grob
Unanständige und damit das Scham- und Sittlichkeitsgefühl erheblich
Verletzende erfasst werden, was nur denkbar schien: Schriften, Abbildungen oder Darstellungen, Theateraufführungen, Singspiele, Ge-
sangs- oder deklamatorische Vorträge, Schaustellungen von Personen.
Ebenso lückenlos waren die Begehungsarten: Feilhalten, verkaufen,
verteilen, öffentlich ausstellen oder anschlagen oder «sonst verbrei-
ten», zur Verbreitung herstellen, vorrätig halten, ankündigen oder an-
preisen. Schließlich, als kleine Erinnerung an den Ausgangsfall
«Heinze», sollten auch Ärgernis erregende Mitteilungen aus nicht-
öffentlichen Gerichtsverhandlungen strafbar sein.

Auch dieser Gesetzentwurf blieb 1895/1897 liegen. Und wieder drängten die überall entstandenen Sittlichkeitsvereine und andere interessierte Kreise, man möge endlich handeln. Der Furor der Verfolgung des Nackten steigerte sich, ebenso aber auch das naive Zutrauen in die Wirksamkeit des Strafrechts. Gleichzeitig war damals an zahllosen öffentlichen Gebäuden, Hotelfassaden oder Brunnenanlagen Nacktheit in der Stilvielfalt des Historismus und in der photographischen Genauigkeit der damaligen Akademiekunst zu sehen. Berlin erlebte seine Glanzzeit, aber hinter der vom Bürgertum angehimmelten feudalen Fassade von Kaiserwetter, Paraden, Bällen und Soupers ahnte man den Pfuhl der Großstadt, die Armutsprostitution, die schmutzigen Etablissements und den heimlichen Verkauf pornographischer Postkarten. Heinrich Manns Charakterfiguren Dietrich Heßling und Professor Unrat waren die treffenden Chiffren für die bürgerliche Empörung gegen die allgemeine Unsittlichkeit. Hinter dem lauten Ruf nach dem Strafrecht breitete sich Angst vor den Erscheinungen des Fin de Siècle aus, vor der sozialen Frage, der Massenpresse und ganz allgemein vor dem Ende des bürgerlichen Zeitalters.

Freilich sollte man nicht annehmen, dies alles sei eine speziell deutsche Erscheinung. In ganz Europa regten sich Kräfte, den Mädchen- oder Frauenhandel zu verbieten, vor allem aber, ihn international unter Kontrolle zu bringen. Die fortschrittliche Frauenbewegung, die man nicht mit den Sittlichkeitsvereinen verwechseln sollte, engagierte sich länderübergreifend im Kampf gegen die Prostitution.[12] Parallel hierzu arbeitete die Diplomatie. Deutschland, die Niederlande und Belgien einigten sich schon 1889/1890 vertraglich über die Bekämpfung der Prostitution.[13] 1904 schlossen die europäischen Staaten, die USA, Brasilien und Russland ein Verwaltungsabkommen gegen den Mädchenhandel, damals noch *Traité des Blanches* genannt, im Gegensatz zum *Traité des Noirs*, dem Sklavenhandel. Dieses Abkommen wurde 1910 fortgeschrieben.[14] Ihre Mittel waren Strafdrohungen, Kontrolle, Auslieferungsregeln und Informationsaustausch durch spezielle Büros. Nach 1919 haben dann der Völkerbund und nach 1945 die Vereinten Nationen den Komplex weiterentwickelt.[15] – Parallel verlief die Bekämpfung obszöner Schriften. 1906, also nochmals im Anschluss an die *Lex Heinze*, hatten die Christlich-Sozialen (Stoecker) im Reichstag die

Initiative ergriffen, die pornographische Literatur zu bekämpfen, der Verein zur Hebung der Sittlichkeit behandelte das Thema, eine Konferenz der internationalen Sittlichkeitsvereine versammelte sich 1908, ein «Bureau international contre la litterature immorale» wurde in Genf gegründet, der Reichstag verhandelte 1909 darüber und am 4. Mai 1910 kam es zu einem internationalen «Arrangement relatif à la répression de la circulation des publications obscènes», dem wiederum die wichtigsten europäischen Staaten, Brasilien, die USA und Russland, beitraten.[16] Diese völkerrechtliche Spezialmaterie soll hier nicht weiter ausgebreitet werden. Aber es ist wichtig, sie zu nennen, um den Eindruck zu vermeiden, es habe sich um einen Alleingang deutscher Prüderie und Spießigkeit gehandelt. Niemand in Europa zweifelte, dass es ernsthafte Probleme des Menschenhandels gab. Die Parallele zum Sklavenhandel zeigt es. Die modernen Verkehrsmittel erlaubten rasches Reisen, Grenzübertritte und Versteckspielen mit der Polizei. Hinter dem internationalen Kapitalismus erhoben sich Schattenmärkte des Obszönen, der Prostitution und der Vergnügungsindustrie, die nicht weniger international waren als andere Industrien. In allen Ländern, die sich hier kämpferisch zusammenschlossen, waren die neuen Sittlichkeitsvereine die treibende Kraft, religiös oder kulturkonservativ motiviert, Organisationen zugunsten der bürgerlichen Moral. Auch international spürte man wohl, dass hier Gefahren für eine bürgerliche Welt lauerten, deren Daseinsform vor dem Ersten Weltkrieg als angenehm und sicher, als erhaltenswert und «richtig» empfunden wurde. Marxistisch gesprochen: Es war ein Klassenproblem, sowohl von Seiten der Prostituierten gesehen, als auch von Seiten ihrer repressiv oder sozial motivierten Gegenüber.

Zurück nach Deutschland in die Jahre 1897/98: Die Zentrumsfraktion (Abgeordnete Prinz von Arenberg, Gröber, Letocha, Dr. Rintelen, Dr. Spahn, Dr. Stephan) verfolgte nun im Zusammenwirken mit den Konservativen das Ziel eines verschärften § 184 StGB erneut, aber sie scheiterte bei der zweiten Lesung am 26. April 1898, weil der Liberale Eugen Richter die Beschlussfähigkeit des Reichstags bezweifelt hatte. Deshalb wurde der Entwurf 1899 erneut vorgelegt, vom Zentrum als kompletter Entwurf, vom Bundesrat ohne das Verbot von Theater- und sonstigen Aufführungen. In den Beratungen setzten sich, gegen den

Widerstand der SPD und der Liberalen, die Scharfmacher durch. Der reale Fall «Heinze» war längst vergessen. Nun ging es um die Nutzung der Stimmung, die durch die Attentate von Hödel und Nobiling auf Kaiser Wilhelm entstanden war. «Der Blick in den Abgrund religiösen und sittlichen Verfalles, aus welchen solche Verbrechen aufsteigen, ist erschütternd und beschämend», stand im Programm des Zentrums.[17] Alle Hinweise darauf, es handle sich bei der geplanten Verschärfung um einen «Kautschukparagraphen», der die Freiheit der seriösen Kunst durch Vermischung mit unzüchtigen Darstellungen gefährde, der ein Schnüfflertum provoziere und, nicht zuletzt, die deutsche Szene dem Spott anderer Nationen ausliefere, prallten an der Mehrheit ab. Diese wollte, wie die Redebeiträge ganz klar zeigen, Front machen gegen Naturalismus und Realismus, also auf dem Theater gegen Hauptmann, Sudermann und Ibsen, in der Literatur gegen den Naturalismus à la Zola, in der Malerei gegen die französische und bald auch skandinavische *Plein-Air-Malerei*.[18] «Die ganze Richtung passt uns nicht», sagte der Berliner Polizeipräsident Bernhard von Richthofen am 23. 10. 1890 auf die Frage Oskar Blumenthals, des Direktors des Berliner Lessing-Theaters, warum er Hermann Sudermanns Stück *Sodoms Ende* verboten habe.

Am 6. Februar 1900 fand die Generaldebatte im Reichstag statt, am 15. Februar 1900 die zweite Lesung. Die Generaldebatte der dritten Lesung folgte am 13. März, die Spezialdebatte über den so genannten Jugendparagraphen (§ 184a) und Theaterparagraphen (§ 184b) am 16. März 1900. Erst in der dramatischen dritten Lesung, als die Sozialdemokraten das Verfahren – übrigens erstmalig – durch Obstruktion in die Länge zogen und der Mehrheit ein Verfahrensfehler unterlief, gab das Zentrum nach. Am Ende kam eine kaum verschärfte Fassung des § 184 StGB heraus, der Theaterparagraph war ganz entfallen.[20] Geblieben war der Straftatbestand gegen öffentliche Mitteilungen aus geheimen Gerichtsverhandlungen, soweit die Mitteilungen «geeignet sind, Ärgernis zu erregen» (§ 184 b). Alles in allem für die Betreiber des Vorhabens doch eine Niederlage. Einer der führenden Strafrechtler, Reinhard Frank, hielt auf die *Lex Heinze* eine «Leichenrede».[21] Die ganze Aufregung von etwa acht Jahren um eine Gesetzesänderung war umsonst gewesen. Es gab keine wesentliche Verschärfung des Strafrechts, wohl aber nach wie vor polizeiliche Kontrollen der Kunsthandlungen, Strafanzeigen durch Private oder durch die sehr aktiven Sittlichkeitsvereine, schließlich Verurteilungen gemäß §§ 184, 184a, 184b StGB durch Richter, die ihr durchweg bürgerlich-konservatives Moralempfinden sprechen ließen, wenn sie sich bemühten, herauszufinden, ob nun das «Schamgefühl eines unbefangenen Dritten» verletzt sein könne.[22] Dass dabei das «Empfinden geschlechtlich verdorbener Volkskreise ebenso außer Betracht bleiben muß wie die überspannte Empfindlichkeit anderer», betonten die Kommentare.[23]

Aber methodisch war die Kunstfigur des «unbefangenen Dritten» kaum mehr als eine mühsame Selbstdistanzierung, im Grunde eine Verschleierung der Tatsache, dass sich jeder Richter naturgemäß für «normal» und «unbefangen» hält, also ohne großes Zögern auf die ihm durch Klasse, Erziehung und Milieu eingeübten Selbstverständlichkeiten zurückgreift.[24]

Hermann Heinze saß zu dieser Zeit noch in der Strafanstalt Sonnenberg und hatte noch sieben Jahre vor sich. Seine Ehefrau Dorothea konnte hoffen, in zwei Jahren entlassen zu werden. So geschah es dann auch, und beide verschwanden in der Großstadt, ohne weitere Spuren zu hinterlassen.

III.

Der Mordprozess Heinze von 1891/1892 und die nach ihm benannten Verschärfungen der §§ 184, 184a, 184b StGB wären vielleicht nicht so legendär geworden, wenn es nicht vor der dritten Lesung im Reichstag, also 1900, zu einer breiten Protestbewegung von Schriftstellern und Künstlern gekommen wäre, wie man sie bisher nicht gekannt hatte. Parlamentarisch war der Ausgang der Geschichte gewiss ein Sieg der Sozialdemokratie mit August Bebel an der Spitze. So sahen es Franz Mehring, Georg von Vollmar, Wolfgang Heine und Rosa Luxemburg, aber auch Liberale wie Hans Delbrück, die bedauerten, dass es einen schlagkräftigen, geschlossenen Liberalismus seit 1878 nicht mehr gab und dass die Liberalen sich den Sozialdemokraten nur angehängt hatten.

Sowohl die Sozialdemokratie als auch die sie unterstützenden Liberalen waren sich aber im Klaren darüber, dass sie weder das prekäre Mittel der parlamentarischen Obstruktion anwenden noch schließlich das Ergebnis hätten durchsetzen können, wenn ihnen nicht eine beispiellose öffentliche Protestbewegung der Schriftsteller und Künstler zu Hilfe gekommen wäre. Die kirchlichen und konservativen Verteidiger des Gesetzentwurfs wichen zurück, nicht vor der Opposition im Parlament, sondern vor derjenigen der öffentlichen Meinung bürgerlicher und höchst angesehener Kreise. Es war sozusagen die eigene Klientel, die sich öffentlich von ihnen abwandte. So ungleiche Beobachter wie Rosa Luxemburg und der Reichskanzler Fürst Hohenlohe stimmten überein: Die *Lex Heinze* wurde so heftig bekämpft, weil das Zentrum seit 1898 faktisch Regierungspartei geworden war und die *Lex* als bekämpfenswertes «Symbol der Zentrumsallmacht» erschien (Rosa Luxemburg).

Die Protestbewegung kam freilich spät. Die Künstler und Schriftsteller hatten die Anfänge des Gesetzgebungsprozesses nicht bemerkt. Erst zur dritten Lesung der Gesetzesvorlage organisierten sie sich, aber dann – mit Zentren in München und Berlin – so heftig, dass sie nicht mehr überhört werden konnten. Der Kanzler sah sich genötigt, eine Delegation von Schriftstellern und Künstlern am 12. März 1900 zu empfangen. Sechzehn Professoren des Strafrechts, unter ihnen Karl Binding und Reinhard Frank, erklärten sich am 19. Mai öffentlich gegen die vorgeschlagenen §§ 184 a und b StGB. Überall gab es Versammlungen und Aufrufe. Parlamentarier und der Staatssekretär erklärten zwar, die Künstler hätten keinen juristischen Sachverstand und seien schlecht informiert, aber das Gewicht der illustren Namen der Protestierenden war doch zu groß, und es waren darunter auch solche, die der Hofgesellschaft durchaus nahestanden und von dort ihre Aufträge bekamen, etwa der «Hofmaler» Anton von Werner, die Bildhauer Reinhold und Karl Begas, der Architekt Paul Wallot,[25] die Akademieprofessoren Ludwig von Knaus, Oswald Achenbach oder Gustav Eberlein. Am meisten beeindruckte die Öffentlichkeit, dass sich auch die greisen Adolf Menzel und Theodor Mommsen beteiligten, von denen jeder auf seine Weise an der Spitze öffentlicher Anerkennung stand, im Falle Mommsens symbolisiert durch den Nobelpreis für Literatur im selben Jahr. Auf der Demonstration vom 4. März 1900 sprachen der Bildhauer, Maler und Autor Gustav Eberlein sowie der Dramatiker Hermann Sudermann. Dass «Naturalisten» wie Sudermann und Gerhart Hauptmann auf dieser Seite standen, war selbstverständlich, bot aber natürlich wiederum den Vertretern des Zentrums die Möglichkeit zu Erklärungen, gerade diese «antiidealistische» Kunst sei es, die man unter Kontrolle bringen wolle. Umgekehrt nutzte Maximilian Harden wieder die Chance zu Angriffen auf Sudermann, verhöhnte den «bunten Haufen der Protestierenden» und bescheinigte ihnen insgesamt, sie hätten nicht begriffen, worum es eigentlich gehe.[26]

Am Hof selbst, vor allem unter den strengen protestantischen Hofdamen, wurde Stimmung für den Gesetzentwurf gemacht. Die Schwester des Reichskanzlers Fürst Hohenlohe schaltete sich ein, worauf sich der Reichskanzler wieder beschwerte, sie hetze ihm auch noch den Kaiser und die Kaiserin auf den Hals und habe «die ganze fromme Clique von Berlin» rebellisch gemacht.[27] Tatsächlich waren nicht nur der Kaiser und besonders die Kaiserin persönlich fromm – letztere als Protektorin eines «Vereins deutscher Fürstinnen zur Hebung der Sittlichkeit»[28] –, sie lebten auch in Traditionen und ästhetischen Welten, die denen der Moderne diametral entgegenstanden.

GRUSS VON ROEREN
Sittliche Badeanstalt.
Fort mit den Badehosenträgern.

Die zahlreichen banausischen Äußerungen des Kaisers zur modernen Kunst sind bekannt, ebenso seine Eingriffe in die Kulturpolitik, seien es der Schillerpreis für Gerhart Hauptmann, den er gegen die Jury dann an Ernst von Wildenbruch verlieh, sei es die Ankaufspolitik der Berliner Museen bei den Impressionisten. Die Kette der Eingriffe wurde immer länger, man schüttelte ratlos die Köpfe, operierte notfalls um den Kaiser herum, und es festigte sich insgesamt der Eindruck, der Berliner Hof sei kulturpolitisch ein Zentrum reaktionären Denkens, des Antimodernismus in jeder Hinsicht. Das traf Literatur und Theater, Musik und bildende Kunst gleichermaßen, soweit sie aus dem Kanon des akademischen Historismus ausbrachen. Insofern war die Protestbewegung gegen die *Lex Heinze* auch ein Protest gegen das allgemeine kunstpolitische Klima, gegen Theaterverbote, Zensur, Polizeikontrolle und stets drohende kaiserliche Interdikte, die man angesichts des sprunghaften und dünkelhaften Charakters Wilhelms II. auch auf allen anderen Gebieten zu fürchten hatte.[29]

Der Kampf um die *Lex Heinze* mit seinem Höhepunkt in den ersten Monaten des Jahres 1900 ist natürlich nur ein Nebenschauplatz der wilhelminischen Innenpolitik unter Reichskanzler Hohenlohe. Er zeigt ein Bündnis von katholischen und protestantischen Konservati-

ven in der Reichstagsmehrheit, eine Mehrheit, die aber unsicher wurde durch den außerparlamentarischen Protest intellektueller und künstlerischer Autoritäten, die man brauchte und schätzte. Auf der Seite der Opposition stand eine selbstbewusst gewordene und geschlossene Sozialdemokratie unter August Bebel, die fünf Jahre später die stärkste parlamentarische Kraft werden sollte, ohne Regierungsverantwortung zu bekommen. Die Liberalen, seit Bismarcks Zeiten gespalten, neigten sich als Nationalliberale teils zu den Konservativen, teils zum Freisinn, schlossen sich dann aber dem Protest an. Ihre große Zeit, die *Lex Heinze* zeigt es, war jedenfalls vorbei.

Das letztlich bedeutungslose Gesetz, das den parlamentarischen Auseinandersetzungen entsprang, konnte den Durchbruch der Moderne – gerade in Berlin – nicht im Geringsten behindern. Der Naturalismus hatte sich durchgesetzt, die Impressionisten waren angekauft worden, Nietzsche, der 1900 starb, war der tiefgründige Kritiker der Epoche, der Jugendstil verbreitete sich allerorten ebenso wie die Jugendbewegung und der Wandervogel, die Musik nach Wagner setzte sich durch («ultramodern und deshalb ungenießbar» notierte die Baronin Spitzemberg 1898 zu Richard Strauss), die satirischen Zeitschriften blühten, allen voran der *Simplicissimus*, ebenso die Variétés, Vaudevilles, die Amüsierbetriebe und vieles andere. Die Prostitution in Berlin, so darf man auch ohne größere Feldstudien vermuten, hatte seit dem Totschlagsfall von 1887 nicht im Geringsten abgenommen, im Gegenteil. Der Wohlstand insgesamt hatte sich erhöht, die große soziale Frage der achtziger Jahre war zwar nicht gelöst, schien aber durch die ersten Auswirkungen der Bismarckschen Sozialgesetzgebung entschärft zu sein. Dementsprechend wechselte nun auch die Sozialdemokratie mehrheitlich in das revisionistische Lager und setzte auf Reformen.

IV.

In der Weimarer Verfassung von 1919 erschien dann erstmals der Satz «Die Kunst, die Wissenschaft und ihre Lehre sind frei» (Art. 142). In den Verfassungsberatungen von 1919 regte der preußische Kultusminister an, die Freiheit der Kunst zu garantieren. «Ihn mögen», sagte später der Sachkenner Friedrich Kitzinger (1872–1943) in Nipperdeys Kommentarwerk zu den Grundrechten der Weimarer Verfassung von 1930, «wohl Rückerinnerungen an frühere unfreie Zustände veranlasst haben, und wie ablehnend gerade der letzte Träger der preußischen Monarchie allen neuen und freieren Regungen in der Kunst gegenüberstand, ist uns noch gegenwärtig. Unmittelbar konnte sich diese Feindschaft außer in Worten (‹Kunst für den Rinnstein›, ‹Fabrikarbeit›) nur im Versagen des Mäzenatentums, der Verweigerung höfischer, auch staatlicher Förderung und Pflege äußern, gelegentlich auch durch höfischen Einfluß auf gefügige Kreise, also mehr außerhalb des Rechtslebens.»[31] Kitzinger erinnerte auch noch einmal daran, dass es Zensur oder Bühnenverbote für fast alle Bühnenschriftsteller von

Rang gegeben habe, dass die Polizei Kunstwerke und Abbildungen davon aus Kunsthandlungen entfernt hatte, dass es Strafverfahren gegen Dichter gab, etwa Richard Dehmel. «Vor allem aber», fährt Kitzinger fort, «war die künstlerische Freiheit bedroht worden durch die Entwürfe zur sog. Lex Heinze, also durch Versuche, die Gräueltaten eines Zuhälters und die Enthüllungen über das großstädtische Zuhältertum zu einer Verschärfung der Gesetzgebung gegen wirklich oder vermeintlich unsittliche Kunst zu benutzen».[32]

Die Grundrechtsdogmatik der dreißiger Jahre tastete sich seit etwa 1925 in den Bereich vor, der heute ganz selbstverständlich angesehen wird, nämlich die unmittelbare Geltung der Grundrechte. Da es ein Verfassungsgericht mit heutigen Kompetenzen und speziell eine Verfassungsbeschwerde noch nicht gab, konnte die Verfassungsauslegung nur Grenzen der Gesetzgebung aufzeigen und darauf hoffen, die Richter würden im Einzelfall bei der Anwendung eines verfassungswidrigen Gesetzes ihre richterliche Prüfungskompetenz wahrnehmen – eine Befugnis, die sie auch erst nach 1919 begonnen hatten, sich zuzuschreiben. Die ab etwa 1927 herrschende Meinung der Staatsrechtslehre einigte sich auf die Formel, die Verfassung verbiete ein gegen Kunst und Wissenschaft gerichtetes Sonderrecht. Der Staat sollte also nicht Inhalte und Gesinnungen, Kunst als Kunst unterdrücken dürfen. Freilich blieb das ungelöste Abgrenzungsproblem zwischen Kunst und Pseudokunst, also die Frage des Schutzbereichs der Grundrechtsgarantie. Auch war überhaupt nicht gesichert, ob Art. 142 WRV ein Grundrecht des Individuums oder eine so genannte institutionelle Garantie darstellte.

Die Debatte brach ab, als die Nationalsozialisten am 28. Februar 1933 die wichtigsten Grundrechte aufhoben.[33] Sie hoben zwar Art. 142 WRV nicht ausdrücklich auf, taten aber, wie bekannt, alles, um Wissenschaft und Kunst dem Regime dienstbar zu machen, sei es über die Inbesitznahme der Universitäten, durch die Reichskultur- und die Reichsschrifttumskammer, das Schriftleitergesetz sowie vor allem durch massenhaften Austausch von Personen, durch Mal- und Publikationsverbote, Verbreitung und Entrechtung von Personen, Bücherverbrennung, öffentliche Ächtung oder durch Nichtverbreitung der Werke.

Das Grundgesetz hat dann, in Reaktion hierauf, Kunst und Wissenschaft, Forschung und Lehre für «frei» erklärt, auch auf einen Gesetzesvorbehalt verzichtet, nur bei der Lehre einen problematischen und nur historisch zu erklärenden Vorbehalt der «Treue zur Verfassung» angebracht. Die dogmatische Entfaltung der Kunstfreiheit anhand der heutigen staatsrechtlichen Debatte kann hier ebenso wenig erfolgen wie eine Analyse der wichtigsten Urteile des Bundesverfassungsgerichts zur Kunstfreiheit, die immer erneut in Balance zu anderen Grundrechten zu bringen ist, insbesondere zur Menschenwürde und dem allgemeinen Persönlichkeitsrecht. In diesen Entscheidungen spielen der Fall Heinze und die *Lex Heinze* nur noch eine Schattenrolle im Hintergrund.

So bildet das Ganze eine Etappe der Geschichte des Strafrechts, insbesondere der §§ 184, 184a, 184b StGB, weiter ein bemerkenswertes Segment der Sozialgeschichte des deutschen Katholizismus und Protestantismus sowie der Geschichte der Parteienkämpfe unter Reichskanzler Hohenlohe, eine Station auf dem langen Weg der Herausbildung eines eigenen Grundrechts der Freiheit der Kunst, einschließlich seines Schutzes durch ein Verfassungsgericht, nebenbei auch ein Kapitel des modernen Völkerrechts zur Bekämpfung von Prostitution und Pornographie. So richtig dies alles ist, man kann den Fall Heinze auch als Lehrstück für Doppelmoral und wilhelminische Prüderie lesen, nicht zuletzt aber als Exempel für symbolische Gesetzgebung.

18. Reine Rechtslehre in Erlangen

I.

«Mehr als zwei Jahrzehnte ist es her», sagte Hans Kelsen im ersten Satz des Vorworts zu seiner *Reinen Rechtslehre* 1934, «dass ich [es] unternommen habe, eine reine, das heißt: von aller politischen Ideologie und allen naturwissenschaftlichen Elementen gereinigte, ihrer Eigenart, weil der Eigengesetzlichkeit ihres Gegenstandes bewußte Rechtstheorie zu entwickeln.» Mit dem Wort «rein» war schon alles umrissen, worum es ihm ging. Bekanntlich hat dieses weitgespannte Unternehmen, das ihn etwa von 1911 bis 1960, im Grunde aber sein ganzes Leben lang beschäftigte, zu einem einzigartigen und die Rechtstheorie der ganzen Welt beschäftigenden Œuvre geführt.[1] Kelsen war sich seiner Originalität und seiner Wirkmächtigkeit als «Schulhaupt» trotz aller persönlichen Bescheidenheit wohl bewusst. Aber er kümmerte sich wenig um Vorläufer. Ob es den Ausdruck «Reine Rechtslehre» schon vor ihm gegeben hat, war ihm keine besonderen Nachforschungen wert. Ganz auf seine rechtstheoretischen Fragen konzentriert, ließ er die Geschichte bald hinter sich.[2] Sogar die für seine Thesen fundamentalen Zusammenhänge mit dem Neukantianismus hat er sich, wie das Vorwort zur zweiten Auflage von *Hauptprobleme der Staatsrechtslehre* (1923) zeigt, erst nachträglich bewusst gemacht. So sind auch für Schüler und spätere Exegeten Kelsens solche Autoren unbekannt oder ohne Interesse geblieben, die das Reinheitspostulat im Laufe des 19. Jahrhunderts erhoben und sogar den Ausdruck «Reine Rechtslehre» verwendet haben. Um einen solchen Fall in Erlangen soll es im Folgenden gehen.

Das Reinheitspostulat deutet zunächst semantisch auf apriorische Erkenntnisse der «reinen Vernunft», also auf Kant. Aber «Reinheit» und «Reinigung» sind auch Postulate, die sich von alters her in vielen kulturellen Zusammenhängen finden.[3] Im späten 18. und frühen

19. Jahrhundert wurde Reinheit zum Modewort. Es bezog sich auf Reinheit der Theologie und der Religion generell, der Ästhetik und der Kunstschöpfungen des Klassizismus, etwa im Bemühen um die «reine» Kontur der Zeichnung, in der von Christoph Willibald Gluck ange-strebten Reinigung der Oper unter den Leitgedanken von Einfachheit, Wahrheit und Natürlichkeit[4] oder in einem erneuerten, «gereinigten» Verständnis der Antike seit Winckelmann, das sich sogar in der Vor-stellung von einer vermeintlich «rein» weißen Farbe antiker Skulptu-ren ausdrückte. In einem ganz umfassenden Sinn erstrebte die Epoche eine von allen Vorurteilen «gereinigte» Auffassung der Welt, sowohl unter Naturwissenschaftlern wie unter Sozialphilosophen. Je nach Kontext sprach man von der reinigenden Kraft des Feuers, des Kriegs oder der Revolution, zugleich aber auch von der Reinigung durch Ver-zicht oder Kontemplation. Kant schließlich hat «Reinheit», «Reinig-keit» und «rein» häufig verwendet, meist in dem Sinne, dass er eine Erkenntnis rein nannte, die ihm ohne Berührung mit Empirie a priori möglich schien. In diesem Sinne gab es für ihn erkenntnistheoretisch «reine Vernunft».[5]

Das Wortfeld ist um 1800 also außerordentlich breit und vielfältig. In der Sozialphilosophie und in der Allgemeinen Staatslehre bezeichnete es Aussagen, die «vor» und «oberhalb» der durch Politik «unreinen» Anwendung unverrückbar bleiben sollten. Dies konnten Aussagen zu Geboten und Verboten sein, die sich direkt umsetzen ließen, aber auch leitende Prinzipien, die sich erst in der Applikation auf die Gebots- und Verbotsebene bewähren sollten. Das entscheidend Neue im letzten Vier-tel des 18. und im frühen 19. Jahrhundert lag darin, dass man solche Sätze nicht mehr ausdrücklich naturrechtlich begründete, sondern es vielmehr vorzog, sie als dem «reinen Denken» entstammend vorzustel-len. Der strategische Sinn einer derart behaupteten Reinheit lag darin, sie gewissermaßen gegen empirische Einwände festzumachen und ihnen den Charakter unerschütterlicher Maximen zu geben. Angesichts der verwirrenden inhaltlichen Vielfalt der Ergebnisse, die aller Sicherheit der Deduktion aus naturrechtlichen Begriffen Hohn sprach, schien nun der Rekurs auf die «Vernunft» und den gegenüber früheren Begrün-dungen als überlegen akzeptierten kategorischen Imperativ größere Sicherheit zu bieten. Am Ende des 18. Jahrhunderts war evident: Politik,

Geschichte, Gefühl, ja der konfessionell verschieden ausdeutbare Wille Gottes lieferten schwankende Ergebnisse. Die Vernunft hingegen, geläutert in der kantischen Erkenntnistheorie, faszinierte durch ihre vermeintliche Klarheit. Viel stärker als es den Zeitgenossen wohl bewusst war, lebte dieser Vernunftglaube allerdings von den Voraussetzungen der Aufklärung, selbst wenn romantische Schriftsteller oder idealistische Philosophen sich scharf von der Aufklärung abzugrenzen suchten. In Wirklichkeit schleppten sie mit der Perspektive der kontinuierlich voranschreitenden Evolution zu höheren Stufen, mit dem Glauben an die Verbesserbarkeit und Versittlichung der Menschheit sowie mit dem Drang zum geordneten System gerade die Hauptstücke der als «flach» und «rationalistisch» abgewerteten Aufklärung in ihr neues idealistisches Weltbild ein. «Reinheit» und «Ordnung» sind nicht nur Hauptworte der nun anbrechenden Epoche der Restauration und des Biedermeier, sondern wissenschaftsgeschichtlich geradezu die Siegel des aus der Aufklärung hervorgegangenen Glaubens an eine fortschrittlich orientierte Wissenschaft. War eine Methode nicht «rein», musste sie verworfen werden. War sie rein, dann konnten ihre Sätze vermeintlich eherne Gültigkeit beanspruchen.

Das Reinheitspostulat gab es deshalb überall, in der Arzneimittellehre,[6] in der gängigen Entgegensetzung von reiner und angewandter Mathematik oder in der Musikwissenschaft.[7] Der Verfechter der «Reinen Tonkunst», Anton Friedrich Justus Thibaut (1772–1840), war zugleich hervorragender Jurist, der eine Systembildung mit der Gültigkeit «einer Art reiner, juristischer Mathematik» erstrebte.[8] Sein *System des Pandektenrechts* (1803) wollte das hier und heute geltende gemeine Recht in einer Weise gliedern, die sich nicht aus der Legalordnung, sondern aus wissenschaftlichen Prinzipien ergab.[9] «Reinheit» war also nicht nur ästhetisches Programm, vor allem des Klassizismus, sondern generell der Wunsch nach Überwindung historischer (und überlebt scheinender) Zufälligkeiten, nach systematischer Ordnung, wissenschaftlich verlässlichen Basissätzen in den Natur- und Sozialwissenschaften. Es war insofern das Schlüsselwort der Epoche, als um 1800 die Naturwissenschaften endgültig aus dem Schatten von handwerklich überlieferter Empirie, Alchemie, Kuriositätensammlungen und unsystematischen Versuchsanordnungen in die Systembildung übergingen. Alle Teildisziplinen entwarfen universelle Ordnungsschemata, mit denen die Welt «wissenschaftlich» erfasst werden konnte. Die Systeme mussten «rein» sein, um Geltung zu beanspruchen. Im Bereich der Sozialwissenschaften war dies nur möglich durch entschiedene Trennung zwischen Theorie und Empirie, Sollens- und Seinsaussagen, Norm und Wirklichkeit. So lebte der Impetus des Naturrechts trotz der erkenntniskritischen Revolution Kants in dem Sinne weiter, dass man die Konstruktion reiner Vernunft-Sätze für möglich hielt, deren Geltung unabhängig von schlechter Praxis durch Vernunftschlüsse bewiesen werden konnte.

Unter diesem Leitgedanken entwarf der von Rousseau und Kant gleichermaßen geprägte liberale Staatsrechtler Wilhelm Joseph Behr (1775–1851), ein Würzburger Hochschullehrer und Politiker,[10] in seinem *System der Allgemeinen Staatslehre* von 1804 eine «Reine Staatslehre», die er dann als Grundlage für ein 1810 veröffentlichtes *System der Angewandten Allgemeinen Staatslehre oder der Staatskunst (Politik)* benutzte. Die reine allgemeine Staatslehre war apriorisch aus Vernunftprinzipien gewonnen. Ihre – im damaligen Kontext – revolutionäre Kraft bezog sie aus den begeistert vertretenen Idealen der Volkssouveränität, der Bindung des Monarchen und der Exekutive an das Gesetz sowie aus den Menschen- und Bürgerrechten der Französischen Revolution, insbesondere der Gleichheit und der damit verbundenen Forderung nach Abschaffung der Standesunterschiede. Robert Piloty hat diese Reine Staatslehre von 1804 als «epochemachendes ... feuriges, mit Blut geschriebenes Werk von glühendem Enthusiasmus, voll mutiger Bekenntnisse und zündender Kraft der Individualität» bezeichnet. Behr war für ihn «die deutsche Zunge der Revolution. Seine Idee des Rechtsstaates, die er in 100 Paragraphen entwickelt, ist im Grunde ein Aufruf an alle Völker der Erde zu ihrer Selbstbefreiung.»[11]

II.

Mit diesen allgemeinen Beobachtungen ist der Hintergrund bezeichnet, dem sich der Ausdruck «Reine Rechtslehre» ganz zwanglos einfügt. Die erstmalige Verwendung stammt von dem heute fast vergesse-

nen Erlanger Professor für Philosophie und Ästhetik Gottlieb Ernst August Mehmel (1761–1840). Er war Universitätsbibliothekar und Scholarch, also auch Aufsichtsführender über die Studenten. Fünfmal fungierte er als Prorektor der Universität, seine Antrittsreden haben sich im Universitätsarchiv erhalten.[12] Als Direktor der Universitätsbibliothek wirkte er verdienstvoll, insbesondere durch Einführung einer neuen Systematik der Aufstellung. Zusammen mit Johann Georg Meusel war er Herausgeber der Erlanger Literatur-Zeitung. Zu seinen Briefpartnern gehörten Fichte, August Wilhelm Schlegel, Jean Paul und Schleiermacher.[13] 1821 wurde er Hofrat, 1828 Erlanger juristischer Ehrendoktor. Über seine persönlichen Eigenschaften weiß man nicht viel, aber auch die geringe Überlieferung wirkt konventionell rühmend.[14] Folgt man dem Bericht eines Professors Le Pique vom

8. Juni 1804, in dem von einem Zusammentreffen der reisenden Berühmtheit Jean Paul mit Mehmel in Erlangen am 22. Mai 1804 erzählt wird,[15] dann gebärdete sich Mehmel ziemlich wichtigtuerisch. In einer Menge Menschen, die den Dichter sehen und sprechen wollten, sei «Jean Paul sehr wohl aufgeräumt gewesen und würde noch mehr gesprochen haben, wenn ihn – Mehmel hätte zum Wort kommen lassen. Dieser habe sich auf eine ganz widerwärtige Art benommen, immerfort in seiner Manier geschwatzt und bis zur Unart dem trefflichen Geiste gegenüber Hochmut geübt. So sei er Richter immer ins Wort gefallen, sogar einmal mit dem schönen Kompliment: ‹Ich weiß, ich verstehe Ihren Sinn schon, ehe Sie ihn aussprechen.› Richter habe ihm, wiewohl vergebens, auf alle Art zu wehren gesucht, sogar durch Phrasen vom Kaliber der folgenden: ‹Aber Sie lassen mich ja gar nicht zum Worte kommen; freilich, wenn Sie in einem fort reden, muß ich schweigen (die Uhr herausnehmend und vor sich hinlegend): ich gebe Ihnen fünf Minuten Zeit zu reden; hernach müssen Sie mich reden lassen› usw.» Jean Paul wird in diesem Bericht ambivalent beschrieben, wenig gepflegt, auch aufgedunsen und «schwammicht», mit zitternden Händen, im vogtländischen Dialekt sprechend, aber er war ohne Zweifel und gar im Vergleich zu Mehmel der weitaus Bedeutendere, zudem ein Erfolgsschriftsteller, um den sich die Bewunderer drängten. Mehmel empfand dies offenbar als persönliches Problem, setzte nach demselben Bericht von 1804 Jean Paul mit einem heftigen philosophischen Disput zu und traktierte ihn mit «Identität, Sub-Objektivität usw.», also einer Philosophie, die Jean Paul kurz vorher satirisch behandelt hatte.[16] Hier ging es also um einen Disput zwischen einem begeisterten Fichteaner und einem Dichter, der mit Heiterkeit Fichtes Subjektivismus der Lächerlichkeit preisgegeben hatte, indem er Fichtes Nicht-Existenz bewies.

Mehmel war ein fleißiger Autor. 1797 brachte er in Erlangen bei der Buchhandlung Palm den *Versuch einer kompendiarischen Darstellung der Philosophie zur Erleichterung ihres Studiums* heraus. 1803 erschien bei Walther in Erlangen der *Versuch einer vollständigen analytischen Denklehre als Vorphilosophie und im Geiste der Philosophie*, ein Werk, das sich darauf beschränkte, Grundregeln des wissenschaftlichen Denkens zu vermitteln, also als eine Art Propädeutikum der eigentlichen Philosophie. Auch hier galten Reinheit der Prinzipien, logische Konsequenz und klarer Aufbau als Garanten eines wissenschaftlichen Denkens, das sich vom Alltagsdenken grundsätzlich durch seine Wissenschaftlichkeit unterscheidet.

Auf dieser Basis legte Mehmel 1815, wiederum verlegt durch den Buchhändler Johann Jakob Palm[17] *Die reine Rechtslehre* vor, mit zwanzigseitiger Vorrede und sechshundert Seiten ein umfangreiches Werk.[18] Es handelt sich insgesamt weniger um ein in allen Einzelheiten ausgearbeitetes Lehrbuch als um einen Vorlesungsgrundriss mit einprägsamen Definitionen, knappen Literaturhinweisen und ebenso knappen Bemerkungen. Gewidmet war es dem «Befreier Europas», dem Haupt der «Heiligen Allianz» auf dem Wiener Kongress, Zar Alexander I. von Russland (1777–1825). Dieser galt mindestens bis 1812, wohl aber auch noch 1815 als aufgeklärter Reformer von Verwaltung und Justiz. Nach dem Ausscheiden des führenden Kopfs Michailowitsch Speranskij (1772–1839) aus seiner Regierung wandte sich Alexander I. jedoch religiöser Mystik und innenpolitischer Unterdrückung zur Erhaltung der Autokratie zu. Ob Mehmel die Widmung seines Buchs dem mächtigsten Mann seiner Zeit in kecker Selbstüberschätzung, in der Hoffnung auf eine Belohnung oder in der Begeisterung über die Besiegung Napoleons wagte, bleibt offen. Auffällig ist jedenfalls die unüberbrückbare Distanz zwischen dem Autor und dem Widmungsempfänger.

Nach Mehmels Ansicht bestehen die Staatswissenschaften aus einem ersten theoretisch-«reinen» und einem zweiten praktisch-politischen Teil. Die Reine Rechtslehre bildet den ersten Teil. In ihr entwirft er Staat und Staatszweck nach Vernunftprinzipien und gibt ihnen eine normative Ausrichtung. Der Staat, so sagt er bereits vorweg und in Abwendung von der streng liberalen Richtung des Kantianismus, ist nicht darauf beschränkt, die Sicherheit der Menschen zu gewährleisten. Er soll mehr tun, nämlich die Menschen sittlich bilden und erziehen, sie zur «Vollkommenheit» führen. Dies kann er aber nur, wenn er die Vernunftform des Rechts angenommen hat, also als «Rechtsstaat» in einem metaphysisch anspruchsvollen Sinn. Die in Reaktion auf den Eudämonismus des 18. Jahrhunderts vor Kant vorgenommene Begrenzung auf den Sicherheitszweck, vertreten etwa durch Wilhelm von

Humboldts damals noch unpublizierte Schrift *Ideen zu einem Versuch, die Grenzen der Wirksamkeit des Staats zu bestimmen* (1792, erste vollständige Veröffentlichung Breslau 1851), ist hier schon wieder aufgegeben. Natürlich soll der Staat Sicherheit gewährleisten und Freiheit gewähren, aber er soll auch, wie bei Erziehung unvermeidlich, diese Freiheit nicht schrankenlos einräumen. Wie das zu geschehen hat, scheint Mehmel eine Frage der Vernunft.

«Vernunft» ist das von ihm immer wieder gebrauchte Schlüsselwort. Seit und mit Kant und Fichte ist für ihn endgültig das alte «Naturrecht» durch «Vernunftrecht» ersetzt. Das ist nicht nur eine semantische Neuerung, sondern eine neue Art der Begründung und Legitimation. War das Naturrecht aus dem vorstaatlichen Naturzustand hervorgegangen, war also vor und außerhalb des Staates erkennbar und damit auch als Kritikpotential gegen den Staat einsetzbar, sollte nun das vernunftgeleitete Handeln erst im Staat sich verwirklichen.

Von den denkbaren Varianten des Naturzustands, ihn entweder als Ort paradiesischer Unschuld zu betrachten, aus dem der Mensch durch den Sündenfall vertrieben und wegen seiner Schwäche als Individuum zur Staatsgründung gezwungen worden war, oder als Ort der Unfreiheit, Angst und Unterdrückung, den der Mensch als vernünftiges Wesen verlassen, sich mit anderen zusammenschließen und den schützenden Staat gründen müsste, wählte Mehmel die zweite Variante. Für ihn herrschte gerade im Staat das Vernunftrecht. Der Staat ist der Ort der Vernunft und der Vervollkommnung der Menschheit. Die Reine Rechtslehre Mehmels hat ihren Ort im Staat, sie verbindet Vernunft und Geschichte, sie ist der Garant für «das vollkomme Daseyn des Menschengeschlechts». Ein Staatslehrer ist derjenige, sagt Mehmel, der «die Wissenschaft des Staats aus Principien der Vernunft, und belebt durch den Hauch der Geschichte besitzt und lehrt» (§ 42). Mehmel kombiniert also eine vorkantische Glückseligkeitslehre, ohne sie so zu nennen, mit kantischen «reinen» Vernunftprinzipien. In diesem Sinne kann er schreiben: «Das reine unmittelbare Daseyn des Vernunftstaats, der ewigen Aufgabe des Menschengeschlechts, ist die Wissenschaft und die Wissenschaft des Vernunftstaats heißt Staatswissenschaft.» (§ 31)

«Glückseligkeit» als Staatszweck ist in den Jahren um 1815 ein überholtes Wort, ein Synonym für despotische Zwangsbeglückung. Gleichwohl würde ein konsequent auf Freiheitsgewährung reduzierter Staat nach Auffassung dieses von Adam Müller und Novalis beeinflussten Idealisten Mehmel seine eigentliche Aufgabe verfehlen.[19] Er soll Erziehungsstaat sein. Konflikte mit der postulierten Freiheit scheinen deshalb nicht aufzutreten, weil der Staat nur vernunftgemäße Erziehungsziele verfolgen und vernunftgemäße Erziehungsmittel einsetzen wird. In dieser tautologischen Weise wird deduziert: Sicherheit ist zu wenig, Glückseligkeit ist «absolutistisch», Sittlichkeit ist als Staatszweck ungeeignet. Deshalb müsse der Staatszweck definiert werden als «Vereinigung der Kräfte Aller unter der Einheit der öffentlichen Macht ... [die] fortschreitende Entwicklung des Menschengeschlechts ... zu begründen, zu garantieren und allseitig zu befördern» (§ 80). Diese Entwicklung ist ein historischer Prozess, von dem nicht ganz klar wird, ob Mehmel sich ihn als determiniert ablaufenden Vorgang oder als Produkt menschlicher Anstrengung, die auch misslingen kann, vorstellt.

Wie auch immer diese Letztbegründung ausgestaltet sein mag, die Entwicklung des Menschengeschlechts kann segensreich nur im «Staat» verlaufen. Nur der Staat garantiert die optimalen Bedingungen der Entfaltung, vor allem durch seine Rechtsordnung. Der dabei von Mehmel verwendete Rechtsbegriff lehnt sich unmittelbar an Fichtes *Grundlage des Naturrechts nach Prinzipien der Wissenschaftslehre*[20] an. Das bedeutet, dass er das sich seiner selbst bewusst werdende Ich voraussetzt, das sich in einem tätigen Akt definiert und darin seine eigene Freiheit und Selbsttätigkeit erfährt (§§ 106 ff.). Freie und sich ihrer selbst bewusste Individuen begrenzen sich selbst, finden zu ihrem Selbstbewusstsein und schaffen Recht, indem sie die Bedingungen bestimmen, unter denen sie ihre Freiheit wechselseitig einschränken.[21] «Das Recht», sagt Mehmel deshalb, «ist das Palladium der menschlichen Freiheit und die nothwendige Vernunftbedingung der Möglichkeit, als Mensch unter Menschen zu leben; die reine Rechtswissenschaft gehört daher zu den unentbehrlichsten Schätzen menschlicher Bildung.» (§ 99) Daraus folgen Privatrecht (§ 179), Strafrecht[22] und öffentliches Recht, Letzteres aufgeteilt in Staatsrecht und Völkerrecht (§§ 1299–1388). Das öffentliche Recht ist das Arbeitsfeld der «Publicisten», die sich um die Funktionsweise der Staaten und um deren Verhältnis zu anderen Staaten kümmern (§ 42), während Aufgabe des Staatslehrers ist, die «Wissenschaft des Staats aus Principien der Vernunft» abzuleiten. Der «Publicist» ist der Mann des positiven inneren und äußeren Staatsrechts, der Staatslehrer dagegen arbeitet die reinen Vernunftprinzipien aus, die den Staat regieren (sollen). Seine Arbeit ist, so liest man bei Mehmel mit Erstaunen, eine andere als die der Rechtsphilosophen, aber auch nicht identisch mit der «Philosophie des positiven Rechts». Mehmels *Reine Rechtslehre* ist identisch mit der «Rechtswissenschaft». Sie enthält diejenigen «allgemeinen Rechte, welche aus dem bloßen Vernunftcharakter des Menschengeschlechts mit Nothwendigkeit folgen» (§ 196).

Mehmels *Reine Rechtslehre* ist also ein Abkömmling der kantischen Rechtslehre, zugespitzt in der radikalen Subjektivierung Fichtes. Sie ist insoweit epigonal. In der Bezugnahme auf Novalis und Adam Müller zeigen sich romantische Elemente. Aber die Tradition zur vorkantischen Philosophie ist nicht abgerissen. Im Grunde liefert Mehmel ein herkömmliches Naturrechtssystem, entwickelt aus apriorischen Vernunftsätzen. Seine Legitimation findet es nicht mehr in Gott, nicht mehr im obersten Gebot der Selbstvervollkommnung oder dem Ziel der Glückseligkeit, sondern – zeitgemäß – in der Vernunft. Letztere besteht nicht aus den unendlich widersprüchlichen «Meinungen», wie sie in der Empirie vorgefunden werden, sondern bildet eine abstrakte Instanz. Ihre Quelle kann sie nicht in einem fiktiven Querschnitt durch die vorfindlichen Überzeugungen haben – das wäre ein von vornherein «unreiner» Ansatz. Sie besteht vielmehr aus «reinen» Sätzen, die vor aller Empirie formuliert werden können, Grundprinzipien des wissenschaftlichen Denkens vorausgesetzt, wie Mehmel sie in seiner «analytischen Denklehre» von 1803 entwickelt hatte.

III.

Von den Gedanken Mehmels ist in den Philosophiegeschichten nichts aufbewahrt. Seine Systematik bei der Aufstellung der Erlanger Universitätsbibliothek hat sich lange gehalten. In der Literatur über Jean Paul liefert er eine Anekdote. Im geistigen Leben seiner Zeit taucht er mit einigen Briefen auf. Erlangen hat keine Straße nach ihm benannt. Seine *Reine Rechtslehre* ist so verschollen wie seine anderen Werke. Sie ist epigonal. Aber so gering die Spuren scheinen mögen, die er hinterlassen hat, so zeittypisch ist doch dieser Philosoph in seinem Streben nach Systematik, Ordnung und eben «Reinheit». Naturrechtler alten Stils will und kann er nicht mehr sein, aber sein idealistisches Denken lebt aus dem Erbe der Aufklärung, selbst wenn er sich nach dem Wiener Kongress romantischen und politisch konservativen Ideen öffnen mochte. Nach den Wirren der Französischen Revolution und den napoleonischen Kriegen sollte die Welt von Vernunft regiert werden, und zwar nicht von einer pragmatischen, kompromissbereiten und empirisch zu beobachtenden Lebensklugheit (prudentia), sondern von einer jedem vernunftbegabten Wesen offenstehenden, unverbrüchlichen und «reinen» Vernunft, deren Maximen durch Nachdenken gewonnen werden können. Diese Vernunft sollte auch die *Reine Rechtslehre* regieren, mit deren Hilfe bestimmt werden konnte, wie jedes Individuum sich in Gemeinschaft mit anderen unter Rechtsgesetzen entfalten könne. Sie zielt auf den von Gleichheit bestimmten bürgerlichen Rechtsstaat und auf eine Verfassungsordnung, die das Vernünftige in Menschen- und Bürgerrechten als Vernunftgebote kodifiziert. Mehmel war kein Visionär oder Utopist, sondern zunächst preußischer, kurzzeitig französischer und ab 1809 bayerischer Untertan, an dessen Loyalität zur Monarchie nicht zu zweifeln war. Die bayerische Verfassung von 1818, unter der er dann bis 1840 lebte, war eine vergleichsweise liberale Stufe auf dem langen Weg zur Vereinigung von individueller Freiheit und freiheitsbeschränkendem Recht. Mit ihr scheint er zufrieden gewesen zu sein. Aber in den Büchern, die er zwischen 1800 und 1815 geschrieben hatte, lebte ein Überschuss an Hoffnung auf «reine Vernunft». Insofern gibt es in einem tieferen Sinn eine Parallele zu Kelsen, der seine *Reine Rechtslehre* von moralischen und politischen Überlegungen freihalten wollte, aber gleichzeitig keineswegs darauf verzichtete, persönlich für Demokratie und Freiheitsrechte einzutreten und auf eine gewaltfreie und humane Weltordnung mit seinen Mitteln hinzuwirken. Es mag künstlich erscheinen, einen in seinem Werk durchaus epigonalen und einen unvergleichlich kreativeren und originelleren Rechtstheoretiker auf diese Weise in Beziehung zu bringen, letztlich nur wegen des gemeinsamen Buchtitels *Reine Rechtslehre*. Aber es ist mehr: In den nach «Reinheit» des Denkens Strebenden lebt ein Impetus, nicht nur das Denken, sondern auch die Welt in der rechten Ordnung, gewaltfrei und friedlich zu wissen. Was sie sich in der Reinheit ihrer wissenschaftlichen Provinz nicht erlaubten, wirkte außerhalb umso stärker als Hoffnung.

19. Über Reinheit*

Die etwa zwischen 1910 und 1934 entwickelte Reine Rechtslehre des weltberühmten Rechtstheoretikers Hans Kelsen (1881–1973) operierte bald mit der Forderung nach «Reinheit». Gemeint war damit, wie Joseph Raz in seinem Artikel *The Purity oft the Pure Theorie* von 1981 sagte, die «Reinheit» der Rechtsnormen, befreit von außerjuristischen Elementen.[1] Kelsen und der gesamten «Wiener Schule», aber auch Joseph Raz, ging es um die Grenzziehung zwischen empirischen und normativen Disziplinen sowie um die Unterscheidung zwischen Normen des Rechts und der Moral. Wenn die Methode den Gegenstand der wissenschaftlichen Erkenntnis konstituiert, kommt es entscheidend darauf an, einen Methodensynkretismus zu vermeiden, weil dieser schon im Ansatz zu unklaren Aussagen führt. Ist der Methodensynkretismus aber nicht nur gedanklicher Nachlässigkeit geschuldet, sondern mit Absicht eingesetzt, dann wird die Frage nach dem Woher und Wohin dieser Absichten zentral. Die immer wieder aufflammende Kritik an Kelsens Reinheitspostulat ist also ein eigenes, separat zu untersuchendes Phänomen. Ihr liegen oft «unreine» Motive zugrunde, aber eben auch begründbare Vorbehalte aus der Mitte der Staatsrechtslehre, die sich mit der rigiden Begrenzung des Beobachtungsfeldes auf die normative Seite nicht zufriedengeben wollte und will.[2]

Historische Überlegungen der Wissenschaftsgeschichte oder sozialanthropologische Beobachtungen über Reinheit und Tabu berührte Raz in dem genannten Artikel nicht, obwohl sie doch vielleicht einiges zum Postulat der «Reinheit» zu sagen haben. Matthias Jestaedt formuliert bündig in seiner Einleitung zu einer modernen Studienausgabe der Reinen Rechtslehre von 1934, «Reinheit meint also nichts anderes als die der ‹Eigengesetzlichkeit› des Gegenstandes Rechnung tragende Methodenkonsequenz und darf damit als Synonym für Wissenschaft-

---

* Stanley L. Paulson und Bonnie Litschewski Paulson in Freundschaft gewidmet.

lichkeit gelten».[3] Die rechtstheoretische Debatte um die grundlegende Trennung von «Sein» und «Sollen», um den Wissenschaftsanspruch der Rechtswissenschaft, um mögliche Aporien der Ableitung normativer Sätze aus höherrangigen normativen Sätzen und die daraus folgende Problematik der fiktiven «Grundnorm», die den Rekurs auf höhere Normen abschließen soll, mag im Folgenden beiseitebleiben. So fesselnd diese Fragen sein mögen, den Rechts- und Sozialhistoriker interessiert eher, welche anthropologischen Voraussetzungen zu der immer wieder aufbrechenden Sehnsucht nach «Reinheit» führen.

I.

Die Sozialanthropologin Mary Douglas (1921–2007) deutete in ihrem Buch *Purity and Danger. An Analysis of Concepts of Pollution and Taboo*[4] die in wohl allen Kulturen vorkommenden Unterscheidungen zwischen «rein» und «unrein» als Wege zu Ordnung und Harmonie des jeweils eigenen Universums. Unreinheit wird vermieden, Reinheit wird angestrebt. «Trennen, Reinigen, Abgrenzen und Bestrafen von Überschreitungen» haben, so Mary Douglas, «vor allem die Funktion, eine ihrem Wesen nach ungeordnete Erfahrung zu systematisieren. Nur dadurch, dass man den Unterschied zwischen Innen und Außen, Oben und Unten, Männlich und Weiblich, Dafür und Dagegen scharf pointiert, kann ein Anschein von Ordnung geschaffen werden.»[5] Sie plädiert für eine möglichst offene Interpretation dieser Phänomene und distanziert sich mit Selbstverständlichkeit von der Vorstellung, die Unterscheidung von rein – unrein sei nur ein Kennzeichen archaischen oder «primitiven» Denkens.

Tatsächlich findet man, einmal aufmerksam geworden, die Dichotomie «rein» – «unrein» sowohl in den ältesten historischen Quellen wie in Beobachtungen unseres Alltags. Wir beurteilen Toiletten und Bäder, Wohn- und Schlafräume, Speisen und Verhaltensweisen nach dem Grad der damit verbundenen oder imaginierten «Verschmutzung», wir drücken vor bestimmten Gegenständen oder Verhalten Ekel aus, bemühen uns um die eng verwandten Qualitäten Reinheit und Ordnung, entfernen Unreinheiten als «Kehricht» aus unserem

Leben und vermeiden «Schmutz».[6] Reines Weiß wird von der Werbung demjenigen versprochen, der eine bestimmte Waschmaschine kauft oder ein bestimmtes Waschmittel verwendet. Blütenweiß waren in unserer Kultur jedenfalls früher Kommunions- und Brautkleider; Weiß symbolisierte Unschuld. Umgekehrt wurden und werden Unreinheiten (Fäkalien, Sperma, Menstruationsblut) ebenso gemieden wie bestimmte Tierarten oder verendete Tiere, Berührungen mit «Unreinem» aller Art. Vermutlich beruhen hier die Vorstellungen von «richtig» oder «falsch» gelegentlich, aber nicht notwendig auf Erfahrungswissen und können rational nachvollzogen werden, etwa wenn im Mittelalter ein norwegischer Bischof den Verzehr von Tieren verbietet, die aus unbekannter Ursache verendet sind. Neben der praktischen Bedeutung verbinden sich mit der Zweiteilung in rein und unrein aber auch kosmologische Ansichten über das richtige Verhältnis von Menschen und Tieren, Männern und Frauen, Göttern und Menschen. Hinter Reinheitsregeln oder Speiseverboten, die auf den ersten Blick willkürlich erscheinen, mögen uralte Erfahrungen stehen, die sich dann in transzendental bekräftigte Verhaltensregeln verwandeln. Vor allem die Geschichte der Medizin ist reich an Verhaltensregeln, die auf eine Reinigung des Körpers zielen, um die «Krankheitsmaterie» zu verdrängen, Regeln, die aber auch eine Himmel und Erde, Diesseits und Jenseits einbeziehende Harmonielehre enthalten. Die menschliche Gestaltung der materiellen und geistigen Welt besteht demnach in der Herstellung oder Wiedergewinnung einer solchen Harmonie durch Unterscheidung von Ordnung und Unordnung, Reinheit und Unreinheit. Reinheit ist deshalb, wie alle Religionssoziologie belegt, wenn auch unterschiedlich erklärt, eine zentrale Kategorie zur gestaltenden Deutung der Welt. Wer mit Geistern oder Göttern in Kontakt treten will, muss sich in der Regel durch Einhaltung von Reinheitsgeboten vorbereiten, vor allem durch Fasten, Waschungen, Räucherung, Kasteiung, sexuelle Enthaltsamkeit, meditative Entfernung vom Alltag, Ausweichen in die Wüste, Vertreibung unreiner Geister, Versenkung in heilige Schriften und Gebete. Körperliche und geistige Reinheit ist Voraussetzung für die Kommunikation mit höheren Mächten.[7] Um nach dem Tod in die Nähe Gottes zu gelangen, wird ein reinigendes Feuer (Purgatorium) vorgeschaltet, man muss Zonen der Läuterung durchschreiten, ja am Ende der Tage fallen möglicherweise Vernichtung und Erlösung in einem apokalyptischen Weltenbrand zusammen. Es ist hier nicht der Ort, dies weiter mit Beispielen der Kulturanthropologie und Kultursoziologie zu belegen. Vielmehr werden deren Ergebnisse summarisch vorausgesetzt, um eine Anwendung auf die Wissenschaftsgeschichte zu ermöglichen. Wer Reinheit theologischer oder wissenschaftlicher Aussagen verlangt, möchte diejenigen Elemente ausscheiden, die geschichtlich, zufällig oder verfälschend hinzugekommen sind. Jeder Begründer einer Lehre scheint Verfälschungen nach seinem Tod zu befürchten.[8] Irrtümer und Irrlehren werden als unrein gebrandmarkt. Eine Zunge, so heißt es, die Irrlehren verbreitet, befleckt den ganzen Leib.[9] Deshalb besteht die Aufgabe der folgenden Generationen darin, die Heilslehre rein zu erhalten, die Texte vor Verfälschungen und Widersprüchen zu bewahren, um sie unverändert weiterzureichen. Häufig wird das Bild des Abwaschens gebraucht (gr. *apoloúein* – in Beziehung gesetzt zu Apollo), und zwar für das Reinigen der Texte selbst, aber auch für die Wirkung des Textes auf diejenigen, die ihn hören: «Durch das wort seid ir rein» predigt Luther.[10]

II.

Auch Luthers Zeitgenosse Thomas Morus (1478–1535) setzt in seiner *Utopia* eine sichere Distanz zur Tagespolitik voraus, um einen reinen Neubeginn zu ermöglichen.[11] Indem er auf eine Nova Insula ausweicht, schneidet er den Faden des Geschichtlichen ab und setzt für den Neuanfang seiner politischen Idealkonstruktion auf Distanz. Die neue Gesellschaft sollte einen «reinen», voraussetzungslosen Beginn haben, denn nur durch einen bewussten Traditionsbruch konnte Morus hoffen, die Fehler der älteren Modelle zu vermeiden. Von nun an setzten alle Utopien der Neuzeit, so unterschiedlich sie in ihrem liberalen oder autoritären Duktus sein mögen (Tommaso Campanella, Francis Bacon, Johann Valentin Andreae, François de Salignac de la Mothe-Fénelon, Johann Gottfried Schnabel, Louis-Sébastien Mercier), auf Isolation und Reinheit des Beginns. Ihre Grundüberzeugung ist die Berechenbarkeit und Gestaltbarkeit der Welt. Utopien sind durchweg statisch und maschinenhaft, sie stellen säkularisierte Versuche dar, die Lehre von der Erbsünde zu überwinden, alle Widersprüche aufzuheben und ein irdisches Paradies zu schaffen.[12] Das kann nur so bewältigt werden, dass die Autoren ihre Gedankenexperimente in die Reinheit des sozialen Labors verlegen, in einen «Sonnenstaat» (Campanella), in eine «république heureuse» (Nicolas Gueudeville) oder eine «New Moral World» (Robert Owen), auf unzugängliche Inseln (Morus, Aldous Huxley) oder einen fernen Kontinent wie die Terra Australis (Gabriel de Foigny), in die Unterwelt oder in die Zukunft (Mercier, George Orwell, Aldous Huxley). Wo dagegen versucht wurde, diese Experimente in politische Realität umzusetzen, scheiterten sie entweder bald oder führten zu exzessiver Gewalt, die dadurch gerechtfertigt wurde, dass sie absolut notwendig sei, um den Durchbruch in das Goldene Zeitalter zu erzwingen.

Mit der wissenschaftlichen Revolution der Neuzeit (Tycho Brahe, Johannes Kepler, Galileo Galilei, Francis Bacon, René Descartes, Isaac Newton, Gottfried Wilhelm Leibniz) erfährt der Gedanke der Reinheit einen neuen Schub durch die Mathematisierung der Welt.[13] Nun dringt das mathematische Verfahren, der *mos geometricus*, auch in die Sozialphilosophie und das Recht ein.[14] Die im 18. Jahrhundert erstmals so genannten «Naturwissenschaften»[15] setzen neue Standards. Die alten Texte von Aristoteles und Galen werden kritisch gelesen und mit genauen Beobachtungen, Zahlenreihen und Versuchsprotokollen konfrontiert. Der scholastische Aristotelismus verliert an Terrain, das geozentrische wird durch das heliozentrische Weltbild ersetzt. Nikolaus Kopernikus' *De revolutionibus orbium coelestium* von 1543, Tycho Brahes astronomische Tafeln, Johannes Keplers Gesetze der Planetenbewegungen, Francis Bacons *Novum Organon scientiarum* (1620) und sein Insistieren auf Erfahrung (*De dignitate et augmentis scientiarum*, 1623), schließlich die genialen Beobachtungen, Experimente und Theoriebildungen Galileo Galileis in Physik und Astronomie zeigen ein stetes Wechselspiel von Bobachtung und «Naturgesetz» und von diesem wieder zurück zur Beobachtung. Letztlich drängte alles zur Entschlüsselung des Buchs der Natur, das parallel zum Buch der Offenbarung offenlag und enträtselt werden musste. Es war, wie Galilei sagte, in mathematischer Sprache geschrieben,[16] und wer keine Mathematik verstehe, könne es auch nicht lesen. Isaac Newton sah es in seinen *Philosophiae Naturalis Principia Mathematica* von 1687 nicht anders. Mit der Mathematik hatte man eine Methode in der Hand, die sicher und jederzeit überprüfbar erschien, gleichviel ob man hinter ihr die Hypothese Gott voraussetzte oder nicht. Um bei der Entschlüsselung des Buchs der Natur voranzukommen, brauche man eine Methode, sagte Thomas Hobbes, «gegen welche Leidenschaften und Affekte nichts vermögen. Das ist die mathematische Methode.»[17]

Diese Methode war in dem hier verfolgten Sinn «rein» und frei von Empirie. Sie musste gerade auf die Jurisprudenz eine enorme Sogwirkung ausüben. Denn die Jurisprudenz litt nicht nur traditionell an der Verworrenheit und Widersprüchlichkeit ihrer Texte und der daraus gewonnenen Normen, sondern sie schien nun auch in der inneruniversitären Rangfolge den ersten Platz, den sie gerade gegen die zerstrittene Theologie gewonnen hatte, wieder an die so erfolgreiche Naturphilosophie zu verlieren. In Descartes' *Discours de la méthode pour bien conduire sa raison, et chercher la vérité dans les sciences* von 1637 kommt klar zum Ausdruck, dass die neue, methodisch entwickelte Wissenschaft, die an die Stelle der überholten scholastischen Methode treten sollte, sich zwar nach dem Modell von Mathematik und Naturwissenschaften richtete, aber auch auf rationale Begründung normativer Sätze der Moral und des Rechts zielte. Auch diese Sätze konnten systematisch, nach «reinen mathematischen Prinzipien» (*purae matheseos*) entwickelt werden, also durch reine Verstandestätigkeit ohne Einmischung von Empirie.[18] Descartes schätzte an den mathematischen Disziplinen, dass sie ihre Objekte «plus nettement et plus distinctement» auffassten und deshalb als Ausgangspunkt für die Auffindung sicherer Wahrheiten dienen könnten.[19]

Tatsächlich folgte nun auch die Rechts- und Sozialphilosophie dem Leitbild des *mos geometricus*. Wenn es gelingen sollte, das Recht kompakt und kohärent nach reinen Prinzipien zu ordnen, wären die alte Verworrenheit ebenso beseitigt wie die Mängel der Justiz; außerdem könnte die studierende Jugend ein Recht leichter erlernen, das logischen Gesetzen folgte. Eine solche Vereinheitlichung und Entrümpelung nach mathematisch-naturrechtlichen Maximen wäre, wenn sie

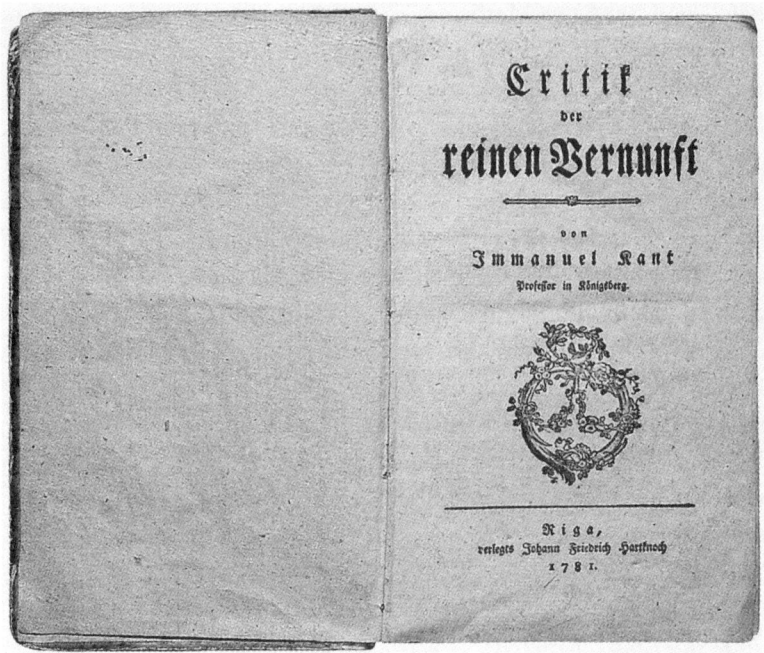

gelänge, ein Sieg über die Geschichte und bedeutete die Lösung aller menschlichen Gemeinschaftsprobleme. Denn dringt man zu den Naturgesetzen vor, gibt es definitionsgemäß keine Abweichungen und Irrtümer mehr. Man müsste nur die einmal erkannte Wahrheit auch konsequent durchsetzen und festhalten.

Es ist dies, wie man sieht, eine Variante des utopischen Denkens, ausgerichtet auf Ausblendung der Geschichtlichkeit und strikten Rationalismus. Es war ein Versuch, die Welt neu zu ordnen, sich vom geschichtlichen Ballast zu befreien und das Leben einem Regelwerk zu unterwerfen, das aus hierarchisch gegliederten Ketten von Rechtsnormen bestand. Leibniz' Phantasie eines mathematisierten Rechts und Samuel Pufendorfs und Christian Wolffs umfassende Naturrechtslehrbücher waren von diesem Optimismus getragen, jedenfalls im Prinzip Klarheit schaffen zu können. Besonders Wolff insistierte darauf, man habe dem mathematischen Methodus zu folgen, um sichere Erkenntnis zu erlangen.

Auch der vorkritische Kant bewegt sich in dieser Bahn, die eine Vermittlung zwischen Theologen und «Naturalisten» suchte,[20] also in der Frage, ob Gott als erster Beweger das Universum geschaffen und dann sich selbst überlassen habe oder ob die «systematische Verfassung des Weltbaues» allein aus den ihr immanenten Kräften zu erklären sei. Aber erst der kritische Kant schafft durch die grundlegende Unterscheidung von Erkenntnissen *a priori*, die unabhängig von aller Erfahrung möglich sind, und solchen *a posteriori*, «die ihre Quellen ... in der Erfahrung haben»,[21] eine Kategorie der Reinheit, die weitere Fragen erlaubte: Was ist die Aufgabe der reinen Vernunft, wie sind reine Mathematik und reine Naturwissenschaft möglich? Die Kritik der reinen Vernunft machte sich anheischig, die Architektur einer vollständigen und sicheren Transzendentalphilosophie zu entwerfen, also sicheres Wissen vor und jenseits aller Empirie zu liefern. Dies sollte «nach Grundsätzen», also einer «szientifischen Methode» folgend, geschehen. Damit waren die wichtigsten Stichworte gefallen, «Reinheit» und «Wissenschaftlichkeit». Wer künftig den Anspruch erheben wollte, wissenschaftlich zu verfahren, musste methodisch rein arbeiten und sich weder durch pragmatisch gewonnene und deshalb schwankende Erfahrungssätze noch durch Gefühle irritieren lassen. Wenn gleichwohl parallel zu den Erkenntnissen der reinen theoretischen und systematischen Vernunft noch eine Suche nach Erkenntnissen durch Beobachtung und Experiment den Kriterien der Wissenschaftlichkeit standhalten sollte, dann stets unter dem Postulat der allmählichen Annäherung an ein unwandelbares Naturgesetz, das auf dem Weg der reinen Vernunft bisher noch nicht entdeckt werden konnte. Im Ergebnis trafen sich beide Wege dann an dem Punkt, an dem reine Erkenntnis und empirische Annäherung miteinander vereint werden konnten.

Prüft man mit den modernen elektronischen Mitteln die Häufigkeit der Verwendung des Wortes «Reinheit» in der deutschen Sprache seit 1700, dann beginnt mit dem Erscheinen von Kants Kritiken ein rasanter Aufstieg ab etwa 1785 von nahezu Null auf einen Gipfel um 1825. Die Kurve sinkt nach 1848 bis zur Jahrhundertwende ab, steigt mit der Reinen Rechtslehre (1920–1925) noch einmal signifikant an, um dann wieder bis 1940 abzusinken. Ein neuerliches Ansteigen 1945 bis 1950 mag mit dem Reinigungsbedürfnis der unmittelbaren Nach-

Häufigkeitskurve der Verwendung von «Reinheit», 1700–2000
(Google books Ngram Viewer)

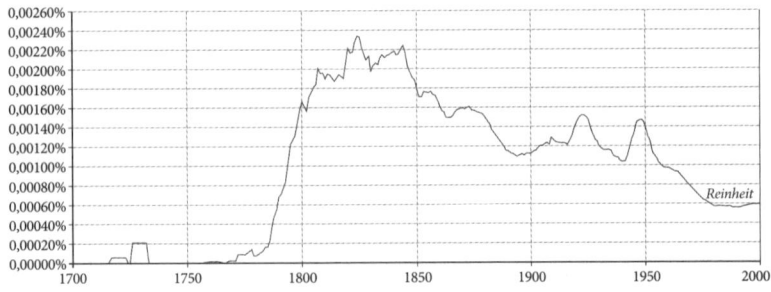

kriegszeit nach der sprachlichen Besudelung durch den Nationalsozialismus zusammenhängen.[22]

III.

Die Durchsetzung neuer wissenschaftlicher Leitbilder von methodischer Konsistenz und Reinheit der Prinzipien im Gefolge Kants war die leuchtende Seite der Medaille, nämlich die des philosophischen und naturwissenschaftlichen Fortschritts. Der Fortschritt aber konnte nur gelingen, wenn Dunkelheiten und Unreinheiten beseitigt wurden. Nun wird die Natur geordnet und klassifiziert (Carl von Linné, George-Louis Leclerc Comte de Buffon), und die letzten unbekannten Regionen der Erde werden beleuchtet (James Cook, Georg Forster, Alexander von Humboldt). In der deutschen Sprache setzt sich das Wort «Reinheit» in der zweiten Hälfte des 18. Jahrhunderts durch und wird, anders als die auf Haus und Körper bezogene «Reinigkeit» (Adelung) oder «Reinlichkeit», stärker als geistiges, literarisches oder wissenschaftliches Prinzip verstanden.[23] Nun ist von Reinheit der Seele, des Glaubens, der Sitten, des Herzens, der Sprache, der chemischen Elemente, der Töne, der Verse, der Umrisszeichnung, der Proportionen und vieler anderer Idealzustände in fast obsessiver Weise die Rede.

Auf der dunklen Rückseite der Medaille gipfelte die Französische Revolution im Regime des Terrors. Dieser wurde gerechtfertigt als Verteidigung der Reinheit der revolutionären Prinzipien. Schon der

Wortgebrauch von «épuration» und «élimination» machte klar, worum es ging: Aller Widerstand gegen die Revolution sollte ausgerottet werden.[24] Jede menschliche Rücksichtnahme schien den Verdacht des lauen Kompromisses zu erregen, jeder Hinweis auf Geschichtlichkeit galt als Hinweis auf reaktionäre Gesinnung. Maximilien de Robespierre wurde, mindestens im Urteil der Nachwelt, zur Inkarnation dieses geradezu priesterlichen Reinheitsdenkens, das den Terror als heilsames Ausbrennen von Gefahrenquellen als Vorstufe einer neuen Gesellschaftsform für notwendig erklärte. Der niederländisch-französische Revolutionär Anarcharsis Cloots beschwor seine Mitkämpfer: «L'âge d'or est au bout de nos bayonnettes; le sort de l'Univers va dépendre de la célérité et de la grandeur de nos mesures.»[25]

Obwohl nahezu alle deutschen Intellektuellen vor den «Exzessen» der Revolution zurückschreckten und zunehmend konservativer wurden, verfolgten sie weiter sowohl die von Kant vorgegebene Linie der gründlichen Reinigung der Prinzipien des Denkens als auch die in jedem Wissenschaftszweig ohnehin schon seit der Mitte des 18. Jahrhunderts angelegten Tendenzen zu neuen Standards der «Wissenschaftlichkeit». Seit 1790, so Rudolf Stichweh, wird das Wort «Wissenschaft» im modernen Sinn eines objektiven Zusammenhangs aller mit Wahrheitsanspruch auftretenden Erkenntnisbemühungen verstanden.[26] Archäologie und Kunstgeschichte, Geschichtsschreibung, Haus- und Volkswirtschaft, Land- und Forstwirtschaft – alle Fächer legten sich den noblen Namen «Wissenschaft» zu und reinigten die so entstandenen neuen Fächer von den Elementen, die nicht mehr zugehörig erschienen.

Auch die Rechtswissenschaft übernahm dieses Programm und fügte sich damit in den wichtigsten Trend ein, der generellen Verwissenschaftlichung der Universität, unübersehbar seit der Gründung der Universität Berlin. Das bedeutete eine Hinwendung zu überall lehrbaren Gegenständen, zum Paradigma der «Forschung» und des «Fortschritts». Universell lehrbar waren weder die deutschen territorialen Partikularrechte noch das territoriale Verfassungsrecht, das je nach Ort und Zeit schwankende Polizeirecht (Verwaltungsrecht), noch generell jedes politisch hervorgebrachte Gesetzesrecht. Es kamen also nur Gegenstände in Frage, die in sich schon systematisch angelegt waren oder systematisiert werden konnten, die allgemein, wenn nicht gar universell galten. Das drängte eine Generation, die wesentlich von Kant, aber auch vom organologischen Denken der idealistischen Philosophie geprägt war, zur Systembildung aus kohärenten juristischen Begriffen. Diese waren nicht aus dem Material der Gesetzgebung zu gewinnen, sondern nur aus immanenten Prinzipien.[27] Da diese Generation aber ihren inneren Rückhalt in der Tradition des Naturrechts ebenso wenig mehr finden konnte wie in den Parolen der Revolution, bot sich im Kontext einer umfassenden Historisierung und Romantisierung der Lebenswelt die Geschichte an. Nur das im geschichtlichen Prozess geläuterte Material, so schien es, bot dem Systemwillen die geeignete Substanz, vorausgesetzt die wissenschaftliche Arbeit läutere dieses Material weiter, so dass es den höchsten Grad der Reinheit erreichen könne. Diese Arbeit war im Grunde vom Verfahren der Naturrechtssysteme abgeleitet, aber diese taugten aus zwei Gründen nicht mehr: einmal wegen des von Kant verworfenen Prinzips des Eudämonismus, dann aber auch wegen der Preisgabe des früheren dualistischen Rechtsbegriffs (Geltendes Recht – Naturrecht) und dem nun zu beobachtenden Übergang zu einem einheitlichen, historisch begründeten Recht. Das schloss jedoch nicht aus, dass man das ältere methodische Handwerkszeug auch beim Neubau aus dem Geist der Geschichte verwendete.

Bekanntlich nimmt in diesem Übergang von einer pragmatisch verstandenen Jurisprudenz zu einer modernen Rechtswissenschaft Friedrich Carl von Savigny eine zentrale Stelle ein.[28] In seiner spätestens um 1814 gewonnenen Überzeugung, anstelle einer rasch zu erlangenden Nationalkodifikation (des Zivilrechts) müsse zunächst die klärende und systematisierende Arbeit einer Rechtswissenschaft treten, welche die Geschichtlichkeit des Rechts in sich aufnimmt, sich ihr aber nicht in den Details ausliefert, sondern das Recht aus dem durch juristisches Denken geläuterten Bewusstsein des Volkes heraushebt. Es geht Savigny, wie er sagt, um «natürliche Reinigung und Veredelung durch fortschreitende wissenschaftliche Entwicklung».[29] In höchster Verdichtung sind hier die Stichworte versammelt: Reinheit, Fortschritt und Wissenschaft. Auch wenn Savigny nicht Kantianer sein mochte, sondern eher zur romantischen Identitätsphilosophie gehörte,[30] so deckt sich doch der Anspruch auf Wissenschaftlichkeit mit demjenigen Kants und führt letztlich wieder auf das frühneuzeitliche Naturrecht zurück.

Savignys Konzept unterschied sich klar von demjenigen des älteren Naturrechts, indem es nicht auf eine über dem positiven Recht angelegte ideale zweite Rechtschicht zielte, sondern von einem einheitlichen Rechtsbegriff ausging. Auch ist oft beobachtet worden, dass es in besonderer Weise auf die politischen Bedingungen des Vormärz zugeschnitten war. Einen nationalen Gesetzgeber gab es nicht, also weder eine politische Partizipation des Volkes an der Gesetzgebung noch einen Gesetzgeber, der der Rechtswissenschaft ihren Rang streitig machen oder ihr gar «Werthlosigkeit» bescheinigen konnte.[31] Die von den gelehrten Juristen verwaltete Rechtswissenschaft konnte damit den Anspruch erheben, eine autonome, sich selbst entfaltende Kraft zu sein, die der ihrem Stoff immanenten Idee fortschreitend ins Leben verhalf. Dahinter steckten also, in «instabiler Synthese»,[32] politische und wissenschaftliche Motive.

Ob die Entfaltung des juristischen Begriffssystems mit seiner ihm angeblich innewohnenden Autonomie mehr dem Traditionsstrang des Naturrechts folgte, also der mathematischen Methode, von der man hoffte, sie werde zu einem «Rechnen mit Begriffen» führen, oder ob man bei dieser Entfaltung eher auf historisch zu bezeugende immanente Sinnstrukturen vertraute, die man mit Blick auf die Notwendigkeiten der Zeit ans Licht zu heben suchte, machte zwar methodisch einen großen Unterschied, nicht aber im Ergebnis. Beide Richtungen der Jurisprudenz, die sich nun Rechtswissenschaft nannte, strebten nach Ordnung, Ausscheidung alles Zufälligen, Auffindung der verlässlichen Prinzipien, auf denen sich wissenschaftlich bauen ließ. So kann man sagen, dass die Naturrechtstradition jedenfalls methodisch weiterlebte, und zwar subkutan auch in der Historischen Rechtsschule.

Für die Stellung und Aufgabe der neuen Rechtswissenschaft des 19. Jahrhunderts kam es wegen der Herkunft des Rechts entscheidend darauf an, wer berechtigt sei, Recht zu setzen. Anders gesagt: Die Rechtsquellenlehre entschied darüber, wo man die legitime «Rechtsquelle» zu suchen habe, beim Monarchen, beim Parlament, in der Gerichtsbarkeit oder im Konsens der Rechtswissenschaft. Der Zusammenhang mit dem Thema der Reinheit liegt darin, dass gerade der

«Quelle» eine besondere Reinheit zugeschrieben wird. Quellen sind nicht nur der bukolische, paradiesisch reine *locus amoenus*, an dem sich Nymphen, Schäferinnen und Schäfer aufhalten,[33] sondern als Rechtsquelle auch der vermeintlich reine Entstehungsort des Rechts. Die deutschen Wörterbücher und etymologischen Nachschlagewerke haben das Wort «Rechtsquelle» kaum beachtet. Man erfährt dort nur, dass es einen metaphorischen Übergang von der Wasserquelle zur Rechtsquelle gegeben habe. Eine Rechtsquelle sei eine Urkunde oder ein Buch, «aus denen Recht geschöpft wird».[34] Wichtig ist jedoch, dass von «Rechtsquellen» erst seit dem ausgehenden 18. Jahrhundert die Rede ist und dass von da an die «Rechtsquellenlehre» der verschiedenen Rechtsgebiete eine zentrale Rolle spielt. Was zuvor einfach schien, wird im Zeitalter der Historischen Schule und des Historismus zum rechtspolitischen Kampfobjekt. Nun geht es um die Rangordnung von Gesetzes- und Gewohnheitsrecht, von römischem und deutschem Recht. Aus welcher Quelle soll der nationale Gesetzgeber schöpfen oder trinken? Aus welchen Rechtsquellen fließt das Völkerrecht? Wo findet man die ursprünglichen, «reinen» Quellen des Rechts, zu denen man zurückzukehren sucht? Da dies alles nun im Zeichen der Wissenschaftlichkeit geschieht, müssen auch wissenschaftliche Kriterien gefunden werden, um eine unanfechtbare Hierarchie der Rechtsquellen aufzurichten und um die Reinheit einer Quelle zu beurteilen.[35]

IV.

Dass methodische «Reinheit» und rationale «Wissenschaftlichkeit» sich gegenseitig stützten, war keine Besonderheit der Rechtswissenschaft des frühen 19. Jahrhunderts. Alle Universitätsfächer, einschließlich der Theologie, der sich ausdifferenzierenden Staatswissenschaften, der Nationalökonomie und der Realfächer hatten ihre spezifischen Probleme des Übergangs von handwerklich empirischen Kenntnissen zu methodischen Reinheitsprinzipien und somit zu echter Wissenschaft. So bemühte sich die Theologie um Reinigung und Ästhetisierung der Überlieferung, um den Gottesglauben mit der Aufklärung kompatibel zu machen. Der Klassizismus in Musik, bildender Kunst,

Architektur und Literatur strebte nach «Reinheit» in den Konturen, in der Sprache und in den Motiven, stellte sich die antiken Skulpturen in reinem Weiß vor, suchte die «Reinheit der Tonkunst».[36] Vor allem die Naturwissenschaften traten nun seit dem 18. Jahrhundert aus dem Schatten von handwerklich überlieferter Empirie, Alchemie, Kuriositätensammlungen und unsystematischen Versuchsanordnungen in die Systembildung über. Alle Teildisziplinen entwarfen universelle Ordnungsschemata, mit denen die Welt «wissenschaftlich» erfasst werden konnte. So entstand etwa eine «Reine Arzneimittellehre».[37] In Würzburg schrieb der liberale Kantianer Wilhelm Joseph Behr (1775–1851) 1804 eine *Reine Staatslehre* – wie er meinte apriorisch aus Vernunftprinzipien gewonnen, in Wirklichkeit aber ein politisches Manifest des Frühliberalismus.[38] In Erlangen veröffentlichte der Philosoph Gottlieb Ernst August Mehmel (1761–1840) 1815 eine *Reine Rechtslehre* als ersten Teil der umfassenden Staatswissenschaften.[39] Dieser Teil war nach Mehmels Intention unabhängig von Empirie, nur von Vernunftprinzipien geleitet: «Das reine unmittelbare Daseyn des Vernunftstaats, der ewigen Aufgabe des Menschengeschlechts, ist die Wissenschaft und die Wissenschaft des Vernunftstaats heißt Staatswissenschaft»,[40] und «die reine Rechtswissenschaft gehört daher zu den unentbehrlichsten Schätzen menschlicher Bildung».[41] Die Inkonsistenzen dieses umfangreichen Werks eines auf Kant und besonders Fichte sich berufenden, aber auch romantische Elemente aufnehmenden Eklektikers, müssen hier nicht weiter verfolgt werden. Eine *Reine Rechtslehre* aus dem Jahr 1815, so folgenlos sie sein mochte, ist jedoch jedenfalls ein Signal des Zeitgeistes, der sich nun auf «Wissenschaftlichkeit durch Reinheit» festgelegt hatte und in den Naturwissenschaften, aber auch in der Rechtswissenschaft, bedeutende Fortschritte vorweisen konnte.

Mit dem Scheitern des nationalen Einigungswerks in der Frankfurter Paulskirche veränderte sich nicht nur die politische Lage. Man hatte den Idealismus und den romantischen Überschwang scheitern sehen. Die Industrialisierung machte rasche Fortschritte, Dampfschiffe und Eisenbahnen erschlossen neue Räume, und im Zollverein bildete sich schon das Muster eines wirtschaftlich vereinten Deutschland ab. «Freihandel» und «Realpolitik» wurden die Schlagworte dieser Jahre. Auch die Parameter der Wissenschaften verschoben sich insgesamt in

Richtung eines nüchternen Positivismus. Die enormen Fortschritte der Industrie und der Naturwissenschaften beeindruckten die gesamte Universität, aber auch die Literatur.[42] In der Rechtswissenschaft schwanden die Vorbehalte der Historischen Schule gegenüber dem Gesetzgeber. In ganz Europa gaben sich die neu entstehenden Nationalstaaten Verfassungen und griffen gleichzeitig zum Mittel der Kodifikation des Zivil- und Strafrechts, um die Hauptgebiete des Rechts zu ordnen.[43] Ein den neuen wirtschaftlichen Tatsachen entsprechendes Gesellschaftsrecht entstand (Aktiengesellschaften, Genossenschaften, Gesellschaften mit beschränkter Haftung), ebenso Gesetze zum Patentrecht, zum geistigen Eigentum, zu Wucher und unlauterem Wettbewerb, zu Technikrecht und Versicherungsrecht.

In diesem Rahmen verstärkten sich auch die Anstrengungen der Rechtswissenschaft, mit den Entwicklungen Schritt zu halten. Je mehr sich nun der staatliche Wille als rechtsschöpferische Kraft in den Vordergrund schob, desto prekärer wurde die Behauptung, das Recht entstehe aus dem Volksgeist und sein inneres organisches System werde durch die Arbeit der Rechtswissenschaft ans Licht gehoben. Mit anderen Worten: Man beobachtet einen «Übergang zu einem voluntaristischen Rechtsbegriff».[44] Das hatte Konsequenzen für die Rechtsquellen- und Methodenlehre sowie für das Verständnis der gesamten Rechtsordnung, die nun nicht mehr auf ein geschichtlich gewachsenes Bewusstsein, sondern auf den Willen von Monarch und Parlamenten im Modell der konstitutionellen Monarchie zurückgeführt wurde. Verfassungsrechtlich war dies der aus institutionellen Arrangements hervorgehende Staatswille, soziologisch ein aus verschiedenen realen Willen der Gesellschaft gebildeter fiktiver Wille – er mochte nun approximativ einer philosophisch erzeugten Rechtsidee entsprechen oder nicht. Voraussetzung dieser Verschiebung auf ein voluntaristisches Rechtsverständnis war die in der staatsrechtlichen Literatur des frühen 19. Jahrhunderts entwickelte Vorstellung, der Staat sei eine «juristische Person», ein aus Rechtsnormen bestehendes Gebilde, das den Zurechnungspunkt für alle vom Staat ausgehenden Rechtsakte bilden sollte.[45] Von nun an beherrschte der Gesetzgeber das Feld, nicht mehr die Rechtswissenschaft, die nur glättend zurechtrücken und systematisieren konnte, was die Verfassungsorgane als Gesetzgeber entschieden hatten.

Das war die Linie, die von Georg Friedrich Puchta (1798–1846) zu Carl Friedrich von Gerber (1823–1891) führte, und von diesem zum Schulhaupt des staatsrechtlichen Positivismus, Paul Laband (1838–1918). Auf ihr wurde das in der neuen Verfassung nur skizzierte Gebilde des Deutschen Reiches juristisch «konstruiert», und zwar, wie fingiert wurde, durch «rein logische Denktätigkeit».[46] Die Rechtsordnung erschien als lückenloses System, innerhalb dessen es keine prinzipiellen Neuerungen geben konnte, «gerade so unmöglich wie die Erfindung einer neuen logischen Kategorie oder die Entstehung einer neuen Naturkraft».[47] Der junge Hans Kelsen von 1911 hatte sich bekanntlich zunächst von der Gerber-Labandschen Richtung ebenso distanziert wie von Georg Jellineks Zwei-Seiten-Theorie, sah sich aber später, als die «Hauptprobleme» eine zweite Auflage erlebten, in einer fairen und selbstreferentiellen Betrachtung doch wieder dieser Richtung verbunden.[48] Sehr viel weiter hat Kelsen die Selbsthistorisierung nicht betrieben.

Er hätte zurückblicken können auf das ältere Naturrecht des 17. Jahrhunderts, das große Versuche vorlegte, eine Rechtsordnung jenseits des positiven Rechts aus wenigen Grundaxiomen *more geometrico* abzuleiten, weiter auf den Übergang aller universitären Disziplinen zu einem neuen, methodisch «gereinigten» Wissenschaftsideal im 18. und 19. Jahrhundert, auf die Etablierung einer «autonomen» Rechtswissenschaft im Zeichen der Volksgeistlehre und der Begriffsjurisprudenz, schließlich auf die Herausarbeitung einer rein «juristischen Methode» der Rechtswissenschaft unter Ausschließung aller nichtjuristischen Elemente im Privatrecht und, ab etwa 1865, auch im öffentlichen Recht. Erst dieses letzte Glied in der hier skizzierten langen Kette hat Kelsen dann anerkennend ergriffen.

Was Kelsen nicht thematisierte und wozu auch für ihn weder Neigung noch Anlass bestand, war das Beharren auf dem «Gesetz» in der Tradition jüdischer Schriftkultur und Gesetzesauslegung der Thora und des Talmud.[49] Ein solcher Zusammenhang kann als psychohistorische Spekulation dahingestellt bleiben, denn es ist jedenfalls sicher, dass schon das juristische Milieu des habsburgischen Vielvölkerstaates, in dem er aufwuchs, eine Konzentration auf die reine Norm nahelegte, gerade für die jüdische Bevölkerung, denn das Recht und nur

das Recht garantierte dem assimilationswilligen Judentum den nötigen Schutz. Nahm man das Recht ernst, so hoffte man, dann werde
man auch selbst als Rechtssubjekt ernst genommen. Dann würde es
möglich sein, konfessionelle, moralische, wirtschaftliche oder soziale
Beimengungen zu entfernen, um die Norm «rein» herauszupräparie-
ren. Dass die Beschränkung auf die «juristische Methode» nun als
Merkmal von Wissenschaftlichkeit galt, machte sie noch attraktiver.
Sie schützte nicht nur im Sinn des Rechtsstaats, sondern sie steigerte
auch das Ansehen durch Berufung auf reine Wissenschaftlichkeit, die
Unwiderlegliches zu produzieren versprach.

Mit dem Hinweis auf die Thora, das Werk des Gesetzgebers Moses,
der auch Sigmund Freud faszinierte,[50] kehren wir zu den Speisegeset-
zen und den Reinheitstabus zurück, mit denen sich Mary Douglas so
erhellend beschäftigt hat. Es ist vielleicht deutlich geworden, dass das
Ziel der Reinheit auch ein starkes Motiv zur Verwissenschaftlichung
der Jurisprudenz gewesen ist, einer Jurisprudenz, die sich im 19. Jahrhundert dem Zug zur Reinigung ihrer methodischen Grundlagen mit
Überzeugung anschloss. Verwissenschaftlichung bedeutete nicht nur
bessere Kontrolle der Ergebnisse, sondern auch Steigerung des sozialen Ansehens ihrer Träger und Institutionen. Im Falle Kelsens begründeten seine Reinheitsvorschriften eine Rechtstheorie mit universellem
Anspruch, die heute in der Tat auch universal diskutiert wird.

20. Vom Verschwinden verbrauchten Rechts

Zu den großen Themen der Rechtswissenschaft in westlichen Industrie-
gesellschaften gehört seit den siebziger Jahren des 20. Jahrhunderts die
«Überregulierung», vulgo «Normenflut». Ob es mehr ein gefühltes als
ein reales Problem war, bleibt unklar, zumal Klagen über zu viele
Rechtsnormen historisch immer erneut erhoben werden. Immerhin ist
unübersehbar: Die nationalen Gesetz- und Verordnungsblätter werden
dicker,[1] das Europa-Recht kommt in Massen hinzu,[2] die internationalen Abkommen vermehren sich und alles zusammen bildet ein auch
für Fachleute undurchschaubares Dickicht. Nimmt man noch die von
Industrie (DIN) und Handel geschaffenen Normen sowie die Gesamt-
heit der nichtstaatlichen Normen, Konventionen, Bräuche und Regeln
hinzu, dann entsteht das Bild einer unentrinnbar durchnormierten und
weitgehend verrechtlichten Welt.[3] Im europäischen «Mehr-Ebenen-Mo-
dell» ist alles auf Zuwachs, und das heißt rechtlich auf Normsetzung,
ausgerichtet, denn ungeachtet aller Zweifel an der Steuerungskraft von
Recht sehen die Verantwortlichen keine andere Möglichkeit, als entstehende Steuerungsdefizite genau mit dem Mittel zu kurieren, dessen
Wirkkraft schwächer wird, also mit Recht. Alle Parlamente, Staats-
und Kommunalverwaltungen setzen Recht, täglich und stündlich. Die
diesen Zuwachs begleitenden Hilferufe nach «Deregulierung» und nach
einem «schlanken Staat» klingen ähnlich kraftlos wie Diätvorschriften,
die gleichzeitig ein «du darfst» implizieren. Wer etwas erreichen will,
schlägt Normierungen vor. Bewährt sich die Norm nicht, wird eine
neue vorgeschlagen, und nicht nur eine Norm, sondern meist ein Norm-
paket, weil zusätzlich zur Regulierung auch Ausnahmevorschriften er-
gehen müssen.

1. Verschwinden des Rechts

Über die Kehrseite dieser permanenten Normsetzung spricht man wenig und ungern. Wie verschwindet eigentlich Recht, wo gerät es hin? Muss es im Rechtssystem nicht auch so etwas wie eine Abfallbeseitigung geben, sozusagen eine dunkle Rückseite der politisch opportunen Normsetzung? Wohin gerät der ganze Normenmüll? Löst er sich in Luft auf, wird er von der Rechtsgeschichte entsorgt, die letztlich alles übernimmt und archiviert, was einmal «galt»? Ist, was nicht mehr gilt, mit der negativ konnotierten Vorsilbe «Ab-» versehenes, antiquarisches Material: Abfall oder Abraum?[4] Heißt es, «Aus den Akten, aus dem Sinn»?[5] Sind also die Rechtshistoriker die Müllmänner und Müllfrauen der aktiv gestalterischen Gegenwart der Normsetzung? Kramen sie in den Abfällen der Geschichte, in weggeworfenem Material, das niemand mehr haben will?

Um die Rolle der Rechtsgeschichte soll es aber im Folgenden nicht gehen. Vielmehr möchte ich die Kehrseite der Normsetzung beleuchten, die möglichen Wege der normativen Entsorgung.[6] Wer nur auf die «Normenflut» starrt, ist zu vergessen geneigt, dass es auch eine permanente Normvernichtung gibt. Sie arbeitet unauffällig, fast verschämt; denn der politische Gewinn der Normvernichtung ist ungleich geringer als der der Normsetzung. Minister und Abgeordnete wollen «positives» Recht hinterlassen, maßgebende Gesetze, nicht etwa Außerkraftsetzungslisten. Sie wollen durch Aufbauen, nicht durch Niederreißen berühmt werden. Die Beseitigung von Normen ist historisch wohl nur dann positiv besetzt, wenn es sich um eine allgemein gewünschte Befreiung von einem drückenden Regime handelt, etwa das große Abräumen des Ancien Régime um 1800 (Abschaffung der Leibeigenschaft, der Ehekonsense, der Zünfte, der Grundzinse, der Beschränkungen für Juden) oder die Abolition schon lange bekämpfter Institutionen (Folter, Todesstrafe). Von diesen großen Ausnahmen reformerischer Deregulierung[7] abgesehen, gilt aber doch der Satz, es sei ruhmreicher, Gesetze zu «geben» als sie «aufzuheben». Wer als Gesetzgeber in die Geschichte eingeht, erlangt einen Platz im Pantheon, wer Gesetze aufhebt, wird tendenziell eher negativ gesehen. Bestenfalls gilt er als unbedeutend, schlimmstenfalls als anarchistischer Zerstörer der vorhandenen Ordnung.

Benutzt man einen Moment noch die Analogie zur Entsorgung des Alltags von Hausmüll und Abwasser, Altglas, Papier, Daten und Datenträgern, ganz zu schweigen von Atommüll, Landminen, Bombensplittern und Giftgasgranaten, dann sieht man, dass viele Materialien, jedenfalls partiell, in den Kreislauf zurückkehren, sei es in natürliche, sei es in künstliche Verwertungsketten. Verbrennungsanlagen, Klärbecken, Sortiermaschinen und Deponien sorgen für die überlebenswichtige tägliche Befreiung von Überflüssigem.[8] Funktioniert die Entsorgung nicht, dann brechen die hochdifferenzierten industriellen Systeme innerhalb von Tagen, allenfalls von Wochen zusammen. Die neue Branche der Akten- und Datenvernichtung boomt.[9] Allein im Rhein-Main-Gebiet agieren 95 einschlägige Firmen. Sie verwenden hier und andernorts sprechende Namen, etwa Saubermacher AG, Reisswolf Deutschland, Daten-Ex, blitz-datenvernichtung, Aktenmühle, Datakill, ExActa, neuearbeit, Blanco, Dis-Wiper, Mobile Aktenvernichtung usw. Die nachgewiesenen Firmen garantieren durchweg Achtung des Datengeheimnisses (§ 5 BDSG) und generelle Übereinstimmung mit dem Datenschutzrecht (§ 32 BDSG), Diskretion bei der Arbeit, Anfahrt eines Spezialfahrzeugs, das die Akten im «Partikelschnitt in Sicherheitsstufe 3» zerreißt und unter acht Tonnen Druck zu 50 kg-Papierballen zusammenpresst, dokumentiert durch Ausstellung eines Zertifikats. Am Ende werden auch die Akten-Regale auf eine Deponie verbracht. Der Raum ist wieder frei. Entsprechendes geschieht für die Entsorgung von elektronischen Dateien. Sie werden fachgerecht gelöscht und als Plastik- bzw. Metallschrott zerkleinert.

So kommen Millionen rechtlich oder rechtsgeschichtlich bedeutsamer Vorgänge aus der Welt. Das Trägermaterial kehrt in die Papier-, Plastik- oder Metallproduktion zurück. Die Texte sind, wenn man von möglichen Kopien absieht, unwiederbringlich verschwunden. Es waren Rechnungen und Mahnungen, Personalakten, Geschäftsbriefe zu Vertragsschlüssen, Akten soweit das Auge reicht, ein grauer Strom von Informationen über Menschen, die nicht mehr leben, über erledigte Geschäftsvorgänge, nicht mehr existierende Firmen, unverkäuflich gewordene Produkte.

Was die Gesetzessammlungen und die Kommentare angeht, so hat sich seit den dreißiger Jahren des 20. Jahrhunderts die «Loseblattsammlung» durchgesetzt.[10] Das Altmaterial wird jeweils mit dem Erscheinen der neuen «Lieferung» aussortiert und verschwindet bei Studierenden, in Behörden, Anwaltskanzleien und an Lehrstühlen wohl durchweg im Papierkorb und dann im Reißwolf.[11] Trifft man nicht besondere Vorsorge für die Archivierung, ist es schon in kurzer Zeit nicht mehr auf Anhieb möglich, die älteren, außer Kraft getretenen Vorschriften zu ermitteln. Dafür hat der praktisch tätige Nutzer den Vorzug, das jeweils «geltende Recht» in Händen zu halten, und deshalb bezahlt er die teuren Ergänzungslieferungen. Sie sind gewissermaßen der Preis für die Befreiung von der Rechtsgeschichte.

Wie steht es also mit der Entsorgung des Rechts? Durch welche Röhrensysteme, Abfallschächte oder Filter verschwindet, was niemanden, der «im wirklichen Leben steht», mehr interessiert? Gehen wir die Möglichkeiten der Entsorgung kurz durch.

2. Aufhebung

Gesetzestexte beginnen durchweg positiv mit dem Regelungszweck, dem Regelungsumfang und den Regelungsinhalten, meist vom Allgemeinen zum Besonderen voranschreitend. Erst in den letzten Paragraphen, kurz vor der Regelung des Inkrafttretens, haben sie, wie eine Badewanne, ein Loch mit Stöpsel. Dort wird abgeleitet, was nun nicht mehr gelten soll, etwa das ganze Vorgängergesetz und dessen Vorgänger oder ein Sammelsurium von Normen aus anderen Gesetzen, in denen nun weiße Flecken oder entkernte Paragraphen («gegenstandslos») entstehen.[12] Meist öffnet der vorletzte Paragraph eines neuen Gesetzes das Abflussrohr, das in die Tiefe des Außerkrafttretens führt.

Der klassische *actus contrarius* der Gesetzgebung ist die Außerkraftsetzung, die im neuen Gesetz oder in einem Spezialgesetz geregelte spiegelbildliche Erklärung des Gesetzgebers, eine bestimmte Norm solle nicht mehr gelten. Das «nicht mehr» erinnert an die Geltung bis zum gegenwärtigen Zeitpunkt. Die *Abrogatio* als Totalabschaffung eines Gesetzes und die *Derogatio* als Teilabschaffung gehören zum Kernbestand der Gesetzgebungsmacht, die seit dem 16. Jahrhundert mit der Souveränität identifiziert wird. Dem römischen Kaiser der Spätantike wurde die Macht zugeschrieben, Gesetze zu geben und zu interpretieren (Cod. I. 14.12; I. 17.21), sie teilweise oder gänzlich aufzuheben, und was er bestimmte, sollte Gesetzeskraft haben (D. 1.4.1; Inst. 1.2.6). Diese Formeln, die im Mittelalter Papst und – der *translatio imperii* folgend – Kaiser zugeschrieben wurden, gerieten im Frankreich des 16. Jahrhunderts in die theoretischen Bemühungen um die Zusammenfassung aller Rechte in einer Hand, die unteilbar und zuhöchst entscheiden sollte. Bodin sah Gesetzgebung und Gesetzaufhebung ranggleich und spiegelbildlich. Der Souverän durfte geben und nehmen, *casser, ou changer, ou corriger les loix*, und diese Befugnis umschloss sämtliche anderen Hoheitsrechte und Souveränitätsmerkmale. Das Gesetz (anders als das Gewohnheitsrecht) entstand für Bodin «in einem einzigen Augenblick und leitet seine Kraft von demjenigen her, der die Macht hat, allen zu befehlen».[13] Das ist die Doktrin der Gesetzgebung bis heute geblieben. Der Legislator ist der Schöpfergott, der gleichzeitig schaffen und vernichten kann, ja vernichten muss, um Platz für neue Schöpfungen zu gewinnen. Er tut dies in modernen Verfassungsstaaten nicht kraft eigenen Willens, sondern legitimiert und gebunden durch die Regeln der Verfassung, die wiederum auf den durch Wahlen begründeten und repräsentativ ausgeübten Willen des verfassungsgebenden Volkes zurückgeht.

Die Entsorgung alten Rechts durch ausdrückliche Erklärung des Außerkrafttretens kann dadurch variiert werden, dass der Gesetzgeber das Außerkrafttreten an den Ablauf einer Frist oder an eine Bedingung knüpft. Im Fall der Fristsetzung (Zeitgesetz) erlischt das bis dahin geltende Recht automatisch, wenn der Zeitpunkt gekommen ist, im Fall der Bedingung mit deren Eintritt. Sog. Zeit- und Experimentiergesetze,[14] die von vornherein nur für einen überschaubaren Zeitraum konzipiert sind und dann erneuert werden müssen, wenn sie nicht erlöschen sollen,[15] sind in den letzten Jahren häufiger praktiziert worden und werden vor allem empfohlen, um den Gesetzgeber in Abständen zum Überdenken seiner Gesetzgebung und zu erneuter Beschlussfassung über das Gesetz zu zwingen.[16] Gesetzesrecht ist hier von vornherein als Gebrauchsartikel mit Verfallsdatum gekennzeichnet, in England so genannte *sunset legislation*. Sein Anspruch, dauerhafte normative «Wahrheit» zu verkörpern, ist aufgegeben. Es ist nicht mehr und nicht weniger als der auf gewisse Zeit gefrorene politische Wille, der regelmäßig wieder verflüssigt werden soll. Da dies tendenziell die Arbeit des Gesetzgebers entwertet, wächst derzeit die Skepsis gegenüber dem generellen und von populistischen Motiven nicht freien Übergang zu «Zeitgesetzen». Immerhin und nebenbei, so denkt man eventuell listigerweise, böte ein Übersehen der Frist die Chance, dass wenigstens eines der vielen Gesetze kommentarlos im Abfluss verschwände.[17]

Im Einzelfall kann die durch Frist oder Bedingung das Außerkrafttreten oder das Inkrafttreten «hinhaltende» Norm zwischen beiden Fällen changieren: «Dieses Grundgesetz», so heißt es seit 1990 in Art. 146, «das nach Vollendung der Einheit und Freiheit Deutschlands für das gesamte deutsche Volk gilt, verliert seine Gültigkeit an dem Tage, an dem eine Verfassung in Kraft tritt, die von dem deutschen Volke in freier Entscheidung beschlossen worden ist.» Da aber auch Fristsetzung oder Einführung einer Bedingung Willensakte der Gesetzgebung sind, ist dies nur eine inhaltliche Modifikation, aber kein neuer Weg der Beseitigung von altem Recht.

Die Außerkraftsetzung von Gesetzesrecht durch eben den staatlichen Gesetzgeber, der es geschaffen hat, ist ohne Zweifel immer noch der wichtigste Weg zur Entsorgung von Altrecht. Wenn nun aber die neueren Diagnosen stimmen, dass nicht nur die Rolle des Staates generell schwindet, sondern auch die Präsenz als nationaler Gesetzgeber, dann richtet sich der Blick notwendig auf diejenigen Kräfte, die ihm seine traditionelle Rolle streitig machen. Es sind dies alle «privaten» als Normgeber tätigen Akteure, also sowohl weltweite Netzwerke und Verbände als auch Weltfirmen mit aktiven Rechtsabteilungen und mit Allgemeinen Geschäftsbedingungen, denen man sich zu unterwerfen hat, will man überhaupt ins Geschäft kommen. In der Sache geht es etwa um internationales Handelsrecht (*Lex mercatoria*), um das Recht des Internet sowie um das Verbandsrecht der Sportarten, in denen mit Hilfe des Fernsehens viel Geld umgesetzt wird.[18]

Auf diesem Feld müsste es also Pendants zu den Abrogationen durch die staatliche Legislative geben. Bei einfachen Verträgen sind die Vertragspartner selbst in der Lage, das von ihnen geschaffene Recht wieder zu entsorgen, häufiger wohl weniger durch formelle Vertragsauflösung, den *actus contrarius* zum Vertragsschluss,[19] als durch einfachen Nichtgebrauch. Je komplexer allerdings das Netzwerk ist, innerhalb dessen Verträge geschlossen werden, desto schwieriger auch die Auflösung. Multilaterale Verträge erfordern ein Vielfaches an Aufwand bei der Änderung oder Auflösung. Allgemeine Geschäftsbedingungen sind nur unter größten Schwierigkeiten änderbar. Im Versicherungsrecht etwa, in dem die subtil ausgefeilten Geschäftsbedingungen die Grenze markieren, an der sich lohnende von nicht mehr lohnenden Vertragsschlüssen unterscheiden, sind nicht nur die international konkurrierenden Versicherungen selbst, sondern auch die Rückversicherungen beteiligt. Ähnlich ist es bei allen übrigen Massenverträgen, die durch normierte Vertragsmuster gesteuert werden. Von einem generellen Verzicht auf das Instrumentarium kann keine Rede sein, allenfalls von gewissen Änderungen oder punktueller Deregulierung.

Wer ist also der eigentliche Akteur auf diesem Feld nichtstaatlichen Rechts? Gibt es überhaupt absichtsvoll handelnde Akteure, die man sich anthropomorph vorzustellen hat? Oder bewegen sich diese Netzwerke von Normen, ohne erkennbar steuernde Subjekte aufzuweisen, nach den Regeln der Chaostheorie?[20] So kann man es sehen, wenngleich auch deren hübsche Muster wieder aus Individuen gebildet werden. Die Regelsetzung durch das Internationale Olympische Komitee, durch die entsprechenden Gremien bei der Formel 1, beim Skispringen oder Tennis, im Internet oder bei Weltfirmen wie Microsoft, Apple, Facebook & Co. geschieht durch Akteure und deren Interaktion. Nachvollziehbare Auseinandersetzungen münden schließlich in Normsetzung oder Normbeseitigung. Nichts anderes geschieht auf Seiten des Staates. Die strukturelle Ähnlichkeit der staatlichen und «privaten» Normsetzer wird auch dadurch unterstrichen, dass der Staat seit langem schon Private in den Prozess der Normgebung einbezogen hat, etwa die Technischen Überwachungsvereine, die Normierungsinstitute (DIN) oder die Selbstregulierung der Industrie.[21]

Der wesentliche Unterschied zwischen herkömmlicher Normsetzung durch den Staat und frei flottierender Normsetzung und Normentsorgung durch «Private» besteht darin, dass der Staat, dem Leitbild der

«Einheit der Rechtsordnung» folgend,[22] ein widerspruchsfreies Rechtssystem voraussetzt und es hoheitlich legitimiert. Die Rechtsordnung des Rechtsstaats soll für den Bürger «lesbar» bleiben. Die immer wieder unternommenen Versuche der «Rechtsbereinigung» sind nicht nur empfehlenswerte Kehrwochen, sondern sind Teil des zum Rechtsstaatsprinzip gehörenden Gebots der Rechtsklarheit. Anders bei den nicht demokratisch legitimierten und von Verfassungsgeboten nicht direkt erreichbaren «Privaten». Sie sind nicht verpflichtet, ihre selbstgemachten Regelwerke wieder zu entsorgen. Wenn sie es tun, dann folgen sie den Geboten betriebswirtschaftlicher Rationalität, den Gesetzen des Marketing oder einfachen Erwägungen der Praktikabilität: Büros werden entrümpelt, die Anweisungshefte neu geschrieben, frische Formulare gedruckt. Die alten Regelwerke wandern in den Reißwolf, vielleicht mit Ausnahme eines einzigen Exemplars für das Archiv.

3. Überlagerung

Einen wenig effektiven, aber doch erwähnenswerten stillen Weg des Verschwindens von Recht bietet die Überlagerung durch höherrangiges Recht.[23] Wenn die ranghöhere Norm die niedrigere «bricht» (Art. 31 GG), geschieht dies lautlos.[24] Die gebrochene Norm steht weiter in den Gesetzessammlungen, manchmal versehen mit einem Asterisk (*) und der Mitteilung, die Norm sei «außer Kraft», manchmal auch nicht, weil Ungewissheit über den Vorgang des Brechens besteht. So steht bis heute in Art. 101 Abs. 3 der hessischen Verfassung, es könnten «Angehörige der Häuser, die bis 1918 in Deutschland oder in einem anderen Land regiert haben oder in einem anderen Lande regieren, ... nicht Mitglieder der Landesregierung werden». Dieser Satz, ganz offensichtlich unvereinbar mit dem höherrangigen Diskriminierungsverbot des Art. 3 Abs. 3 GG, wurde dennoch im maßgebenden Kommentar als gültig verteidigt,[25] also gab es in den Gesetzessammlungen keinen Asterisk. Den gab es übrigens auch nicht bei einem Dutzend anderer Bestimmungen dieser am meisten veralteten deutschen Landesverfassung, wohl weil alle Beteiligten befürchteten, damit in das Wespennest heterogener politischer Änderungswünsche zu stechen.[26]

Wird der Konflikt zwischen höher- und niederrangigem Recht in einem gerichtlichen Verfahren geklärt, dann eröffnet sich ein vierter Weg der Außerkraftsetzung von Recht. Es ist die Institution der Verfassungsgerichtsbarkeit, die sich im Europa des 20. Jahrhunderts etablieren konnte. Inzwischen gibt es auch in vielen außereuropäischen Ländern ein derartiges Verfassungsorgan mit judikativer Struktur.[27] Es kann, wenn die politischen Gewalten de facto und de jure seine Unabhängigkeit achten, Gesetze wegen Verstoßes gegen die Verfassung außer Kraft setzen. Das deutsche Gesetz über das Bundesverfassungsgericht spricht der Entscheidung in solchen Fällen ausdrücklich «Gesetzeskraft» zu (§ 31 Abs. 2 BVerfGG), weshalb auch «die Entscheidungsformel durch das Bundesministerium der Justiz im Bundesgesetzblatt zu veröffentlichen» ist. Wie bedeutsam dieser Weg zur Entsorgung verfassungswidrigen Rechts durch den «Gerichtshof» ist, belegt die Statistik. Zwischen 1951 und 2000 wurden vom Bundesverfassungsgericht insgesamt 370 Gesetze oder Einzelvorschriften des Bundes und 153 Gesetze oder Einzelvorschriften der Länder als verfassungswidrig beanstandet.[28] Je etablierter diese antagonistische Kooperation zwischen Legislative und Verfassungsgerichtsbarkeit ist, desto mehr scheint sich auch für die wichtigeren Fälle einzubürgern, den politischen Kampf im Parlament gleich anschließend noch einmal mit Argumenten des Verfassungsrechts zu wiederholen. Möglicherweise schwindet auch die Sorgfalt der Gesetzesformulierung im Parlament mit der Gewissheit, das Gesetz werde ohnehin noch einmal einem verfassungsgerichtlichen Tauglichkeitstest unterworfen. Das bedeutet: Eine wirkliche Entsorgung findet auf diesem Weg kaum statt, denn das Gesetz wird geprüft und gelangt mit einem Mängelbericht wieder zurück an die Legislative, die normalerweise nachbessert und das Gesetz erneut auf die Reise schickt.[29]

4. Verdrängen

Subtiler und effektiver, wenngleich zunächst kaum sichtbar, sind die Veränderungen, welche die Rechtsprechung am geltenden Recht vornimmt. Es ist dies der eigentliche Königsweg der an der Tätigkeit der

Gerichte orientierten «Normdurchsetzung».[30] Dort gewinnen fast nebenbei eingefügte Normen ungeahntes Volumen, wie das Beispiel der universal einsetzbaren Formel «Treu und Glauben» (§ 242 BGB) zeigt. Es entstehen auch neue, im Gesetz nicht vorgesehene Rechtsfiguren wie die *culpa in contrahendo* (Rudolf von Jhering), die «positive Vertragsverletzung» (Hermann Staub), die Nebenpflichten der Verträge, die faktischen Vertragsverhältnisse (Spiros Simitis) und vieles andere, was man «juristische Entdeckungen» genannt hat.[31] In diesen Fällen wird eine neue, aber im Zeitablauf als unvollständig empfundene Kodifikation oder ein Einzelgesetz angereichert, der Normbestand also vermehrt.

Was sich schwerer fassen lässt, weil generell das Nichthandeln schwieriger nachweisbar ist, sind die von der Rechtsprechung stillschweigend vorgenommenen Missachtungen oder Umbiegungen kodifizierten Rechts. Es beginnt bereits bei der Implementation einer neuen Norm oder eines Gesetzbuchs.[32] Die richterliche Entscheidung, welche Norm(en) dem zu entscheidenden Fall zugrunde zu legen sei(en), enthält eine Dezision, die langfristig für die «Geltung» einer Norm tödlich sein kann. Der Richter, der seinen Sachverhalt bekanntlich im Hinblick auf die entscheidungsrelevante Norm zu ordnen pflegt, strukturiert die ihm als relevant erscheinenden «Tatsachen» in der Weise, dass sie später unter eine Norm «passen». Umgekehrt und meist gleichzeitig wählt er solche Normen aus, mit denen er den schrittweise entstehenden «Sachverhalt», also die juristisch vorstrukturierte und von insoweit Überflüssigem gereinigte Geschichtserzählung, zu lösen hofft.[33] Indem er auswählt, schiebt er Normen als «für diesmal» irrelevant beiseite. Tun dies viele Richter über längere Zeit, dann verfestigt sich die Rechtsprechung so, dass die aktiven, aber über die Ausbildung auch die jüngeren Juristen den Eindruck gewinnen, mit bestimmten Normen sei in der Praxis nichts (mehr) anzufangen. Die Normen geraten gewissermaßen «in Abgang», wie im Behördendeutsch fehlende Gegenstände bezeichnet werden.

Um diese langsamen Verschiebungen des kollektiven juristischen Bewusstseins über den Gesamtbestand des anzuwendenden Rechts zu erfassen, müssen retrospektiv Rechtsprechungsstudien gemacht werden, die sich über längere Zeiträume erstrecken. Dazu bedarf es der

Erfassung des gedruckten und ungedruckten Rechtsprechungsmaterials. Zur Erleichterung solcher Studien stehen nun Repertorien zur Verfügung.[34] Sie entlasten freilich nicht von der geduldigen Rekonstruktion einzelner Entscheidungssituationen anhand von generell wenig aussagekräftigen Texten, die zudem noch – dem jeweiligen Stilmodell[35] der Rechtsprechung folgend – bewusst kurz gehalten wurden, um dem Publikum gerade keinen Einblick in die richterliche Werkstatt zu gewähren. Da Richter den Vorwurf scheuen müssen, geltendes Recht missachtet zu haben, müssen sie an Normen, die sie nicht zur Grundlage einer Entscheidung zu machen gedenken, vorbeiargumentieren. Mit anderen Worten, der spätere Leser muss «gegen» den Text lesen, um diese Umgehung sichtbar werden zu lassen. Die Umgehung selbst geschieht unter Verwendung des herkömmlichen methodischen Instrumentariums. Der Richter kann die entscheidungsrelevante Norm aushebeln, etwa mit der Formel «indes kommt es hierauf nicht an; denn ...». Er hat dann nachzuweisen, dass der (von ihm konstruierte) Sachverhalt einen anderen Schwerpunkt habe, also andere entscheidungsrelevante Normen erfordere. Ein anderer Weg ist der, die störende Norm durch Hinweis auf höherrangiges Recht als nicht geltend hinzustellen, etwa durch Argumentation mit Verfassungsrecht, allgemeinen Rechtsüberzeugungen, Naturrecht, ja sogar in direktem Rückgriff auf «Billigkeit» oder «Gerechtigkeit». Ein dritter Weg bietet sich an, wenn der Richter mit Hilfe von Folgeargumenten plausibel machen kann, dass eine solche vom Gesetz angeordnete Rechtsfolge vom Gesetzgeber nicht wirklich «gewollt» sei. Sind die Materialien der Gesetzgebung ergiebig, wird er darauf hinweisen, dass sie im Sinne der Entscheidung zu deuten seien. Sind sie unergiebig, lässt er sie beiseite und beschreitet den Weg der objektiven Auslegung, welche die Norm aus dem historischen Kontext löst und sie in die heutige Problemlage verpflanzt, um zu ermitteln, was der damalige Gesetzgeber innerhalb des heutigen «Interpretationshorizonts» wohl gesagt hätte, wenn er heute zu entscheiden hätte.

Alle diese Wege können zur Normvermeidung bei der richterlichen Entscheidung führen, also auf dem Weg der Entstehung einer gefestigten Rechtsprechung letztlich zur Eliminierung der Norm. Dies ist gewiss der mühsamste und unsicherste Weg der Entsorgung von überflüssig gewordenem Normmaterial; denn er hängt davon ab, dass eine gewisse Zahl von Richtern und Kommentatoren auf diesem Weg folgt. Ob dies geschieht, weiß der Richter zur Zeit der Entscheidung nicht, und unter demokratischen Prämissen und garantierter «Unabhängigkeit des Richters»[36] gibt es keine Zwangsmittel, andere Richter auf diesen Weg zu bringen. Es gibt also nur den Konsens der Rechtsanwender, primär der Richter, der sie beobachtenden und kommentierenden Wissenschaft, aber auch der von Entscheidungen Betroffenen, die mit ihren Mitteln die Akzeptanz oder Nichtakzeptanz von Rechtsnormen bewirken.

5. Kommunikatives Erlöschen

Damit ist der entscheidende theoretische Punkt erreicht. Recht ist ein spezielles Netzwerk gesellschaftlicher Selbstverständigung.[37] Aus ihm entstehen die staatlich autorisierten Texte (Gesetze) und die Rechts-Institutionen, in ihm bewegt sich das Rechts-Personal von den Abgeordneten über die Verwaltungsbeamten, Richter, Anwälte, Hochschullehrer bis hin zum einzelnen Bürger, der eine Klage erhebt oder sich einem Befehl fügt. Insofern sind alle Bürger Rechtserzeuger, Rechtsinterpreten und Rechtskonsumenten.[38] Dieses Recht, man mag es System nennen oder nicht, funktioniert erfahrungsgemäß, solange die an der Kommunikation beteiligten Menschen überzeugt sind, dass es (zu vertretbaren Kosten) funktioniert. Auf die Richtigkeit der vorausgesetzten philosophischen Prämissen kommt es – bei allem Respekt vor dem dabei aufgewendeten Scharfsinn – nicht an. Es geht vielmehr um die historisch und empirisch feststellbare Funktionsweise von Recht. Wenn die Mehrheit der Rechtsunterworfenen das Recht kommunikativ aufrechterhält und sich pragmatisch in ihm bewegt, genügt dies, um von einer funktionierenden Rechtsordnung zu sprechen. Um diese Funktionsweise zu erkennen, hat man kognitive Prozesse des Erwerbs von Rechtsbewusstsein, den Zugriff auf Rechtsargumente oder das Ausweichen vor dem Recht, schließlich auch das mehr oder weniger systematische Vergessen älteren Rechts und die Verständigungssignale innerhalb des Rechtssystems zu studieren.

Recht als ein ausdifferenziertes spezialisiertes Kommunikationssystem stabilisiert Verhaltenserwartungen, steuert auf diese Weise Bewusstsein und Handeln, ermöglicht Planungen und Kalkulationen und schreckt die Mehrheit von Regelverletzungen ab. Es ist ein Ensemble von «Sprechakten» im Sinne von John L. Austin,[39] ein Code, der einen Sektor menschlichen Zusammenlebens, wie er sich historisch herausgebildet hat, lesbar macht.

Werden diese Prämissen akzeptiert, dann beruht die Entsorgung von überflüssig gewordenem Recht auf den rechtsbezüglichen kommunikativen Akten der Gesellschaft. Das betrifft die legislativen Akte der Außerkraftsetzung ebenso wie die Entscheidungen des Verfassungsgerichts mit «negativer Gesetzeskraft», die dauerhafte Nichtanwendung von Normen durch die Gerichte, aber eben auch durch die Gesellschaft selbst. Recht kann durch gesellschaftliche Nichtbeachtung schwächer und schwächer werden, und endlich ganz verschwinden. Das englische Verb *fade*, verwendet etwa für das Nachlassen der Sendungsintensität beim Radio (*fading*), zeigt, was gemeint ist. Wenn die Zahlen derjenigen Bürger, die den Gebots- oder Verbotsimpuls der Norm aufnehmen und umsetzen, dahinschwinden, aus welchen Gründen auch immer, beginnt die «Geltung» der Norm nachzulassen. Die Beispiele aus dem Straßenverkehrsrecht[40] oder aus dem Gebiet der Massenverwaltungsakte (Steuerrecht, Sozialrecht, Ordnungswidrigkeitenrecht), aus dem Strafprozessrecht und dem materiellen Strafrecht[41] sind allgemein bekannt. Am Ende erlischt die Norm durch Nichtgebrauch.

Sie erlischt rechtssoziologisch, während man normtheoretisch weiter ihre unveränderte Geltung behaupten kann. Der Müll, so könnte man sagen, liegt weiter herum. Die darin steckende Dichotomie ist seit den Tagen der Wiener Schule diskutiert worden. Man kann die Unüberspringbarkeit der Kluft zwischen Sein und Sollen drehen und wenden wie man mag, an einem tiefsten Punkt faktischer Nichtbeachtung erlischt auch die Norm selbst, genauer: sie bleibt formal bestehen, aber ihre normative Geltung ist nicht mehr feststellbar. Wenn für die Geltung ein Geltungswille Voraussetzung ist, muss dieser empirisch feststellbar sein oder als fiktiver unterstellt werden können. Aber wessen Wille? Der des historisch vielleicht weit entfernten Gesetzgebers ist nicht mehr vorhanden, er ist lediglich im Akt der Inkraftsetzung dokumentiert. Für ihn gilt die Vermutung, dass er weiter wirken «soll», ungeachtet aller Widrigkeiten der Zeitabläufe, ein Impuls *ad infinitum*. Aber der Wille der Bürger kann ihn konterkarieren. Wenn Bürger den normativen Impuls ignorieren oder ihm entgegenhandeln und wenn diese Renitenz von staatlichen Stellen hingenommen wird, dann bricht dieser Impuls irgendwann ab. Der Geltungswille ist erloschen. Aus dem Produkt Recht wird so durch Nichtgebrauch Abfall.[42] Auf welchem theoretischen Weg man zu diesem Ergebnis, das die Rechtsgeschichte mit vielen Beispielen belegen könnte, kommen mag, kann offenbleiben. Die empirisch verfahrende Konsenstheorie des Rechts, die von der massenhaften Beachtung von Regeln auf deren Geltung schließt, überspringt die Dichotomie ebenso wie die Normtheorie, die resigniert zugeben muss, dass die dauerhafte und mehrheitliche faktische Missachtung der Norm auch deren Geltungsanspruch tangiert.

Der die Akteure in ihrer Vielfalt einbeziehende funktionalistische Blick relativiert zwar die Unterschiede zwischen der Entsorgung des veralteten, verbrauchten oder politisch nicht tolerablen Rechts durch den Gesetzgeber, durch ein Bundesverfassungsgericht, durch die Justiz oder durch faktisches Verhalten der Rechtsgemeinschaft *(desuetudo)*. Aber zugleich werden für Rechtshistoriker, Rechtssoziologen oder Rechtsethnologen Kommunikationsprozesse sichtbar, die zuvor institutionell verstellt waren. Man sieht gewissermaßen das Röhrensystem der Entsorgung. Seine Röhren haben verschiedene Durchmesser und arbeiten unterschiedlich, aber sie lassen das nicht mehr benötigte Recht letztlich mit der Geschwindigkeit passieren, die hinreicht, damit «oben» (um im Bild zu bleiben) wieder Platz für Normsetzung geschaffen wird.

6. Überproduktion

Das Bild eines kontinuierlichen und balancierten Austauschs neuen Rechts gegen altes Recht ist allerdings zu harmonisch. Es gibt mehrere Beobachtungen, welche gegen die Annahme eines geschlossenen Kreislaufs von Normproduktion und Normentsorgung sprechen.

Zunächst wird, wenn nicht alle Beobachtungen trügen, seit langem mehr Gesetzesrecht gebraucht und produziert als «entsorgt». Die absolute Menge der Normen, die für die Entscheidung eines Falls relevant sein können, wächst an. Aufgrund des weltweiten Austauschs von Waren, Dienstleistungen, Kapital und Informationen sowie entsprechender Migrationsströme schneiden häufig schon Durchschnittsfälle, die früher im kleinen Rechtskreis und ohne großen Aufwand gelöst wurden, mehrere auswärtige Rechtsordnungen an. Zudem sind jenseits der traditionellen nationalen Legislative neue Normproduzenten hinzugekommen. Das sind im engeren Sinne zunächst die Europäische Union, dann aber auch alle normgebenden internationalen Vereinigungen. Im weiteren Sinne sind auch die internationalen Gerichtshöfe in Straßburg, Luxemburg und Den Haag normgebende Institutionen, denn ihre Entscheidungen bilden ein sich zunehmend verfestigendes normatives Gewebe, auf das sich die Betroffenen verlassen und das den Gerichten selbst als Richtschnur dient. Ein Richtungswechsel der Rechtsprechung wird wegen seiner normativen Folgen meist lange erwogen und dann auch häufig ausdrücklich notiert.

Aber nicht nur die absolute Menge an Normen wächst an, auch ihre Komplexität. War beispielsweise die Untersagung eines «polizeiwidrigen» Gewerbes bis zum Ende des 19. Jahrhunderts eine einfache Frage der lokalen Polizeibehörde und später der landeseigenen Verwaltungsgerichtsbarkeit, geriet sie mit Erlass von Reichsgesetzen und der Installierung des Bundesverwaltungsgerichts auf die nationale Ebene. Zu ihr gehört auch die Einbeziehung des Verfassungsrechts, die den Richtern der fünfziger und sechziger Jahre des 20. Jahrhunderts gelegentlich schwer fiel. Gegenwärtig ist zusätzlich zu fragen, ob eine solche Untersagung mit dem EU-Recht übereinstimmt.[43] Für alle Rechtsgebiete gilt, dass Normen mehrerer Ebenen ineinander greifen. Richter müssen also mehr wissen als früher. Verweigern sie sich der Wahrnehmung der Komplexität des Rechts, werden ihre Entscheidungen von der nächsten Instanz aufgehoben.

Gewiss helfen die neuen technischen Möglichkeiten, die Kluft zwischen der wachsenden Informationsmenge und dem Zwang zur Entscheidung zu verringern. Die maschinelle Speicherkapazität von Texten ist im vergangenen Jahrzehnt ins Gigantische gewachsen. Wir können an einem relativ kleinen Arbeitsplatz mit Hilfe von Online-Service, globalen Suchmaschinen, CDs, digitalen Wörter- und Textbüchern das verfügbare Wissen der Welt stapeln. Sämtliche relevanten Gesetzes- und Verfassungstexte sind im Internet abrufbar.

Dennoch bleiben Zweifel, ob die Entscheidungen der Gerichte auf den unteren Instanzen, vor allem solche, die von den Betroffenen durch Rechtsmittelverzicht akzeptiert werden oder auf einen Vergleich hinausgelaufen sind, vom perfekt informierten Richter unter Berücksichtigung aller einschlägigen Normen getroffen werden. Die Zeit für die Entscheidung und die Arbeitskapazitäten sind begrenzt. Oft wollen es die Parteien gar nicht so genau wissen. Sie wollen eine «Entscheidung», und zwar kein informationelles Kunstwerk, sondern eine handfest begründete.

7. Vergessen

Spielt also nicht vielleicht beim durchschnittlichen Richter und bei jedem anderen Rechtsanwender auch die «Kunst des Vergessens» oder der «wissenschaftliche Oblivionismus»[44] eine Rolle? Gemeint ist nicht «Verordnetes Vergessen»,[45] das sich nicht nur in politisch motivierter Löschung von Erinnerung durch *damnatio memoriae* im Sturz von Standbildern, Umbenennen von Straßen, Retouchieren von Fotos oder Umschreiben von Geschichtsbüchern manifestiert, sondern in einem weiteren Sinn auch in der verordneten Außerkraftsetzung von Rechtsnormen.[46] Gemeint ist vielmehr das sanfte Vergessen von allzu viel Details, die Reduktion, aber auch Verdrängung von Komplexität, um auf diese Weise zu Entscheidungen zu gelangen. In Urteilsrezensionen der Wissenschaft wird oft bemerkt, das Gericht habe eine wesentliche Frage nicht behandelt, habe sich leichtfüßig mit einem «sei dem wie ihm wolle» oder «es kommt hierauf nicht an» auf einen Pfad der Abkürzung der Begründung begeben. Allzu fein ausziselierte Dogmatik wird oft robuster gehandhabt, als ihre Erfinder sich das vorgestellt hatten. Die Praxis «vergisst» manches – zu ihrem eigenen Nutzen. Der Richter reduziert nicht nur den Sachverhalt und schält aus der Masse der ihm berichteten Tatsachen dasjenige heraus, was er für seine Entscheidung brauchen kann, er wählt auch Rechtsnormen aus. Diejenigen Normen, die er nur «anprüft» und dann verwirft, ebenso wie diejenigen, die er gar nicht kennt. Für seinen Fall kann er sie «vergessen». Nur durch diese, mehr oder weniger bewusst ablaufenden Entlastungsvorgänge wird er am Ende fähig, eine Entscheidung zu fällen.[47] Ebenso nimmt die vor Ort tätige Verwaltung kaum wahr, was die ruhig am Schreibtisch sitzende Wissenschaft an Handlungsalternativen entfaltet. Das gilt etwa für die Feinheiten der Ermessenslehre, für die vielfältigen Gebote der «Abwägung», der «Rücksichtnahme» sowie des «Übermaßverbots», mit deren Hilfe retrospektiv festgestellt wird, ob das Handeln rechtmäßig war.

So wird die Vereinfachung der Welt der Wahrnehmung zur Voraussetzung für tatkräftiges Handeln. «Zu allem Handeln gehört Vergessen: wie zum Leben alles Organischen nicht nur Licht, sondern auch Dunkel gehört.»[48] Nietzsche, dessen blendende Antithesen so verführerisch sind, zeigt aber auch, dass der Mensch, im Unterschied zum Tier, gar nicht vergessen kann, sondern zwischen Handeln und Erinnern, Aktivismus und Kontemplation zu schwanken gezwungen ist. Die Warnungen vor dem Vergessen, ausgesprochen von Politikern und Historikern, die Hinweise auf die Unentbehrlichkeit von Erinnerung für menschliche Entfaltung und kulturelle Orientierung,[49] gesteigert zu dem neuen Wort der «Erinnerungskultur»,[50] die vielfältigen Gedenkjahre, die den Kultur- und Ausstellungsbetrieb in Schwung halten, haben alle ihr Recht, zumal bei Jahrhundertverbrechen wie der Shoa.

Aber dieses für Leben und Überleben notwendige Erinnern ist nur möglich, wenn gleichzeitig der größte Teil der Informationen, mit denen wir täglich überschüttet werden, gelöscht wird oder dem Vergessen anheimfällt. Die moderne Hirnforschung und die Neuropsychologie zeigen jedenfalls, dass die permanente kreative Verformungsarbeit des Gehirns am Material des «Erinnerns» unausweichlich ist, weil nur sie diejenigen Erinnerungen, die selten gebraucht werden oder störend sind, in tiefere Schichten absinken lässt und damit wieder Raum gibt für frische «Eindrücke».[51] Nur das Vergessen macht also das Leben lebbar. Nur die Entsorgung, das Vergessen oder die Verrottung dessen, was nur selten oder gar nicht mehr gebraucht wird, gibt sowohl dem Individuum als auch sozialen Organismen ihre Lebensfähigkeit.

Anmerkungen

Margarethe und der Mönch

1 P. Johansen, Nordische Mission, Revals Gründung und die Schwedensiedlung in Estland, Stockholm 1951; H. v. z. Mühlen, Zur wissenschaftlichen Diskussion über den Ursprung Revals, in: ZOF 33 (1984), 508–533 – Zeichnungen und Fotos bei N. v. Holst, Das Alte Reval. 110 Bilder mit erläuterndem Text, Reval 1942.

2 Th. Wolf, Tragfähigkeiten, Ladungen und Maße im Schiffsverkehr der Hanse, vornehmlich im Spiegel Revaler Quellen, Köln–Wien 1986.

3 H. Heineken, Der Salzhandel Lüneburgs mit Lübeck bis zum Anfang des fünfzehnten Jahrhunderts, 1908, Reprint Vaduz 1965.

4 C. Jahnke, «Das Silber des Nordens». Lübeck und der europäische Heringshandel im Mittelalter, Lübeck 2000; E. Schubert, Essen und Trinken im Mittelalter, 2. Aufl. Darmstadt 2010, 136 ff.

5 M. Kurlansky, Kabeljau. Der Fisch, der die Welt veränderte, München 1999; zusammenfassende Darstellungen bei Ph. Dollinger, Die Hanse, 6. Aufl. Stuttgart 2012; S. Selzer, Die mittelalterliche Hanse, Darmstadt 2010; M. North, Geschichte der Ostsee. Handel und Kulturen, München 2011; G. Graichen – R. Hammel-Kiesow, Die deutsche Hanse, Reinbek 2011.

6 G. Mickwitz, Aus Revaler Handelsbüchern, Helsingfors 1938; M. P. Lesnikov, Der hansische Pelzhandel zu Beginn des 15. Jahrhunderts, in: Hansische Studien. Heinrich Sproemberg zum 70. Geburtstag (Forschungen zur mittelalterlichen Geschichte, 8), Berlin 1961, 219–272; N. Angermann – W. Lenz (Hg.), Reval: Handel und Wandel vom 13. bis zum 20. Jahrhundert, Lüneburg 1977.

7 M. P. Lesnikow, Lübeck als Handelsplatz für osteuropäische Waren im 15. Jh., in: Hansische Geschichtsblätter 78 (1960), 67–86 (75); für das 12. Jh. siehe P. Johansen, Der hansische Russlandhandel, insbesondere nach Novgorod, in: A. v. Brandt, P. Johansen, H. v. Werveke, K. Kumlien, H. Kellenbenz, Die Deutsche Hanse als Mittler zwischen Ost und West, Köln und Opladen 1963, 39–57. Reiche Nachweise zu Schiffen, Waren, Zöllen, Währungen, Maßen und Gewichten bei R. Vogelsang, Revaler Schiffslisten 1425–1471 und 1479–1496, Köln–Weimar–Wien 1992.

8 H. v. z. Mühlen, Siedlungskontinuität und Rechtslage der Esten in Reval, in: ZOF 18 (1969), 630–654; grundlegend P. Johansen – H. v. z. Mühlen, Deutsch und Undeutsch im mittelalterlichen und frühneuzeitlichen Reval, Köln 1973; zusammenfassend H. v. z. Mühlen, Reval, in: Lexikon des Mittelalters, Bd. VII, 1995, 769–771.

9 C. Hasselblatt, Die estnische Literatur, in: Kritisches Lexikon zur fremdspra-

chigen Gegenwartsliteratur 6/99, 1–23, Loseblatt, hg. v. S. Domsch u. a., München 2012.

10 Dollinger (Anm. 5) mit dem Hinweis, dass die Mitglieder des Deutschen Ordens mehr einem mitteldeutschen Dialekt folgten.

11 A. Laufs – A. Eichener, Stände, Ständewesen, in: HRG IV (1990), 1901–1910; dies., Ständelehre, in: HRG IV (1990), 1910–1914.

12 Auf die komplexe Geschichte der Revaler Gilden (Kindergilde oder Große Gilde der Kaufleute, St. Kanutigilde und St. Olaigilde für die Handwerker, Hl. Leichnamsgilde für die Esten, St. Gertrudengilde für Reisen und Schiffer) kann hier nicht eingegangen werden. Zur Forschungslage eingehend T. Derrik, Das Bruderbuch der Revaler Tafelgilde (1364–1549), Marburg 2000, 1 ff.

13 A. L. J. Michelsen, Der ehemalige Oberhof zu Lübeck und seine Rechtssprüche, Hamburg-Altona 1839 (Nachdruck Aalen 1969), 81: «Libertates civibus nostris de Revalia indultas a domino Rege Woldemaro, tenore presentium confirmantes, remittimus ipsis omnia jura, que habent cives Lubecenses».

14 F. G. v. Bunge, Die Quellen des Revaler Stadtrechts, Bd. I, Dorpat 1844, 1–39, Bd. II, Dorpat 1846.

15 W. Ebel, Lübisches Recht, in: HRG III (1984), 77–84 (79); zum neuesten Forschungsstand A. Cordes, Lübisches Recht, in: HRG III (²2015), 993–1000.

16 Zum 750. Jubiläum siehe Lübecki Õiguse Tallinna Koodeks. 1282. Der Revaler Kodex des lübischen Rechts, Transkription und Übersetzung ins Estnische von Tiina Kala, Tallinn 1998; dies. Lübeck Law and Tallinn, Tallinn 1998.

17 Dollinger (Anm. 5) passim.

18 Zur Vorstellung eines «hansischen Rechts» siehe A. Cordes, Hansisches Recht. Begriff und Probleme, in: Hansische Studien XVII, Trier 2007, 205–213 in Auseinandersetzung mit W. Ebel, Hansisches Recht. Begriff und Probleme, in: ders., Probleme der deutschen Rechtsgeschichte, Göttingen 1978, 35–46.

19 Bunge (Anm. 14), I, 21.

20 E. v. Nottbeck, Der Revalsche Gerichtsvogt und seine Protokolle von 1436 und 1437, in: Beiträge zur Kunde Est-, Liv- und Kurlands, Bd. III, Reval 1887. Zum Rechtsgang siehe W. Ebel, Lübecker Ratsurteile I–IV, Göttingen 1955–1967; ders., Register van Affsproken. Das Revaler Ratsurteilsbuch, Göttingen 1952; P. Oestmann, Rechtsvielfalt vor Gericht. Rechtsanwendung und Partikularrecht im Alten Reich, Frankfurt a. M. 2002; T. Kämpf, Das Revaler Ratsurteilsbuch. Grundsätze und Regeln des Prozessverfahrens in der frühneuzeitlichen Hansestadt, Köln 2013.

21 Ebel (Anm. 15), 81; W. Schlau (Hg.), Sozialgeschichte der baltischen Deutschen, 2. Aufl. Köln 2000.

22 Bunge (Anm. 14), 21.

23 H. von zur Mühlen, Reval vom 16. bis zum 18. Jahrhundert: Gestalten und Generationen eines Ratsgeschlechts, Köln–Wien 1985.

24 F. G. v. Bunge, Die Revaler Rathslinie nebst Geschichte der Rathsverfassung und einem Anhange über Riga und Dorpat, Reval 1874.

25 Reiches Material zu den Revaler Honoratioren bei Derrik (Anm. 12), 44 ff. Bürgermeister und Ratsherren, 242 ff. Ratssekretäre und Syndici, 248 ff. Vorsteher der Tafelgilde, Älterleute der Großen Gilde und deren Beisitzer.

26 Die meisten der folgenden Details (ohne das Fortwirken Hiltens in der Reformation) beruhen auf dem grundlegenden Aufsatz von P. Johansen, Johann von Hilten in Livland. Ein franziskanischer Schwarmgeist am Vorabend der Reformation, in: Archiv für Reformationsgeschichte 36 (1939), 24–50. Zu Paul Johansen (1901–1965) siehe H. Weiss, in: NDB 10 (1974), 580–581.

27 Derrik (Anm. 12), 299.

28 Johansen (Anm. 26), 31.

29 The Hueck's House, 29 Lai Street, in: The Devils Wedding and other Legends about Tallinn, 3. Aufl. Tallinn 1994, 49–52.

30 Johansen (Anm. 26), 29 f.

31 R. Seeberg-Elverfeldt (Hg.), Revaler Regesten, Bd. 3: Testamente Revaler Bürger und Einwohner aus den Jahren 1369–1851 (Veröffentlichungen der Niedersächsischen Archivverwaltung 35), Göttingen 1975. Zu diesem Kauf Derrik (Anm. 12), 70, 86.

32 Anschaulich Th. Afflerbach, Der berufliche Alltag eines spätmittelalterlichen Hansekaufmanns. Betrachtungen zur Abwicklung von Handelsgeschäften, Frankfurt a. M. 1993; A. Cordes, Wie verdiente der Kaufmann sein Geld? Hansische Handelsgesellschaften im Spätmittelalter, Lübeck 2000.

33 Derrik (Anm. 12), 85 f.

34 W. Stein, Die Genossenschaft der deutschen Kaufleute zu Brügge in Flandern, Berlin 1890; R. Rößner, Brügge und die Hanse, in: C. Jahnke – A. Graßmann (Hg.), Seerecht im Hanseraum des 15. Jahrhunderts. Edition und Kommentar zum Flandrischen Copiar Nr. 9, Lübeck 2003, 145–148.

35 E. Aerts, Pfund Grote, in: M. North (Hg.), Von Aktie bis Zoll. Ein historisches Lexikon des Geldes, München 1995, 307 f.

36 L. Lemmens, Der Franziskaner Johannes Hilten († um 1500), in: Römische Quartalsschrift für christl. Altertumskunde und für Kirchengeschichte, Bd. 37 (1929), 315–347 (321 unter Verweis auf den Berichterstatter Myconius).

37 Realencyklopädie für protestantische Theologie und Kirche, 3. Aufl. 1896 ff., Bd. 8, 78–80; Religion in Geschichte und Gegenwart, 3. Aufl. Bd. 3 (1959), 327.

38 Johansen (Anm. 26), 40: «to der tid gar vor enen kloken vnde vornunftigen man gheachtet».

39 Johansen (Anm. 26), 40.

40 Johansen (Anm. 26), 40.

41 Johansen (Anm. 26), 32 schreibt, ein Drittel der Bevölkerung sei der Pest zum Opfer gefallen, zitiert aber gleich anschließend den Satz aus dem Akzisebuch «Et in hac pestilencia vix tertia populi pars remansit in civitate Revaliensi», kaum der dritte Teil der Bevölkerung überlebte (remansit).

42 Die Eintragungen im Akzisebuch der Stadt vom 31. August bis zum 7. Dezember 1464 wurden durch folgenden Eintrag unterbrochen: «Hoc tempore magna plaga viguit pestilencie, quapropter differebatur huiusmodi solucio. Avertat autem Deus hanc miserabilem et contagiosam pestem» Johansen (Anm. 26).

43 E. Friedberg, Lehrbuch des katholischen und evangelischen Kirchenrechts, 4. Aufl. Leipzig 1895, § 153, IV zu den *sponsali de praesenti* sowie zu der bis zum Konzil von Trient geltenden Unsicherheit über die Formerfordernisse, insbesondere über die Notwendigkeit der Erklärung vor der Gemeinde oder die

Anwesenheit von Zeugen. Siehe auch D. Schwab, Grundlagen und Gestalt der staatlichen Ehegesetzgebung in der Neuzeit, Bielefeld 1967, 15 ff.; S. Buchholz, Ehe, in: Handwörterbuch zur Deutschen Rechtsgeschichte, 2. Aufl. Bd. I, 2008, 1192–1213 (1197).

44 Johansen (Anm. 26), 34.

45 Michelsen (Anm. 13), Nr. 49.

46 Stadtarchiv Tallinn, Bestand 230, Verzeichnis 1, Nr. Bi 3. Für die Transkription danke ich Frau Tiina Kala, Tallinn. – In der Tat hatte Greve am 23. Dezember 1459 das Geld für die Kinder des verstorbenen Johann Büddinck in Empfang genommen. So Derrik (Anm. 12), 86.

47 Michelsen (Anm. 13). Die dortigen Aktenstücke sind numeriert und werden so zitiert.

48 Michelsen (Anm. 13), Nr. 60.

49 Es waren Euerth Smyd, Hillger Vorman, Euerth van der Schuren, Ghert Sassem.

50 Johansen (Anm. 26), 38.

51 Schreiben vom 12. Mai 1478, Regesta Imperii, Friedrich III, Heft 24, Nr. 231.

52 Original im Linnaarhiiv Tallinn (Sign. 230, I–I, 775).

53 Regesta Imperii, Friedrich III., Heft 24, Nr. 232 (Abschrift im Linnaarhiiv Tallinn, Sign. 230, 1 Bi 4 I, Bl. 7). Ein inhaltlich gleichlautendes Schreiben erging am 17. Juni 1479, Regesta Imperii, Friedrich III, Heft 24, Nr. 233; Abschrift im Linnaarhiiv Tallinn, Sign. 230, 1 Bi 4 I, Bl. 6.

54 Linnaarhiiv Tallinn, Sign. 230, I–I, 787.

55 Linnaarhiiv Tallinn, Sig. 230, 1, Bi 4 I, Bl. 5, Bl. 6, Bl. 14.

56 Michelsen (Anm. 13), Nr. 218.

57 Michelsen (Anm. 13), Nr. 225.

58 Michelsen (Anm. 13), Nr. 230.

59 Michelsen (Anm. 13), Nr. 235.

60 Michelsen (Anm. 13), Nr. 236.

61 Derrik (Anm. 12), 299.

62 D. Heckmann, Revaler Urkunden und Briefe von 1273 bis 1510, Köln–Weimar–Wien 1995, Nr. 164.

63 Die Parallelen zu dem etwas früheren Johannes de Capistrano und Girolamo Savonarola (1452–1498) sind auffällig. Zu ersterem siehe nur Diego Quaglioni, Un giurista sul pulpito. Giovanni da Capestrano († 1456) predicatore e canonista, in: ders., Civilis sapientia. Dottrine giuridiche e dottrine politiche fra medioevo ed età moderna. Saggi per la storia del pensiero giuridico moderno, Rimini 1989, 193–206.

64 L. Lemmens, in: Jahrb. d. Sächsischen Franziskanerordensprovinz 1, Düsseldorf 1907, 2; Johansen (Anm. 26), 44 f. mit dem Hinweis, Hilten sei wohl von Bischof Andreas Peper gestützt worden. Dieser Bischof trat 1473 von seinem Amt zurück.

65 Es handelt sich um das Franziskanerkloster, erbaut 1453–1457, heute: Am Palais 4, Gebäude für Schul- und Kirchenmusik der «Hochschule für Musik Franz Liszt».

66 J. H. Zedler, Universal-Lexicon, Bd. 13 (Hi-Hz), Leipzig und Halle 1739, Sp. 98.

67 K. F. Ledderhose, Friedrich Myconius, Pfarrherr und Superintendent von Gotha. Ein Leben aus der Reformationszeit, Gotha 1854; ders., Myconius, in: ADB 23 (1886), 123–127; H. v. Hintzenstern, Myconius, in: NDB 18 (1997), 661 f.; H. Ulbrich, Friedrich Myconius Lebensbild und neue Funde zum Briefwechsel des Reformators, Tübingen 1962.

68 H.-U. Delius (Hg.), Der Briefwechsel des Friedrich Myconius (1524–1546), Tübingen 1960, Briefe Nr. 48, 49.

69 D. Martin Luthers Werke. Kritische Gesamtausgabe, Briefwechsel Bd. V, Weimar 1934, Nr. 1480.

70 Briefwechsel (Anm. 69), Nr. 1501.

71 M. Adam, Vitae Germanorum Theologorum, Frankfurt a. M. 1620, Ioannes Hiltenius p. 4: «*Ego*, inquit, *istas iniurias aequo animo prop(t)er Christum tolero: cum quidem nihil scripserim aut docuerim: quod labefactare statum Monachatus possit: sed tantum notos quosdam abujus reprehenderim. Verum alius quidam veniet, anno Domini M. D. XVI. qui destruet vos, nec poteritis ei resistere, aut carcere vinculisve coercere.*» Siehe auch Johansen (Anm. 26), 24; Lemmens (Anm. 36), 319; O. Clemen, Schriften und Lebensausgang des Eisenacher Franziskaners Johann Hilten, in: Zeitschrift für Kirchengeschichte XLVII (1928), 402–412.

72 Delius (Anm. 68), Nr. 50, 52. Es handelt sich um Mönche des Arnstädter Barfüßerklosters um die so genannte Oberkirche.

73 A. Melchior, Vitae Germanorum Theologorum qui superiori seculo Ecclesiam Christi ... propagarunt, Frankfurt–Heidelberg 1620, sub Ioannes Hiltenius.

74 Melchior (Anm. 73): «*Ego istas iniurias aequo animo propter Christum tolero: cùm quidem nihil scripserim aut docuerim: quod labefactare statum Monachatus possit: sed tantùm notos quosdam abujus reprehenderim. Verùm alius quidam veniet, anno Domini M. D. XVI. qui destruet vos, nec poteritis ei resistere, aut carcere vinculisve coercere*».

75 D. Martin Luthers Werke. Kritische Gesamtausgabe, Tischreden 3. Bd., Weimar 1914, Nr. 3795.

76 H. Volz, Beiträge zu Melanchthons und Calvins Auslegung des Propheten Daniel, in: Zeitschr. f. Kirchengeschichte 67 (1955/56), 93–118 (111–115); H. Scheible, Melanchthons Verständnis des Danielbuchs, in: K. Bracht und D. du Toit (Hg.), Die Geschichte der Daniel-Auslegung in Judentum, Christentum und Islam, Berlin 2007, 293–322 (296 f.).

77 Chr. G. Neudecker (Hg.), Die handschriftliche Geschichte Ratzeberger's über Luther und seine Zeit, Jena 1850, 44 ff. – Nach Lemmens (Anm. 36) handelt es sich bei dem Manuskript um ein Diktat Hiltens oder eine zeitgenössische Kopie.

78 Zu ihm F. W. Cuno, in: ADB 33 (1891), 492–496; F. Hauss, in: RGG, 3. Aufl. Bd. V (1961), 1628; G. A. Benrath, Abraham Scultetus, in: Pfälzer Lebensbilder Bd. 2, Speyer 1970, 97–116; G. A. Benrath (Hg.), Die Selbstbiographie des Heidelberger Theologen und Hofpredigers Abraham Scultetus (1566–1624), Karlsruhe 1966; G. Jancke, Gelehrtenkultur – Orte und Praktiken am Beispiel der Gastfreundschaft. Eine Fallstudie zu Abraham Scultetus (1566–1624), in: B. Krug-Richter – R.-E. Mohrmann (Hg.), Frühneuzeitliche Universitätskulturen, Köln–Weimar–Wien 2009, 285–312 (289 ff.).

79 Vaticana, Codex Palatinus Nr. 1849. Er enthält die Schriften Hiltens auf 516 Blättern. Johannes Ficker (1861–1944) berichtet über den Handschriftenfund in seiner Ausgabe: Luthers Vorlesung über den Römerbrief 1515/16, Leipzig 1908, Vorwort IX. Hierzu sei nochmals auf Lemmens (Anm. 36) verwiesen.

80 Ph. Melanchthon, Apologia Confessionis Augustanae, Erstdruck April 1531, Oktavausgabe September 1531, Art. XXVII, BSLK, 378.

81 Dem liegt wohl eine Verwechslung mit Luthers Eisenacher Lehrer, dem Franziskaner Johannes Trebonius zugrunde. Siehe Joh. Michael Heusinger, Dissertatio de veteri schola Isenacensi Lutheri magistra, Eisenach 1743.

82 M. Andreas Angelus, Kurtzer/jedoch gewisser und gründlicher Bericht von Johann Hilten, und seinen Weissagungen, Frankfurt 1597; Georg Heinrich Goetze, Observationes historico-theologicae de J. Hilteno ad Art. XIII Apol. Aug. Confess. Quas ... Henricus Duncken et Johannes Wida defendent (1706), Lübeck 1717; G. Arnold, Unpartheyische Kirchen- und Ketzer-Historie vom Anfang des Neuen Testaments biß auf das Jahr 1688, 4 Teile in 2 Bänden, Frankfurt 1699–1700.

83 D. Martin Luthers Werke. Kritische Gesamtausgabe, Briefwechsel Bd. V, Weimar 1934, Nr. 1501, Beilage II. Zu ihm siehe J. A. Wagenmann, in ADB 27 (1888) 755 f.

Löwe und Fuchs

1 Plutarchus, Vitae, hg. v. C. Sintenis, Leipzig 1908 ff., Bd. II, 383–417; Plutarch, Große Griechen und Römer, eingl. u. übers. v. Konrat Ziegler, Bd. III, Zürich 1955, 14. Zu Lysander vgl. Paulys Realencyclopädie der Class. Altertumswiss. 26. Halbbd. Stuttgart 1927, Sp. 2503.

2 Platon, Politeia, I, 338 c.

3 P. v. Sivers (Hg.), Republica Christiana, München 1969.

4 Nachw. bei M. J. Wilks, The Problem of Sovereignty in the later Middle Ages, Cambridge 1964; H. Quaritsch, Staat und Souveränität, Frankfurt a. M. 1970.

5 W. Berges, Die Fürstenspiegel des hohen und späten Mittelalters, Leipzig 1938.

6 W. Preiser, Art. Völkerrechtsgeschichte I, in: Strupp-Schlochauer, Wörterbuch des Völkerrechts, Bd. III, Berlin 1962, insbes. 693–703.

7 H. Maier, Die Lehre der Politik an den deutschen Universitäten vornehmlich vom 16. bis 18. Jahrhundert, in: D. Oberndörfer (Hg.), Wissenschaftliche Politik, 2. Aufl. Freiburg 1966; W. Preiser, Über die Ursprünge des modernen Völkerrechts, in: E. Brüel (Hg.), Internationalrechtliche und staatsrechtliche Abhandlungen, Düsseldorf 1960, 373–387.

8 M. Brion, Die Medici, Wiesbaden 1970; G. v. Pölnitz, Die Fugger, 3. Aufl. Tübingen 1970; R. Hildebrandt, Die «Georg Fuggerischen Erben». Kaufmännische Tätigkeit und sozialer Status 1555–1600, Berlin 1966; R. Mandrou, Les Fugger, propriétaires fonciers en Souabe 1560–1618, Paris 1969.

9 W. Preiser (Anm. 6), 696.

10 Es ist überschrieben «Quomodo fides a principibus sit servanda». K.-H. Mu-

lagk, Phänomene des politischen Menschen im 17. Jahrhundert, Berlin 1973, 57–59.

11 Übers. v. E. Merian-Genast in der von H. Freyer eingeleiteten Reclam-Ausgabe, 1961.

12 A. a. O.

13 Principe, XIX.

14 Gute Übersicht bei Delio Cantimori in seiner Ausgabe von Machiavellis politischen Schriften, Mailand 1976, XLII ff.

15 Vgl. etwa M. T. Cicero, De officiis I, 13: «Da aber auf zwei Weisen, nämlich mit Gewalt oder List, Ungerechtigkeit geschieht, so scheint List gleichsam zum Fuchs, Gewalt zum Löwen zu gehören. Beides ist des Menschen überaus unwürdig.» (Übers. K. Büchner, Zürich 1965, 39).

16 R. Beltz, Machiavelli, Hamburg 1899, 17; G. Sasso, Niccolò Machiavelli. Geschichte seines politischen Denkens, Stuttgart 1965, 24 ff., 29 ff.

17 Principe, VII.

18 J. W. Allen, A History of political Thought in the sixteenth Century, London 1951, 449; G. Sasso (Anm. 16), 31–40. In der antimachiavellistischen Literatur wird es später ein beliebtes Argument, Cesare Borgia sei gescheitert, weil er machiavellistischen Lehren gefolgt sei. Vgl. etwa D. Saavedra y Fajardo, Ein Abriß eines Christlich-Politischen Printzens, Amsterdam 1655, Symbolum XLIII; L. Danaeus, Politices Christianae Libri septem, 2. Aufl. Genf 1606, 4: «Hic Principis Machiavellici tristissimus exitus fuit.»

19 Machiavelli, Descrizione del modo tenuto dal Duca Valentino nello ammazzare Vitellozzo Vitelli, Oliverotto da Fermo, il Signor Pagolo e il Duca di Gravina Orsini, in der Anm. 13 zit. Ausgabe S. 3 ff. Zur Datierung A. Gerber, Niccolò Machiavelli, Nachdr. Turin 1962, 38 ff.

20 Principe, VII. Hierzu auch W. Waetzold, Niccolò Machiavelli, München 1943, 56: «Die Begegnung mit Cesare Borgia ist Machiavellis politisches Urerlebnis»; Th. Schieder, Niccolo Machiavelli: Epilog zu einem Jubiläumsjahr, HZ 210 (1970), 265–294, 271 zu Löwe und Fuchs.

21 G. Ellinger, Die antiken Quellen der Staatslehre Machiavelli's, in Zeitschrift für die gesamte Staatswissenschaft 44 (1888), 1–58 (29); F. Mehmel, Machiavelli und die Antike, in: Antike und Abendland III (1948), 152–186, 171; K. Reinhard, Thukydides und Machiavelli, in: C. Becker (Hg.), Vermächtnis der Antike, Göttingen 1960; G. Oestreich, Die antike Literatur als Vorbild der praktischen Wissenschaften im 16. und 17. Jahrhundert, in: Classical Influences on European Culture AD 1500–1700, Cambridge 1975.

22 R. Mohl, Die Geschichte und Literatur der Staatswissenschaften, Bd. III, Erlangen 1858, 543; H. Lutz, Ragione di Stato und christliche Staatsethik im 16. Jahrhundert, 2. Aufl. Münster 1976, 26 ff. m. w. Nachw.; G. R. Elton, Reform und Renewal, Cambridge 1973; ders., Studies in Tudor and Stuart Politics and Government, London 1974; ders., Reform and Reformation, London 1977.

23 H. Lutz (Anm. 22), 48 ff.

24 H. Lutz (Anm. 22), 60.

25 H. Lutz (Anm. 22), 57.

26 H. Lutz (Anm. 22), 59.

27 Zusatz auf dem Titelblatt der 1598 erschienenen italienischen Übersetzung von P. de Ribadeneira, Tratado (unten Anm. 32).

28 «Nihil iniustum quod fructuosum», so fasst Caspar Barlaeus, Dissertatio de bono principe adversus N. Machiavelli Florentini, Amsterdam 1633, Machiavellis Lehre zusammen.

29 F. H. Reusch, Die Indices Librorum Prohibitorum des sechzehnten Jahrhunderts, Tübingen 1886, 198, 443.

30 I. Gentillet, Discours sur les moyens de bien gouverner, Geneva 1576, Preface (2. Aufl. 1577, 25).

31 Principe, XVIII.

32 P. de Ribadeneira, Tratado de la Religion y Virtudes que deve tener el Prencipe Christiano, para gouvernar y conseruar sus Estados. Contro lo que Nicolas Machiavello y los Politicos deste tiempo ensenan, Madrid 1595 (zit. nach d. Aufl. Antwerpen 1597, 233); vgl. auch die lat. Übersetzung Princeps Christianus adversus Nicolaum Machiavellum, Antwerpen 1603, 195 f.

33 Tratado (Anm. 32), 237.

34 G. Botero, Della Ragion di Stato, hg. v. L. Firpo, Bd. 2, Turin 1948; Zusammenfassung der neueren Literatur bei L. Firpo, Giovanni Botero, in: Dizionario Biografico degli Italiani Bd. 13 (1971) 352–362.

35 Botero, lib. II, cap. 5; lib. IX, cap. XXII, zit. nach d. lat. Ausg. v. Georg Draudius, Straßburg 1602, 692.

36 Machiavelli, Discorsi III, 40.

37 J. Lipsius, Politicorum sive civilis doctrinae libri sex, Leiden 1589.

38 Deutsche Übersetzung Lipsius/Melchior Haganaeus, Neustadt a. d. Hardt/ Frankfurt 1618 (1. Aufl. 1599), 145 f. Diese auf Machiavelli bezogene Stelle ist in anderen Ausgaben getilgt. So in der mir vorliegenden: Amsterdam 1622.

39 Lipsius, Politik V (Anm. 37), 17.

40 Über ihn umfassend Mario d'Addio, Il pensiero politico di Gaspare Scioppio, Mailand 1962.

41 Das Bild befindet sich im Wallraf-Richartz-Museum in Köln. Abb. in: Rubens in Italien (Katalog), Köln 1977, Bd. I, 76, II, 2–4; M. Warnke, Kommentare zu Rubens, Berlin 1965; W. Prinz, The «Four Philosophers» by Rubens and the Pseudo-Seneca in Seventeenth-Century Painting, in: The Art Bulletin 55 (1973), 410–428; O. Zoff, Die Briefe des P. P. Rubens, Wien 1918.

42 Fr. Meinecke, Die Idee der Staatsräson, 4. Aufl. München 1976, 165; d'Addio (Anm. 40), 499 ff.

43 G. Scioppio, Paedia politices sive Suppetiae Logicae, Rom 1623, 37.

44 A. a. O., 30. Zum Hass, der dem Tyrannen notwendig folge, in bezug auf Machiavelli und sein Beispiel Cesare Borgia auch Henning Arnisaeus, Doctrina Politica in genuinam Methodum quae est Aristotelis, reducta, Frankfurt 1606, zit. nach der Neuausgabe Straßburg 1643, 668.

45 Vgl. den Art. Löwe in Paulys RE (Anm. 1), 25. Halbbd. Stuttgart 1926, Sp. 968 ff.; dort insbes. 984 zu «Löwe und Fuchs». Zum Fuchs sei nur erinnert an Le Roman de Renart, übers. u. eingel. v. H. Jauss-Meyer, München 1965; Reinke de Vos, nach d. Ausg. v. A. Prien hg. v. A. Leitzmann, Halle/Leipzig ³1960; siehe auch

Hartmann Schopper, Opus Poeticum de admirabili fallacia et astutia vulpeculae Reinikes, libros quattuor, Frankfurt 1567.

46 Vgl. etwa auch J. Chr. Wagenseil, Politica practica, Augsburg 1691, 47 f., wo es im Anschluss an das berühmte Wein-Wasser-Beispiel des Lipsius (Politik, IV, 13) heißt: «Assumenda erit Vulpina pellis, ubi leonina efficere nihil potest.»

47 C. Bünger, Matthias Bernegger, Straßburg 1893, 159.

48 Ch. Lehmann, Florilegium politicum. Politischer Blumengarten, o.O. 1630, erw. Aufl. Frankfurt 1662, 467; siehe auch Janus Gruter, Florilegium ethico-politicum, 3 Bde., Frankfurt 1610–1612.

49 Ciro Spontone, Dodici Libri del Governo di Stato, Verona 1599, Lib. VII.

50 Andreas Bingen, Alamodischer Politicus, welcher Heutiger Statisten Machia-vellische Griff und Arcana Status Sonnenklar an Tag gibt, Cölln 1647; dann übernommen in: Alamodischer Politicus, Hamburg 1666 sowie in: Idolum Principum, das ist: der Regenten Abgott, den sie heutigs Tags anbetten, und Ratio Status genennet wird, 1678.

51 Ratio Status oder Der itziger Alamodisierender rechter Staats-Teufel. In einem neuen Schauspiele abgebildet, o. O. 1670, Akt III/1.

52 Zu der über die englische Fassung des Anti-Machiavell von Innocent Gentillet nach England vermittelten Vorstellung von Machiavelli vgl. Wyndham Lewis, The Lion and the Fox. The Rôle of the Hero in the Plays of Shakespeare, Lon-don 1927.

53 Diego Saavedra y Fajardo, Idea de un Principe politico Christiano, Monaco 1640, Symbolum XLIII.

54 Balthasar Gracian, Criticon I, 6, in: Obras Completas, Madrid ³1967, 568; Criticon I, 7, 585.

55 Balthasar Gracian, Oraculo manual y arte de prudencia, 220, in: Obras Com-pletas (Anm. 54), 211: «Cuando no puede uno vestirse la piel de leon, vistase la de la vulpeja.»

56 H. Hofmann, Hugo Grotius, in: M. Stolleis (Hg.), Staatsdenker im 17. und 18. Jahrhundert, Frankfurt 1977, 59 ff., 73; W. Fikentscher, De fide et perfidia, München 1979, 62.

Blaise Pascal – Gedanken zur Ungewissheit des Rechts

1 E. Lerch, Pascals «Gedanken» über Recht und Gerechtigkeit, in: Zeitschrift für Schweizerisches Recht 61 (1942), 339–364; H. Lefèbvre, Pascal, Paris 1949, 1, 31–33; E. Auerbach, Ueber Pascals politische Theorie, in: ders., Vier Untersuchungen zur Geschichte der französischen Bildung, Bern 1951; A. Rich, Pascals Gedanken über Macht und Recht, in: (Basler) Theologische Zeitschrift (1952), 205–224; ders., Pascal, in: Religion in Geschichte und Gegenwart, 3. Aufl., Bd. V, Tübingen 1986, 132–134; E. Stöve, Pascal, in: RGG, 4. Aufl. Bd. 6, Tübingen 2003, 966–969; E. Zwierlein, Blaise Pascal zur Einführung, Hamburg 1996; ders., Blaise Pascals «Pensées». Auswahl nach dem Plan der Apologie, Frankfurt 2010; W. Schmidt-Biggemann, Blaise Pascal, München 1999.

2   J. Mesnard, Pascal: L'homme et l'œuvre, Paris 1951; A. Bord, La vie de Blaise
    Pascal: une ascension spirituelle, Paris 2000; siehe auch H. Friedrich, Pascals
    Paradox: Das Sprachbild einer Denkform, in: ders., Romanische Literatur,
    Bd. I: Frankreich, hg. v. B. Schneider-Pachaly, Frankfurt 1972, 84–138.

3   Pensées sur la religion et sur quelques autres sujets, qui ont esté trouvées après sa
    mort parmy ses papiers, erstmals Paris 1669, deutsch 1710. – Im Folgenden wird
    die von J.-R. Armogathe herausgegebene und von U. Kunzmann übersetzte Aus-
    gabe (Stuttgart 1987 u. ö., hier die Ausgabe 2004) benutzt. Die dort verwendete,
    meist doppelte Nummerierung der Pensées wird jeweils nach den Zitaten ange-
    geben. Ebenso die Ausgabe der Suhrkamp Studienbibliothek mit der Überset-
    zung von Kunzmann und einem Kommentar von E. Zwierlein, Berlin 2012.

4   Hierzu Peter Schneider, Pascals Plaisante Justice, in: Archiv für Rechts- und
    Sozialphilosophie XXXIX (1950/51), 79–89.

5   Pedro Calderón de la Barcas großes Spiel La vida es sueno (Das Leben ein
    Traum) von 1635 ist nicht weit, auch wenn es Pascal auf französischen Bühnen
    noch nicht gesehen haben konnte.

6   A. Rich, Pascals Gedanken über Macht und Recht (wie Anm. 1) im Anschluss
    an ders., Pascals Bild vom Menschen, Zürich 1953.

7   M. Vec, Zeremonialwissenschaft im Fürstenstaat, Frankfurt a. M. 1998; G. Alt-
    hoff, Art. Zeremoniell, in: Handwörterbuch zur Deutschen Rechtsgeschichte,
    Bd. V, Berlin 1998, Sp. 1677–1680.

8   M. Stolleis, Im Namen des Gesetzes, Berlin 2004.

9   J. Schröder, Recht als Wissenschaft. Geschichte der juristischen Methodenlehre
    in der Neuzeit (1500 bis 1933), 2. Aufl., München 2012, insbes. 172 ff.; M. Stol-
    leis, Die Legitimation von Recht und Gesetz durch Gott, Tradition, Wille, Na-
    tur, Vernunft und Verfassung, in: C. Möller u. a. (Hg.), Ars Iuris. Festschrift für
    Okko Behrends zum 70. Geburtstag, Göttingen 2009, 533–546.

10 C. Wilson, From Limits to Laws: The Construction of the Nomological
    Image of Nature in Early Modern Philosophy, in: Natural Law and Laws of
    Nature in Early Modern Europe, hg. v. L. Daston – M. Stolleis, Farnham
    2008, 13 ff.

11 P. Schneider (wie Anm. 4), 82.

12 Th. Hobbes, De Cive, VI, 19; XIV 1,17; ders., Leviathan XXVI: «the Sove-
    reign is the sole Legislator».

13 P. Schneider (Anm. 4), 84 erklärt zwar «Es wäre völlig verfehlt, wollte man
    diese [Pascals, d. Verf.] Konzeption derjenigen eines Thomas Hobbes gleich
    setzen», aber diese scharfe Bemerkung ist wohl eher der überlieferten Abwehr-
    haltung gegenüber dem «absolutistischen» Hobbes geschuldet.

Die Prinzessin als Braut

1   U. Gerhard (Hg.), Frauen in der Geschichte des Rechts. Von der Frühen Neu-
    zeit bis zur Gegenwart, München 1997; O. Hufton, Frauenleben, Frankfurt
    a. M. 1998; U. Rublack, Magd, Metz' oder Mörderin. Frauen vor frühneuzeit-
    lichen Gerichten, Frankfurt a. M. 1998.

2 R. Beck, Frauen in Krise. Eheleben und Ehescheidung in der ländlichen Gesellschaft Bayerns während des Ancien Régime, in: R. v. Dülmen (Hg.), Dynamik der Tradition, Frankfurt 1992, 137–212.

3 R. Dürr, Mägde in der Stadt. Das Beispiel Schwäbisch Hall in der Frühen Neuzeit, Frankfurt a. M. 1995; O. Ulbricht, Zwischen Vergeltung und Zukunftsplanung. Hausdiebstahl von Mägden in Schleswig-Holstein vom 16. bis zum 19. Jahrhundert, in: ders. (Hg.), Von Huren und Rabenmüttern. Weibliche Kriminalität in der Frühen Neuzeit, Köln–Weimar–Wien 1995, 139–170.

4 R. Schulte, Das Dorf im Verhör. Brandstifter, Kindsmörderinnen und Wilderer vor den Schranken des bürgerlichen Gerichts, Hamburg 1989; C. Zimmermann, «Behörigs Orthen angezeigt». Kindsmörderinnen in der ländlichen Gesellschaft Württembergs, 1581–1792, in: Medizin in Geschichte und Gesellschaft 10 (1991), 67–102; R. v. Dülmen, Frauen vor Gericht. Kindsmord in der frühen Neuzeit, Frankfurt a. M. 1991; O. Ulbricht, Kindsmörderinnen vor Gericht: Verteidigungsstrategien von Frauen in Norddeutschland, in: A. Blauert – G. Schwerhoff (Hg.), Mit den Waffen der Justiz. Zur Kriminalitätsgeschichte des Spätmittelalters und der Frühen Neuzeit, Frankfurt 1993, 54–85.

5 M. Meumann, Findelkinder, Waisenhäuser, Kindsmord. Unversorgte Kinder in der frühneuzeitlichen Gesellschaft, München 1995.

6 O. Ulbricht (Hg.), Von Huren und Rabenmüttern (Anm. 3); P. Schuster, Das Frauenhaus. Städtische Bordelle in Deutschland 1350–1600, Paderborn 1992; B. Schuster, Die freien Frauen. Dirnen und Frauenhäuser im 15. und 16. Jahrhundert, Frankfurt a. M. 1995.

7 C. Ulbrich, Unartige Weiber. Präsenz und Renitenz von Frauen im frühneuzeitlichen Deutschland, in: R. v. Dülmen (Hg.), Arbeit, Frömmigkeit und Eigensinn, Frankfurt 1990, 13–42.

8 R. Walz, Schimpfende Weiber. Frauen in lippischen Beleidigungsprozessen des 17. Jahrhunderts, in: H. Wunder – C. Vanja (Hg.), Weiber, Menschen, Frauenzimmer. Frauen in der ländlichen Gesellschaft 1500–1800, Göttingen 1996, 175–198.

9 M. E. Wiesner, Working Women in Renaissance Germany, New Brunswick 1986.

10 U. Flossmann, Die Gleichberechtigung der Geschlechter in der Privatrechtsgeschichte, in: dies. (Hg.), Rechtsgeschichte und Rechtsdogmatik, Festschr. H. Eichler, Wien–New York 1977, 119–144; D. Schwab, Schutz und Entrechtung – Die Rechtsstellung der Frau nach älterem Recht mit Bezug auf Regensburger Quellen, in: H. Altner (Hg.), Emanzipiert und doch nicht gleichberechtigt?, Regensburg 1991, 83–99; M. E. Wiesner, Frail, Weak and Helpless: Women's Legal Position in Theory and Reality, in: Regnum, Religio et Ratio: Essays presented to R. M. Kingdon, hg. v. J. Friedman, Kirksville/Missouri 1987, 161–169; K. Gottschalk, Streit um Frauenbesitz. Die Gerade in den Verlassenschaftsakten des Leipziger Universitätsgerichts im 18. Jahrhundert, in: ZRG GA 114 (1997), 182–232.

11 Vgl. hierzu die Beiträge von O. Ulbricht – H. Wunder, in: Ulbricht (Hg.), Von Huren und Rabenmüttern (Anm. 3), 1–38 und 39–61.

12 K. Härter, Bettler – Vaganten – Deviante, in: Ius Commune XXIII (1996), 281–321.

13 C. Honegger (Hg.), Die Hexen der Neuzeit, Frankfurt a.M. 1978; G. Schormann, Hexenprozesse in Deutschland, Göttingen 1981; W. Behringer, Hexenverfolgung in Bayern, München 1988; G. Jerouschek, Des Rätsels Lösung? – Zur Deutung der Hexenprozesse als staatsterroristische Bevölkerungspolitik, in: Krit. Justiz 19 (1986), 443–459, in Auseinandersetzung mit G. Heinsohn – O. Steiger, Die Vernichtung der weisen Frauen, Herbstein 1985; B. P. Levack, Hexenjagd. Die Geschichte der Hexenverfolgungen in Europa, München ²1999.

14 K. Härter – M. Stolleis (Hg.), Repertorium der Policeyordnungen der Frühen Neuzeit, Bd. 1 (Reich, Geistliche Kurfürstentümer); Bd. 2 hg. v. Th. Simon, Brandenburg-Preußen; Bd. 3 hg. v. G. Schuck, Bayern, Kurpfalz, Frankfurt a.M. 1996–1999; M. Stolleis (Hg.), Policey im Europa der Frühen Neuzeit, Frankfurt a.M. 1996; K. Härter (Hg.), Policey und frühneuzeitliche Gesellschaft, Frankfurt a.M. 2000.

15 M. Stolleis, Staatsheirat, in: A. Erler – E. Kaufmann (Hg.), Handwörterbuch zur Deutschen Rechtsgeschichte, Bd. IV (1990), 1822–1824.

16 D. Schwab, Grundlagen und Gestalt der staatlichen Ehegesetzgebung in der Neuzeit, Bielefeld 1967, 104 ff.

17 M. Luther, Von Ehesachen (1530), WA 30/3, 205.

18 Schwab (Anm. 16), 104–137.

19 H. Schulze, Das Recht der Erstgeburt in den deutschen Fürstenhäusern und seine Bedeutung für die deutsche Staatsentwickelung, Leipzig 1851, 328 ff.; ders., Die Hausgesetze der regierenden deutschen Fürstenhäuser, 3 Bde, Jena 1862, 1878, 1883. Zu ihm K. F. Heimburger, in: Bad. Biographien Bd. 1, Leipzig 1881, 205 ff., 417–433; D. Gottwald, Fürstenrecht und Staatsrecht im 19. Jahrhundert, Frankfurt a.M. 2009, 97 ff.

20 K.-H. Spieß, Unterwegs zu einem fremden Ehemann. Brautfahrt und Ehe in europäischen Fürstenhäusern des Spätmittelalters, in: I. Erfen – K.-H. Spieß (Hg.), Fremdheit und Reisen im Mittelalter, Stuttgart 1997, 17–36.

21 M. Vec, Zeremonialwissenschaft im Fürstenstaat. Studien zur juristischen und politischen Theorie absolutistischer Herrschaftsrepräsentation, Frankfurt a. M. 1998.

22 M. Stolleis, Staat und Staatsräson in der frühen Neuzeit, Frankfurt a.M. 1990.

23 C. Ham, Die verkauften Bräute. Studien zu den Hochzeiten zwischen österreichischen und spanischen Habsburgern im 17. Jahrhundert, Wien 1995; A. Kohler, «Tu felix Austria nube ...» Vom Klischee zur Neubewertung dynastischer Politik in der neueren Geschichte Europas, in: Zeitschrift für Historische Forschung 21 (1994), 461–482; zusammenfassend R. Lebe, Ein Königreich als Mitgift. Heiratspolitik in der Geschichte, Stuttgart 1998. Als Beispiel für den Ruin sei an das im Pfälzischen Erbfolgekrieg gescheiterte Kalkül des Kurfürsten Karl-Ludwig von der Pfalz erinnert, der seine Tochter Liselotte mit dem Bruder Ludwigs XIV. von Frankreich verheiratet hatte.

24 F. A. Pelzhoffer, Arcanorum Statuum libri decem, 2. Aufl. Frankfurt 1725, Lib. II, Caput X.

25 K. Luig, Melchior von Osse, in: Handwörterbuch zur Deutschen Rechtsgeschichte, Bd. III (1984), 1329–1333.

26 O. A. Hecker (Hg.), Schriften Dr. Melchiors von Osse, Leipzig und Berlin 1922, 301.

27 A. a. O. 301.

28 J. Barclay, Argenis, 3. Buch, Kap. 20, Übersetzung von Martin Opitz, Teil I 1626, Teil II 1636 (Ges. Werke. Kritische Ausgabe, hg. v. G. Schulz-Behrend, Bd. III, 1. Teil, Stuttgart 1970, 339 ff. [342]); S. Siegl-Mocavini, John Barclays «Argenis» und ihr staatstheoretischer Kontext. Untersuchungen zum politischen Denken der Frühen Neuzeit, Tübingen 1999.

29 J. Chr. Köhler, De Matrimonio illustri ex ratione Status, Leipzig 1676.

30 Schulze (Anm. 19), VI.

31 B. Singer, Die Fürstenspiegel in Deutschland im Zeitalter des Humanismus und der Reformation, München 1981; H. Duchhardt (Hg.), Politische Testamente und andere Quellen zum Fürstenethos der Frühen Neuzeit, Darmstadt 1987.

32 H. Maier, Die Lehre der Politik an den deutschen Universitäten vornehmlich vom 16. bis 18. Jahrhundert, in: D. Oberndörfer (Hg.), Wissenschaftliche Politik, Freiburg 1962, 59–116 (59).

33 J. S. Pütter, Ueber Mißheirathen Teutscher Fürsten und Grafen, Göttingen 1796; H. Zoepfl, Ueber hohen Adel und Ebenbürtigkeit, Stuttgart 1853; ders., Ueber Mißheiraten in den deutschen regierenden Fürstenhäusern überhaupt und in dem Oldenburgischen Gesammthause insbesondere, Stuttgart 1853.

34 N. Myler v. Ehrenbach, Gamalogia sive de matrimonio personarum imperii illustrium tam inter se, quam cum exteris, Stuttgart 1664; J. J. Moser, Familienstaatsrecht der deutschen Reichsstände, 2 Bde., Frankfurt 1775.

35 J. Kunisch (Hg.), Der dynastische Fürstenstaat. Zur Bedeutung der Sukzessionsordnungen für die Entstehung des frühmodernen Staates, Berlin 1982, dort insbesondere die Beiträge von H. Mohnhaupt, J. Weitzel und J. Kunisch.

36 B. G. Struv, Jurisprudentia heroica seu ius quo illustres utuntur, 7 Bde., Leipzig 1743–1753.

37 E. A. Stryk, Diss. iur. De Matrimonio ex Ratione Status, von Staats-Heyrathen, Kiel 1691.

38 J. F. Arendts, De Coniugiis Principum e Status Ratione initis, Helmstadt 1704, Praeses war Justus Christopher Böhmer, Professor der Politik und der Beredsamkeit.

39 So der Fall der Gräfin Wilhelmine von Solms-Hohensolms, die mit ihrem Hauslehrer verschwand und später einen Kleinkrieg zwischen Sachsen-Meiningen und Sachsen-Gotha auslöste. Siehe das folgende Kapitel.

40 Ratio Status Pronuba, adumbrata ab Abr. Gottlob Winckler, Leipzig 1745.

41 R. Schulte, Der Aufstieg der konstitutionellen Monarchie und das Gedächtnis der Königin, in: Zeitschrift für Historische Anthropologie 6 (1998), 76–103.

42 C. Hanken, Vom König geküsst. Das Leben der großen Mätressen, Berlin 1996.

43 Siehe etwa A. W. Heffter, Beiträge zum deutschen Staats- und Fürstenrecht, 1. Lief. Berlin 1829; von Heinrich Zöpfl (1807–1877) sollen rd. 300 einschlägige Gutachten vorliegen (A. v. Schulte, ADB 45, 432–434); intensiv tätig waren auch

Hermann von Schulze-Gaevernitz (1824–1888) sowie Hermann Rehm, Modernes Fürstenrecht, München 1904; ders., Die juristische Persönlichkeit der standesherrlichen Familie. Denkschrift im Auftrag des Vereins der deutschen Standesherren, Straßburg 1911.

Der Streit um den Vorrang, oder: Der Wasunger Krieg

1 G. Frühsorge, Prolegomena einer Zeremonialwissenschaft in sittengeschichtlicher Absicht, in: Euphorion 86 (1992), 355–361; H. Eichberg, Anmerkungen zur frühneuzeitlichen Zeremonialwissenschaft, in: Zeitschr. f. Histor. Forschung 21 (1994), 522–528, eine Besprechung der Nachdrucke von Werken des Hauptautors Julius Bernhard v. Rohr.

2 N. Elias, Die höfische Gesellschaft. Untersuchungen zur Soziologie des Königtums und der höfischen Aristokratie, Neuwied 1969. Neuerdings vor allem V. Bauer, Die höfische Gesellschaft in Deutschland von der Mitte des 17. bis zum Ausgang des 18. Jahrhunderts, Tübingen 1993; ders., Hofökonomie. Der Diskurs über den Fürstenhof in Zeremonialwissenschaft, Hausväterliteratur und Kameralismus, Wien–Köln 1997.

3 J. v. Kruedener, Die Rolle des Hofes im Absolutismus, Stuttgart 1973.

4 C. Hanken, Vom König geküsst. Das Leben der großen Mätressen, Berlin 1996.

5 J. J. Berns u. a. (Hg.), Erdengötter. Fürst und Hofstaat in der Frühen Neuzeit im Spiegel von Marburger Bibliotheks- und Archivbeständen, Marburg 1997. Grundlegend zur Rolle von Symbolik und Ritualen nunmehr B. Stollberg-Rilinger, Des Kaisers alte Kleider. Verfassungsgeschichte und Symbolsprache des Alten Reiches, München ²2013.

6 J. Ch. Lünig, Theatrum ceremoniale historico-politicum, oder Historisch = und politischer Schau = Platz Aller Ceremonien, Welche bey Päpst = und Kayser = auch Königlichen Crönungen, erlangten Chur = Würden, Creirung zu Cardinälen … beobachtet worden … Bd. 1, Leipzig 1719, 3.

7 Th. Eschenburg, Kurze Historie der Tischordnungsetikette, in: ders., Spielregeln der Politik. Beiträge und Kommentare zur Verfassung der Republik, Stuttgart 1987, 74 ff.; J. J. Berns – Th. Rahn (Hg.), Zeremoniell als höfische Ästhetik in Spätmittelalter und Früher Neuzeit, Tübingen 1995, 266 ff.

8 A. Kern, Deutsche Hofordnungen des 16. und 17. Jahrhunderts, 2 Bde., Berlin 1905–07.

9 M. Vec, Zeremonialwissenschaft im Fürstenstaat. Studien zur juristischen und politischen Theorie absolutistischer Herrschaftsrepräsentation, Frankfurt a. M. 1998.

10 M. Heckel, Deutschland im konfessionellen Zeitalter, Göttingen 1983 sowie die zahlreichen historischen Beiträge in den nunmehr vorliegenden vier Bänden: M. Heckel, Gesammelte Schriften. Staat, Kirche, Recht, Geschichte, hg. v. K. Schlaich, Bde. I–IV, Tübingen 1989, 1997.

11 G. Jacobs, Der Wasunger Krieg, in: Jenaer Hauskalender 1847; A. v. Witzleben, Der Wasunger Krieg, Gotha 1855; G. Freytag, Der Wasunger Krieg (mit
einem Bericht aus dem Tagebuch des gothaischen Leutnants Rauch vom J.
1747), in: ders., Bilder aus der deutschen Vergangenheit, Bd. IV, Leipzig 1871,
70–104; L. Hertel, Neue Landeskunde des Herzogtums Sachsen-Meiningen,
in: Schriften des Vereins für Sachsen-Meiningische Geschichte und Landeskunde, Hildburghausen 1904, 223–225; E. Sass, Der Wasunger Krieg, in: Natur und Heimat 9, Leipzig und Jena 1960; G. Wölfing, Wasungen. Eine Kleinstadt im Feudalismus vom 9. bis zum 19. Jahrhundert, Weimar 1980, 194–202;
H. Patze – W. Schlesinger (Hg.), Geschichte Thüringens, 5. Bd., Köln–Wien
1982, 433 ff., 485.

12 G. Freytag (Anm. 11).

13 Patze – Schlesinger (Anm. 11), 484. Er ist m. E. wegen falsch gelesener Abkür-
zungen der Vornamen identisch mit dem in Meiningen wohnenden gräflich
solmsischen Kammerrat J.(ohann) H.(einrich) Pfaffenrath, der am 2. Oktober
1751 vom preußischen König Friedrich II. mit dem Zusatz «von Sonnenfels» in
den Adelsstand erhoben wurde. Siehe Frhr. L. von Zedlitz-Neukirch, Neues
preussisches Adelslexikon, Bd. 4 (P–Z), Leipzig 1837, 233.

14 20 Offiziere, 891 Mann mit 10 Geschützen, 1 Blockmörser und 18 Bombar-
den. Einzelheiten bei v. Witzleben (Anm. 11), 21–32.

15 F. Chr. Schlosser, Geschichte des achtzehnten Jahrhunderts und des neunzehn-
ten bis zum Sturz des französischen Kaiserreichs, Bd. 2, Heidelberg 1837,
255 f.; siehe auch H. Duchhardt, Das Reichskammergericht, in: B. Diestelkamp
(Hg.), Oberste Gerichtsbarkeit und Zentrale Gewalt, Köln–Weimar–Wien
1996, 1–13 (11).

16 D. Prokowsky, Die Geschichte der Duellbekämpfung, Bonn 1965; E. Eis,
Duell. Geschichte und Geschichten des Zweikampfs, München–Wien–Basel
1971; U. Frevert, Ehrenmänner. Das Duell in der bürgerlichen Gesellschaft,
München 1991; P. Dieners, Das Duell und die Sonderrolle des Militärs. Zur
preußisch-deutschen Entwicklung von Militär- und Zivilgewalt im 19. Jahrhundert, Berlin 1992, bes. die beiden zuletzt genannten Arbeiten mit umfassenden Nachweisen.

17 B. Diestelkamp, Rechtsfälle aus dem Alten Reich. Denkwürdige Prozesse vor
dem Reichskammergericht, München 1995, berichtet 111–116 über «Unter-
tanenschutz vor willkürlicher Verhaftung», allerdings bei einem Fall aus dem
späten 16. Jahrhundert.

18 C. Schmitt, Der Nomos der Erde im Völkerrecht des Jus Publicum Europaeum,
Köln 1950, insbes. 123 ff. (139 f.); E. Reibstein, Das «Europäische Öffentliche
Recht» 1648–1815, in: Archiv des Völkerrechts 8 (1959/60), 385–420;
H. Duchhardt, Gleichgewicht der Kräfte, Convenance, europäisches Konzert.
Friedenskongresse und Friedensschlüsse vom Zeitalter Ludwigs XIV. bis zum
Wiener Kongreß, Darmstadt 1976; ders., Studien zur Friedensvermittlung in
der Frühen Neuzeit, Wiesbaden 1979; ders., Friedenswahrung im 18. Jahrhun-
dert, in: HZ 240 (1985), 265–282; K.-H. Lingens, Internationale Schiedsge-
richtsbarkeit und Jus Publicum Europaeum, 1648–1794, Berlin 1988.

Fünf Frauen am Hofe

1 B. Stollberg-Rilinger, Der Staat als Maschine. Zur politischen Metaphorik des absoluten Fürstenstaats, Berlin 1986; Symbolsprache und Ritual ins Zentrum rückend nun dies., Des Kaisers alte Kleider. Verfassungsgeschichte und Symbolsprache des Alten Reiches, München ²2013.

2 Hierzu die klassische Studien von N. Elias, Die höfische Gesellschaft. Untersuchungen zur Soziologie des Königtums und der höfischen Aristokratie, Neuwied 1969; J. v. Kruedener, Die Rolle des Hofes im Absolutismus, Stuttgart Stuttgart 1973; V. Bauer, Die höfische Gesellschaft in Deutschland von der Mitte des 17. bis zum Ausgang des 18. Jahrhunderts, Tübingen 1993.

3 H. Kiesel, «Bei Hof, bei Höll». Untersuchungen zur literarischen Hofkritik von Sebastian Brant bis Friedrich Schiller, Tübingen 1979.

4 Grundlegend M. Vec, Zeremonialwissenschaft im Fürstenstaat. Studien zur juristischen und politischen Theorie absolutistischer Herrschaftsrepräsentation, Frankfurt a. M. 1998; B. Stollberg-Rilinger, Zeremoniell, Ritual, Symbol. Neue Forschungen zur symbolischen Kommunikation in Spätmittelalter und Früher Neuzeit, in: Zeitschrift für Historische Forschung 27 (2000), 389–406.

5 Die Literatur zum Thema ist überreich. Siehe etwa E. Marvick, Favorites in Early Modern Europe: a recurring psychopolitical role, in: Journal of Psychohistory 10 (1983), 463–489; R. G. Asch – A. M. Birke (Hg.), Princes, patronage, and the nobility. The court at the beginning of the Modern Age, 1450–1650, Oxford 1991; P. Contamine, Pouvoir et vie de cour dans la France du XVᵉ siècle: les mignons, in: Academie des Inscriptions et Belles-Lettres, comptes rendus 138 (1994), 541–554; J. H. Elliott – L. W. B. Brockliss, The world of the favourite, New Haven 1999; T. Wolpers (Hg.), Der «Sturz des Mächtigen». Zu Struktur, Funktion und Geschichte eines literarischen Motivs, Göttingen 2000; S. Bertière, La Reine et la favorite, Paris 2000; N. Le Roux, La faveur du roi. Mignons et courtisans au temps des derniers Valois (vers 1547–1589), Seyssel 2001; J. Hirschbiegel – W. Paravicini (Hg.), Der Fall des Günstlings. Hofparteien in Europa vom 13. bis zum 17. Jahrhundert, Ostfildern 2004.

6 J. J. Moser, Principia Jurisprudentiae Privatae Illustris, oder: Grundsätze des gemeinen Staatsrechts Grosser Herren und Fürsten, Quinque Libris divisa, hg. v. Michael H. Griebner, Erfurt und Leipzig 1745, 88, erwähnt eine Ausnahme, nämlich den in der Goldenen Bulle von 1356 geregelten Vorrang des Königs von Böhmen vor der Kaiserin. In der Tat galt, dass der König von Böhmen «inter electores laicos ex regie dignitatis fastigio iure et merito obtinet primaciam» (Aurea Bulla, IV, 2). Die Kaiserin hatte mit ihren Edelleuten und Hofdamen (virginibus) hinter ihm zu gehen (Aurea Bulla, XXVI, 2).

7 J. L. Klüber, Öffentliches Recht des Teutschen Bundes und der Bundesstaaten, 4. Aufl. Frankfurt 1840, § 248. Zur Titulatur bemerkt Moser (Anm. 6), 87, des Mannes Titel würden auch der Ehefrau beigelegt, selbst wenn es nicht ganz korrekt sei, etwa im Falle der «Churfürstin».

8 Moser (Anm. 6), 86: «Uxor fit particeps dignitatis mariti, gaudet Iuribus et Privilegiis quae aut illustris conditio ei tribuit, aut Mariti voluntas; nec tamen in societatem venit imperii, nisi maritus eam sponte admittat.»

9 J. J. Moser, Teutsches Staatsrecht, Nürnberg (später Ebersdorf und Leipzig) 1737–1754, Bd. XX, 353; ebenso Zöpfl, Grundsätze des gemeinen deutschen Staatsrechts, 5. Aufl., Leipzig 1863, 643.

10 J. J. Moser (Anm. 9), XX, 350, 354 f.; Anders Chr. Schöne, Rechtliches Bedencken: ob eines regierenden Fürsten oder Landes-Herrn Gemahlin ihres Gemahls Unterthanin sey?, Leipzig 1733 und 1750.

11 J. J. Moser, Versuch des neuesten europäischen Völkerrechts in Friedens- und Kriegszeiten, Frankfurt 1777–1780, II, 483; D. Schwertner (Resp. J. C. Usaeus), Diss. De matrimonio feminae imperantis cum subdito, Leipzig 1686; J. P. Palthenius, Diss. I et II de marito reginae, Greifswald 1707; J. C. W. v. Steck, Von dem Gemahl einer Königin, Berlin 1777.

12 Katharina d. Große, eine Prinzessin von Anhalt-Zerbst, die den Zaren, ihren Ehemann, umbringen ließ, um selbst zur regierenden Zarin aufzusteigen, ist insoweit die resolute Ausnahme.

13 Lettres de la princesse Palatine. 1672–1722, hg. v. O. Amiel, Mercure de France, 1985, Brief v. 3. 2. 1679. Zu Liselotte von der Pfalz vgl. den von Sigrun Paas herausgegebenen Katalog der Ausstellung «Liselotte von der Pfalz. Madame am Hofe des Sonnenkönigs», Heidelberg 1996.

14 Die 1725 mit dem französischen König Ludwig XV. verheiratete polnische Prinzessin Maria Leszczyñska gebar 1727 bis 1737 zehn Kinder, acht Mädchen. Nur einer der Jungen überlebte.

15 C. Hanken, Vom König geküsst. Das Leben der großen Mätressen, Berlin 1996, 68, die aus dem Tagebuch des Herzogs von Croy von 1751 (Erstveröff. 1906) zitiert.

16 Lettres (Anm. 13). Vgl. dort den wohl längsten Brief, den sie je schrieb, St. Cloud v. 19. September 1682. Sie schildert die Geschichte und schüttet gegenüber ihrer Tante das Herz aus. Da sie stets damit rechnete, dass ihre Briefe vom Geheimdienst geöffnet wurden, war dieser Brief wohl auch als Lektüre für Ludwig XIV. gedacht. Dies mag erklären, warum sie den Namen des Chevaliers mehrmals auffällig falsch schrieb, um zu dokumentieren, wie wenig sie ihn kenne.

17 D. v. Westernhagen, Und also lieb ich mein Verderben. Roman, Göttingen 1997.

18 P. O. Enquist, Der Besuch des Leibarztes, München–Wien 2001 (schwed. Stockholm 1999).

19 S. Krauss-Meyl, Das «Enfant Terrible» des Königshauses. Maria Leopoldine, Bayerns letzte Kurfürstin, Regensburg 1997; dies. Kurfürst Carl Theodor und Kurfürstin Maria Leopoldine, in: A. Wieczorek (Hg.), Lebenslust und Frömmigkeit. Kurfürst Carl Theodor (1724–1799) zwischen Barock und Aufklärung, Regensburg 1999, 401–407.

20 J. L. Klüber (Anm. 7), § 248.

21 Einer der bekanntesten Fälle ist die Behandlung von Victoria, Princess Royal, der «Kaiserin Friedrich» durch ihren Sohn Wilhelm II nach dem Tod seines Vaters (1888), der das Haus seiner Mutter militärisch besetzen und alle Papiere beschlagnahmen ließ. Allerdings hatte die Kaiserin am Vorabend des Todes auch Papiere beiseitegeschafft und in die britische Botschaft bringen lassen.

22 J. J. Moser (Anm. 6), 98.

23 H. A. Zachariä, Deutsches Staats- und Bundesrecht, Göttingen 1841, 269.

24 Hausgesetz Hannover 1836, Cap. X, § 36.

25 Literatur bei J. S. Pütter, Litteratur des teutschen Staatsrechts, Bd. III, Göttingen 1783, 778.

26 Einzelheiten bei M. Stolleis, Die Prinzessin als Braut, in: J. Bohnert (Hg.), Verfassung – Philosophie – Kirche. Festschrift für A. Hollerbach, Berlin 2001, 45–57, oben 56 ff.

27 Preußische Gesetzes-Sammlung 1822, Nr. 15, 189. Ebenso Sachsen-Weimar-Eisenach, vgl. Chr. W. Schweizer, Das Öffentliche Recht des Großherzogthums Sachsen-Weimar-Eisenach, Theil I, Weimar 1825, 47.

28 C. E. Weisse, Lehrbuch des Königlich Sächsischen Staatsrechts, Theil I, Leipzig 1824, § 42.

29 C. Ziegler, Tractatus juridicus de iure exigendi collectas ad elocationem filiarum illustrium, von Fräulein-Steuer, Halle-Magdeburg 1686; J. S. Pütter (Anm. 25), § 1140.

30 J. J. Moser (Anm. 6), 52 ff.

31 So etwa die Verlobung des 1722 mit zwölf Jahren zum König gekrönten Ludwig mit der dreijährigen spanischen Infantin, die dann aber wieder nach Spanien zurückgeschickt wurde. Den dadurch ausgelösten politischen Skandal glaubte die französische Krone hinnehmen zu können.

32 J. J. Moser (Anm. 6), 71.

33 C. Hanken (Anm. 15), 56 f. Ein weiteres sehr schön dokumentiertes Beispiel ist die Übergabe der kurpfälzischen Prinzessin Liselotte an den Stellvertreter des Duc d'Orleans, des Bruders des französischen Königs, in Straßburg (1672). Die Braut wurde eskortiert an die Grenze gebracht, der Stellvertreter hatte sich dort als legitimiert auszuweisen und übernahm die Braut samt Brautschatz, um sie zur Hochzeit nach Paris zu begleiten.

34 M. Stolleis, Staatsheirat, in: Erler u. a. (Hg.), Handwörterbuch zur Deutschen Rechtsgeschichte, Bd. IV, Berlin 1990, 1822–1824.

35 Reiches Material bei Hanken (Anm. 15) sowie bei A. Weisbrod, Von Macht und Mythos der Pompadour. Die Mätresse im politischen Gefüge des französischen Absolutismus, Königstein/Ts. 2000, 86 ff.

36 Entsprechend oft gelang es auch kirchlichen Kreisen, die Mätressen zu stürzen und den König zu Gelübden zu zwingen, auf Wiederholungen zu verzichten, so etwa in den Fällen der Marquise de Montespan unter Ludwig XIV. (1675/76 und ab 1691), der Duchesse de Châteauroux unter Ludwig XV. (1744). Das wiederholte sich nochmals, als Ludwig XV. auf dem Sterbebett ein lettre de cachet abgepresst wurde, dass Madame Du Barry in der Abtei Point-aux-Dames zu verschwinden habe, wie es auch geschah.

37 C. Hanken (Anm. 15), 192, schildert, wie man am französischen Hof eine über Spielschulden erpressbar gewordene Prinzessin Conti dazu brachte, das Entree der Madame de Pompadour bei Hofe zu übernehmen, indem man ihre Schulden tilgte. – Einen parodistischen Nachklang der Einführung bei Hofe findet man in H. Chr. Andersens Märchen «Das hässliche junge Entlein», das mit seinen Geschwistern auf dem «Hof» der altadeligen «regierenden» Ente vorgestellt und – mit Schwierigkeiten – akzeptiert wird.

38 Im Fall der Jeanne-Antoinette Poisson, die nach ihrer Heirat mit Herrn Le Normant auf Schloss Etiolles wohnte und sich Madame d'Etiolles nannte, der der König ein vakant gewordenes adeliges Landgut samt Wappen schenkte, so dass sie von da an Madame de Pompadour hieß, gab es erbitterte Widerstände. Vgl. Weisbrod (Anm. 35), 284 ff.

39 Madame de Sévigné schreibt am 6. 11. 1676 an ihre Tochter, Monsieur de Langlee habe mit Erlaubnis des Königs der Marquise de Montespan, die seit 1674 «Maîtresse du roi» genannt wurde, ein «goldenes Kleid» geschenkt. Damit war sie auf indirekte Weise gleichrangig gemacht. Hinweis von S. Hakemi, «Bäumchen rüttel dich! Das goldene Kleid», in: FAZ v. 16. 11. 2001.

40 Material hierzu bei Madame de Pompadour. Briefe. Übersetzt und hg. v. H. Pleschinski, München 1999. Siehe auch Weisbrod (Anm. 35), 86 ff.

41 C. Hanken (Anm. 15), 107 ff.

Die Wunderinsel Barataria

1 B. B. Uhlemayr, Silvio Gesell, Lauf bei Nürnberg 1931; R. Engert, Silvio Gesell als Person, Leipzig 1933; W. Schmid, Silvio Gesell. Die Lebensgeschichte eines Pioniers, Bern 1954; K. Schmitt – G. Bartsch, Silvio Gesell – «Marx» der Anarchisten? Texte zur Befreiung der Marktwirtschaft vom Kapitalismus und der Kinder und Mütter vom patriarchalischen Bodenrecht, Berlin 1989.

2 Juan Acratillo, Der verblüffte Sozialdemokrat, Erfurt–Berlin 1922 (auch Bern 1922 und 1925), 3. Aufl. Der verblüffte Sozialist, Schönlinde 1936; zuletzt: Die Wunderinsel. Der verblüffte Marxist, Berlin 1969. Siehe auch L. Alker, Die Wunderinsel Barataria. Parabeln, Gedichte und Satiren zur Wirtschaftswende, Hamburg (Privatdruck) 1982.

3 F. Pessoa, Ein anarchistischer Bankier, Berlin 1986.

4 J. Starbatty, Eine kritische Würdigung der Geldordnung in Silvio Gesells utopischem Barataria (Billig-Land), in: Fragen der Freiheit 129 (1977), 5–31; H.-J. Werner, Die Geschichte der Freiwirtschaftsbewegung. 100 Jahre Kampf für eine Marktwirtschaft ohne Kapitalismus, Münster–New York 1990.

5 F. Schwarz, Das Experiment von Wörgl, Bern 1951; M. Kennedy, Geld ohne Zinsen und Inflation, München 1991; M. Kennedy – B. A. Lietaer, Regionalwährungen – Neue Wege zu nachhaltigem Wohlstand, München 2004.

6 J.-L. Bermejo Cabrero, Derecho y Pensiamento politico en la literatura española, Madrid 1980; A. J. Disalvo, Spanish Guides to Princes and the Political Theories in Don Quijote, in: Cervantes 9 (1989), 43–60; J. M. Perez Prendez, Cervantes y los Juristas, in: Foro, Nueva epoca 2/2005, 47–130.

7 J. M. Scholz, Policia. Zu Staat und Gesellschaft in der spanischen Neuzeit, in: M. Stolleis (Hg.), Policey im Europa der Frühen Neuzeit, Frankfurt a. M. 1996, 213–297; Th. Simon, «Gute Policey». Ordnungsleitbilder und Zielvorstellungen politischen Handelns in der Frühen Neuzeit, Frankfurt a. M. 2004; V. Tau Anzoátegui (Hg.), Los Bandos de buen gobierno del Río de la Plata, Tucumán y Cuyo, Buenos Aires 2004.

8   Die Zitate folgen überwiegend M. de Cervantes Saavedra, Don Quijote von der Mancha, übersetzt von Susanne Lange, München 2008.

9   J. v. Stackelberg, Sanchos Kalauer. Cervantes' Don Quijote als komischer Roman und seine deutschen Übersetzer, in: Romanische Forschungen 107 (1995), 127–135.

10 J.-M. Pelorson, Le discours des armes et des «lettres» et l'épisode de Barataria, in: Les Langues Néo-Latines 69 (1975), 1–2.

11 C. Vega-Carney, Justice in Barataria, in: Romance Languages Annual 2 (1990), 586–597; dies., Righting Wrongs: Don Quixote and the Rhetoric of Justice, in: Indiana Journal of Hispanic Literature 5 (1994), 37–55.

12 Santos M. Coronas, El buen gobierno de Sancho: Las Constituciones de la insula Barataria, Oviedo 2005.

13 Zum zeitgenössischen Zusammenhang siehe G. Freund, Die Reichspolizeiordnungen des 16. Jahrhunderts und das Delikt der Weinverfälschung, in: Zeitschrift für Neuere Rechtsgeschichte 11 (1989), 1–11.

14 S. Lepsius, Kontrolle von Amtsträgern durch Schrift. Luccheser Notare und Richter im Syndikatsprozess, in: Lepsius – Wetzstein (Hg.), Als die Welt in die Akten kam. Prozessschriftgut im europäischen Mittelalter, Frankfurt a. M. 2007, 389–475; M. Isenmann, Legalität und Herrschaftskontrolle (1200–1600). Eine vergleichende Studie zum Syndikatsprozess: Florenz, Kastilien und Valencia, Frankfurt a. M. 2010.

15 A. Sánchez de Latorre, La utpía de Sancho en la Insula Barataria, in: Folia Humanística 1992, Nr. 326, 191–202; M. Stolleis, Utopie, in: Handwörterbuch zur Deutschen Rechtsgeschichte, Bd. V, Berlin 1998, 636–640.

16 J. Kirshner (Hg.), Business, Banking and Economic Thought in Late Medieval and Early Modern Europe, Chicago 1974.

Corpus Iuris Civilis par cœur

1   So etwa P. Ravennatus (1448–1508), Autor von «Phoenix seu Artificiosa Memoria», Venedig 1492; zu dem Juristen Johann Wolfgang Textor (1638–1701), dem dies nachgesagt wurde, siehe G. A. Will, Nürnbergisches Gelehrtenlexicon, 4. Th. 1758, 17–19; M. Stolleis, Textor, HRG 5 (1998), 167 f.

2   F. Rabelais, Pantagruel, Lyon 1532, Chapitre VIII. Zitiert wird nach der Ausgabe von Jacques Perret, Paris 1964, 137. Auch eine Übersetzung von «me les confère» mit «mir sie mit Philosophie vergleichst» scheint möglich. Zu Rabelais' Rechtsverständnis nunmehr eingehend F. Martínez, Derecho común y literatura: Dos Ejemplos de los siglos XVI y XVII, in: Annuario Mexicano de Historia del Derecho, XVII, (2005), 113–210 (141–175).

3   Für die Aufnahme in die Collegia doctorum iuris an italienischen Universitäten des Mittelalters wurde jedenfalls der Besitz von Codex, Digesten und Institutionen verlangt, bei der Aufnahmeprüfung außerdem die Fähigkeit, eine beliebig aufgeschlagene Stelle kundig zu kommentieren. Hierzu U. Meyer-Holz, Collegia Iudicum, Baden-Baden 1989, 124 ff.

4   H. Blum, Die antike Mnemotechnik, Hildesheim 1969; F. A. Yates, Gedächtnis

und Erinnern. Mnemotechnik von Aristoteles bis Shakespeare, 4. Aufl. Berlin 1997; H. Weinrich, Lethe. Kunst und Kritik des Vergessens, München 1997; Chr. H. F. Meyer, Spuren im Wald der Erinnerung. Zur Mnemotechnik in Theologie und Jurisprudenz des 12. Jahrhunderts, in: Recherches de Théologie et Philosophie médiévales LXVII, 1 (2000), 10–57.

5 H. Coing, Die juristische Fakultät und ihr Lehrprogramm, in: Handbuch der Quellen und Literatur der neueren europäischen Privatrechtsgeschichte, Bd. I: Mittelalter, München 1973, 39–128 (71).

6 K. Luig, Mos gallicus, mos italicus, in: HRG 3 (1984), 691–698.

7 G. F. Strasser, Emblematik und Mnemonik der Frühen Neuzeit im Zusammenspiel: Johannes Buno und Johann Justus Winkelmann, Wiesbaden 2000, 27; A. Bauer, Libri Pandectarum. Das römische Recht im Bild des 17. Jahrhunderts, Göttingen 2005, 64 ff.; ders.: Die friesischen Pandektenfliesen, in: A. Bauer – K. H. L. Welker (Hrsg.): Europa und seine Regionen, Köln u. a. 2007, 339–367.

8 Eines der letzten Beispiele ist G. Feinaigle, Kunst des Gedächtnisses, alle Arten von Wissenschaften auf eine ebenso leichte als haltbare Weise zu erlernen, Karlsruhe 1804. Der Autor, «das erfinderische Genie von Salem» (J. P. Hebel), war bis zur Säkularisierung Zisterzienserpater von Kloster Salem.

9 J. Buno, Memoriale juris civilis Romani, quo tituli omnes et praecipue leges, quae in quinquaginta libris Digestorum seu Pandectarum sunt, emblematibus et imaginibus ita efficta exhibentur, ut una cum titulorum materiis, eorum etiam numeri memoriae imprimi, contineri ac reddi … Hamburg, Rebenlin. Prostat Guelpherbyti ap. Conr. Bunon. heredes, 1673; Hierzu F. Prinz, Der Bildgebrauch in gedruckten Rechtsbüchern des 15. bis zum Ausgang des 18. Jahrhunderts, Hamburg 2006, 87 ff. zur Mnemotechnik, 91–95 zu Buno und bes. 92 f. zur Art der Verschlüsselung durch Buchstaben und Zahlen. Siehe auch B. Kuhn, Gedächtniskunst im Unterricht, München 1993, 133–164.

10 Ars magna et admirabilis, speciminibus variis confirmata, qua Pandectarum tituli eorumque precipua materia, ope figurarum emblematicarum, brevissime, jucunde et tenaciter, memoriae imprimi, firmiter contineri et opportune in usum transferri possunt: In maximum commodum Legis Studiosi, Lugd. Batav., J. Luchtman 1695.

11 J. Landwehr, Romeyn de Hooghe (1645–1708) as bookillustrator. A bibliography, Amsterdam 1970.

12 M. A. Becker-Moelands, Die Pandekten in bildlicher Darstellung. Niederländische Abbildungen von Pandektentiteln im 17. Jahrhundert, in: Forschungen zur Rechtsarchäologie und rechtlichen Volkskunde 12 (1990), 121–140.

13 A. Bauer (Anm. 7) 79 f.

14 N. Ottema, F. Majolica, in: Vrije Vries 1924, 18 ff.; J. J. Meyer-Collings, Eine seltsame Pandektenausgabe, in: Tijdschrift 12 (1933), 408–416; Becker-Moelands (Anm. 12).

15 J. E. Spruit, Rechtsgeleerde muurbloempjes uit de 17e eeuw. Curieus verglaasde wandtegels met taferelen uit de Pandecten, Arnhem 1989. Vgl. dazu M. Ahsmann, in: Tijdschrift 60 (1992), 222 f.

16 Nach den Angaben von A. Wolf befindet sich nur die 2. Auflage des Werks als Film in der Stadt- und Universitätsbibliothek Göttingen. Sie ist dort der oben erwähnten «Ars magna et admirabilis» beigegeben. Die 1. Auflage ist im Gesamtkatalog der preußischen Bibliotheken von 1935 nachgewiesen, aber wohl inzwischen verloren.

17 Signatur: HB Fg 15. Eine Abbildung (Dig. 31–40) allerdings bei Prinz (Anm. 9) 94.

18 H. Rahn (Hg. u. Übers.), M. F. Quintilianus, Ausbildung des Redners: zwölf Bücher, 3. Aufl. Darmstadt 1995, II, 7 zum Auswendiglernen; XI, 2, besonders 28: «dandi sunt certi quidam termini, ut contextum verborum, qui est difficillimus, continua et crebra meditatio, partis deinceps ipsas repetitus ordo coniugat. Non est inutile his, quae difficilius haereant, aliquas adponere notas, quarum recordatio commoneat et quasi excitet memoriam».

19 Siehe dazu A. Pitlo, Enkele mnemotechnische juridica, in: Ad personam. Opstellen aangeboden aan Prof. mr. Ch. J. Enschedee, Zwolle 1981, 211–221. Allgemein zum Alphabet als Ordnung des nicht zu Ordnenden R. M. Kiesow, Das Alphabet des Rechts, Frankfurt a. M. 2004, 210 ff., 279 f. und passim.

20 Der Zeichner nutzt im ersten Durchgang nur zwanzig Buchstaben (A–U) und hängt dann noch A und B an.

21 R. Zimmermann, Einbringung von Sachen bei Gastwirten, in: M. Schmoeckel – J. Rückert – R. Zimmermann (Hg.), Historisch-Kritischer Kommentar zum BGB, Bd. III, 2. Teilbd. §§ 657–853, Tübingen 2013, 1868–1923.

22 W. Wiegand, Studien zur Rechtsanwendungslehre der Rezeptionszeit, Ebelsbach 1977; K. Luig, H. Conring, Das deutsche Recht und die Rechtsgeschichte, in: M. Stolleis (Hg.), H. Conring (1606–1681). Beiträge zu Leben und Werk, Berlin 1983, 355–395 (357–371).

23 Frdl. Hinweis von E. Schrage, unter Bezugnahme auf Spruit (Anm. 15).

24 J. J. Meyer-Collings, Eine seltsame Pandektenausgabe, in: Tijschrift voor Rechtsgeschiedenis 12 (1933), 408–416; A. Pitlo, De vlo in het recht en andere curiosa uit oude rechtsliteratuur, Arnhem 1980; ders. Enkele mnemotechnische juridica, in: Ad personam. Opstellen aangeboden aan Prof. mr. Ch. J. Enschedee, Zwolle 1981, 211–221; Becker-Moelands (Anm. 12).

Schneidermeister Goethe u. a. gegen Syndicus Dr. Textor

1 Die Erforschung des Falls wurde ausgelöst durch das von Inge Kaltwasser erstellte Inventar der Akten des Reichskammergerichts 1495–1806. Frankfurter Bestand, Frankfurt a. M. 2000. Inge Kaltwasser machte schon in der Einleitung zu diesem Band auf den Prozess Textor/Göth(g)e aus dem Jahr 1695 aufmerksam. Barbara Dölemeyer griff den Hinweis alsbald auf und erörterte alle rechtshistorisch wesentlichen Fragen: («Familienbande». Ein Frankfurter Rechtsfall, in: S. Hofer – D. Klippel – U. Walter (Hg.), Perspektiven des Familienrechts. Festschrift für Dieter Schwab, Bielefeld 2005, 69–77. Ich kannte diesen Beitrag leider nicht, als ich meinerseits begann, mich in den Stoff zu vertiefen, teils aus Freude an den Details, teils aus einem bis 1974

zurückgehenden Interesse an Johann Wolfgang Textor. So kann ich im Folgenden nur die Arbeiten von Inge Kaltwasser, die freundlicherweise auch noch eine Transkription der Gläubigerrechnungen angefertigt hat, und besonders von Barbara Dölemeyer dankbar aufnehmen.

2 N. Miller, Stände- und Standes-Rotwelsch im Lustspiel, in: J. Voss – M. Stolleis (Hg.), Fachsprachen und Normalsprache, Göttingen 2012, 134–142.

3 D. Hopp, Johann Caspar Goethe (1710–1782). Eine kurze Biographie, in: dies. «Goethe Pater». Johann Caspar Goethe (1710–1782), Frankfurt 2010, 5–51 (7, 102).

4 J. W. Textor, Tractatus juridicus de remediis adversus sententiam competentibus ex iure communi et constitutionibus Imperii deductus, Argentorati, impensis Georgii Andreae Dolhopfii & Joh. Eberhardi Zetzneri, 1663 (78 S.). – Das Doktordiplom befindet sich im Freien Deutschen Hochstift, Frankfurt.

5 H. C. Recktenwald, Die fränkische Universität Altdorf, 2. Aufl. Nürnberg 1990; ders. (Hg.), Gelehrte der Universität Altdorf, Nürnberg 1966; H. Ch. Brennecke – D. Niefanger – W. W. Schnabel (Hg.), Akademie und Universität Altdorf. Studien zur Hochschulgeschichte Nürnbergs, Köln–Weimar–Wien 2011.

6 M. Stolleis, Geschichte des öffentlichen Rechts in Deutschland, Bd. I, München 1988, 98 ff. m. w. Nachw.

7 A. Clapmarius, De arcanis rerumpublicarum libri 6, Bremen 1605. Neuausgabe und Übersetzung von Ursula Wehner, Stuttgart–Bad-Cannstadt 2013. Auf Clapmarius' Phantasieporträt des Kupferstechers Wolfgang Philipp Kilian (1654–1732) wird fälschlich 1634 als Sterbedatum angegeben.

8 Institutionen, deutsche Übersetzung von O. Behrends, R. Knütel, B. Kupisch, H. H. Seiler, 2. verbesserte und erweiterte Auflage, Heidelberg 1997.

9 G. W. Leibniz, De casibus perplexis in iure, Altdorf 1666.

10 Ad Recessum Imperii de anno 1654 disputationes academicae, a Joh. Wolffgango Textore in universitate Altorffina propositae anno M. DC. LXIX (J. L. Winterberger), Altdorf 1669, editio secunda Heidelberg (Joh. M. Rüdiger) 1686. – Die Disputationen zum Jüngsten Reichsabschied sind dann nochmals in zwei Teilen in Frankfurt 1698 (Joh. D. Zunner) sowie Wetzlar 1739 erschienen.

11 Siehe http://www.rg.mpg.de (zuletzt aufgerufen am 20. 04. 2005).

12 Altdorf 1667. Hierzu M. Stolleis, Textor und Pufendorf über die Ratio Status Imperii im Jahre 1667, in: R. Schnur (Hg.), Staatsräson. Studien zur Geschichte eines politischen Begriffs, Berlin 1975, 441–463 sowie in: ders., Staat und Staatsräson in der frühen Neuzeit, Frankfurt a. M, 1990, 106–133.

13 Severinus de Monzambano, De statu imperii Germanici ad Laelium fratrem, dominum Trezolani, liber unus. Genevae, apud Petrum Columesium, 1667. Dt. von Horst Denzer, Stuttgart 1976 sowie ders. (zweisprachig), Die Verfassung des Deutschen Reiches, Frankfurt und Leipzig 1994.

14 Zu Bogislaus Philipp von Chemnitz (= Hippolithus a Lapide) siehe R. Hoke, in: M. Stolleis (Hg.), Staatsdenker in der Frühen Neuzeit, 3. Aufl. München 1995, 118–128.

15 Disputationes ad Recessum Imperii ao. 1654, Altdorf 1669, 2. Aufl. Heidelberg 1686, 3. Aufl. Wetzlar 1739.

16 V. Sellin, Die Finanzpolitik Karl Ludwigs von der Pfalz. Staatswirtschaft im

Wiederaufbau nach dem Dreißigjährigen Krieg, Stuttgart 1978; ders., Kurfürst Karl Ludwig von der Pfalz, Mannheim 1980.

17 Collegium Juris Publici à Johanne Wolfgango Textore ICto: privatim dictatum Mense Octobri et seqq: anno 1675 usq'ad finem Martij 1676 Heidelberg. In den Besitz des Hochstifts kam es 1889 durch den Frankfurter Genealogen Dr. Alexander Dietz.

18 J. W. Textor, Synopsis Iuris Gentium, Basel 1680; engl. Übers. v. John Pawley Bate, Synopsis of the Law of Nations, Washington 1913, ND 1964. Neueste Bezugnahme hierauf bei H. Steiger, Supremat – Außenpolitik und Völkerrecht bei Leibniz, in: F. Beiderbeck, I. Dingel, Wenchao Li (Hg.), Umwelt und Weltgestaltung. Leibniz' politisches Denken in seiner Zeit, Göttingen 2015, 135–206 (143).

19 Textor, a. a. O., Praefatio: «… varia admiscuit ac inseruit ad jus naturae pertinentia».

20 H. v. Cocceji, Juris publici prudentia compendio exhibita, Frankfurt/O. 1695; ders., Autonomia juris gentium, Frankfurt 1718; ders., Prodromus justitiae gentium, Frankfurt 1719.

21 Heinrich und Samuel von Cocceji, Grotius illustratus, 3 Bde., Breslau 1744–1752, 2. Aufl. Lausanne 1751, 3. Aufl. Genf 1755.

22 Goethehaus, Frankfurt a. M. Textor schreibt am 19. Juli «Virtus sibi ipsi praemium», Cocceji am 6. Juli «Magnum est ingenio pollere, majus bene uti» (mit Zusatzeintrag: 7. Febr. 1719, Frankfurt/O.).

23 J. W. Textor, Praxis Judiciaria, 2 T., Frankfurt 1678.

24 J. W. Textor, De Successione ex linea, 1685, Frankfurt 1698.

25 Gutachten v. 22. 1. 1684 (3 Seiten), ebenso vom 7. 8. 1685 (2 Seiten) betr. Churbrandenburg gegen Churpfalz, eine Austrägalsache, also ein Schiedsgerichtsverfahren im Rahmen der Reichskammergerichtsordnung; zur Frage, ob Brandenburg Universalerbe sei; Kurzgutachten v. 21. 10. 1684, betr. Die Vollmacht eines Dr. Becker; Gutachten v. 13. November 1684 zur Streitverkündung «ex eventu non fundatae iurisdictionis». – Alle Gutachten im Goethehaus, Frankfurt.

26 Zit. bei K. v. Raumer, Die Zerstörung der Pfalz von 1689 im Zusammenhang der französischen Rheinpolitik, München und Berlin 1930, Nachdruck Neustadt a.d. Saale 1982, 32.

27 J. W. Textor, Decisiones electorales Palatinae, Frankfurt 1693; Jus Publicum Caesaraeum, 2 Bde., Frankfurt 1697 (2. Aufl. 1721); Disputationes academicae, 2 Teile, Frankfurt 1698; Jus publicum statuum Imperii, Tübingen–Frankfurt 1701.

28 A. Hansert, Geburtsaristokratie in Frankfurt am Main. Geschichte des reichsstädtischen Patriziats, Wien–Köln–Weimar 2014, 491 (Stammtafel Fleischbein), 498 (Stammtafel Textor/Goethe).

29 Philipp Nikolaus Fleischbein (6. 3. 1637–24. 3. 1698), studierte in Gießen (1656) und Altdorf (1658), disputierte in Gießen unter dem Vorsitz von Georg Marsmann am 26. 5. 1658 *Tractatus de Sponsalibus, disputatio secunda, de prima sponsaliorum divisione*», Gießen (Joseph Dietrich Hampel) 1658. In Altdorf disputierte er «De heredum institutione et substitutione» am 4. 3. 1662,

gedruckt in Altdorf (Göbel) 1663 und erwarb den Titel Lizentiat. Fleischbein wurde 1662 Frankfurter Bürger, 1663 Advokat, heiratete 1665 Anna Catharina Weissel (auch Waisel), wurde 1665 Mitglied der Patriziergesellschaft Frauenstein, 1670 Rat und Oberamtmann der Grafen von Solms-Lich, 1683 Ratsherr, außerdem 1690 jüngerer Bürgermeister, 1690 Schöffe.

30 Dölemeyer (Anm. 1), 72, unter Hinweis auf K. Kiefer, Stammbaum der Familie Textor, in: Frankfurter Blätter für Familiengeschichte I (1908), 150; A. A. v. Lersner, Nachgehohlte, vermehrte und continuierte Chronica der Weitberühmten freyen Reichs-, Wahl- und Handels-Stadt Franckfurth am Mayn ..., Frankfurt am Main 1734, Appendix, 227 f.

31 H. Dieterich, Das Protestantische Eherecht in Deutschland bis zur Mitte des 17. Jahrhunderts, München 1970, insbesondere 234 ff. – *Friguscula* (auch *frivusculum*), Zwistigkeiten, aber, abgeleitet von *frigor* (Kälte), auch «Kaltsinnigkeit» im ehelichen Sinn. Die moderne deutsche Übersetzung (Dig. 24.1.32.12) gibt «Ehestreit». Siehe auch Dölemeyer (Anm. 1), 76, Anm. 22 unter Hinweis auf Heumann-Seckel, Handlexikon zu den Quellen des römischen Rechts, 6. Aufl. Jena 1884, 226.

32 Ein Beispiel hierfür bei B. Diestelkamp, Ehezwist im Hause von Dietz nebst Trennung von Tisch und Bett, in: ders., Rechtsfälle aus dem Alten Reich. Denkwürdige Prozesse vor dem Reichskammergericht, München 1995, 76–82.

33 H. Dieterich, Das Protestantische Eherecht in Deutschland bis zur Mitte des 17. Jahrhunderts, München 1970, insbesondere 234 ff.

34 So die Frankfurter Konsistorialordnung von 1728, Titel XVI, bei J. Telschow, Rechtsquellen zur Frankfurter Kirchengeschichte, Frankfurt a. M. 1978, 27 ff.

35 W. Heun, Konsistorium, in: Theologische Realenzyklopädie Bd. XIX, 483–488. Zu Frankfurter Ehesachen siehe I. Kaltwasser (Anm. 1), 84 ff.

36 J. Telschow – E. Reiter, Die evangelischen Pfarrer von Frankfurt am Main, 2. Aufl. Frankfurt 1985, 9. Zu Arcularius siehe F. W. Strieder, Grundlage zu einer hessischen Gelehrten- und Schriftsteller Geschichte, Göttingen 1781, Bd. 1, 133. – Ein von dem Universitätsmaler Johann Peter Engelhard 1687 gemaltes Porträt hängt im Senatssitzungssaal der Universität Gießen.

37 Institut für Stadtgeschichte, Schöffengerichtsbuch 1695 (Protocollum Iudiciale Moenofrancofurtanum de Anno MDCXCV, Register Ehesachen, Register «T»; fol. 70, 95, 102, 108, 130, 148, 166.

38 P. Oestmann, Aktenversendung, in: Handwörterbuch zur Deutschen Rechtsgeschichte, 2. Aufl. Bd. 1, Berlin 2008, 128–132.

39 Schöffenratsprotokolle 1 (1695), 114 f. (16. 3. 1695), fol. 116r (18. 3. 1695), fol. 117v f. (22. 3. 1695), fol. 119r f. (23. 3. 1695), fol. 197v (28. 9. 1695).

40 S. Jahns, Die Assessoren des Reichskammergerichts in Wetzlar (Schriftenreihe der Gesellschaft für Reichskammergerichtsforschung, Heft 2), Wetzlar 1986, 5.

41 Signatur: KG 1483 (T 12/1010) 2176 (1693) 1695–1696.

42 B. Diestelkamp (Hg.), Die politische Funktion des Reichskammergerichts, Köln–Weimar–Wien 1993; ders., Das Reichskammergericht im Rechtsleben des Heiligen Römischen Reiches Deutscher Nation, Wetzlar 1985; H. Duchhardt, Das Reichskammergericht, in: B. Diestelkamp (Hg.), Oberste Gerichtsbarkeit und zentrale Gewalt, Köln–Weimar–Wien 1996, 1–13.

43 J. U. von Gülchen war 1663/64 in Speyer geboren und starb 1730 in Wetzlar.
Auch seine Frau Sophia Catharina Erhard (1668–1691) stammte aus Speyer
und war mit ihrem Mann nach Wetzlar gezogen.

44 Dölemeyer (Anm. 1), 73.

45 Jüngster Reichsabschied Regensburg 1654, § 112–116.

46 J. T. B. Linde, Ueber die Appellationssumme, in: AcP 11 (1828), 91–123, der
105 ff. «Von der Vereinigung mehrerer Summen zur Herstellung der Appellationssumme» handelt.

47 Dietz, IV/1, 244. Vgl. auch Rainer Beck, Lemonihändler. Welsche Händler
und die Ausbreitung der Zitrusfrüchte im frühneuzeitlichen Deutschland, in:
Märkte im vorindustriellen Europa, in: Jahrbuch für Wirtschaftsgeschichte
2004/2, Berlin 2004, 97 ff.

48 Dietz IV/1, 246 ff.

49 Dietz IV/1, 240.

50 Dietz IV/1, 254.

51 R. Roth, Stadt und Bürgertum in Frankfurt 1760–1914, München 1996. – Anton Maria Guaita (gest. 1808), Spezereihändler und Geheimrat, hatte ein Vermögen von 650 000 fl.

52 Die Brüder Anton und Daniel Meermann kamen über Frankenthal nach
Frankfurt, 1661 Friedrich Meermann und um 1700 Georg Jakob Meermann,
vielleicht war Franz ein Sohn dieser Meermanns. Dietz, I, 145.

53 Dietz IV/1, 215.

54 Johann Christoph Firnhabers Sohn Johann Bernhard war Senator im Rat und
1734–1743 jüngerer Bürgermeister, geadelt als Firnhaber von Eberstein. – Der
Seidenhändler Hermann Jakob Firnhaber und seine Söhne gaben 1741 den
kaiserlichen Werbeoffizieren 8000 fl. als Kredit und wurden bald darauf geadelt (Dietz III, 285 f.). Ein Johann Friedrich Firnhaber war 1757 bereits in der
Lage, den Landständen von Sachsen-Eisenach ein Darlehen von 15 000 fl. zu
geben. 1752–1764 lieh sich der Rheingraf Karl Magnus von Salm-Grehweiler
15 000, 4000, 20 000, 15 000 fl. – Der Seidenhändler Hermann Jakob d. Ä.
Firnhaber (gest. 1752) hatte ein Vermögen von ca. 600 000 fl. – Georg Walther
Firnhaber v. Eberstein, Hauptmann und Gutsbesitzer (gest. 1809) hatte ein
Vermögen von 477 642 fl. – Sein Sohn oder Bruder Johann Jakob Firnhaber v.
Eberstein, Hauptmann a. D. (gest. 1811) hatte noch 165 724 fl.

55 Dietz IV/1, 144.

56 Dietz IV/1, 351.

57 Dietz, II, 251; ders. IV/2, 447.

58 Johann Konrad Schleicher heiratete 1692 und ließ sich gleichzeitig in Frankfurt nieder. Er kaufte 1699 das Eckhaus zum Mildenberg in der Höllgasse 9
für 3000 fl. und 1707 für 12 000 fl. «das gegenüberliegende geräumigere Eckhaus zum Lederhaus, welches hinten an den Dom stieß» (Dietz, IV/2, 448).

59 Weitere Details bei Dietz IV/1, 326.

60 Dietz II, 332.

61 Dietz III, 285; IV/1, 351.

62 H. Kahnt – B. Knorr, Lexikon Alte Maße, Münzen und Gewichte, Mannheim
1987, 43.

63 Dietz II, 228.

64 U. Kern (Hg.), Blickwechsel. Frankfurter Frauenzimmer um 1800, Frankfurt a. M. 2007, 44.

65 W. Weisbecker, Goethe zwischen Geist und Sinnenfreude, Frankfurt a. M. 1994, 13–17 gibt an, F. G. Goethe sei in Artern a. d. Unstrut geboren.

66 R. Glaser, Goethes Vater, Leipzig 1929 (Neuauflage München 1995).

67 ALR II.1, § 321.

68 P. Roth, Bayerisches Civilrecht, Erster Theil, Tübingen 1871, 357.

69 W. Brauneder, Schlüsselgewalt, eherechtlich, in: HRG IV (1990), 1446–1450.

70 Dölemeyer (Anm. 1), 75. – Das Gehalt des Syndicus Dr. Textor betrug lt. Dienstbrief Nr. 524 von 1691 400 Gulden (frdl. Mitteilung von Thomas Pierson, Frankfurt). Die von den Gläubigern geforderte Summe von insgesamt 1971 Gulden betrug also etwa das Viereinhalbfache seines Jahreseinkommens. Auch wenn man Nebeneinkommen Textors (300 Gulden als Leiter des Stadtarchivs, Befreiungen von Abgaben etc.) einrechnet, war die Forderung doch erdrückend, zumal aus Heidelberger Zeiten kaum Vermögenssubstanz vorhanden gewesen sein dürfte.

71 Dölemeyer (Anm. 1), 75.

72 Freies Deutsches Hochstift – Goethehaus, Hs. 30360, erworben 1992.

Die Verfassung des Reichsmarktfleckens Kuhschnappel

1 Jean Paul, Blumen-, Frucht- und Dornenstücke oder Ehestand, Tod und Hochzeit des Armenadvokaten Firmian Stanislaus Siebenkäs. Werkausgabe II, München 1959, 53 f.

2 Ob es ihn überhaupt in statistisch relevanten Mengen gibt, ist zweifelhaft. Vgl. K. Reumann, Wer liest den Siebenkäs. Frankfurter Allgemeine Zeitung v. 31. 12. 1986.

3 Zu Leben und Werk des nürnbergischen Juristen Johann Christian Siebenkees (1753–1841) vgl. Eisenhart, ADB 34, 175; E. Landsberg: Geschichte der Deutschen Rechtswissenschaft. Bd. III/1, Noten, 267 f.; W. Rieger, J. Chr. Siebenkees, Jur. Diss. Erlangen 1952.

4 G. Lindemann, Fantaisie und Phantasie. Zu einer Szene in Jean Pauls Roman «Siebenkäs», In: Text + Kritik, Sonderband Jean Paul, München 1970, 49–59.

5 Jean Paul: Komet. Werkausgabe VI, München 1963, 574.

6 K. P. Schroeder, Abdera – Wielands Narrenrepublik, NJW 1984, 1093–1096. Zur Gattung insgesamt vgl. J. Schönert, Der satirische Roman von Wieland bis Jean Paul. In: H. Koopmann (Hg.), Handbuch des deutschen Romans, Düsseldorf 1983, 204 f.

7 Werkausgabe II, München 1959, 362. Vgl. auch Komet, Werkausgabe VI, 834, wo Jean Paul seine eigene Jugend in Hof «unter Kaufleuten und Juristen» beschreibt.

8 Zur damals maßgebenden göttingischen Statistik vgl. nunmehr H. Klueting, Die Lehre von der Macht der Staaten, Berlin 1986, 51 ff.

9 Werkausgabe II, 1959, 202.

10 Werkausgabe II, 1959, 70. Die schwäbische Städtebank im Städtekollegium des Reichstags umfasste jedoch (1792) 37 Städte, so dass Kuhschnappel eigentlich die 38ste gewesen wäre.

11 Werkausgabe II, 1959, 293. Vgl. auch Jean Pauls «Flegeljahre», I. Bändchen, Nr. 14: «Freilich Parität, wie in Reichsstädten, muß sein, die eine Partei muß so viele Zensoren, Büttel, Nachtwächter haben als die andere.» Hierzu M. Heckel, Parität, ZRG Kan. Abt. 80, 1963, 261–420.

12 Werkausgabe II, 1959, 53.

13 H. Zschokke, Bern. In: Rotteck-Welcker, Staatslexikon, 2. Aufl. Altona 1846, Bd. 2, 326–341.

14 W. Höllerer. In: Werkausgabe IV, 1235.

15 K. Gerteis, Die deutschen Städte in der frühen Neuzeit. Darmstadt 1986; V. Press, Die Reichsstadt in der altständischen Gesellschaft, ZHF, Sonderheft 3, 1987, 9 ff.

16 Zschokke (Anm. 13), 337.

17 W. Harich, Satire und Politik beim jungen Jean Paul. In: Sinn und Form 19 (1967), 1482–1527; ders., Jean Pauls Revolutionsdichtung, Reinbek 1974; K. Wölfel, Zum Bild der Französischen Revolution im Werk Jean Pauls, in: ders. (Hg.), Jean Paul-Studien, Frankfurt a. M. 1988, 149–171; H. G. Helms, Jean Paul, ein politischer Autor. In: Text + Kritik (Anm. 4), 98 ff.; H. Bade, Jean Pauls politische Schriften, Tübingen 1974; P. Sprengel, Innerlichkeit. Jean Paul oder das Leiden an der Gesellschaft, München 1977; H. Vingon, Jean Paul ein Klassiker? Bürgertum in der Opposition, Gießen 1978.

18 G. Radbruch, P. J. A. Feuerbach, Wien 1934, 148. Nieswurz, die pulverisierte Wurzel von Helleborus und Veratrum album, galt als Purgativ, u. a. gegen Melancholie und Wahnsinn. Vgl. auch Jean Paul, Flegeljahre, Nr. 55 a. E., wo von den Autoren als dem «Nieswurz der Welt» die Rede ist.

19 L. Börne, Denkrede auf Jean Paul. In: P. Sprengel (Hg.), Jean Paul im Urteil seiner Kritiker. Dokumente zur Wirkungsgeschichte Jean Pauls in Deutschland, München 1980, 101. Zitiert auch bei G. de Bruyn, Das Leben des Jean Paul Friedrich Richter, Frankfurt a. M. 1976, 368 und H.-J. Ortheil, Jean Paul, Reinbek 1984, 136.

Advocatus pauperum

1 K. Reumann, FAZ v. 31. 12. 1986.

2 P. Sprengel (Hg.), Jean Paul im Urteil seiner Kritiker. Dokumente zur Wirkungsgeschichte Jean Pauls in Deutschland, München 1980.

3 G. Müller, Jean Pauls Exzerpte, Würzburg 1988. Siehe hierzu den Artikel «Exzerpte», in: Rechtshistorisches Journal 9 (1990), 369 f.

4 «In der Kautelarjurisprudenz und im allerneuesten preuß. Gesetzbuch fehlt gleichwohl die Kautel: dass ein Gläubiger sich im Schuldschein sogleich ausbedingen solle, in welcher von den zwei gangbaren und alternierenden Geldsorten er von seinem hohen Gemeinschuldner wolle befriedigt werden, ob in Metall oder in Prügeln ...» (8. Kapitel).

5 Pate dieses kuriosen und einprägsamen Namens ist, obgleich er in Jean Pauls Exzerpten nicht auftaucht, wohl Johann Christian Siebenkees (1753–1841), der in Altdorf und Göttingen, vermutlich auch in Leiden studierte (so G. C. J. J. van den Bergh, Akten des 26. Dt. Rechtshistorikertags, Frankfurt a. M. 1987, S. 528, Anm. 2), 1776 in Altdorf ao., 1778 o. Prof. und 1795 (als die erste Auflage des *Siebenkäs* erschien) erster Professor der Fakultät wurde. Nach der Auflösung der Altdorfer Universität hielt er literarische Vorträge und wurde dann Professor der Literaturgeschichte in Landshut, wo er übrigens auch als Oberbibliothekar wirkte. 1827 ging er in Ruhestand, den er zuletzt in Nürnberg verbrachte. Vgl. Neuer Nekrolog der Deutschen 1841, Th. 2, S. 1117 f.; Landsberg, Geschichte der deutschen Rechtswissenschaft, III/1, 1910, Anm. bd. S. 267 f.; Eisenhart, ADB 34, 175; Rieger, J. Chr. Siebenkees, Erlangen 1952.

6 Es versteht sich, dass es eine fiktive Stadt ist. Aber wenn man den Fußweg rekonstruiert, wie ihn Jean Paul von Kuhschnappel nach Bayreuth – «Nürnberg und dessen pays coutumiers und pays du droit écrit ließ er rechts liegen», im 12. Kapitel – beschreibt, dann kann man die Stadt ungefähr zwischen Ulm und Stuttgart ansiedeln. Es ist eine schwäbische freie Reichsstadt und sie sitzt «in Schwaben auf der Städtebank von 31 Städten als die 32ste». Hier irrt der Dichter freilich ein wenig; denn 1792 umfasste die schwäbische Städtebank 37 Städte.

7 Jean Paul war bekanntlich ein Gegner des Fugen-S.

8 M. Stolleis, Die Verfassung des Reichsmarktfleckens Kuhschnappel, in: Der Aquädukt 1763–1988. Ein Almanach aus dem Verlag C. H. Beck, München 1988, S. 22–28. Siehe in diesem Band. Seite 158–163.

9 Nimmt man an, dass das kuhschnappelische Erbrecht dem nürnbergischen ähnlich gewesen sein dürfte, dann kann man die Rechtswidrigkeit dieses Vorgangs ersehen aus J. Chr. Siebenkees, Intestat-Erbfolge nach Nürnbergischen Rechten, Nürnberg 1787.

10 L. 1 § 3. D. *de postulando.*

11 Jean Pauls Anmerkung hierzu lautet: «In Bern und im Pays de Vaud sind zu einem vollen Beweise entweder zwei männliche oder vier weibliche Zeugen nötig. Röslins weibl. Rechte, 1775». Gemeint ist K. L. Chr. Röslin, Abhandlung von besonderen weiblichen Rechten, 2 Bde., 1775 ff. Vgl. Müller (wie Anm. 3), 163.

Das Advokaten-Testament von Colmar

1 H. Heck, Un grand bienfaiteur de l'hôpital de Colmar: Maître Pierre Basque, Avocat au Conseil Souverain d'Alsace, Stettmeister de la Ville de Colmar (1682–1764), in: Mémoire Hospitalière (Publication de la Société d'Histoire des Hôpitaux Civils de Colmar) 3 (1996), 13–16 m. w. Nachweisen.

2 Im Archiv Municipal de Colmar: E br 133, publiziert als Separatum von Auguste Hertzog, Le testament et la fondation de Maître Basque, o. J. Dort auch die Angaben zur finanziellen Entwicklung der Stiftung.

3 M. Rogez, A propos des dalles funéraires de Jean Georges Baccara et de Pierre Basque, in: Mémoire Hospitalière (Publication de la Société d'Histoire des Hôpitaux Civils de Colmar) 3 (1996), 20–24.

4 Vade Mecum für lustige Leute, 10 Theile, 1767–1792 o. O. (Berlin, August Mylius, Brüderstraße), Bd. I, Nr. 158. Abdruck auch bei O. Behagel (Hg.), Hebels Werke, Zweiter Teil. Schatzkästlein des rheinischen Hausfreundes, Berlin und Stuttgart o. J., 427. Der erste Teil des Vade Mecum enthält auf dem Titelblatt eine ironische Widmung an «Sr. Hochehrwürden, dem Herrn Verfasser der schwarzen Zeitung in Hamburg demüthig zugeeignet». Gemeint sind «Freywillige Beyträge zu den Hamburgischen Nachrichten aus dem Reiche der Gelehrsamkeit» (1772–1778), die von den Berliner Aufklärern um Friedrich Nicolai so genannte «Schwarze Zeitung».

5 Erster Theil, Nr. 158.

6 Zum Beziehungsnetz zwischen Hebel und Pfeffel siehe W. E. Schäfer, Johann Peter Hebel und das Elsaß, in: Zeitschrift für die Geschichte des Oberrheins 150 (2002), 295–307.

7 Der Nachlass Pfeffels ist zwar durch einen Brand vernichtet worden, doch ist 2005 die noch erhaltene und nicht edierte Korrespondenz (rd. 470 Briefe) in das Deutsche Literaturarchiv in Marbach gelangt. Weitere 570 Briefe Pfeffels befinden sich im Cotta-Nachlass. Zum Briefwechsel Jacobi-Hebel siehe W. Zentner, Johann Peter Hebel, Karlsruhe 1965, 134–137.

8 H. Ebeling (Hg.), Ich aber weiß, was Freiheit ist … Fabeln, Poesie und Auswahl, Karlsruhe 1981, 21.

9 M. Poll, Die Fabeln von Gottlieb Conrad Pfeffel und ihre Quellen, in: Straßburger Studien 3 (1888), 343–471; E. Guhde, Gottlieb Konrad Pfeffel. Ein Beitrag zur Kulturgeschichte des Elsaß, Winterthur 1964; Gottlieb Konrad Pfeffel. Satiriker und Philantrop (1736–1809), Karlsruhe 1986; J.-M. Gall, Gottlieb Conrad Pfeffel. Leben und Wiederentdeckung eines elsässischen Schriftstellers, in: Alemannisches Jahrbuch 1987/88, 185 ff.

10 Strieder XI (1797), 221–235; Meusel XI, 1811; Rudolf Erich Raspe. Ein Wegbereiter von deutscher Art und Kunst, Stuttgart–Berlin 1934 (= Göttinger Forschungen, hrsg. v. W. Mitscherlich, Heft 5); U. Meier, in NDB, 164–166; J. Carswell, The Prospector. Being the Life and Times of Rudolf Erich Raspe (1737–1794), London 1950 (auch unter dem Titel: The Romantic Rogue. The singular Life and Adventures of Rudolf Erich Raspe, New York 1950).

11 C. Nissen, Raspe in England, in: Das Antiquariat 9 (1953), 42.

12 Anonym, Der Sonderling, Hannover 1761.

13 Karl Friedrich Hieronymus Freiherr von Münchhausen (1720–1797 in Bodenwerder). Zu ihm Krause, ADB, Berlin 1886, 1–5 m. w. Nachw. zur Umwandlung des Stoffs zwischen Raspe und Bürger; R. P. Dawson, R. E. Raspe and the Munchausen Tales, in: Lessing Yearbook 16 (1984), 205–220.

14 Vade Mecum für lustige Leute, 8. Teil 1781: M-h-s-nsche Geschichten Vade Mecum für lustige Leute, 9. Teil 1783: Noch zwey M-Lügen. – Im «Manual for Merry People» erschienen die Geschichten als «The Adventures of Baron Munchhausen», sowie separat 1793.

15 London 1786. In diesem Jahr erschienen noch vier weitere Auflagen.

16 Anonym, Wunderbare Reisen zu Wasser und Lande, Feldzüge und lustige Abentheuer des Freyherrn von Münchhausen, wie er dieselben bey der Flasche im Cirkel seiner Freunde selbst zu erzählen pflegt. Aus dem Englischen nach der neuesten Ausgabe übersetzt, hier und da erweitert und mit noch mehr Kupfern gezieret, London 1786. Der Titel ist angelehnt an Christian Reuter, Schelmuffskys/Wahrhafftige/Curiose und sehr gefährliche/Reisebeschreibung/ Zu/Wasser und Lande, 1696.

17 Vierter Theil, VII, Nr. 8 (S. 108).

18 Kurfürstlich-badischer gnädigst privilegirter historischer Landkalender für die Badische Markgrafschaft protestantischen Theils: auf das Jahr 1796, Carlsruhe.

19 Angaben zu Leben und Werk finden sich in allen Textausgaben und einschlägigen Literaturlexika. Besonders eingehend Friedrich Wilhelm Bautz, in: Biographisch-Bibliographisches Kirchenlexikon, Bd. II (1990) 619–624 (einsehbar auch im Internet: www.bautz.de/bbkl/li/hebelj_p.shtml).

20 Siehe etwa Franklin Fiske Heard, Curiosities of the Law Reporters, Boston 1871; Jacob Larwood, Forensic Anecdotes. Or Humour and Curiosities of the Law and of the Men of Law, London 1882; William Andrews, Legal Lore: Curiosities of Law and Lawyers, London 1897.

21 Dass., Albany (Banks & Brothers) 1883. Weitere (vermehrte) Auflagen London 1891, New York 1899 usw. bis in die Gegenwart, zuletzt 1988.

22 A. a. O., 496.

23 J. Paterson, A Compendium of English and Scotch Law, stating their differences: with a dictionary of parallel terms and phrases, Edinburgh 1860.

24 Notes on the Law of Master and Servant, London 1885.

25 Pierre Larousse, Grand dictionnaire universel du XIXe siècle, Bd. 1, Paris 1866, 1081. Hierauf wies der Intermédiaire des chercheurs et des curieux vom 10. Februar 1892 hin.

26 E. de Neyremand (1830–1894), Anwalt in Colmar und Conseiller am Appellationsgerichtshof in Nîmes, vermachte seinerseits testamentarisch große Summen an das Armenhospital seiner Heimatstadt Colmar. So E. Sitzmann, Dictionnaire de Biographie des Hommes Célèbres de L'Alsace, 2. Bd., Rixheim 1910, 368 f.

27 E. Fleischhauer (1813–1896), Präsident des Handelsgerichts und der Handelskammer in Colmar, Kunstsammler, Vorsitzender der Schongauer-Gesellschaft und Förderer des Museums Unterlinden, vermachte gleichfalls eine bedeutende Summe den Armen von Colmar. Siehe Sitzmann (Anm. 26) Bd. I, 510 f.

28 In der Augustinerkirche lautet die Inschrift: D. O.M. Hic Jacet Petrus Basque, in Supremo Alsatiae Senatu Advocatus Famigeratissimus Dein Urbis Hujus Colmariae Consul Meritissimus, Scientia Facundia Probitate et Pietate clarus obiit in Domino Die Novembris Ia. Anno MDCCLXIV. Aetatis LXXXII. Pauperes Hospitalis Colmariensis Haeredes ex Asse scripti Benefactori Munifico Monumentum Hoc Grati. – Michel Rogez, A propos des dalles funéraires de Jean Georges Baccara et de Pierre Basque, in: Mémoire Hospitalière. Publication de la Société d'Histoire des Hôpitaux Civils de Colmar, Février 1996, Nr. 3, 20–24.

Brotlose Kunst

1 In Frage kommt entweder das «Magazin für Frauenzimmer» (1782) oder eine Kombination aus Schweizerboten für den Bericht über die Nadelfabrik sowie Heinrich Sander, Von den Nadelfabriken in Aachen, in: ders., Kleine Schriften, hg. v. Georg Friedrich Götz, Bd. 2, Dessau und Leipzig 1785, 211–216. Vgl. W. Theiss (Hg.), Johann Peter Hebel, Schatzkästlein des rheinischen Hausfreundes, Stuttgart, ergänzte Ausgabe 1999, 340.

2 W. Zentner, Johann Peter Hebels Briefe. Gesamtausgabe, Erster Band, Karlsruhe 1939, Nr. 108.

3 Auch in der Erzählung Hagenloch (Rheinländischer Hausfreund, 1812) bücken sich die beiden Männer vor dem Herzog von Württemberg in solcher Servilität, «dass hinter ihnen die Tännlein in großer Gefahr waren». Zu der Erzählung Hagenloch siehe K. Oesterle, Der Hagellocher Freiheitstraum, in: Schwäbisches Tagblatt v. 6. 4. 2005, der plausibel macht, Hebels «Hagenloch» sei identisch mit dem Tübinger Ortsteil Hagelloch.

4 L. Tieck, Dichterleben (Erster Teil), in: Urania Taschenbuch auf das Jahr 1826, Leipzig 1826.

5 S. Molitor, Grande Sonate pour Guitarre seule, op. 7, Wien 1806, Vorrede.

6 G. W. F. Hegel, Vorlesungen über die Ästhetik I, Einleitung III.3. Hierzu M. J. Inwood, Hegel, Alexander and the Lentil's, in: Bulletin of the Hegel Society of Great Britain 35 (1997) 92–93, dem ich die im Folgenden verarbeiteten Hinweise zu François de La Mothe La Vayer, Richard Steele, James Boswell und Gabriel Naudé verdanke. Seine Annahme, Hegel stehe mit der Verwendung von «Linsen» allein, trifft allerdings, wie man sieht, nicht zu.

7 F. Nietzsche, Die Philosophie im tragischen Zeitalter der Griechen (Colli-Montinari, Kritische Studienausgabe 14, 108).

8 So etwa im berühmten zweiten Stück von Unzeitgemäße Betrachtungen (1873): Vom Nutzen und Nachtheil der Historie für das Leben.

9 J. G. Hamann, Sokratische Denkwürdigkeiten für die lange Weile des Publicums zusammengetragen von einem Liebhaber der langen Weile, Amsterdam 1759, Einleitung.

10 G. W. Leibniz, Neue Abhandlungen über den menschlichen Verstand, übersetzt durch Carl Schaarschmidt, Berlin 1873, § 58.

11 Nach Abschluss meines Manuskripts stieß ich durch die spielerische Eingabe des Wortes «Linsenschütz» bei Google auf H.-H. Baumann, Hebels Linsenschütz. Kleine Geschichte eines literarischen Motivs. Eine Miszelle, in: Wirkendes Wort. Deutsche Sprache und Literatur in Forschung und Lehre 53 (2003), 1–4, der ebenfalls auf die Linie von Montaigne zu Quintilian aufmerksam macht.

12 Hier Erstausgabe der Opera, 15 vol., Paris 1669, vol. 1,1.

13 Johann Daniel Tietz (Titius) (1729–1797) aus Konitz (Westpreußen), Prof. der Mathematik und Physik in Wittenberg, erster Übersetzer von Montaignes Essais.

14 Nachdruck Zürich 1992.

15 1. Buch, LIV. Hauptstück.

16 Zum Forschungsstand, insbesondere zum wechselnden Alexanderbild, A. Demandt, Politische Aspekte im Alexanderbild der Neuzeit, in: Archiv für Kulturgeschichte 54 (1972), 325 ff. (jetzt in: ders., Geschichte der Geschichte. Wissenschaftshistorische Essays, Köln–Weimar–Wien 1997, 1–38); W. Will (Hg.), Alexander der Große. Eine Welteroberung und ihr Hintergrund, Bonn 1998; Cl. Mossé, Alexander der Große. Leben und Legende, Zürich 2004.

17 Petrus Crinitus (Pietro Del Riccio Baldi), 1474–1507. Zur Biographie R. Ricciardi, in: Dizionario Biografico degli Italiani 38 (1990), 265–268. – Auf ihn wurde ich freundlicherweise von Dr. Andreas Schminck, MPI für europäische Rechtsgeschichte, Frankfurt a. M. aufmerksam gemacht.

18 Erstausgabe Florenz 1504; weitere Auflagen Paris 1510, 1513, 1518, 1525, Lyon 1543, 1554, 1561, 1585, Basel 1532 (Nachdruck Wien 2001), 1545, 1553, 1569, Genf 1598.

19 Del Riccio beschließt seine Textstelle mit einem Hinweis darauf, dass die Anekdote herrühre von «Fabius» (= Marcus Fabius Quintilianus) an Marcellus Victorius, den im Prooemium zu Buch I bei Quintilian angesprochenen Freund.

20 «mataiotechnían quoque est quaedam, id est supervacua artis imitatio, quae nihil sane neque boni neque mali habeat, sed vanum laborem, qualis illius fuit, qui grana ciceris ex spatio distante missa in acum continuo et sine frustratione inserebat.»

21 «quem cum spectasset Alexander, donasse dicitur eiusdem leguminis modio, quod quidem praemium fuit illo opere dignissimum.» Zu dieser Stelle der Kommentar von M. Winterbottom – T. Reinhardt zum zweiten Buch von Quintilian, Oxford 2006. Dort werden die verschiedenen Varianten der Spiele aufgeführt, kleine Teigkügelchen oder Kichererbsen in eine Öffnung zu werfen, sei es allein, sei es mit einem Mitspieler.

22 J. Boswell, Life of Johnson, London 1906, vol. II, 168.

23 R. Steele, The Spectator, hg. v. D. F. Bond, Oxford 1965, Bd. IV, 146.

24 Quintilian, Institutio Oratia, Heinemann: London and New York, 1921, Bd. I, 351.

25 So Hebel in dem oben (Anm. 2) zitierten Brief von 1804 an den Freiherrn von Geyersberg. Als Päpste kommen in Frage: Alexander VI. (1492–1503); Alexander VII. (1655–1667), Alexander VIII. (1689–1691). Unter ihnen ragt als Kandidat Alexander VI. wohl klar hervor.

26 P. Bayle, Dictionnaire, Artikel «Macedonia», Buchstabe S unter Bezugnahme auf Gabriel Naudé, Syntagma de studio liberali, Urbino 1633 (2. Aufl. 1654). Die Aufl. von 1633 erscheint, übersetzt ins Französische, versehen mit Anmerkungen und Kommentar, Paris 2006.

27 Isidor von Sevilla, Originum sive Etymologiarum libri XX, 20.6.5 «orca est amphorae species».

28 M. Winterbottom, Some Problems in Quintilian Book Two, in: Philologus 108 (1964), 119–127 (126 f.). Vgl. auch Quintiliani institutionis oratoriae 11. XII rec. M. Winterbottom, 2 Bde. Oxford 1970; ders., Problems in Quintilian, London 1970.

29 «Und weiter sage ich euch: Es ist leichter, dass ein Kamel durch ein Nadelöhr

gehe, als dass ein Reicher ins Reich Gottes komme» (Mt 19,24; nahezu gleich-
lautend bei Mk 10,25 und Lk 18,25).

30 Koran; Sure 7,38: «Siehe, diejenigen, die unsre Zeichen der Lüge zeihen und
sich hoffärtig von ihnen abwenden, nicht werden ihnen geöffnet die Tore des
Himmels, und nicht gehen sie ein ins Paradies, ehe denn ein Kamel durch ein
Nadelöhr geht; und also belohnen wir die Missetäter».

31 Inwood (Anm. 6), 93.

32 Die Deutung von Baumann (Anm. 11) trägt, was Hebels Text angeht, vulgär-
marxistische Züge. Hebel sei, sagt Baumann, «frommer Moralist, der das
Interesse der Kirche mit dem der Wirtschaft zu versöhnen weiß. Er hat es als
Pfarrer und Prälat der badischen Landeskirche bis zum Mitglied des markgräf-
lichen Parlaments gebracht». «Der evangelische Pastor» konstruiere hier «den
verdeckten Sadismus des hl. Vaters selber, um ihn für die Apologie des schlecht
genug Bestehenden aufzubieten, das die Ausbeutung von Kindern zwischen
acht und zehn Jahren in der hochproduktiven Metallbranche einschließt».

33 Chr. Fr. Kölle, Hebels Freund, berichtet in der 1843 erschienenen Gesamtausgabe von Hebels Werken, dass sie im «Museum» kneipten, und den Tabaks-
rauch in Ringen ausstießen, «welche brotlose Kunst Hebel ungemein ergötzte»
(Johann Peter Hebel, Die Kalendergeschichten, hg. v. H. Schlaffer – H. Zils,
München–Wien 1999, 741).

34 H. Heine, Burleskes Sonett (1822–24):
«Doch ach! Mir Armen lächelt Mammon nie
Denn leider, leider! Trieb ich dich alleine,
Brotloseste der Künste, Poesie!»

35 Siehe hierzu H.-J. Rheinberger, Experimentelle Virtuosität, in: Virtuosität in
den Wissenschaften und den Künsten, Liechtenstein 2006.

Der fromme Rat

1 «Die gerechte Zeit für die neue Erscheinung der neuen Kalender ist der Monat
August», schrieb Hebel am 17. Oktober 1811 an die Regierung in Karlsruhe.

2 Zum Wandel von der Markgrafschaft zum Großherzogtum siehe H. Ott, § 6
Baden, in: Jeserich – Pohl – v. Unruh (Hg.), Deutsche Verwaltungsgeschichte,
Bd. 2, Stuttgart 1983, 583–698. Das Organisationsedikt von 1809 ordnete das
katholische Kirchen- und Schulwesen der protestantischen Obrigkeit unter.
Um Spannungen zu vermeiden, wurde der «Kurfürstlich badischer gnädigst
privilegierter Landkalender für die badische Markgrafschaft lutherischen An-
teils» in «Rheinländischer Hausfreund» umbenannt.

3 J. Bauer, Die Vorgeschichte der Union in Baden, Heidelberg 1915; ders., Die
Union 1821, Heidelberg 1921; J. Ehmann, Union und Konstitution. Die Anfänge des kirchlichen Liberalismus im Zusammenhang der Unionsgeschichte
(1797–1834), Karlsruhe 1994.

4 Hebel hatte mit Schreiben vom 8. März 1807 dem Konsistorium vorgeschlagen,
es möge dem Landkalender «ein einladenderer und ein allgemeines Interesse
erregenderer, doch nicht allzu sehr ins Komische fallender Nahme gegeben»

werden. Das Konsistorium wählte aus seiner Liste die Nr. 3 «Rheinischer Hausfreund».

5 W. Sommer, Der menschliche Gott Johann Peter Hebels. Die Theologie Johann Peter Hebels, Bern 1972.

6 Beschluss des Innenministeriums vom 26. September 1814 «auf mündliche Anzeige» (Landesarchiv Baden-Württemberg, Generallandesarchiv Karlsruhe, Abt. 236/5777, Bl. 48).

7 R. Berger, Neues Pastoralliturgisches Handlexikon, 2. Aufl. Freiburg 1999, Stichworte «Eucharistie», «Hochgebet», «Wandlung».

8 P. v. Matt, Hebel in der Hölle. Die Kunst als Rettung vor der mythischen Gewalt, in: ders., Öffentliche Verehrung der Luftgeister. Reden zur Literatur, München–Wien 2003, 94–99 (99) legt den Akzent auf «den Widerspruch einer doppelten Wahrheit in den zwei symmetrischen Patres», auf die Rettung des Verängstigten durch die zwischen Mythos und Logos frei spielende Zeichen, die Kunst. – Diese Deutung, so formschön sie formuliert ist, überzeugt mich nicht ganz, denn sie erklärt nicht, «dass die hohe Geistlichkeit auf diesen Text so nervös reagierte» (98).

9 G. A. Benrath, Johann Peter Hebel und seine evangelische Kirche, Lörrach 1996.

10 Siehe vor allem die Erzählung: Die Bekehrung.

11 Nachwort der Hebel-Ausgabe von H. Schlaffer – H. Zils, München–Wien 1999, 692.

12 R. Aubert, Die katholische Kirche und die Revolution, in: H. Jedin (Hg.), Handbuch der Kirchengeschichte, Bd. VI/1, Freiburg 1985 (Sonderausgabe), 86 ff.

13 Aubert (Anm. 12), 105 ff.

14 Aubert (Anm. 12), 114 ff., 247 ff.

15 Wie Anm. 6, Bl. 64 f.

16 Brief an Friedrich Wilhelm Hitzig vom 6. Februar 1815, in: Johann Peter Hebels Briefe, hg. u. erläutert von W. Zentner, 2. Bd., Karlsruhe 1939, Nr. 371.

17 Brief an Sophie Haufe vom 8. Februar 1815, in: Briefe (Anm. 16), Nr. 372.

18 Anonym, Versuch eines politischen Gemähldes des Großherzogthums Baden in Bezug auf Justiz, Polizei und Finanzen. Erstes Heft. Rastatt und Pforzheim noch vor den Hundstagen 1816. In der Schrift erschien «Der fromme Rat» nochmals. Siehe R. Fürst, Die Karlsruher Drucker und Verleger von Johann Peter Hebel und C. F. Müller als der Hebel-Verlag, Karlsruhe 1990, 26 f.

19 H. Funk, Über den Rheinländischen Hausfreund und Johann Peter Hebel, in: Festschrift zur 300jährigen Jubelfeier des Großh. Gymnasiums in Karlsruhe, Karlsruhe 1886, 71.

20 J. A. Guignard, geboren in Guntersblum, stand zunächst in kurpfälzischen Diensten, wurde 1803 Hofrat und Kammeranwalt in Mannheim, 1807 Geheimer Hofrat, 1810 Direktor des Katholischen Kirchendepartements in Karlsruhe, 1814 Staatsrat im Ministerium des Innern, Direktor der Kriegsdeputation und der Ökonomiekommission. Angaben in F. Hirsch, Hundert Jahre Bauen und Schauen, Bd. I, Karlsruhe 1928, 454 f.

21 NDB 2 (1955), 66 f.

22 Brief an Gustave Fecht vom 8. 10. 1814, in: Briefe (Anm. 16), Nr. 366.

23 Zur Frage, wer die Kosten zu tragen hatte, musste noch ein Gutachten erstattet werden. Siehe Funk (Anm. 19), 83 f.

24 Brief vom 23. Oktober an Daniel Schneegans, in: Briefe (Anm. 16), Nr. 367.

25 In: Briefe (Anm. 16), Nr. 366.

26 So ein 1977 bei Stargard in Marburg versteigerter Brief vom 25. Oktober 1814. Siehe Johann Peter Hebel, Die Kalendergeschichten, hg. v. H. Schlaffer – H. Zils, München–Wien 1999, 814.

27 Brief an Sophie Haufe vom 26. November 1814, in: Briefe (Anm. 16), Nr. 368.

28 Brief an Gustave Fecht vom 9. Dezember 1814, in: Briefe (Anm. 16), Nr. 369.

29 In der Kalenderakte im Generallandesarchiv Karlsruhe 236 (Großherzogthum Baden, Ministerium des Innern: Generalia: Calender: Das Calenderwesen in den Großherzoglichen Landen 1810, 1813–1836) findet sich noch am 18. 1. 1815 (Nr. 64) ein Brief aus Katholischer Amtsstelle in Konstanz (gez. Dr. Reiniger): «Ein Stuttgarter katholischer Bürger hat dem bischöfl. Kommissariat zu Luzern Blätter zugesandt, die auf die Geschichte Bezug nehmen. Bitten, dass so etwas nicht mehr vorkommt». Frdl. Mitt. von A. Braunbehrens (Heidelberg).

30 Brief vom 16. März 1815 an Johann Friedrich Cotta, in: Briefe (Anm.16), Nr. 374. – Die Pächter waren die Buchdrucker Katz (Pforzheim) und Geiger (Lahr).

31 Zu Hebels Ehrengedächtnis vom Adjunkten des Rheinland. Hausfreundes (1842), in: Johann Peter Hebel, Die Kalendergeschichten, hrsg. v. H. Schlaffer – H. Zils, München–Wien 1999, 735–747 (739).

32 Wessenberg wurde nach Dalbergs Tod am 10. 2. 1817 zum Kapitularvikar gewählt. Rom annullierte die Wahl, obwohl die badische Regierung die Wahl bestätigt hatte und Wessenberg die Wahl annehmen wollte. 1821 wurde, um das Problem zu lösen, das Bistum Konstanz durch Staatsvertrag zwischen Baden und dem Vatikan aufgehoben. Die Bulle «Provida solersque» (16. 8. 1821) bestätigte dies. Das Gebiet des Bistums wurde auf die Diözesen Freiburg und Rottenburg verteilt.

33 Zu seinem Epos Irene von 1837 siehe F. Sengle, Biedermeierzeit. Deutsche Literatur im Spannungsfeld zwischen Restauration und Revolution 1815–1848, Bd. II. Die Formenwelt, Stuttgart 1972, 686–688.

34 E. Reinhard, Johann Peter Hebel und Ignaz Heinrich von Wessenberg, mit einem ungedruckten Hebelbrief, in: Das Bodenseebuch 26 (1939), 47–50; W. Zentner, Hebel und Wessenberg, in: Badische Heimat 40 (1960), Heft 1/2, 68–73; K. Foldenauer, Johann Peter Hebel und Ignaz Heinrich Freiherr von Wessenberg als Freunde, in: Badische Heimat 72 (1992), 565–576.

35 W. Zentner (Anm. 34), 71.

36 E. R. Huber, Deutsche Verfassungsgeschichte seit 1789, Bd. II, Stuttgart 1960, 39–44.

37 I. H. Frhr. v. Wessenberg, Unveröffentlichte Manuskripte und Briefe, hg. v. K. Aland – W. Müller, Freiburg–Basel–Wien 1968–1986.

Des Kaisers neue Kleider

1 D. Tamm, Retsopgøret efter besaettelsen, 1984, 2. Aufl. in zwei Teilbänden, Kopenhagen 1985.

2 K. R. Popper, Die offene Gesellschaft und ihre Feinde, Bd. 2: Falsche Propheten. Hegel, Marx und die Folgen, Bern–München 1958. Poppers Buch ist aus eigenem Leiden an den Diktaturen des 20 Jahrhunderts entstanden. Es trägt insoweit seinen unvermeidlichen Zeitbezug mit sich. Das gleiche gilt aber auch für die Kritik, die Popper entgegenschlug. Sie kam von denen, die ihre Götterbilder Hegel und Marx verteidigten, meist in der Absicht, sie von dem Vorwurf zu befreien, ihre philosophischen Werke seien tendenziell besonders leicht für totalitäre Systeme zu verwenden. Letzteres war die oft ausgesprochene Überzeugung von Ernst Topitsch, Marxismus und Gnosis, in: ders., Sozialphilosophie zwischen Ideologie und Wissenschaft, 2. Aufl. Neuwied 1966, 261 ff.; ders., Die Sozialphilosophie Hegels als Heilslehre und Herrschaftsideologie, Neuwied und Berlin 1967; ders., Grundformen antidemokratischen Denkens, in: ders., Mythos, Philosophie, Politik. Zur Naturgeschichte der Illusion, Freiburg 1969, 142 ff.; ders., Vom Ursprung und Ende der Metaphysik, München 1972.

3 Das Europa der Diktatur, hg. von Dieter Simon (15 Bände), abgeschlossen Frankfurt 2008.

4 G. Orwell, Nineteen Eighty-four, London 1949.

5 B. Brecht, Fünf Schwierigkeiten beim Schreiben der Wahrheit (1934), erstmals in: Unsere Zeit, herausgegeben vom Schutzverband Deutscher Schriftsteller, Paris 1938. Siehe dort unter Ziffer 1: «Die Zeiten der äußersten Unterdrückung sind meist Zeiten, wo viel von großen und hohen Dingen die Rede ist.»

6 Beste Übersicht derzeit in Kindlers Literaturlexikon, 3. Aufl. 2009, Bd. I, Hans Christian Andersen, sub. Eventyr og Historier (Heinrich Detering); H. Detering, Nachwort und Kommentar, in: H. C. Andersen, Sämtliche Märchen und Erzählungen, Bd. 2, Göttingen 1996.

7 M. Stolleis, Industrielle Revolution und Sozialversicherung, in: Verfassung, Theorie und Praxis des Sozialstaats. Festschrift für Hans F. Zacher zum 70. Geburtstag, Heidelberg 1998, 1081–1099 mit der These, die exponentielle Vermehrung des Wissens und die Komplexität der industriellen Produktionsprozesse seien wesentliche Gründe für die Zurückdrängung des Schuldprinzips bei Schadenersatz und dessen Ersetzung durch die «Gefährdungshaftung» sowie am Ende durch kollektive Versicherungssysteme.

8 N. Luhmann, Vertrauen: ein Mechanismus der Reduktion sozialer Komplexität (1968), 4. Aufl. Stuttgart 2009.

9 Siehe hierzu die Groteske von István Várhegyi, Ceausescu und der Bär, in: DIE ZEIT v. 27. 4. 1990.

10 Der Staatssicherheit der DDR soll ihre Paranoia, alles zu kontrollieren und aufzuschreiben, zum Verhängnis geworden sein: So konnte etwa die Masse der abgehörten Telefonate nicht mehr wirklich ausgewertet werden. Siehe etwa K. W. Fricke, MfS intern. Macht, Strukturen, Auflösung der DDR-Staatssicherheit. Analyse und Dokumentation, Köln 1991.

11 L. Daston, Eine kurze Geschichte der wissenschaftlichen Aufmerksamkeit, München 2000; O. Breidbach, Bilder des Wissens. Zur Kulturgeschichte der wissenschaftlichen Wahrnehmung, München ²2013.

12 Ein «unendliches Lachen», in das Maria Theresia ausgebrochen sei, als sie ihren Ehemann Franz I. von Lothringen im alten Ornat «sozusagen als ein Gespenst Karls des Großen» gesehen habe, beschreibt Goethe nach dem Hörensagen in Dichtung und Wahrheit, Erster Teil, Fünftes Buch. Siehe auch B. Stollberg-Rilinger, Des Kaisers alte Kleider: Verfassungsgeschichte und Symbolsprache des Alten Reiches, München ²2013.

13 M. Dor – R. Federmann, Der politische Witz, München 1966; A. Drozdzynski, Der politische Witz im Ostblock, Düsseldorf 1974 (München 1977); ders., Das verspottete Tausendjährige Reich, Düsseldorf 1978; H.-J. Gamm, Der Flüsterwitz im Dritten Reich, Zürich 1993; M. Wöhlert, Der politische Witz in der NS-Zeit am Beispiel ausgesuchter SD-Berichte und Gestapo-Akten, Frankfurt a. M. 1997; R. Herzog, Heil Hitler, das Schwein ist tot! Lachen unter Hitler. Komik und Humor im Dritten Reich, Berlin 2006.

14 J. Goebbels, Tagebücher, München 2003, Bd. 3, 1304 f. zum 1.–3. Februar 1939.

15 L. Wittgenstein, Philosophische Untersuchungen, Frankfurt a. M. 2001, Nr. 546.

16 J. L. Austin, Zur Theorie der Sprechakte, deutsche Bearbeitung von Eike von Savigny, 2. Aufl. Stuttgart 1979.

17 R. Koselleck, Was sich wiederholt, in: FAZ v. 21. 7. 2005.

18 K. Kroeschell, Eine Totschlagsühne vor 700 Jahren. Die Rechtssache des Abtes von Walkenried, in: S. Esders (Hg.), Rechtsverständnis und Konfliktbewältigung. Gerichtliche und außergerichtliche Strategien im Mittelalter, Köln u. a. 2007, 121–139 (137 f.). – Siehe auch Stefan George, Das Wort, in: ders., Das Neue Reich, Berlin 1928, 134: «So lernt ich traurig den verzicht:/kein ding sei wo das wort gebricht».

19 M. Stolleis, Rechtsgeschichte schreiben. Rekonstruktion, Erzählung, Fiktion? Basel 2008.

20 T. Frank, A. Koschorke, S. Lüdemann, E. M. de Mazza unter Mitwirkung von A. Kraß (Hg.), Des Kaisers neue Kleider. Über das Imaginäre politischer Herrschaft. Texte–Bilder–Lektüren, Frankfurt a. M. 2002 mit weiteren Hinweisen.

Helden und Heldengesänge –
Nationalepen und Verfassungen im 19. Jahrhundert

1 H. Hofmann, Grundpflichten als verfassungsrechtliche Dimension, in: VVD-StRL 41 (1983), 42 ff.

2 P. Häberle, Nationalhymnen als kulturelle Identitätselemente des Verfassungsstaates, 2. Aufl. Berlin 2013; ders., Nationalflaggen. Bürgerdemokratische Identitätselemente und internationale Erkennungssymbole, Berlin 2008.

3 A. Suter, Nationalstaat und die «Tradition von Erfindung» – Vergleichende Überlegungen, in: Geschichte und Gesellschaft 25 (1999), 138–161.

4 P. Nora (Hg.), Les lieux de mémoire, Bd. I: La République; Bd. II: La Nation; Bd. III: Les France, Paris 1986–1992.

5 Reiches Material bei J. Campbell, The Hero with a Thousand Faces, New York 1949 (dt. Übersetzung: Der Heros in tausend Gestalten, Frankfurt a. M. 1953, zuletzt 2011). Das Material wird allerdings enthistorisiert, universalisiert und gewissermaßen durch eine psychoanalytische Brille gesehen. Siehe auch H. Koopmann (Hg.), Mythos und Mythologie in der Literatur des 19. Jahrhunderts, Frankfurt a. M. 1979.

6 Grundlegend nun W. G. Schmidt, «Homer des Nordens» und «Mutter der Romantik». James Macphersons Ossian und seine Rezeption in der deutschsprachigen Literatur, 4 Bde., Berlin 2003/2004.

7 J. Grimm, Deutsche Mythologie, 3 Bde., Nachdruck der 4. Auflage, besorgt von Elard H. Meyer, Berlin 1875–78, eingeleitet von L. Kretzenbacher, Graz 1968.

8 K. von See, Das Nibelungenlied – ein Nationalepos?, in: ders., Barbar Germane Arier. Die Suche nach der Identität der Deutschen, Heidelberg 1994, 83–134, der freilich meint, die Deutschen hätten keinen Nationalmythos hervorgebracht, dann aber doch für die drei von ihm festgestellten Rezeptionsphasen (mit den Zentren der biedermeierlichen Kriemhild, des Reichsgründungshelden Siegfried um 1870 und des Verräters Hagen zur Zeit des 1. Weltkriegs) so viel Material beibringt, dass an der Karriere des Nibelungenlieds als eines politisch verschieden instrumentierbaren Nationalmythos kein Zweifel bestehen kann.

9 S. Munzel-Everling, Kaiserrecht und Rolandfiguren – ein weiterer Beitrag zur Rolandforschung, in: forum historiae iuris v. 12. 9. 1997 (http://www.rewi.hu-berlin.de/online/fhi); dies., Roland der Welt. Interaktive CD-ROM mit wissenschaftlichen Arbeitsmitteln, Wiesbaden 2004.

10 In «Deutsche Erinnerungsorte» von Étienne François und Hagen Schulze (3 Bde., München 2001) sind hiervon eingegangen: Karl d. Große (J. Ehlers), das Nibelungenlied (P. Wapnewski), Bismarck (L. Machtan) und Arminius (W. M. Doye), Die «Germania» (M. Werner), Die Völkerschlacht (K. A. Schäfer).

11 M. Arndt, «Der Weißbart auf des Rotbarts Throne». Mittelalterliches und Preußisches Kaisertum in den Wandbildern des Goslarer Kaiserhauses, Göttingen 1977; dies., Die Goslarer Kaiserpfalz als Nationaldenkmal. Eine ikonographische Untersuchung, Hildesheim 1976. Die vor der Kaiserpfalz in Goslar parallel stehenden Reiterstandbilder Kaiser Wilhelms I. und Friedrich Barbarossas sind abgebildet in K. v. See (Anm. 8), 91.

12 F. Schnabel, Die Denkmalskunst und der Geist des 19. Jahrhunderts, in: ders., Abhandlungen und Vorträge, Freiburg u. a. 1970, 134–150; Th. Nipperdey, Nationalidee und Nationaldenkmal im 19. Jahrhundert, in: Historische Zeitschrift 206 (1968), 529–585.

13 H. Heine, Deutschland. Ein Wintermärchen, Hamburg 1844, Caput XIV, XV.

14 Friedrich Overbeck (1789–1869), Italia und Germania (1811–1828), 94 × 104 cm, Neue Pinakothek München. Hierzu M. Stolleis, Italien und Deutschland als verspätete Nationen, in: Vigonianae 1 (2010), 2. Heft, 77–84.

15 L. Gall, Die Germania als Symbol nationaler Identität im 19. und 20. Jahrhundert, in: Nachrichten der Akad. d. Wiss. zu Göttingen, I. Phil-Hist. Kl. 2 (1993), 37–88.

16 Siehe etwa die Galerie bayerischer Berühmtheiten auf dem Promenadeplatz in München. Dort stehen die Komponisten Orlando di Lasso (heute eine Kultstätte für Michael Jackson) und Christoph Willibald Gluck, der Historiker Lorenz Westenrieder, Kurfürst Max Emanuel und neuerdings in Aluminiumguss Maximilian Joseph Graf von Montgelas. – Der früher auf dem Maximiliansplatz stehende Jurist Wiguläus X. A. v. Kreittmayr (1705–1790) wurde nach 1945 von dort verbannt, weil er in der Mitte des 18. Jahrhunderts Todesstrafe und Folter für angemessen hielt.

17 M. Braun, Das serbokroatische Heldenlied, Göttingen 1961.

18 J. G. Ottema (Hg.), Thet Oera Linda Bok. Handschrift uit de dertiende Eeuw, Leeuwarden 1872; zur völkischen Karriere des Buchs I. Wiwjorra, Herman Wirth. Ein gescheiterter Ideologe zwischen «Ahnenerbe» und Atlantis, in: B. Danckwortt (Hg.), Historische Rassismusforschung. Ideologen, Täter, Opfer, Hamburg 1995, 91–112 und nun abschließend G. Jensma, De gemaskerde god. Francois Haverschmidt en het Oera Linda-boek, Zutphen 2004.

19 J. R. von Salis, Ursprung, Gestalt und Wirkung des schweizerischen Mythos von Tell, in: L. Stunzi (Hg.), Tell. Werden und Wandern eines Mythos, Bern-Stuttgart 1973, 9–29; Guy P. Marchal, Schweizer Gebrauchsgeschichte. Geschichtsbilder, Mythenbildung und nationale Identität, Basel 2006.

20 E. Hanisch, Wien, Heldenplatz, in: Deutsche Erinnerungsorte (Anm. 10) 1,105–121.

21 Zu den Wortprägungen «Bismarck-Siegfried» und Kaiser Wilhelm I. als «Sieg-Fried» des deutschen Volkes siehe K. v. See (Anm. 8), 109. Dort auch das Zitat aus dem im Januar 1872 geschriebenen Gedicht «Die Siegestrunkenen» von Georg Herwegh: «Vorüber ist der harte Strauß,/Der welsche Drache liegt bezwungen,/Und Bismarck-Siegfried kehrt nach Haus/Mit seinem Schatz der Nibelungen». Das sind bei dem sozialistischen Freiheitssänger Herwegh freilich höchst ironische Wendungen.

22 Viktor Scheffel (1826–1866) dichtete 1847 das in vielen Varianten und mit wechselnden Melodien populäre Lied «Als die Römer frech geworden, zogen sie nach Deutschlands Norden …»

23 H. Fromm, Kalevala, Mythos und Christentum, in: Poetica 17 (1985), 83–99.

24 Kalevala. Das finnische Epos des Elias Lönnrot. Aus dem finnischen Urtext übertragen von Lore Fromm und Hans Fromm. Mit einem Nachwort von Hans Fromm, München-Wien 1967, weitere Ausgaben 1979, 1985, 1996; Kalevala. Das finnische Epos von Elias Lönnrot. Übersetzung und mit einem Nachwort von Gisbert Jänicke, Salzburg-Wien 2004.

25 H. Ylikangas, Der Weg nach Tampere. Die Niederlage der Roten im finnischen Bürgerkrieg 1918, Berlin 2002.

26 Ch. Niedling, Zur Bedeutung von Nationalepen im 19. Jahrhundert. Das Beispiel von Kalevala und Nibelungenlied, Köln 2007.

27 Rein Veidemann, Fr. R. Kreutzwalds «Kalevipoeg» als ein heiliger Text der estnischen literarischen Kultur, in: Kalevipoeg. Das estnische Nationalepos. In

der Übersetzung von Ferdinand Löwe, hg. v. Peter Petersen, Stuttgart–Berlin 2004, 263–268.

28 P. Järvelaid, Kalevipoeg – seine staatstragende Gestaltung für Estland, in: Kalevipoeg (Anm. 27), 307–314; Boris Meissner (Hg.), Die baltischen Nationen. Estland, Lettland, Litauen, 2. Aufl. Köln 1991, dort insbesondere G. v. Pistohlkors, Die historischen Voraussetzungen fiir die Entstehung der drei baltischen Staaten, 11 ff.

29 M. Krupar, Tschechische juristische Zeitschriften des 19. und 20. Jahrhunderts, Berlin 2011, 23 m. w. Nachw.

30 Krupar (Anm. 29), 31 ff., 211 ff. m. w. Nachw.

31 E. Hösch, Geschichte der Balkanländer. Von der Frühzeit bis zur Gegenwart, 2. Aufl. München 2002, 152.

32 S. W. Sowards, Moderne Geschichte des Balkans. Der Balkan im Zeitalter des Nationalismus, übers. v. Georg Liebetrau, Senzach 2004.

33 K. Kaser – Fr. Kressing (Hg.), Albania. A country in transition. Aspects of changing identities in a South-East European country, Baden-Baden 2002.

34 P. Bartl, Zum Geschichtsmythos der Albaner, in: D. Dahlmann – W. Potthoff (Hg.), Mythen, Symbole und Rituale. Die Geschichtsmächtigkeit der Zeichen in Südosteuropa im 19. und 20. Jahrhundert, Frankfurt a. M. 2000, 119–139; S. Schwandner-Sievers (Hg.), Albanian Identities. Myth and History, Bloomington 2002; O. J. Schmitt, Skanderbeg reitet wieder. Wiederfindung und Erfindung eines (National-)Helden im balkanischen und gesamteuropäischen Kontext (15.–21. Jh.), in: U. Brunnbauer – A. Helmedach – S. Troebst (Hg.), Schnittstellen. Gesellschaft, Nation, Konflikt und Erinnerung in Südosteuropa. Festschr. f. Holm Sundhaussen zum 65. Geb., München 2007, 401–419.

35 K. v. See (Anm. 8) macht allerdings darauf aufmerksam, dass die italienische Oper (Bellini, Verdi) das sentimentale und dramatische Repertoire bereitstellte, um das Publikum zu Beifallsstürmen bei den freiheitlichen Stichworten hinzureißen.

36 Als späte Frucht einer vaterländischen Verehrung siehe R. Beinert, Von Bismarck zu Hitler, Berlin 1934, eine Sammlung von Bismarck-Reden eines deutschnationalen und antisemitischen, antimarxistischen, aber nicht nationalsozialistischen Richters.

37 M. Stolleis – D. Simon (Hg.), Rechtsgeschichte im Nationalsozialismus. Beiträge zur Geschichte einer Disziplin, Tübingen 1989; J. Rückert – D. Willoweit (Hg.), Die Deutsche Rechtsgeschichte in der NS-Zeit, ihre Vorgeschichte und ihre Nachwirkungen, Tübingen 1995; A. Nunweiler, Das Bild der deutschen Rechtsvergangenheit und seine Aktualisierung im «Dritten Reich», Baden-Baden 1996.

Der *Mordfall Heinze* und die *Lex Heinze*

1 J. Fest, Ich nicht. Erinnerungen an eine Kindheit und Jugend, Reinbek ⁶2006, 14 f.

2 Das Datum (1890) stimmt nicht. Es war kein Fall von Mord, sondern angeklagt

und verurteilt wurde wegen «Körperverletzung mit Todesfolge». Das Opfer war weder ein Hausbesitzer, noch ein Fräulein von der Inneren Mission, noch eine Prostituierte, sondern ein Nachtwächter. Auf die «schreiende Wohnungsnot», die eigene oder anderer, hat sich das Ehepaar Heinze nicht berufen. Eine rothaarige Geliebte des Heinze, der sich zudem Hermann, nicht Gotthilf nannte, war auch nicht im Spiel.

3 Anonym, Der Mord-Prozeß Heinze (verhandelt vor dem Schwurgericht zu Berlin in den Jahren 1891 und 1892). Der unfreiwillige Taufpate der «Lex Heinze», Berlin 1900. – Zitiert wird nach dem Exemplar Landesbibliothek Kassel, Sig. G 2041a. – Die Schrift dokumentiert den Prozess in seinen beiden Phasen soweit möglich als stenographiertes Wortprotokoll. Ihr Zweck war es, die Diskrepanz zwischen dem «Prozess Heinze» und der als «Schmach für die deutsche Kunst» betrachteten *Lex Heinze* zu verdeutlichen.

4 F. Friedmann, Die wahren Lehren des Heinze'schen Prozesses für Sitten- und Rechtspflege, Berlin 1891. Friedmann hatte im Ehrengerichtsverfahen die Verteidigung eines der Anwälte übernommen.

5 Zitate aus der Verhandlung nach: Anonym, Der Mord-Prozess Heinze (Anm. 3).

6 H. Friedlaender, Kulturhistorische Kriminal-Prozesse der letzten vierzig Jahre, Berlin 1908, 76 f.

7 H. Löwenthal, Der goldene Galgen. Berichte über Kriminalfälle im alten Berlin, Berlin 1951, 126–137, 129 f.

8 Hintergrund. Mit den Unzüchtigkeits- und Gotteslästerungsparagraphen des Strafgesetzbuches gegen Kunst und Künstler 1900–1933, hg. und kommentiert von Wolfgang Hütt, Berlin 1990, 9.

9 So die «Schätzung» von Maximilian Harden, «Lex Heinze», in: Die Zukunft v. 17. März 1900, 458.

10 Seine Formulierung lässt sich über das Preußische Strafgesetzbuch vom 14. April 1851 (§ 151) auf die preußische Verordnung, betreffend die Vervielfältigung und Verbreitung von Schriften und verschiedene durch Wort, Schrift, Druck, Zeichen, bildliche oder andere Darstellung begangene strafbare Handlungen, vom 30. Juni 1849, PrGS 1849, 226, 231 (§ 24) zurückverfolgen.

11 RGSt 8, 128, 130.

12 H. Bieber-Böhm, Vorschläge zur Bekämpfung der Prostitution, Berlin 1895. – Einen Überblick bietet U. Gerhard, Unerhört. Die Geschichte der deutschen Frauenbewegung, Reinbek 1996, 243 ff.

13 Uebereinkommen zwischen dem Deutschen Reich und den Niederlanden zum Schutze verkuppelter weiblicher Personen vom 15. November 1889, RGBl 1891, 356; Uebereinkommen zwischen dem Deutschen Reich und Belgien zum Schutze verkuppelter weiblicher Personen vom 4. September 1890, RGBl 1889, 375. Hierzu das Ausführungsgesetz v. 14. August 1912, RGBl 1913, 44.

14 Internationales Abkommen zur Bekämpfung des Mädchenhandels vom 4. Mai 1910, RGBl 1913, 31.

15 Convention for the Supression of the Traffic in Persons and of the Exploitation of the Prostitution of Others (with Final Protocol). Opened for signature at Lake Success, New York, on 21 March 1950, Abkommen zur Unterdrückung

des Menschenhandels und der Prostitution, in: United Nations Treaty Series Bd. 96 (1951), 271.

16 Abkommen zur Bekämpfung der Verbreitung unzüchtiger Veröffentlichungen vom 4. Mai 1910, RGBl 1911, 209.

17 Löwenthal, Der goldene Galgen (Anm. 7), 132.

18 Hintergrund, hg. von Wolfgang Hütt (Anm. 8), 18 m. w. Nachweisen. – Zur Beschlagnahmung der Reproduktion eines Bildes von Carl Larsson siehe C. Lengefeld, Der Maler des glücklichen Heims – Carl Larsson im wilhelminischen Deutschland, Heidelberg 1993; dies., Anders Zorn. Eine Künstlerkarriere in Deutschland, Berlin 2004, 244 ff. zu Beschlagnahmungen von Aktdarstellungen auf Postkarten im Jahr 1911 sowie zum Spott über diese Aktionen im Ausland.

19 Für die Beschaffung der hier abgebildeten zeitgenössischen Postkarte danke ich Prof. Dr. Martin Warnke (Hamburg).

20 § 184 StGB lautete nun: «Mit Gefängniß bis zu Einem Jahre und mit Geldstrafe oder mit einer dieser Strafen wird bestraft, wer

1. unzüchtige Schriften, Abbildungen oder Darstellungen feilhält, verkauft, vertheilt, an Orten, welche dem Publikum zugänglich sind, ausstellt oder anschlägt oder sonst verbreitet, sie zum Zwecke der Verbreitung herstellt oder zu demselben Zwecke vorräthig hält, ankündigt oder anpreist;

2. unzüchtige Schriften, Abbildungen oder Darstellungen einer Person unter sechzehn Jahren gegen Entgelt überlässt oder anbietet;

3. Gegenstände, die zu unzüchtigem Gebrauche bestimmt sind, an Orten, welche dem Publikum zugänglich sind, ausstellt oder solche Gegenstände dem Publikum ankündigt oder anpreist;

4. öffentliche Ankündigungen erlässt, welche dazu bestimmt sind, unzüchtigen Verkehr herbeizuführen.

Neben der Gefängnißstrafe kann auf Verlust der bürgerlichen Ehrenrechte sowie auf Zulässigkeit von Polizei-Aufsicht erkannt werden.»

21 R. Frank, Zur lex Heinze. Eine Leichenrede, in: Deutsche JuristenZeitung vom 1. Juni 1900, 237–240.

22 Zu den Fragen, ob die Wirkung der Darstellung auf das sittliche Gefühl für den Begriff des «Unzüchtigen» entscheidend ist, was vom Reichsgericht bejaht wird, sowie zum Unterschied zwischen künstlerischer Darstellung und solcher ohne Kunstanspruch siehe RGSt 30, 378–381 (es ging um Fotos bekleideter Frauen); 32, 418–421, wo das Reichsgericht betont, die Verletzung des Schamgefühls müsse nicht «gröblich» sein, aber man müsse auch das Lesepublikum beachten, das durch eine Schrift erreicht werden könne und solle; 33, 17 («unzüchtige» Photographien).

23 R. Frank, Das Strafgesetzbuch für das Deutsche Reich, Tübingen, [17]1926, § 184, Anm. I.

24 E. Barnert, Der eingebildete Dritte. Eine Argumentationsfigur im Zivilrecht, Tübingen 2008.

25 Der Reichstagsabgeordnete Philipp E. M. Lieber (Zentrum), Nachfolger Windthorsts, hatte die von Wallot angeregten Entwürfe zur Ausstattung des Reichstags durch ein Gemälde von Franz von Stuck und zweier Wahlurnen von Adolf

von Hildebrand am 1.3. 1899 so heftig kritisiert, dass Wallot sein Amt aufgab. Die Entwürfe sollen nicht mehr auffindbar sein. Insofern gab es hier auch eine persönliche Rechnung zu begleichen.

26 P. Mast, Um Freiheit für Kunst und Wissenschaft: der Streit im Deutschen Reich 1890–1901, Rheinfelden/Berlin 1994, 139–190, 146.

27 P. Mast (Anm. 26), 169.

28 Der Verein wurde 1902 gegründet. Siehe Deutsches Adelsblatt Jg. XX, Berlin 1902, 740.

29 Zahlreiche Nachweise in: Am Hof der Hohenzollern. Aus dem Tagebuch der Baronin Spitzemberg 1865–1914, hg. von R. Vierhaus, München 1965.

30 Für die Beschaffung der hier abgebildeten zeitgenössischen Postkarte danke ich Prof. Dr. Martin Warnke (Hamburg).

31 F. Kitzinger, in: H. C. Nipperdey, Grundrechte und Grundpflichten der Reichsverfassung, Bd. 2, Berlin 1930, 455 f.

32 F. Kitzinger (Anm. 31), 456.

33 Die so genannte Reichstagsbrandverordnung vom 28. Februar 1933, RGBl 1933 I, 83 betraf die Art. 114, 115, 117, 118, 123, 124, 153 Weimarer Reichsverfassung.

Reine Rechtslehre in Erlangen

1 H. Dreier, Hans Kelsen (1881–1973) «Jurist des Jahrhunderts»?, in: H. Heinrichs u. a. (Hg.), Deutsche Juristen jüdischer Herkunft, München 1993, 705–732; S. L. Paulson – M. Stolleis (Hg.), Hans Kelsen. Staatsrechtslehrer und Rechtstheoretiker des Jahrhunderts, Tübingen 2005. – Die Hans-Kelsen-Forschungsstelle an der Juristischen Fakultät der Universität Freiburg i. Br. wird von Matthias Jestaedt geleitet. Die Gesamtausgabe der Werke Kelsens schreitet zügig voran und umfasst derzeit (2014) fünf Bände, darunter ein Doppelband. Der Verlag ist, wie in den zwanziger Jahren, Mohr-Siebeck in Tübingen.

2 Dies ungeachtet seines Beginns mit «Die Staatslehre des Dante Alighieri» (1905) und der vielen in das juristische Werk eingestreuten historischen Bemerkungen, die ihn präzise informiert zeigen.

3 Siehe den folgenden Text, der ausgeht von M. Douglas (1921–2007), Purity and Danger. An Analysis of Concepts of Pollution and Taboo, New York 1966 (in dt. Übersetzung: Reinheit und Gefährdung. Eine Studie zu den Vorstellungen von Verunreinigung und Tabu, Berlin 1985, Frankfurt 1988).

4 Vorrede zu Alceste, 1769, in der Übersetzung von Alfred Einstein, in: W. Oehlmann, Oper in vier Jahrhunderten, Stuttgart-Zürich 1983, 206.

5 Siehe nur F. Kaulbach, Immanuel Kant, Berlin 1969, 118: «Das Adjektiv ‹rein› in Verbindung mit reiner Vernunft will besagen, dass es dabei um eine noch vor aller Erfahrung (a priori) erkennende Vernunft geht, die sich nur solcher Begriffe bedient, die aus ihrer eigenen Quelle stammen und keine Vermengung oder Vermischung mit Erfahrungsbegriffen eingehen.» Zur Terminologie erstmals K. Ch. E. Schmid, Wörterbuch zum leichten Gebrauch der Kantischen Schriften, Jena 1788.

6 S. Hahnemann, Reine Arzneimittellehre, 6 Bde., Dresden 1811–1821, Ausgabe letzter Hand 1830 (Nachdruck Ulm 1955).

7 A. J. F. Thibaut, Über die Reinheit der Tonkunst, Heidelberg 1825, 3. vermehrte Auflage 1851.

8 A. J. F. Thibaut, Civilistische Abhandlungen, Heidelberg 1814, 430, 453.

9 J. Rückert, Thibaut, in: M. Stolleis (Hg.), Juristen. Ein biographisches Lexikon, München 2001, 624–626; siehe nunmehr D. Kaufmann, Anton Friedrich Justus Thibaut (1772–1840). Ein Heidelberger Professor zwischen Wissenschaft und Politik, Stuttgart 2014, die allerdings auf das Methodenproblem nicht eigens eingeht.

10 M. Domarus, Bürgermeister Behr. Ein Kämpfer für den Rechtsstaat, 3. Auflage Würzburg 1985; U. Wagner (Hg.), Wilhelm Josef Behr, Würzburg 1985; M. Stolleis, Geschichte des öffentlichen Rechts in Deutschland, Bd. II, München 1992, 67 f., 164 f. m. w. Nachw.

11 R. Piloty, Ein Jahrhundert bayerischer Staatsrechts-Literatur, in: Festgabe für Paul Laband I, Tübingen 1908, 205–282 (224).

12 Wintersemester (WS) 1817/18 – Sommersemester (SS) 1819; WS 1823/24 – SS 1824; WS 1827/28 – SS 1928. Siehe im Universitätsarchiv Erlangen Al/4 a Nr. 63 (1819) und Nr. 66 (1824).

13 C. v. Prantl, in: ADB XXI (1885), 186.

14 Neuer Nekrolog der Deutschen XVIII (1840), Weimar 1842, 641–647 (Autor ist sehr wahrscheinlich der Theologe J. K. Irmischer). Dort (645 f.) auch das Werkverzeichnis.

15 E. Berend, Jean Pauls Persönlichkeit. Zeitgenössische Berichte, München–Leipzig 1913, 53 ff.

16 Jean Paul, Clavis Fichtiana seu Leibgeberiana (Anhang zum I. komischen Anhang des Titans), in: N. Miller (Hg.), Jean Paul, Sämtliche Werke III, München 1966, 1011 ff. Das kleine Werk ist 1799 geschrieben und 1800 publiziert worden.

17 Johann Jakob Palm (1750–1826), Begründer des Verlags (heute Palm & Enke), Onkel des auf Befehl Napoleons erschossenen Nürnberger Buchhändlers Johann Philipp Palm (1766–1806).

18 Verwendet wird das Exemplar der Hessischen Landesbibliothek Wiesbaden, Signatur N 968.

19 Siehe hierzu § 60: Der Staat ist eine Vernunftaufgabe.

20 Jena–Leipzig 1796/97.

21 M. Kahlo – E. A. Wolff – R. Zaczyk (Hg.), Fichtes Lehre vom Rechtsverhältnis. Die Deduktion der §§ LA der Grundlage des Naturrechts und ihre Stellung in der Rechtsphilosophie, Frankfurt a. M. 1992, dort insbes. Zaczyk zur Struktur des Rechtsverhältnisses, 9–27.

22 R. Zaczyk, Das Strafrecht in der Rechtslehre J. G. Fichtes, Berlin 1981.

Über Reinheit

1 J. Raz, The Purity of the Pure Theory, in: S. L. Paulson – B. Litschewski Paulson (Hg.), Normativity and Norms. Critical Perspectives on Kelsenian Themes, Oxford 1998, 237–252.

2 H. Dreier, Rechtslehre, Staatssoziologie und Demokratietheorie bei Hans Kelsen (1986), 2. Aufl. 1990; ders., «Secular Religion» im Kontext von Kelsens Gesamtwerk, in: Cl. Jabloner – Th. Olechowski – K. Zeleny (Hg.), Secular Religion. Rezeption und Kritik von Hans Kelsens Auseinandersetzung mit Religion und Wissenschaft, Wien 2013, 1–18 m.w. Nachw.

3 H. Kelsen, Reine Rechtslehre. Studienausgabe der 1. Auflage 1934, hg. v. M. Jestaedt (Hg.), Tübingen 2008, XXXV.

4 New York 1966 (dt.: Reinheit und Gefährdung. Eine Studie zu Vorstellungen von Verunreinigung und Tabu, Berlin 1985).

5 Douglas (Anm. 4); 15 f. Auf Europa und Frühmoderne begrenzend P. Burschel – Chr. Marx (Hg.), Reinheit, Wien–Köln–Weimar 2011; P. Burschel, Die Erfindung der Reinheit. Eine andere Geschichte der frühen Neuzeit, Göttingen 2014 mit reichen Nachweisen der Literatur. Für Burschel sind zentral die körperliche Reinheit (speziell der Muslime), die Reinheit des Glaubens in den konfessionellen Auseinandersetzungen der Neuzeit, die Idee «reiner Sprache», «reiner Abkunft» im Sinne ständischer Ehre und im rassistischen Sinn seit dem ausgehenden 19. Jahrhundert. In allen diesen Varianten ist Reinheit ein «kultureller Code», nicht ein Postulat methodischer Reinheit.

6 Ch. Enzensberger, Größerer Versuch über den Schmutz, München 1968.

7 M. Arndt, Reinheit, Reinigung, in: Historisches Wörterbuch der Philosophie, hg. v. J. Ritter – K. Gründer, Bd. 8, Basel 1992, 531 ff. Die der Einleitung folgenden Artikel von M. Niehoff, M. Arndt, R. Sturlese und L. Sturlese führen das Thema von der Antike, dem Judentum und der Patristik bis in das Mittelalter.

8 Siehe etwa Paulus in Römer 16,17; Kolosser 2,6–23; Titus 10–16; 2. Petrus 2,1–22; 2. Johannes 7–11.

9 Jakobus, 3,6.

10 M. Luther, Das 14. und 15. Cap. S. Johannis gepredigt und ausgelegt, Weimarer Ausg. 45, 653 zit. bei M. Arndt (Anm.7), 547. In einem ganz anderen, hier nicht einschlägigen Sinne die Beiträge bei N. Ghanbari – M. Hahn (Hg.), Reinigungsarbeit, Zeitschr. f. Kulturwissenschaften 1 (2013).

11 Th. Morus, De optimo statu rei publicae deque nova insula Utopia, Löwen 1516.

12 R. Saage, Politische Utopien der Neuzeit, Darmstadt 1991; ders., Utopische Profile: Widersprüche und Synthesen des 20. Jahrhunderts, Münster 2003; M. Stolleis, Utopie, HRG V (1998), 636–640 m. w. Nachw.

13 L. Daston – M. Stolleis (Hg.), Natural Law and Laws of Nature in Early Modern Europe, Farnham 2008.

14 M. Herberger, Mos geometricus, mos mathematicus, HRG III (1978) 698; G. Otte, Der sog. Mos geometricus in der Jurisprudenz, in: Quaderni Fiorentini 8 (1979), 179–196.

15 Folgt man Grimm, Deutsches Wörterbuch, dann findet sich das Wort erstmals bei Chr. Wolff, Vernuenfftige Gedancken von Gott, der Welt und der Seele des Menschen, auch allen Dingen überhaupt, Halle 1719, § 631.

16 G. Galilei, Saggiatore, Rom 1623.

17 Th. Hobbes, The Elements of Law, Natural and Politic, (1640) Erstdruck 1650, Epistola dedicatoria.

18 Zur Entstehung der «wissenschaftlichen Rechtserkenntnis» und der Rechtserzeugung von Descartes über Hobbes und Pufendorf siehe J. Schröder, Recht als Wissenschaft. Geschichte der juristischen Methodenlehre in der Neuzeit (1500–1933), 2. Aufl. München 2012, 170 ff., 174 ff.

19 Discours de la méthode, Kapitel 2.

20 I. Kant, Allgemeine Naturgeschichte und Theorie des Himmels, oder Versuch von der Verfassung und dem mechanischen Ursprunge des ganzen Weltgebäudes nach Newtonischen Grundsätzen abgehandelt, Königsberg–Leipzig 1755.

21 I. Kant, Critik der reinen Vernunft, Riga 1781, 2. Aufl. Riga 1787, Einl.

22 http://books.google.com/ngrams/graph?content=Reinheit&year_start= 1700&year_end.

23 Siehe F. Kluge – E. Seebold, Etymologisches Wörterbuch der deutschen Sprache, 24. Aufl., Berlin 2002.

24 H. W. Jäger, Politische Metaphorik im Jakobinismus und im Vormärz, Stuttgart 1971, 29 ff.

25 Zitiert bei R. Schnur, Weltfriedensidee und Weltbürgerkrieg 1791/92, in: ders., Revolution und Weltbürgerkrieg. Studien zur Ouvertüre nach 1789, Berlin 1983, 11 ff. (29).

26 R. Stichweh, Motive und Begründungsstrategien für Wissenschaftlichkeit in der deutschen Jurisprudenz des 19. Jahrhunderts, in: Rechtshistorisches Journal 11 (1992), 330–351 (330).

27 Für das Verfahren der Gesetzgebung selbst bürgerte sich anstelle der älteren prudentia legislatoria nun der Ausdruck «Gesetzgebungswissenschaft» ein. Siehe H. Mohnhaupt (Hg.), Prudentia legislatoria, München 2003, 459 ff.; G. Dilcher, Gesetzgebungswissenschaft und Naturrecht, in: Juristenzeitung 1969, 1–7; D. Klippel, Die Philosophie der Gesetzgebung. Naturrecht und Rechtsphilosophie als Gesetzgebungswissenschaft im 18. und 19. Jahrhundert, in: B. Dölemeyer – ders. (Hg.), Gesetz und Gesetzgebung im Europa der frühen Neuzeit, Berlin 1998, 225–247; S. Emmenegger, Gesetzgebungskunst, Tübingen 2006, 230 m. w. Nachw.

28 Unter Verwendung der Forschungsergebnisse von Joachim Rückert, Marie Sandström, Horst Heinrich Jakobs, Dieter Nörr zusammenfassend Schröder (Anm. 18), 193 ff.; nun auch B. Lahusen, Alles Recht geht vom Volksgeist aus. Friedrich Carl von Savigny und die moderne Rechtswissenschaft, Berlin 2013, 87 ff.

29 F. C. v. Savigny, System des heutigen Römischen Rechts, Bd. 1, Berlin 1840, 47 f.

30 Schröder (Anm. 18), 195.

31 J. von Kirchmann, Die Werthlosigkeit der Jurisprudenz als Wissenschaft, Berlin 1848 (Neudruck Darmstadt 1969).

32 Stichweh (Anm. 26), 346.

33 E. R. Curtius, Europäische Literatur und Lateinisches Mittelalter, 5. Aufl. Bern–München 1965, 202 ff.

34 Grimm, Deutsches Wörterbuch, Bd. 14, 436. Siehe auch Grimm, Bd. 13, 2338 ff. zu Quelle als Grund und Ursprung. Wenig ergiebig ist der Artikel «Rechtsquellen» in HRG IV (1990), 335–337 (E. Kaufmann).

35 Vorbildlich klar bei Schröder (Anm. 18) §§ 45–51.

36 A. F. J. Thibaut, Über die Reinheit der Tonkunst, Heidelberg 1825, 3. vermehrte Auflage 1851.

37 S. Hahnemann, Reine Arzneimittellehre, 6 Bde., Dresden 1811–1821, Ausgabe letzter Hand 1830 (Nachdruck Ulm 1855).

38 Hierzu R. Piloty, Ein Jahrhundert bayerischer Staatsrechts-Literatur, in: Festgabe für Paul Laband, I, Tübingen 1908, 205–282 (224).

39 Siehe in diesem Band Nr. 18.

40 G. E. A. Mehmel, Die reine Rechtslehre, Erlangen 1815, § 31.

41 A. a. O., § 99.

42 Siehe nur den Brief von Gustave Flaubert vom 18. März 1857 am Mlle. Leroyer de Chantepie, in: G. Flaubert, Briefe, Zürich 1977, 366: «Es ist an der Zeit, ihr (sc. der Kunst) durch eine unerbittliche Methode die Präzision der physikalischen Wissenschaften zu geben!»

43 M. Stolleis, Transfer normativer Ordnungen – Baumaterial für junge Nationalstaaten, Forschungsbericht über ein Südosteuropa-Projekt, in: Rechtsgeschichte 20 (2013), 72–81.

44 Schröder (Anm. 18), 281.

45 M. Stolleis, Geschichte des öffentlichen Rechts in Deutschland, Bd. 2, München 1992, 108 m. w. Nachw.

46 P. Laband, Das Staatsrecht des Deutschen Reiches, 1. Bd., Tübingen 1876, Vorwort, VI.

47 A. a. O.

48 H. Kelsen, Hauptprobleme der Staatsrechtslehre, 2. Aufl. Tübingen 1923, mit neuer Vorrede, während die der Erstauflage von 1911 entfiel. Siehe hierzu den editorischen Bericht in Hans Kelsen Werke, hg. v. Matthias Jestaedt, Bd. 2, II, Tübingen 2008, 885.

49 G. Stemberger, Der Talmud, München, 2008, der aber auf das Thema der Verwandtschaft diskursiven und kommentierenden Denkens mit dem juristischen Denken nicht eingeht. Unter dem Artikel «Gesetz» in der Enzyklopädie jüdischer Geschichte und Kultur, Bd. 2, Stuttgart–Weimar 2012, 453–460 verbirgt sich eine Abhandlung über Leo Strauss (1899–1973).

50 I. Grubrich-Simitis, Freuds Moses-Studie als Tagtraum, in: Psyche 44 (1990), 479–515; dies., Freuds Moses-Studie als Tagtraum, Weinheim 1991. In beiden Texten wird auch auf die 1943 erschienene Novelle «Das Gesetz» von Thomas Mann hingewiesen, in welcher Moses nicht nur eine «Begierde nach dem Reinen» zugeschrieben wird, sondern auch die Entstehung der Reinheitsgebote. Jahwe sagt zu ihm u. a. «Lerne unterscheiden zwischen Reinheit und Unreinheit, sonst bestehst du nicht vor dem Unsichtbaren und bist nur Pöbel» (Kap. 15).

Vom Verschwinden verbrauchten Rechts

1 Für Bund und Länder ist eine Zahl von insgesamt rd. 29 000 Gesetzen und Verordnungen errechnet worden.

2 Derzeit gültig sind ca. 3000 Richtlinien.

3 Nur beispielhaft: Allein das Vorschriftenwerk für die Elektrizität umfasst heute mehr als 100 000 DIN A4 Druckseiten. Die Gesamtmenge der DIN-Normen ist kaum mehr darstellbar. Im Geschäftsjahr 2003 wurden rd. 28 000 DIN-Normen gezählt. Hierzu, ein ganz neues Feld erschließend, M. Vec, Recht und Normierung in der Industriellen Revolution. Neue Strukturen der Normsetzung in Völkerrecht, staatlicher Gesetzgebung und gesellschaftlicher Selbstnormierung, Frankfurt a. M. 2006.

4 Siehe auch: Abdecker, Abgott, Ableben, Abnormität, Abort, Abschaum, Abscheu, Abtritt, Abweichung und Abwasser. – «Abwegig» ist die stärkste und sehr unfreundliche Randbemerkung an juristischen Prüfungsarbeiten.

5 C. Vismann, Aus den Akten, aus dem Sinn, in: Interarchive. Archivarische Praktiken und Handlungsräume im zeitgenössischen Kunstfeld, Köln 2002, 195: «Die Tat, die nach dem Akt der Aufhebung an der Schnittstelle zwischen Thesaurus und Trash, zwischen Archiv und Abfall folgt, fällt in die Leere der symbolischen Ordnung. Sie ist weder in die laufende Verwaltung integriert, noch gehört sie der Ordnung des Archivs an. Folglich gibt es keine Anweisung oder gar eine gesetzliche Regelung für die Zerstörung von Akten ... Man findet einfach keine Instruktion, wie Akten aus der Welt zu schaffen seien.»

6 Die Metapher der Entsorgung ist nicht neu. Siehe G. Erler u. a., Geschichtswende? Entsorgungsversuche zur deutschen Geschichte, Freiburg 1987; H.-U. Wehler, Entsorgung der deutschen Vergangenheit? Ein polemischer Essay zum «Historikerstreit», München 1988; nunmehr J. Perels, Entsorgung der NS-Herrschaft. Konfliktlinien im Umgang mit dem Hitler-Regime, Hannover 2005.

7 Eher spielerisch, aber doch mit ernsthaftem Hintergrund Roman Herzogs Äußerungen über den «furor legislativus Germanicus» und sein Vorschlag, alle Erlasse außer Kraft treten zu lassen, deren Aktenzeichen ohne Rest durch drei teilbar ist: «Es verschwänden wahrscheinlich 500 Vorschriften, die vorher schon niemand gekannt hat» (SPIEGEL-Gespräch v. 17. Januar 2005).

8 M. Thompson, Rubbish Theory. The Creation of Destruction of Value, Oxford 1979 (Mülltheorie. Über die Schaffung und Vernichtung von Werten. Neu hg. v. M. Fehr, Essen 2003); W. Rathje, C. Murphy, Rubbish! The Archaeology of Garbage, New York 1992 (dt.: Müll. Eine archäologische Reise durch die Welt des Abfalls, München 1994); S. Windmüller, Die Kehrseite der Dinge. Müll, Abfall, Wegwerfen als kulturwissenschaftliches Problem, Münster 2004.

9 Zur Etymologie von «Reißwolf» und zum modernen Einsatz der Akten- und Datenvernichtungsmaschinen samt deren Einsatz nach Regierungs- oder Systemwechseln C. Vismann, Aus den Akten, aus dem Sinn (Anm. 5), 196 ff.

10 Die «Sammlung von Reichsgesetzen staats- und verwaltungsrechtlichen Inhalts» von Otto Sartorius, kurz der «Sartorius», wurde mit der 12. Auflage vom März 1935 auf Loseblattsystem umgestellt. Das gleiche gilt für die

zivilrechtliche Sammlung von Heinrich Schönfelder mit der 4. Auflage von 1935. Vorbild für den nun eingeführten Steckmechanismus und das gelochte Blattmaterial war die 1900 vom New Yorker Verlag Nelson gestartete «Nelson's perpetual looseleaf encyclopedia». In Deutschland setzten sich in den zwanziger Jahren die ersten Loseblattsammlungen durch, so «Steuerrechtsprechung in Karteiform», 1922; «Handbuch für das Lohnbüro», Berlin; F. Giese – W. Hoche – G. Kaisenberg, Die deutsche Verwaltungs-Kartothek, Dortmund 1926 ff. Zu den marktbeherrschenden Sammlungen «Schönfelder» und «Sartorius» siehe die Festschrift zum zweihundertjährigen Bestehen des Verlages C. H. Beck 1763–1963, München 1963, 169; H. D. Beck, Der juristische Verlag seit 1763, in: Juristen im Porträt, München 1988, 19 (23 ff.). Siehe auch H. Wrobel, Heinrich Schönfelder. Sammler Deutscher Gesetze (1902–1922), München 1997, 53 f. sowie vor allem C. Vismann, Akten, Medientechnik und Recht, Frankfurt a. M. 2000, 285 ff.

11 Als Beispiel: Die insgesamt 230 000 Bände umfassende Bibliothek des Bundesverwaltungsgerichts (Leipzig) hält rd. 5000 Loseblattausgaben. Allein mit dem permanenten Einsortieren des neuen und dem Aussortieren des verbrauchten Rechtsstoffs sind drei Mitarbeiter beschäftigt.

12 Das Einführungsgesetz zum Bürgerlichen Gesetzbuche vom 18. August 1896 (RGBl 604) zeigt den Vorgang musterhaft: Massen von «Rechtsnormen» (Art. 2) treten ausdrücklich oder implizit außer Kraft (Art. 1, 3, 4, 32 S. 2,55). Das aufrechterhaltene Landesrecht, übrigens eine Fundgrube für Rechtshistoriker, muss katalogartig genannt werden (Art. 57–152). Weitere Beispiele für Entkernung alter Gesetze sind das Handelsgesetzbuch von 1865 oder die Gewerbeordnung von 1900.

13 J. Bodin, Les Six Livres de la Republique (1576), Lib. I, chap. 10.

14 W. Hoffmann-Riem, Experimentelle Gesetzgebung, in: B. Becker – H. P. Bull– O. Seewald (Hg.), Festschr. f. W. Thieme z. 70. Geburtstag, Tübingen 1993, 55 ff.; A. Chanos, Möglichkeiten und Grenzen der Befristung parlamentarischer Gesetzgebung, Berlin 1999.

15 Die Legaldefinition des Zeitgesetzes findet sich in § 2 Abs. 4 StGB. Es ist «ein Gesetz, das nur für eine bestimmte Zeit gelten soll». Es ist auf «Taten, die während seiner Geltung begangen sind, auch dann anzuwenden, wenn es außer Kraft getreten ist. Dies gilt nicht, soweit ein Gesetz etwas anderes bestimmt.»

16 Im Rahmen der niedersächsischen Deregulierungsoffensive» (Regierungserklärung vom 4. März 2003) hat sich die Staatskanzlei in Hannover vorgenommen, Gesetze und Verordnungen normalerweise nur für fünf Jahre gelten zu lassen. Natürlich muss es hiervon Ausnahmen geben, etwa wegen europarechtlicher Vorgaben oder aus Gründen des Vertrauensschutzes. Sehr optimistische Annahmen gehen von einer Verminderung des Rechtsstoffs um ein Drittel aus. Der zweite Statusbericht der Landesregierung vom 30. Juni 2004 vermeldet erste Erfolge. – In Hessen wird nach dem Regierungswechsel die Befristung seit 1999/2000 in fast allen Gesetzen praktiziert, die neu erlassen oder geändert werden (etwa: § 54 LandtagswahlG, § 12 Verkündungsgesetz, § 36 Hess. Gnadenordnung, § 23 HessAGVwGO, § 36 MittelstufenG, § 85 Nr. 2 HessVwVfG, § 25 S. 2 HessVwKostG, § 115 HSOG).

17 Dies wäre um ein Haar mit dem hessischen Polizeirecht passiert (§ 115 Abs. 2). In der Sitzung des Landtags vom 20. 12. 2004 konnte nur knapp verhindert werden, dass Hessen sicherheits- und ordnungslos wurde.

18 G. Teubner, Globale Bukowina. Zur Emergenz eines transnationalen Rechtspluralismus, in: RJ 15 (1996), 255–283; kritisch hierzu Chr. Hiebaum, Systematizität und Pluralität am Beispiel der Globalisierung des Privatrechts, in: RJ 19 (2000), 451–478. Zur Lex mercatoria siehe nun A. Cordes, Lex mercatoria, in: Handwörterbuch zur Deutschen Rechtsgeschichte, 2. Aufl. Bd. III (2014), 890–902.

19 Dies gilt auch im Völkerrecht, wo im herkömmlichen Fall die Staaten als Vertragspartner auftreten und damit auch Herren der Beseitigung des Vertragsrechts sind. Sie können Befristungen und Bedingungen einbauen, sich auf eine ersatzlose Vertragsauflösung ebenso einigen wie auf Auflösung mit gleichzeitigem Neuabschluss eines Vertrags. Siehe hierzu die Darstellung «Verträge, völkerrechtliche» von Paul Guggenheim und Krystyna Marek, in: K. Strupp – H. J. Schlochauer (Hg.), Wörterbuch des Völkerrechts, Bd. 3, Berlin 1962, 528–544.

20 Zum Verhältnis individuellen und kollektiven Verhaltens siehe K. G. Troitzsch, in: G. Küppers (Hg.), Chaos und Ordnung. Formen der Selbstorganisation in Natur und Gesellschaft, Stuttgart 1996, 200–228.

21 Hierzu Vec (Anm. 3).

22 M. Baldus, Die Einheit der Rechtsordnung. Bedeutungen einer juristischen Formel in Rechtstheorie, Zivil- und Staatsrechtswissenschaft des 19. und 20. Jahrhunderts, Berlin 1995.

23 Ob es umgekehrt eine Außerkraftsetzung von höherrangigem Recht durch grundlegende Veränderungen von niederrangigem Recht geben kann, ist mit einem einfachen «logisch unmöglich» nicht abschließend beantwortet. Es handelt sich hier um Fälle, in denen sich die zu regelnde Materie so weit von der höherrangigen Norm entfernt hat, dass diese nicht mehr «greift». So kann eine alt gewordene Verfassung noch Normen zu sozialen Standards (Arbeitszeit, Mindesturlaub) enthalten, die inzwischen längst durch die einfache Gesetzgebung günstiger geregelt sind.

24 Im Verhältnis zwischen Europarecht und nationalem Recht wird das rangniedrige Recht nicht «gebrochen». Man spricht vielmehr in sanfterem und die Souveränität schonendem Ton von «Anwendungsvorrang».

25 Hierzu R. Gross, in: G. A. Zinn – E. Stein, Verfassung des Landes Hessen, Bd. 2, Baden-Baden 1999, Art. 101 Abs. 3 HV, Rd. Nr. 18–20.

26 Siehe den Bericht der Enquetekommission zur Reform der Hessischen Verfassung vom 25. Februar 2005.

27 Vgl. § 1 Abs. 1 BVerfGG: «Das Bundesverfassungsgericht ist ein allen übrigen Verfassungsorganen gegenüber selbständiger und unabhängiger Gerichtshof des Bundes.» Es ist also zugleich Verfassungsorgan und Gerichtshof. Die in der Gründungszeit der Bundesrepublik hieraus entstandenen Statusfragen können inzwischen als gelöst gelten.

28 P. Badura – H. Dreier (Hg.), Festschrift 50 Jahre Bundesverfassungsgericht, Zweiter Band, Tübingen 2001, 940. Die Zahlenangaben geben nur ein unge-

fähres Bild, denn es wird bei verfassungsrechtlicher «Beanstandung» nicht zwischen den feineren Formen unterschieden. Das Gericht hat Normen für bedenklich erklärt, aber «bis auf weiteres» gelten lassen, hat dem Gesetzgeber Neugestaltungsaufgaben auferlegt und angedeutet, welches die richtige Lösung sei, hat Fristen gesetzt usw.

29 Ein Gegenbeispiel ist das in Karlsruhe gescheiterte «Staatshaftungsgesetz» (BVerfGE 61, 149), mit dem man die Unklarheiten der § 839 BGB, Art. 34 GG zu beheben hoffte. Der Versuch ist nicht wieder aufgenommen worden.

30 D. Simon, Normdurchsetzung, in: Ius commune 15 (1988), 201 ff.

31 H. Dölle, Juristische Entdeckungen, in: Verhandlungen des 42. Deutschen Juristentages, Tübingen 1958, S. B 1 ff. – Nachdruck in: Th. Hoeren (Hg.), Zivilrechtliche Entdecker, München 2001, 5–33.

32 U. Falk – H. Mohnhaupt (Hg.), Das Bürgerliche Gesetzbuch und seine Richter. Zur Reaktion der Rechtsprechung auf die Kodifikation des deutschen Privatrechts (1896–1914), Frankfurt a. M. 2000.

33 Klassische Darstellung bei K. Engisch, Einführung in das juristische Denken, 9. Aufl. Stuttgart 1997, 45 ff.

34 F. Ranieri (Hg.), Gedruckte Quellen der Rechtsprechung in Europa (1800–1945), 2 Bde., Frankfurt a. M. 1992; B. Dölemeyer (Hg.), Repertorium ungedruckter Quellen zur Rechtsprechung. Deutschland 1800–1945, 2 Bde., Frankfurt a. M. 1995.

35 Hierzu Ranieri (Anm. 34), Erster Band, XLIV ff.

36 D. Simon, Die Unabhängigkeit des Richters, Darmstadt 1975.

37 Hierzu näher M. Stolleis, Erwartungen an das Recht, in: Jahrb. d. Akademie der Wissenschaften zu Göttingen, Göttingen 2003, 43 ff.

38 P. Häberle, Die offene Gesellschaft der Verfassungsinterpreten (1975) und ders., Verfassungsinterpretation als offener Prozeß (1978), beide Texte in: Häberle, Verfassung als offener Prozeß, Berlin 1978, 121 ff., 155 ff.

39 J. L. Austin, Zur Theorie der Sprechakte (How to do things with words), 2. Aufl. Stuttgart 1998.

40 Etwa die Entscheidung der Rechtsprechung, das Rechtsüberholen (mit gewissen Sicherheitskauteln) zu erlauben, setzt den klar formulierten § 5 StVO «Es ist rechts auszuweichen und links zu überholen» außer Kraft. Siehe H. Wagner, R. Schurig, StVO. Kommentar, 10. Aufl. Bonn 2001, § 5 Anm. 2.2.

41 Konzise zusammengefasst bei W. Naucke, Über die Zerbrechlichkeit rechtsstaatlichen Strafrechts. Materialien zur neueren Strafrechtsgeschichte, Baden-Baden 2000, 373: «Das Ermittlungsverfahren verselbständigt sich in der Hand der Polizei, vor allem im internationalen Strafrecht. Die Gesetzgebung missachtet das Rückwirkungsverbot, wenn es politisch angezeigt ist (bei der Verlängerung der Verjährung für NS-Gewaltverbrechen). Die Rechtsprechung missachtet das Rückwirkungsverbot prinzipiell bei der rückwirkenden belastenden Auslegung. Es gibt rechtsstaatswidrige Großentwicklungen, die mit der Hand zu greifen sind: Diversion und Absprachen im Prozeß. Ein selten genanntes, aber aussagekräftiges Beispiel ist die Aushöhlung des Klageerzwingungsverfahrens über Jahrzehnte.» Auch wenn man den dieser kritischen Diagnose zugrunde gelegten Maßstab der Richtigkeit nicht akzeptiert, wird man zugestehen, dass die

genannten Verschiebungen tatsächlich stattgefunden haben und – in Interaktion mit den Kräften der Politik – ständig weiter stattfinden.

42 Abfall ist eine bewegliche Sache, derer sich der Besitzer entledigt oder entledigen will oder muss, so die Definition des Kreislaufwirtschafts- und Abfallgesetzes.

43 Urteil des EuGH v. 14. Oktober 2004, in: EuGRZ 2004, 639–643, zum Verbot sog. Laserdrome.

44 H. Weinrich, Gibt es eine Kunst des Vergessens?, Basel 1996; umfassend dann ders., Lethe. Kunst und Kritik des Vergessens, München 1997, 263 ff.

45 D. Simon, Verordnetes Vergessen, in: Amnestie, hg. v. Einstein-Forum, 1996.

46 Etwa Art. 123 Abs. 1 GG. Zur alliierten Gesetzgebung «zur Befreiung des deutschen Volkes vom Nationalsozialismus und Militarismus» siehe den nach allgemeiner Meinung heute obsoleten Art. 139 GG.

47 Zur Reduktion von Komplexität siehe den Klassiker N. Luhmann, Legitimation durch Verfahren, 2. Aufl. Darmstadt 1975, 55 ff.

48 F. Nietzsche, Vom Nutzen und Nachteil der Historie für das Leben, Unzeitgemäße Betrachtungen 2, Leipzig 1874, I.

49 J. Assmann, Das kulturelle Gedächtnis, München 1992; ders., Religion und kulturelles Gedächtnis, München 2000; A. Assmann, Erinnerungsräume, München 1999.

50 M. Osten, Das geraubte Gedächtnis. Digitale Systeme und die Zerstörung der Erinnerungskultur, Frankfurt a. M. 2004.

51 J. Fried, Der Schleier der Erinnerung. Grundzüge einer historischen Memorik, München 2004.

Nachwort

Von den hier versammelten Studien sind einige als Beiträge zu Festschriften geschrieben worden, einige entstanden aus Vorträgen. Andere hatten als Anlass nur das Vergnügen am Stoff, so etwa «Margarethe und der Mönch», «Die Wunderinsel Barataria», die kleinen Arbeiten zu Jean Paul und Johann Peter Hebel oder zum Frankfurter Prozess gegen Johann Wolfgang Textor d.Ä. Die Texte sind geringfügig verändert, gelegentlich durch neuere Literatur ergänzt und von Fehlern befreit worden. Geholfen haben mir dabei neben vielen anderen Tiina Kala und Merike Ristikivi aus Tallinn, Eva Ortlieb (Wien), Ignazio Gutierrez und José Manuel Pérez-Prendes (Madrid), Inge Kaltwasser, Andreas Hansert, Albrecht Cordes und stud. rer. pol. Jan Winkelhaus (Frankfurt). Für die Aufnahme in das Verlagsprogramm danke ich wieder einmal Wolfgang Beck und Detlef Felken, für Betreuung im Lektorat Raimund Bezold und Rosemarie Mayr.

M. St.

Textnachweise

1. Margarethe und der Mönch (unpubliziert)
2. Löwe und Fuchs (Festschrift H.-J. Schlochauer, Berlin 1981, 151–163)
3. Blaise Pascal – Gedanken zur Ungewissheit des Rechts (Festschrift J. Schröder, Tübingen 2013, 787–797)
4. Die Prinzessin als Braut (Festschrift A. Hollerbach, Berlin 2001, 45–57)
5. Der Streit um den Vorrang, oder: Der Wasunger Krieg (Festschrift M. Heckel, Tübingen 1999, 631–640)
6. Fünf Frauen am Hofe (Festschrift I. Dübeck, Kopenhagen 2003, 25–40)
7. Die Wunderinsel Barataria (Zeitschrift für Ideengeschichte V (2011), 61–74)
8. Corpus Iuris civilis par cœur (Festschrift K. Luig, Köln 2007, 245–269)
9. Schneidermeister Goethe u. a. gegen Syndicus Dr. Textor (unpubliziert)
10. Die Verfassung des Reichsmarktfleckens Kuhschnappel (Der Aquädukt 1763–1988, München 1988, 22–28)
11. Advocatus pauperum (Neue Juristische Wochenschrift (1994), 1933–1935)
12. Das Advokaten-Testament von Colmar (Brotlose Kunst. Vier Studien zu Johann Peter Hebel, Stuttgart 2006, 5–14)
13. Brotlose Kunst (Brotlose Kunst, 15–24)
14. Der fromme Rat (Brotlose Kunst, 39–47)
15. Des Kaisers neue Kleider (Festschrift D. Tamm, Kopenhagen 2011, 633–646)
16. Helden und Heldengesänge. Nationalepen und Verfassungen im 19. Jahrhundert (Festschrift J. Weitzel, Köln–Weimar–Wien 2014, 499–510)
17. Der *Mordfall Heinze* und die *Lex Heinze* (Recht und Literatur, hg. v. B. Greiner – B. Thums – W. Graf Vitzthum, Heidelberg 2010, 219–235)
18. Reine Rechtslehre in Erlangen (Festschrift W. Brauneder, Wien 2008, 661–670)
19. Über Reinheit (unpubliziert)
20. Vom Verschwinden verbrauchten Rechts (Festschrift D. Simon, Frankfurt 2005, 539–558)

Abbildungsnachweise

S. 8: Altes Reval, in: Niels v. Holst, Das Alte Reval, Reval 1942, Abb. 1.

S. 13: Bürgerhäuser in der Breitstraße, in: Niels v. Holst, Das Alte Reval, Reval 1942, Abb. 2.

S. 41: Löwe und Fuchs auf der Weltkugel sitzend. Titelkupfer, in: Johann Theodor Sprenger: Bonus Princeps cum Illustribus Praetensionibus et Semestralibus Palatinis, Frankfurt 1655, Herzog August Bibliothek Wolfenbüttel, Sign. Li 8534.

S. 44: Portrait Blaise Pascal, Kupferstich von Gérard Edelinck, Archiv d. Verf.

S. 61: Peter Candid: Herzogin Magdalene von Bayern, um 1613, Alte Pinakothek, bpk/Bayerische Staatsgemäldesammlungen; Foto: Sibylle Forster.

S. 75: Der Beginn des Wasunger Kriegs, Holzstich, in: Gartenlaube (1876) 255.

S. 95: François Boucher, Madame de Pompadour, 1756, Alte Pinakothek, bpk/Bayerische Staatsgemäldesammlungen/Sammlung HypoVereinsbank, Member of UniCredit; Foto: Blauel/Gnamm/ARTOTHEK.

S. 106: Sancho Panza als Gesetzgeber, Kupferstich von Daniel Chodowiecki, in: Miguel de Cervantes: Leben und Thaten des Weisen Junkers Don Quixote von Mancha, hrsg. v. Friedrich Justin Bertuch, Bd. 4, 1798.

S. 119–127: Corpus Iuris par Coeur, 14 Teilansichten von fünf Kupferstichblättern, Württembergische Landesbibliothek, Sign. HB Fg 15.

S. 136: Portrait Johann Wolfgang Textor, Kupferstich von Wolfgang Philipp Kilian, um 1701, Portraitsammlung Max Planck Institut für europäische Rechtsgeschichte, Frankfurt.

S. 152: Vier Frauenmieder, in: Jutta Zander-Seidel, Frauen-, Männer- und Kinderkleidung des 18. bis 20. Jahrhunderts, Nürnberg, Germanisches Nationalmuseum 2002, S. 54, Fotos von Jürgen Musolf, © Germanisches Nationalmuseum, Nürnberg.

S. 163: Portrait Jean Paul, Stich von Heinrich Sintzenich, Kunstsammlungen der Veste Coburg, www.kunstsammlungen-coburg.de.

S. 165: Abbildung aus Jean Paul: Siebenkäs, Stahlstich von Carl Mayer nach einer Zeichnung von Alexander Simon, akg-images.

S. 174: Ansicht des Hospitals von Colmar, Postkarte 1905, Archiv d. Verf.

S. 194: Abbildung aus dem Rheinländischen Hausfreund, 1815., Archiv d. Verf.

S. 216: Nikolaus Heidelbach, Illustration zu «Des Kaisers neue Kleider», in: Chr. Andersen, Märchen, © 2004 Beltz & Gelberg in der Verlagsgruppe Beltz, Weinheim Basel.

S. 223: Bismarck-Denkmal Hamburg von Hugo Lederer und Johann Emil Schaudt, Postkarte, Archiv d. Verf.

S. 239: Kunst-Akademie 1900, Postkarte Gruß von Roeren (ironisch, da der speziell Reichstagsabgeordnete Hermann Roeren [1844–1920], Zentrum, für eine scharfe Fassung der «Lex Heinze» eintrat), Archiv d. Verf.

S. 241: Sittliche Badeanstalt, 1900, Postkarte Gruß von Roeren, Archiv d. Verf.

S. 242: O. T. Postkarte Gruß von Roeren 1900, Archiv d. Verf.

S. 250: Portrait Gottlieb Ernst August Mehmel, Lithographie von H. Bucher, Archiv d. Verf.

S. 264: Titelblatt von I. Kant, Kritik der reinen Vernunft, Riga 1781.

S. 266: Häufigkeitskurve der Verwendung von «Reinheit» 1700–2000, Google Ngram.

Namenregister

Namenregister

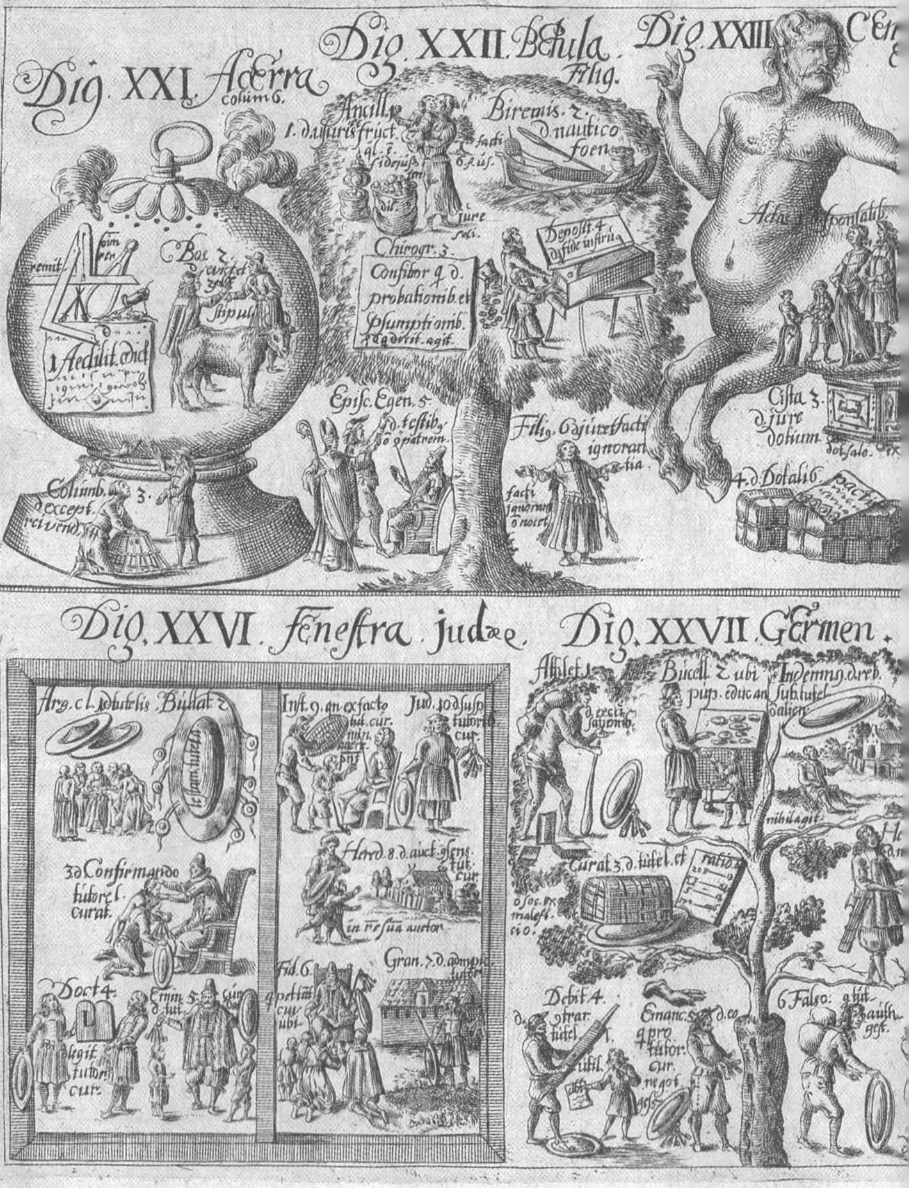

Dig. XXI. Acerra
Dig. XXII. Betula
Dig. XXIII.
Dig. XXVI. fenestra judæ
Dig. XXVII. Germen
1. Aedilit. edict.
Chirogr. 3.
Confiteor q. d. probationib. et psumptionib.
Episc. Egen. 5.
Cista 3. d. jure dotium.
4. d. Dotalib.
3 d. Confirmando tutore l. curat.
Doct. 4.

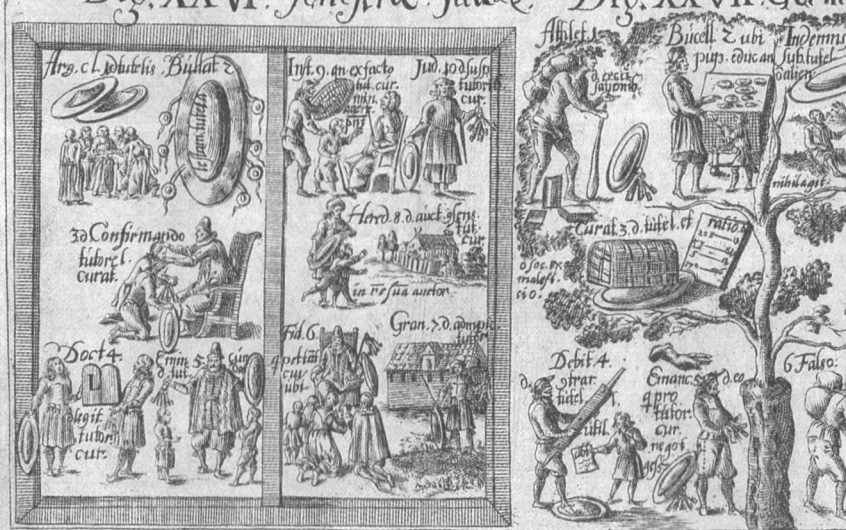